HANGIL
GREAT BOOKS
101

독일 비애극의 원천

발터 벤야민 | 최성만 · 김유동 옮김

한길사

Walter Benjamin
Ursprung des deutschen Trauerspiels

Translated by Choi, Seong Man · Kim, Yuh Dong

Ursprung des deutschen Trauerspiels
by Walter Benjamin
Copyright © Suhrkamp Verlag Frankfurt am Main 1974
All rights reserved
Korean translation copyright © Hangilsa Publishing Co., Ltd., 2009
Korean edition is published by arrangement with Suhrkamp Verlag
through Bestun Korea Literary Agency

알브레히트 뒤러, 「멜렌콜리아 I」, 동판화, 1514
"독일 비애극은 자신이 설정한 무대장면들과 인물들을
뒤러의 날개 달린 멜랑콜리라는 수호신에게 바치고 있다." (236쪽)

알브레히트 뒤러, 「막시밀리안 1세의 개선문」(부분), 목판화, 1515

이 작품은 합스부르크 왕가의 위엄과 막시밀리안 황제의 치적을 기리기 위해
뒤러가 막시밀리안 황제의 위임을 받아 완성했다. 192개의 블록으로 이루어져 있으며,
건축물은 장식과 신화적 형상, 왕의 권위를 나타내는 표징과 상징으로 가득 차 있다.

Nititur in pondus palma & consurgit in arcum,
  Quo magis & premitur hoc mage tollit onus.
Fert & odoratas bellaria dulcia glandes,
  Qui mensas inter primus habetur honos.

B 3

안드레아스 알키아투스의 엠블럼 「압력에 굴하지 마라」
그리피우스의 『파피니아누스』에서 파피니아누스는
가문의 몰락에 절망하는 플라우티아에게 다음과 같이 말한다.
"고귀한 종려나무는 짓눌릴수록 잘 자라는 법이라오."

「그루지야의 카타리나」, 서막 무대장면, 에칭화, 1655

그리피우스는 서막의 무대지문을 다음과 같이 쓰고 있다.
"무대는 시체, 그림, 왕관, 왕홀, 검 등으로 가득 차 있다. 무대 위로 하늘이 열리고,
무대 아래로는 지옥이 열린다. 영원이 하늘에서 내려와 무대 위에 서 있다."

발터 벤야민

독일 비애극의 원천

Ursprung des deutschen Trauerspiels

1916년에 구상하여 1925년에 탈고하다

그때나 지금이나 내 아내에게 바친다

한길사

독일 비애극의 원천
차례

비애극과 비극

알레고리와 비애극

일러두기

1) 원본의 텍스트는 전집 Walter Benjamin, *Ursprung des deutschen Trauerspiels*, in: Walter Benjamin: *Gesammelte Schriften*, Hrsg. von Rolf Tiedemann und Hermann Schweppenhäuser, Bd.I~VII, Frankfurt am Main: Suhrkamp Verlag, 1971~1989, Bd.I/1, pp.203~430에서 취했다. 옮긴이들은 영어판(Walter Benjamin, *The Origin of German Tragic Drama*, John Osborne 옮김, George Steiner의 서문, London, New York, 1998)과 프랑스어판(Walter Benjamin, *Origine du drame baroque allemand*, Sibylle Muller 옮김, Irving Wohlfarth의 서문, Paris, 1985)도 참조했음을 밝혀둔다.

2) 벤야민이 붙인 원주는 1) 2) 3)…, 옮긴이가 붙인 역주는 * ** *** …으로 나타냈다.

3) 원주 뒤에 옮긴이의 주가 추가될 때에만 '—옮긴이'라고 썼다.

4) ( )는 원문에 나오는 경우 및 옮긴이가 원어 및 한자를 병기할 때 사용했다.

5) 〔 〕는 옮긴이가 간단히 첨언하거나 대안번역어를 병기할 때 사용했다. 단, 원어병기와 대안번역어 병기를 같이 해야 할 경우에는 ( )를 사용했다.

6) 원문에서 — 로 표시된 부분은 가능한 한 그대로 재현했다.

7) 원주에서 인용된 책이 명시되고 그 끝에 특정 작품명이 괄호 속에 표기되어 있는 경우가 있는데, 예를 들어(*Leo Armenius*, IV, 387ff.)에서 IV, 387ff.는 4막 387번째 행 이하를 뜻한다.

8) 바로크 시대 독일어 고딕체로 쓰인 문장에서는 오늘날 쉼표에 해당하는 문장 내 어절 구분표시로 사선(/)을 사용했다. 이 책에서는 원문에 있는 사선을 그대로 표기하려 노력했다. 1928년 로볼트 출판사에서 나온 판본은 사선을 인용된 바로크 문학작품의 시행구분 표시로도 사용하고 있는데 전집의 편집자는 이에 따른 혼동을 피하기 위해 시행구분 표시로 별도의 기호(│)를 사용했다. 이 책도 이에 따랐다. 그러나 독일어와 우리말의 어순이 다르기 때문에 이러한 구분표시들을 완전하게 재현할 수는 없었다.

9) 『전집』의 원문에는 각 단락의 소제목들이 차례와 해당 단락이 나오는 페이지 상단에 표기되어 있다(이는 초판본에서도 마찬가지이다). 하지만 이 책에서는 독자의 이해를 돕기 위해 소제목을 본문에 달았다.

성좌로서의 『독일 비애극의 원천』 읽기

김유동 강원대 교수·독어독문학

1. 좌절된 시도, 당대의 반응

발터 벤야민(1892~1940)의 교수자격 논문 『독일 비애극의 원천』
(*Ursprung des deutschen Trauerspiels*)[1]은 그의 전반기 사유를 매듭
짓는 대표저작이다.[2] 비록 벤야민이 1925년 숄렘(Gerschom Scholem)
에게 보내는 편지에서 『독일 비애극의 원천』은 결코 새로운 "시작"이 아
니라 "종결"을 의미한다고 언급하고는 있지만,[3] 그는 이후에도 편지와

---

1) "Trauerspiel"이란 단어는 독일의 시학자이자 작가인 마틴 오피츠가 1628년
   "비극"(Tragödie)을 번역하기 위해 네덜란드어 "Treuerspel"에서 차용한 것
   이다(*Reallexikon der deutschen Literaturgeschichte*, hrsg. v. Klaus
   Kanzog und Achim Masser, Bd.4, Berlin und New York, 1981, p.546).
   「옮긴이의 말」에서 이미 언급했듯이, 벤야민이 "Trauerspiel"을 "Tragödie"와
   엄격히 구분하고 있기 때문에 우리는 "Trauerspiel"을 "비애극"으로 옮겼다.
   벤야민은 "새로운 비극"으로서의 비애극이 지닌 "열려진 미래"에 대해 언급함
   으로써 비애극이 바로크의 테두리를 넘어서는 보다 보편적인 장르형식이 될
   수 있음을 암시한다. Walter Benjamin, *Gesammelte Schriften* I/1, hrsg. v.
   Rolf Tiedemann und Hermann Schweppenhäuser, Frankfurt a.M., 1974,
   p.292 참조(이후 'GS 권(卷)수, 쪽수'로 표기).
2) 벤야민은 1923년 3월 이후부터 논문을 본격적으로 준비하기 시작했으며 1925
   년 초반에 완성한다. 이 논문은 1928년 로볼트 출판사에서 출간된다. 그는 이

서평(GS III, 422), 그리고 『파사주』 프로젝트, 「중앙공원」, 「수집가이자 역사가 에두아르트 푹스」에서 『독일 비애극의 원천』을 계속 언급한다. 『독일 비애극의 원천』은 분명 벤야민이 강한 애착을 가지고 있던 저작이었으며 실제로 그의 사유를 지속적으로 자극했다.

잘 알려져 있다시피 경제적인 이유로[4] 프랑크푸르트 대학교 독어독문과에서 강사자리를 얻으려던 벤야민의 시도는 좌절되었다. 그의 논문은 이해 불가능한 논문으로 평가되었으며, 이를 근거로 철학학부는 그의 교수자격 신청을 거부하기로 결정한다.[5] 벤야민은 공식적인 통보를 받기 전에 스스로 신청을 철회한다.

『독일 비애극의 원천』은 출간된 후에도 학계에서 저자가 기대했던 만

저서의 맨 앞에서 『독일 비애극의 원천』을 이미 1916년부터 구상했음을 밝히고 있다. 실제로 그는 1916년에 「언어 일반과 인간의 언어에 대하여」(Über Sprache überhaupt und über die Sprache des Menschen), 「비애극과 비극」(Trauerspiel und Tragödie), 「비애극과 비극에서 언어의 의미」(Die Bedeutung der Sprache in Trauerspiel und Tragödie) 등 『독일 비애극의 원천』과 연관되는 글들을 집필한다.

3) Benjamin, *Briefe*, hrsg. und mit Anm. versehen von Gerschom Scholem und Theodor W. Adorno(Bd.1), Frankfurt a.M., 1993(2. Auflage), p.373(이후 'Br. 쪽수'로 표기).

4) 당시 벤야민은 아내와 함께 베를린에서 부모집에서 살고 있었으며 경제적인 이유로 아버지와 갈등을 빚고 있었다.

5) 벤야민을 받아준 교수는 당시 철학학부 학장으로 있었던 슐츠(Franz Schultz) 였는데, 그는 1933년 이후 국가 사회주의의 이념을 역설한다. 증언에 따르면 그는 이른바 '비독일적인 정신'을 대변하는 책들을 태우는 분서(焚書)행사 (1933)에도 참여했다고 한다. 슐츠는 벤야민의 논문을 받은 후 입장을 바꿔 그를 철학과 정교수이면서 일반 예술학과에서 강의를 하고 있던 코르넬리우스 (H. Cornelius)에게 넘긴다. 코르넬리우스는 논문심사 의견서에 벤야민의 논문을 전혀 이해할 수 없었다고 적는다. 이 점에 대해서는 Burkhardt Lindner, "Habilitationsakte Benjamin. Über ein akademisches Trauerspiel und über ein Vorkapitel der Frankfurter Schule(Horkheimer, Adorno)", in: *Walter Benjamin im Kontext*, hrsg. v. Burkhardt Lindner, Königstein 1985(2. Aufl.), pp.324~341 참조.

큼의 반향을 얻지 못했다. 벤야민은 1932년 한 편지에서 "유물론적"이진 않지만 "변증법적인" 이 저작을 통해 "진정 학술적인 연구방법의 엄격한 관찰이 오늘날 시민적이고 이상주의적인 학문사업이 보여주는 자세로부터 얼마나 멀리 벗어나 있는가"가 검증되었다고 술회한다(Br. 523). 하지만『독일 비애극의 원천』은 분명 벤야민이 생각한 것보다 더 많은 반향을 불러일으켰다. 비록 선입견과 무지함을 드러내는 서평들도 있었지만 벤야민의 저서를 진지하게 받아들이고 그 의미를 평가해주는 서평들도 있었다. 헝가리와 프랑스에서도 서평이 나왔으며, 1930년대에 나온 다수의 전공서적들이 이 저작을 언급했다.[6]

2. 수용과 학문적 의의

200쪽이 조금 넘는 분량의『독일 비애극의 원천』은 읽기가 쉽지 않은 텍스트이다. 벤야민은 "모든 장애를 넘어가되 너의 다리를 부러뜨리진 말라"라는 글을 서론의 모토로 사용할 것을 고려한 적이 있는데(Br. 372), 이 경고를 이 저작을 완전히 파헤쳐보려는 욕망에 대한 경고로 이해해도 무방할 것이다. 벤야민의 문장은 압축적이고 난해하며 그가 사용하는 개념들은 그 경계가 분명하지 않다. 서로 모순되기도 하는 테제들은 항상 텍스트의 전체 연관 속에서 파악되어야 하는데 벤야민의 논의는 대단히 복합적으로, 때로는 비약을 동반해가며 전개되기 때문에 이 연관을 파악하는 것은 수월한 일이 아니다. 이러한 상황에서 텍스트에 집중하는 대신 "시간적인 압박"에서 글을 써야 했던 그의 처지 (Br. 346) 또는 바로크 시대에 대한 지식이 풍부하지 못하다는 그의 고

---

6) Momme Brodersen, *Spinne im eigenen Netz. Walter Benjamin. Leben und Werk*, Bähl-Moos, 1990, pp.169~171 참조.

백(Br. 327)만을 두드러지게 강조한다면 우리는『독일 비애극의 원천』이 담고 있는 통찰력 있는 관점들을 간과하게 될 것이다.

텍스트의 복잡성에 상응하여 벤야민 연구가들은『독일 비애극의 원천』을 실로 다양한 관점에서 해석해왔다. 일부는「인식비판적 서론」과 관련하여 벤야민의 인식이론을 전통적인 헤겔 철학에 입각하여 또는 카시러의 학문론 및 비트겐슈타인의 초기 언어이론과 관련시켜 재해석하려 했다. 또 다른 일부는『독일 비애극의 원천』을 바로크 드라마에 투사된 아방가르드 예술정신의 산물로 보려고도 했다.『독일 비애극의 원천』을 멜랑콜리에 빠진 저자의 나르시스적인 자기반영으로 해석하려는 시도가 있었으며, 해체주의적 또는 포스트모던적 접근도 있었다. 물론 이 저작을 외재적 관점에서 파악하려는 이러한 시도들 외에 내재적인 접근을 통해 내용층위와 구조층위를 심도 있게 분석하면서 텍스트를 통일적으로 파악하려는 연구들도 있었다. 그 밖에『독일 비애극의 원천』을 특정 작가 및 사상가의 세계와 비교함으로써 이 저서의 현재성과 영향력을 부각시키려는 시도들도 많았다.

『독일 비애극의 원천』을 읽는 어려움은 이 저서가 우리에게는 낯설기만 한 독일 바로크 비애극에 대한 이해를 필요로 한다는 점에 의해 가중된다.『독일 비애극의 원천』은 바로크 연구자들에 의해 줄곧 인용되었지만 바로크 연구분야에서 이 저작의 학문적 가치는 지금도 논쟁의 대상이 되고 있는 실정이다. 하지만 다음과 같은 점들은 벤야민이 바로크 연구분야에 남긴 학문적 업적으로 평가되어야 한다. (a) 비애극과 비극을 역사철학적인 관점에서 구분한 점, (b) 바로크 드라마를 아리스토텔레스의 비극이론의 영향에서 벗어나게 한 점, (c) 독일 바로크 비애극에 나타나는 군주의 우유부단함을 밝힌 점, (d) 바로크 비애극에 내재해 있는 감정상태인 멜랑콜리를 구체화한 점, (e) 알레고리를 단순한 예술적 처리방식이 아니라 예술적 표현형식으로 규정하고 그것이 지닌 미학적인 차원을 복원시킨 점, (f) 바로크 비애극에서 멜랑콜리와 알레고리가 내적으로 결합되어 있다는 점을 해명한 점, (g) 엠블럼[7]과 바로크 드라마의 연관성에 주목한 점, (h) 바로크 드라마의 특성을 종파적인 맥락에서 밝힌 점. 또한 『독일 비애극의 원천』은 바로크 연구가 부흥하기 시작하던 1920년대에 의(擬)고전주의적 규범의 영향에서 벗어나 바로크를 문학사적으로 규정한 극소수의 저술들 가운데 하나이다. 하지만 벤야민의 "원천"에 대한 이론에 비추어볼 때 바로크 비애극의 전사와 후사에 대한 서술이 미흡한 점, 절대주의의 관료체계에 대한 구체적인 역사적 분석과 함께 바로크 비애극의 특성을 논하지 못한 점[8] 등은 논문의 한계로 남아 있다.

『독일 비애극의 원천』이 지닌 가장 큰 매력 중 하나는 이 저작이 문

---

7) 엠블럼은 '끼워 넣은 것', '상감세공 작업'이란 의미를 지닌 그리스어 emblema에서 유래한 것으로 16세기 중반에서 18세기 초까지 유럽에서 크게 유행하던 예술형식이다. 우의화(寓意畵)라고도 불린다. 엠블럼은 모토(Titel, inscriptio, lemma), 의미를 지닌 그림(Bild, pictura, icon) 그리고 그림 밑에 적혀 있는 경구 또는 교훈적 글귀(Epigramm, subscriptio)의 삼분구도로 되어 있다. 대체로 보아 그림은 도덕적인 교훈을 시각적으로 보여주며, 텍스트는 그 교훈을 성찰하도록 만들고, 모토는 사태를 간략하게 표현한다. 엠블럼 그림의 원천은 이집트의 상형문자, 고대의 보석음각 무늬와 조각상, 로마의 화폐와 메달에 새겨진 그림, 중세 동물우화집, 식물도감, 성경, 고대의 신화, 문학, 역사 서술, 자연묘사 등 매우 다양하며 자연과 인간 삶을 직접 관찰하여 그림이 고안된 경우도 있다. 오늘날 알려져 있는 엠블럼집 작가는 600여 명이 넘으며, 그 밖에도 익명으로 출판된 수많은 엠블럼 책자들이 있다. 헤르더는 16세기와 17세기를 "거의 엠블럼적인" 시대로 부를 수 있다고 생각했다. 최초의 엠블럼 집은 1531년 이탈리아의 법학자 안드레아스 알키아투스(Andreas Alciatus, 또는 Andrea Alciati)가 쓴 『엠블럼집』(Emblematum liber)이다. 엠블럼과 바로크 드라마의 연관성에 주목한 것은 분명 벤야민의 업적이지만 이를 처음으로 체계적으로 연구한 자는 독문학자 알브레히트 쇠네이다(Albrecht Schöne, Emblematik und Drama im Zeitlater des Barock, München, 1964 참조).
8) 벤야민은 후일 한 서평(1929)에서 바로 이 점을 바로크 연구의 과제로 언급한다(GS III/1, 193; GS I/3, 954f. 참조).

화, 미학, 철학, 신학, 역사, 미술사, 정치학 등 제반 학문영역을 넘나드
는 실로 다면적인 통찰을 제공한다는 점이다. 벤야민은 1928년에 작성
한 자신의 한 이력서에서 "예술의 영역성에 대한 이론"과 "학제들을 구
분하는 완고한 벽들"을 허물고 "학문의 통합과정"을 촉진하는 것이 지
금까지 자신이 견지해온 작업의도였음을 밝히고 있는데(GS VI,
218f.), 우리는 이 점을 이 저서에서 그대로 확인할 수 있다. 새로운 관
점들을 압축된 형태로 쉴 새 없이 제공하고 있는 이 저서는 관습과 도
그마에서 벗어나 가로질러 생각하는 사상가(Querdenker)의 창의적인
사고를 유감없이 보여주고 있다. 이런 점에서 『독일 비애극의 원천』은
학문상호적인 대화가 강조되는 현재의 학문경향을 일찍이 선취하고 있
다고 할 수 있다.

3. 『독일 비애극의 원천』의 틀

바로크 '비애극'의 (형식의) 이념을 재현(Darstellung, 서술)하는 것
을 목표로 하고 있는 『독일 비애극의 원천』은 「인식비판적 서론」
(Erkenntnis- kritische Vorrede)과 본론으로 이루어져 있다. 본론은
다시 제1부 「비애극과 비극」(Trauerspiel und Tragödie) 그리고 제2
부 「알레고리와 비애극」(Allegorie und Trauerspiel)의 두 부분으로
구성되어 있다. 애초의 논문계획과는 달리 결론이 독립된 장에서 다루
어지지 않고 본론의 끝부분에 자리 잡고 있는 것은 이 저서의 독특한
점이다. 「인식비판적 서론」은 내용상 두 부분으로 나뉘는데, 대략 서론
의 3분의 2를 차지하는 부분에서는 이념에 대한 개념규정과 이념세계
의 재현의 문제가 다루어지고 있다.[9] 그 이후 부분에서는 기존의 바로

---

9) 이 부분(서론 처음부터 「단자론」까지)은 벤야민이 1924년 9월 중순에 이미

크 문학 연구 및 수용이 비판적으로 검토되고 있다.

이미 말한 바대로 본론은 두 부분으로 나뉘는데 각 부분은 특별한 제목 없이 각각 세 개의 장으로 나뉜다. 제1부 첫 장에서는 바로크 비애극의 내용적인 층위들이 "정치적 인간학"의 관점에서 구체화된다. 바로크 드라마를 "아리스토텔레스주의"의 그늘에서 벗어나게 하는 일은 『독일 비애극의 원천』의 중요한 관심사 가운데 하나이다. 이러한 전제 아래 벤야민은 본론 제1부, 제2장의 전반부에서 자신의 그리스 비극론을 역사철학적이고 언어철학적인 관점으로 전개하고, 비애극과 그리스 비극을 비애(Trauer)와 비극성(Tragik)이란 개념을 매개로 구분하고 있다. 제2장 후반부에서는 바로크 비애극과 그 혈통을 이어받고 있는 드라마들(국가대사극, 질풍노도기의 드라마, 낭만주의 운명비극 등)이 맺는 관련들이 비교적 간단하게 다루어진다.

『독일 비애극의 원천』이 출간되기 이전인 1927년 『신독일기고』(*Neue Deutsche Beiträge*)에 이미 실린 바 있던 제3장, 이른바 '멜랑콜리 장(章)'에서는 비애극 속에 담겨 있는 멜랑콜리의 현상학이 펼쳐진다. 구조적인 관점에서 볼 때 이 제3장은 매우 독특한 위치를 점하고 있다. 이 장은 『독일 비애극의 원천』을 이루는 전체 일곱 장(서론 포함)의 한가운데에 위치하고 있으며, 또 그 자체가 일곱 단락으로 이루어져 있다. 또한 이 장의 핵심이라고 할 수 있는 「사투르누스론」(Die Lehre von Saturn)은 『독일 비애극의 원천』 전체의 무게중심으로서 이 일곱 단락의 한가운데에 자리 잡고 있다.[10]

완성한 서론의 '이론부분'(GS I/3, 925~948)을 출간을 위해 다시 다듬은 것으로 추정된다. 그리고 대학에 제출된 교수자격 논문에 이 '이론부분'은 실리지 않은 것으로 보인다(GS I/3, 924f.; Br. 365, 372 참조). 참고로 타이프로 친 이 제출논문은 분실되었다. 벤야민은 논문의 필사본을 팔레스타인에 있던 숄렘에게 선사했으며, 이 필사본은 현재 예루살렘의 숄렘-문서보관소에 보관되어 있다.

본론 제2부에서는 제1부에서 논의된 바로크 드라마의 "내용미학"을 배경으로 비애극의 근본형식인 알레고리에 대한 논의가 펼쳐진다. 제1장에서 벤야민은 독일 (의)고전주의 및 낭만주의에 의해 제대로 평가받지 못했던 예술적 표현형식인 알레고리를 복권시킨다. 이곳에서 그는 알레고리를 상징과 대비시키고, 형식사적인 관점에서 관찰하며, 알레고리의 본질들을 밝히고 있다. 제2장에서는 바로크 비애극의 알레고리 형식이 보다 구체적으로 분석되며, 마지막 제3장에서는 알레고리적인 관찰의 근저에 놓여 있는 주관성의 신학적 · 비판적 구제가 주제로 들어선다. 역사신학적인 관찰 속에서 알레고리적 의도는 구제의 연관 속에 들어서게 되며 결국 벤야민 자신의 신학적인 사변철학 속에서 구제된다.

4. 반복과 엮음의 구조

『독일 비애극의 원천』의 크고 작은 틀들은 이 저서가 건축학적 체계성을 지니고 있음을 보여준다. 우선 우리는 목차를 통해 이 저서의 세밀한 구성을 개관할 수 있다. 서론은 비록 난해하기는 하지만 본론서술의 방법론적인 특성을 이해할 수 있게 해주며 종래의 바로크 연구에 대한 간략한 보고를 포함하고 있다. 또 이 저서를 구성하고 있는 크고 작은 주제 그룹들은 크게 보면 논리의 흐름에 맞게 배열되어 있어서 앞서 다루어진 부분들은 뒤에 이어지는 논의의 배경이 된다. 결론부분은 비록 본론으로부터 독립되어 있지는 않지만 저서에 형식적인 완결성을 부여하고 있다. 각 장 앞머리에는 모토(Motto)가 있으며, 하나의 소주제는 항상 하나의 단락으로 이루어져 있다. 또 각 단락의 소제목들은

---

10) Lorenz Jäger, "Die esoterische Form von Benjamins 'Ursprung des deutschen Trauerspiels'", in: *Europäische Barock-Rezeption*, Teil 1, hrsg. v. Klaus Garber, Wiesbaden, 1991, pp.150~151.

목차뿐만 아니라 해당 쪽의 상단에도 표기되어 있는데 이 점도 이 저서의 형식적인 틀을 단단히 하는 데 기여하고 있다.[11]

하지만 『독일 비애극의 원천』의 서술구조를 살펴보면 위의 언급은 곧바로 상대화된다. 저서에 등장하는 한 주제는 자신의 의미에 맞게 다른 단락에서 다루어진 주제들을 자신의 주위에 모으고 있으며, 또 이 주제는 다른 단락에서 다루어지는 다른 주제를 위해 다시 언급된다. 이러한 『독일 비애극의 원천』의 '반복'과 '엮음'의 구조는 독서과정에 영향을 미친다. 일직선상으로 나아가는 독서과정은 지속적으로 중단되며, 주의 깊은 독자는 책에서 서술된 비애극의 요소들을 상호연관 속에서 반복적으로 "현재화", "동시화"하게 된다. 직선적, 시간적인 독서는 계속해서 공간적인, 성찰적인 독서로 변형된다.

『독일 비애극의 원천』의 반복과 엮음의 구조를 보여주는 경우를 각각 예를 들어 살펴보기로 하자. 벤야민이 이 책에서 주장하고 있는 이른바 내재성-테제는 바로크 비애극의 신학적 차원에 관심을 두는 독문학자들에 의해 지속적인 비판의 대상이 되어왔다. 벤야민에 따르면 바로크 시대는 "최후의 하늘"을 "진공상태"로 만들려 하며(GS I/1, 246), "출구 없는 절망"을 비애극의 최후의 결론으로 제시한다(GS I/1, 257). 이에 덧붙여 그는 독일 비애극에는 중세 신비극에서 나타나는 바와 같은 피안에 대한 전망이 부재하다고 규정한다(GS I/1, 259). 하지만 우리는 독서과정에서 이러한 극단적인 견해가 바로크 시기의 내재성과 초월성 간의 긴장을 전제로 한 것임을 알게 된다. 벤야민은 이러한 긴장을 다양한 맥락 속에서 반복적으로 이야기한다.

---

11) 전집에 실려 있는 『독일 비애극의 원천』의 외적인 구성은 로볼트 출판사에서 나온 초판본의 형식을 그대로 따른 것이다. 벤야민은 저서의 출판과 관련하여 텍스트의 외적인 구성에 특별한 의미를 부여한 것이 틀림없어 보인다. 이를 위해서는 GS I/3, 958 참조.

그는 이미 바로크 시기의 내재성을 강조하는 「주권론」이란 제목의 단락에서 "세계와 초월 사이의 긴장"(GS I/1, 247)이라는 표현을 사용하고 있다. 「유희와 성찰」에서는 한편으로는 세속세계의 절망상태에서 헤어나지 못하는 독일 바로크 드라마에 대해 말하면서도 다른 한편으로는 "우회로를 통해" "유희적으로" 초월성을 담보하려는 칼데론(Calderón)의 드라마 『인생은 꿈』(*La vida es sueño*)에 대해 언급한다. 「운명드라마에서 운명개념」에서 그는 "반종교개혁 시기 복고신학의 정신" 속에서 "천지창조의 상태"(Schöpfungsstand)가 "은총의 태양"을 반사하고 있다고 말하면서도, "이 태양은 아담의 죄의 늪에서" 비치는 것이라고 덧붙인다(GS I/1, S, 308). 그는 또 「폐허」에서 바로크 문학은 "어떤 목표에 대한 엄격한 관념도 없이 파편들을 쉬지 않고 쌓아올리고 기적에 대한 부단한 기대 속에서 고양을 위해 천편일률적인 표현들을"(GS I/1, 354) 취한다고 지적한다. 또한 같은 단락에서 사물을 폐허로 바라보는 관찰방식에 대립되는 경향, 즉 신격화를 지향하는 바로크의 경향이 언급된다(GS I/1, 356). 「알레고리의 원천 속에 있는 슬픔」에 따르면 알레고리는 "무상성과 영원성이 가장 가까이 마주치는 곳에서 가장 영속적으로 자리 잡는다."(GS I/1, 397)

『독일 비애극의 원천』의 '엮음구조'는 본론의 제2부 제1장에 있는 「폐허」(GS I/1, 353~358)라는 제목의 단락에서 특히 선명하게 드러난다. 벤야민은 이 단락 처음에 『독일 비애극의 원천』 도처에서 서술되고 있는 비애극의 핵심요소들, 즉 역사, 자연, 문자, 무대를 폐허(Ruine)라는 개념과 결합시키고 있다. 이어지는 대목들, (a) 알레고리는 "아름다움을 넘어서 자신을 드러낸다"라는 대목, (b) 바로크 작가들에게 자연은 "꽃봉오리" 또는 "만개한 꽃들"의 모습으로 나타나는 것이 아니라 "영원한 무상성"의 모습으로 나타난다는 언급, (c) "광채없음"(Scheinlosigkeit, 무가상성)이 바로크 문학의 절대적인 특성들 가운데 하나라는 언급 등은 상징과 알레고리가 대비되고 있는 「의고전주의에서 상징과 알레고리」, 「낭만주의에서 상징과 알레고리」와 연결된다.

파편(Bruchstück)이 "바로크적인 창조의 가장 고귀한 재료"라는 지적(354) 속에선 「알레고리적 해석의 이율배반」(351f.), 「알레고리적 파편화」, 「언어의 파편화」, 「엠블럼으로서의 시체」가 함께 공명한다. 이어서 벤야민은 내재성과 초월성 간의 긴장에 대해서 언급하는데, 앞에서 살펴보았듯이 이는 본론에서 반복되어 나타나는 주제이다. "폐허"라는 주제는 『독일 비애극의 원천』의 중심주제 가운데 하나인 멜랑콜리와도 결합되며(355), 이어서 몰락(폐허), 무대, 자연과 역사의 관련이 다시 언급됨으로써(356) 우리는 이 절의 첫 부분을 다시 기억하게 된다. 다음에 나오는 바로크식 신격화의 문제는 『독일 비애극의 원천』의 여러 곳에서 반복해서 등장하는 주제이다. 또 이 단락의 마지막 부분에서 압축된 형태로 서술된 비평론은 몰락한 것, 사멸한 것에서 "재탄생"(358)의 가능성을 찾는 그의 독특한 관심을 엿볼 수 있게 해준다. 이러한 구제의 의도는 이미 제1부에서 암시되고 있고(GS I/1, 260, 306), 이 책의 마지막 장에서 보다 빈번하게 나타나다가, 종결부분에서 극적인 방식으로 실현된다.

5. 성좌

벤야민은 「인식비판적 서론」에서 이념을 현상의 요소들 또는 개념들의 "성좌"(Konstellation/Konfiguration)로 규정한다. 그에 따르면 요소들은 개념에 의해 현상으로부터 풀려 나온다. 그리고 개념적 이해는 현상들이 평균적인 보편성 속에 포섭됨으로써가 아니라 그것들이 일회성과 극단성 속에서 자신의 요소들을 선명하게 드러낼 때 가능하다. 개념적인 이해 속에서 현상들은 그 "요소들이 구제되어 이념들의 영역에"

(GS I/1, 213) 들어간다. 그리고 "철학적 논고(Traktat)의 고유한 방법"인 재현은 바로 이러한 이념의 질서에 입각한 이념의 재현이다.

이러한 그의 입장을 염두에 두고 『독일 비애극의 원천』을 읽어보면 우리는 벤야민이 이 저서에서 자신의 재현이론을 수미일관하게 실천하고 있음을 확인하게 된다. 『독일 비애극의 원천』의 각 단락 속에서는 "그 수를 헤아릴 수 있는"(GS I/1, 218) 바로크 비애극의 현상들 및 요소들이 작가의 의도에 대한 고려 없이 그 극단적인 측면에서 해석된다. 그리고 각 단락들은 한편으로는 서로간에 "완성된 독자성"(GS I/1, 217)을 유지하고 있으면서도 다른 한편으로는 반복과 엮음의 구조를 통해 다른 절들을 비추면서 "공명(共鳴)관계"(GS I/1, 218) 속에 놓이게 된다. 각 단락들 그리고 서술된 바로크 비애극의 각 요소들은 『독일 비애극의 원천』의 전체 테두리 내에서 일종의 성좌, "대립들의 어떤 의미 있는 병존"을 통해 얻어진 총체성(GS I/1, 227)을 만들어내고 있다 할 수 있다.

우리는 텍스트의 절정부인 종반부에서 전개되고 있는 알레고리적인 관찰과 그것의 기반을 이루고 있는 주관성의 구제시도 역시 『독일 비애극의 원천』 전체의 성좌구도와 관련하여 읽을 수 있다. 벤야민의 구제 시도는 한편으로는 알레고리가 지니고 있는 이율배반의 신학적인 해결이란 면에서 텍스트의 완결성을 강화시키고 있지만, 다른 한편으로는 텍스트의 한 '부분'으로서 대립들의 병존 속에서 성립하는 서술의 열려진 총체성을 확인시켜주고 있다. 다시 말해 알레고리적인 시각을 구제하려는 벤야민의 사변적 시도는 전체 텍스트를 결말부분에 입각하여 새롭게 바라보는 것을 가능케 하는 동시에 스스로가 아이러니하게 될 수 있는 가능성을 남긴 채, 다시 말해 알레고리(표현이자 관습)의 이율배반이 "부활의 알레고리"(GS I/1, 406) 속에서 다시 꿈틀거릴 수 있는 여지를 배제하지 않은 채 전체 성좌의 한 부분으로 자리 잡는다. 『독일 비애극의 원천』은 전체적으로 보아 알레고리 속에서 유지되는 초월과 내재성의 긴장을 끝까지 지켜내고 있다고 할 수 있다.

이념이 성좌의 구조를 갖고 있는 한, 바로크 '비애극'이라는 이념은 의식 속에서 소유할 수 있는 것이 아니라, 오직 비애극의 요소들을 공간 속에서 현재화시키는 다중심적인 재현/서술 전체 속에 자리 잡는다. 『독일 비애극의 원천』의 서술은 이념을 드러내기 위한 일종의 산파술이며, 별자리를 읽어내는 가장 오래된 읽기형태의 새로운 부활이라 볼 수 있다.[12]

6. 서술의 일회성과 반복

하지만 이념의 성좌의 일회적 재현은 이념의 드러남을 보장하는 것일까? 사실 벤야민이 생각하고 있는 이념과 재현 사이의 관계는 지금까지 설명한 것보다 좀 더 복잡하다. 벤야민에 따르면 이념은 이미 실재하고 있을 뿐만 아니라(GS I/1, 215) 역사적인 삶을 산다. 즉 이념은 "그 자신의 역사의 총체성 속에서 완성되어 나타날 때까지 역사적 세계와 거듭 갈등을 빚고 있다."(GS I/1, 226) 이념의 역사적인 삶이자 이념에 의해 각인된 역사이기도 한 "원천"은 고유한 운동성을 지니고 있는데, 이 변증법적인 운동은 "모든 본질적인 것들 속에서 일회성과 반

---

12) 또한 우리는 「인식비판적 서론」에서도 일종의 성좌구조를 확인할 수 있다. 서론은 다양한 관찰을 통해 이념세계의 다양한 면모들("성좌", "총체성", "말", "파우스트적인 어머니들", "원천", "모나드")을 분할하고 흩뜨리고 있다. 이로써 서론의 각 절들은 서로 독립되어 있으면서도 서로 조응하는 일종의 "점들"(Punkte)로서 전체 이념론의 부분을 이룬다. 불연속성을 통한 조응은 이념의 구조(성좌)의 특성일 뿐만 아니라 서론 자체의 구조적 특성이기도 하다. 벤야민이 생각하는 이념과 이념론의 서술은 구조적으로 상동관계에 있다고 볼 수 있다.

복이 서로를 조건"지음으로써 생기는 운동이다(GS I/1, 226). 다시 말해 이념은 역사와 대면함으로써 역사 속에서 자신을 "복원"하지만 그것은 일회적이고 또 "불완전한 것", "완결되지 않은 것"이다. 그렇기 때문에 이념은 자신을 역사 속에서 다시 완전히 복원하기 위해 역사와 대면을 반복하는 것이다. 복원의 완성은 역사가 지속되는 한 끊임없이 지연될 수밖에 없다. 벤야민은 「인식비판적 서론」을 위한 초고에서 "원천적인 모든 것은 진리의 현현의 불완전한 복원"이라고 말한다(GS I/3, 935).

이념과 역사와의 관계가 이러하다면 이념의 어떠한 일회적인 재현도 완전성을 주장할 수는 없을 것이다. 왜냐하면 이념의 재현을 위해선 현상의 본질들의 역사적 삶 전체에 눈을 돌려야 하는데(GS I/1, 228), 이 경우 "역사적인 관점의 침잠"은 원칙적으로 한계가 있을 수 없기 때문이다(GS I/1, 228). 따라서 일회적인 재현은 끊임없이 새롭게 다시 시작되어야 하는 조건에 놓이게 되며, "연습"(Übung), "예비교육"(Propädeutik), "시험작업"(Probestück), "훈련"(Schulung)의 성격을 지닌다고 할 수 있다. 이렇게 볼 때『독일 비애극의 원천』은 항상 다시 읽혀야 할 뿐만 아니라 항상 다시 씌어져야 할 텍스트임이 드러난다. 바로크 비애극의 형식이 그것의 역사적인 삶과 관련하여 보다 폭넓고 깊이 있게 해석될수록 이 형식의 이념의 재현은 보다 덜 불완전해질 것이다. 벤야민은 알레고리의 본질이 자신의 서술 "전체로부터 모든 총체성 속에서 순간적으로 솟구쳐 나오기를" 기대한다(Br. 366). 실제로『독일 비애극의 원천』은 이러한 기대로 충만해 있다. 재현은 반복되는 기억과 기다림에 의해 이념과 연결된다. 재현은 "말"(Wort)로서의 이념을 향해 열려 있는 끊임없는 과제이다.

7. 서술의 리듬

벤야민은 "철학적 저술의 고유한 방법"(GS I/1, 209)으로서의 재현을 다음과 같이 특징짓는다.

> 의도의 부단한 진행을 포기하는 것이 트락타트(Traktat)의 제일의 특징이다. 사유는 끈기 있게 항상 새로이 시작하며, 사태 자체로 집요하게 돌아간다. 이러한 부단한 숨 고르기가 정관(靜觀, Kontemplation)의 가장 고유한 존재형태이다. ……문자의 고유한 특징은 각 문장마다 새로이 멈추고 새로이 시작한다는 점이다. 정관적 재현은 다른 어떤 재현보다도 더 이 점을 따라야 한다. 정관적 재현의 목표는 열광시키고 감동시키는 것이 아니다. 정관적 재현은 관찰의 단계들에서 독자를 멈추도록 강요할 때에만 자신감을 갖는다. 대상이 크면 클수록 그 관찰은 단속적이다(GS I/1, 208f.).

재현/서술의 "단속(斷續)적인 리듬"(GS I/1, 208), "부단한 숨 고르기"(Atemholen)는 거시적인 관찰단계에서뿐만 아니라 미시적인 관찰단계 속에서도 관철되어야 한다. 이에 걸맞게『독일 비애극의 원천』의 호흡은 각 장과 각 단락 사이의 빈 공간에서뿐만 아니라 한 단락 안에서 일어나는 논의의 전개과정 속에서, 문장과 문장 사이에서, 더 나아가 각각의 문장 속에서 확인된다.『독일 비애극의 원천』은 독자가 독서과정에서 자신의 재현의 리듬과 호흡을 같이할 것을 요구하고 있다. 이러한 요구가 충족될 때 독서의 리듬, 즉 읽기, 분석, 성찰과 기억의 반복되는 리듬은『독일 비애극의 원천』의 리듬과 서로 조응하는 관계 속에 놓이게 된다.

다루어진 테마를 변주하면서 침잠과 중단의 리듬을 타는 서술상의 특징과 더불어 『독일 비애극의 원천』에서 관찰되는 바, (a) "정관의 단속적인 리듬", "근원적인 청각적 지각", "이념으로서의 말", "본질들의 공명관계" 등과 같은 표현, (b) "스트레타"(Stretta) 형식의 결말부분, (c) "바벨탑 이후 모든 인간의 마지막 언어"인 음악을 소리언어와 문자언어의 매개로 상정하는 사변적인 구상(GS I/1, 388) 등은 이 저서가 담고 있는 청각적 또는 음악적 관심을 잘 보여주고 있다. 그리고 이러한 관심은 벤야민이 비애극을 바라보는 방식에서도 드러난다. 그는 바로크 비애극에서 특징적으로 나타나는 "지속적으로 중단되고 순간순간 전복되다가 또다시 경직됨으로써 생기는 단속적인 리듬"(GS I/1, 373)을 지적하고, 바로크 시기의 언어가 지니고 있는 "소리와 의미 사이의 대립"(GS I/1, 383)을 바로크적인 비애의 원인으로 파악한다.[13]

바로크의 건축물이 그 외부가 수학적인 법칙에 의해 규정되어 있으면서도 그 내부는 상상력이 무성하게 펼쳐지는 공간이듯이(GS I/1, 371), 『독일 비애극의 원천』의 재현은 견고하고 분명하게 서로 구분되는 틀 안에서 헤아릴 수 없을 정도로 어지럽게 전개된다. 성좌가 『독일 비애극의 원천』의 구성원리라면 모순과 긴장에 찬 '하모니'는 이 원리의 내용적인 규정이다. 건축적이고 직물적(textil)이며 음악적인 면(GS

---

13) 벤야민은 후고 폰 호프만슈탈에게 보내는 한 편지(1926년 10월 30일)에서 다음과 같이 적고 있다. "숨겨져 있는 이 논문의 고유한 중심에 대해 지적하신 당신의 편지는 저를 매우 놀라게 했습니다. 이미지와 문자와 음악에 대한 서술은 진정으로 이 논문의 원세포(Urzelle)입니다. 이 서술은 세 쪽짜리 초기 논문 「비애극과 비극에서 언어에 대하여」(「비애극과 비극에서 언어의 의미」를 말하는 듯하다—옮긴이)와 그대로 상응하는 바가 있습니다."(Br, 437f.) 베른트 비테는 벤야민의 초기 논문 「비애극과 비극」에 나오는 "비애극의 나머지는 음악이다"(GS II/1, 137)라는 구절을 인용하면서 벤야민에게 음악이 "구제의 필연성을 위한 암호"임을 지적한다. Bernd Witte, *Walter Benjamin. Der Intellektuelle als Kritiker*, Stuttgart, 1976, p.118 참조.

IV/1, 102)을 지닌 재현의 변증법적인 운동은 이 저서를 어떤 면에서는 거의 예술적인 것으로까지 만들고 있다.[14] 벤야민은 「인식비판적 서론」 에 있는 모토, "학문에서 모종의 전체성과 같은 것을 기대한다면 그 학문을 예술로서 사유하지 않으면 안 된다"(GS I/1, 208)라는 괴테의 요청을 자신의 고유한 재현방식으로 충족시키고 있다 하겠다.

8. 서술과 서술대상의 유사성

『독일 비애극의 원천』의 서술상의 특징들은 이 저서가 밝히고 있는 바로크 비애극의 특징들과 몇 가지 점에서 유사하다. 독일 바로크 드라마에서 경구(Sentenz)가 "얽히고설킨 알레고리의 어둠 속에서" 빛을 발하듯이(GS I/1, 373), 『독일 비애극의 원천』에 있는 아포리즘적인 문장들은 복잡한 재현의 심연 속에서 갑자기 튀어 오른다. 17세기의 비애극이 항상 대상들을 "반복될 수 있는 것처럼" 다루듯이(GS I/1, 316), 비애극의 이념의 재현도 반복성을 특징으로 한다. 또한 벤야민이 바로크 비애극의 본질들을 해명하기 위해 동원한 많은 개념들은[15] 『독일 비애극의 원천』의 서술을 특징짓는 개념들이기도 하다. 과거 속에 자리

---

14) 물론 이러한 측면을 근거로 『독일 비애극의 원천』의 핵심이 그 미적인 성격에 있다고 주장할 수는 없다. 벤야민에 따르면 이념의 세계를 기술하는 철학자는 "연구자와 예술가 사이에 고양된 중심"을 획득하며, 예술가는 "재현이라는 과제"를 통해 철학자와 결합된다(GS I/1, 212).

15) "유희", "성찰"(GS I/1, 259), "동시성"[Simultaneiät(260)], "동시화" [Simultaneisierung(370)], "성좌"[Konstellation(311)], "침잠" [Versenkung(320)], "극단적인 것들의 전복"[Umschlagen von Extremen (337)], "짜임"[Verschränkung(344)], "결합하기"[Kombinieren(355)], "분산"[Zerstreuung(364)], "전체의 건축적 구조"(tektonische Struktur des Ganzen), "얽힘"(Verschlingung), "복잡한 배치구도"[komplizierte Konfiguration(371)], "단속적인 리듬"(373), "총체성"(409) 등등.

잡고 있는 관찰대상과 그것을 현재로 불러들이는 재현방식 사이의 이러한 유사성은 물론 형식적인 것이며 따라서 제한적인 것이다. 왜냐하면 관찰이 언어이론에 바탕을 둔 이념론과 "산문적인 냉철함"(GS I/1, 209)에 근거를 두고 전개되는 반면, 관찰대상 즉 바로크 비애극은 공허한 사물에 대한 자의성의 지배를 본질로 하는 알레고리를 자신의 형식적 특징으로 삼고 있기 때문이다.

9. 주관성의 구제

『독일 비애극의 원천』에선 주체의 의식과 지향을 통해 산출된 인식과 무의도적인 존재인 진리 사이의 대립, 주관성에 의해 굳어진 삶을 사는 문자 이미지인 알레고리와 "말"로서의 이념 사이의 대립이 선명하게 각인되어 있다. 그리고 이러한 대립의 이면에는 저서 곳곳에서 표명되어 있는 구제에의 관심이 자리를 잡고 있다. 신학의 힘을 빌려 알레고리적 의도의 배후에 있는 주관성을 비판적으로 구제하려는 극적인 종결부분은 이념 속에서 현상을 구제하는 것이 문제 되는 서론과 연결된다.

벤야민에게 주관성의 구제란 신의 세계, 선의 세계 속에서 주관성이 자신의 공허함을 바라보게 되는 것, 즉 신의 세계 속에서 주관성의 자기계몽을 의미한다.[16] 일견 사적인 사변철학의 산물로만 보이는 알레고리적 의도의 비판적 구제는 20세기 초의 역사적 문맥에서 바라볼 때 현재성 있는 의미를 획득한다. 우리는 『독일 비애극의 원천』을 제1차

---

16) 『독일 비애극의 원천』의 종결부분에서 펼쳐지는 구제의 철학은 (a) 알레고리적인 의도의 자기기만이라는 착상, (b) "사탄의 추락"이라는 기독교적인 모티프, (c) 창세기에 뿌리를 둔 것으로 "악에 대한 지식"의 대상 없음이라는 생각, (d) 벤야민 자신의 언어이론적 사변, (e) 선 안에서 주관성의 자기반영(자기자각)이라는 사유 등에 의해 근거지어져 있다.

세계대전 이후 진보의 꿈이 파국의 악몽으로 변해버린 위기의 시점에서 행해진 근대적 주체 및 주체철학에 대한 비판으로 읽을 수 있다. 이렇게 볼 때 "알레고리의 주관주의"는 근대 주체(철학)의 알레고리로 재해석될 수 있으며[17], 그것의 비판적 구제는 근대적 주체의 비판적 극복 및 주체의 정화라는 의미를 함축하고 있다고 볼 수 있다. 철학과 문헌학의 상호침투 속에서 규명된 바로크 속에선 비록 명시적이진 않지만 20세기 초의 위기상황이 함께 진동하고 있다. 그리고 이러한 진동속에서 "바로크의 현재성"(GS I/1, 235)이 확인된다.

10. 결산과 새로운 시작

논문을 대학에 제출하기 한 달 전에도 그의 마음은 이중적으로 움직였다. 그는 "사정이 불리하지 않다"라고 판단하면서도 모든 일이 잘 이루어질 경우 주어질 모든 것에 대해, "우선은 프랑크푸르트에 대해, 그 다음으로 강의와 학생들"에 대해 불안해했다(Br. 373). 사정은 논문이 거부된 것을 알게 된 이후에도 마찬가지였다. 벤야민의 쓰라린 마음과 후회와 분노[18]는 해방의 감정과 공존했다. 그는 학계에 몸을 담는 것이 자신의 길이 아니었으며 이 길을 가지 않게 된 것이 오히려 잘된 일

---

17) Klaus Garber, *Zum Bilde Walter Benjamins. Studien — Porträts — Kritiken*, München, 1992, p.218.
18) 이 점은 벤야민이 1925년 7월 작성했지만 『독일 비애극의 원천』에 실리지는 않은 서문에서 확인할 수 있다. "나는 장미공주(Dornröschen)에 대한 동화를 재차 이야기하고 싶습니다. 그녀는 자신의 가시나무 울타리 안에서 잠을 자고 있습니다. 그리고 세월이 한참 흐른 뒤 그녀는 깨어납니다. 그런데 한 행복한 왕자의 입맞춤으로 깨어난 것은 아닙니다. 요리사가 그녀를 깨운 겁니다. 그가 요리견습생의 뺨을 때렸는데 아주 오랫동안 비축된 힘으로 때린 거라 소리가 성 전체에 울렸던 것입니다. 다음 쪽에 이어져 나오는 가시로 뒤덮인 울타리 뒤에 예쁜 한 아이가 잠을 자고 있습니다. 학문이란 휘황찬란한 장

이라고 생각했다["전체적으로 보아 나는 기쁘다네." (Br. 392)]. 그는 이미 정치적인 사유의 길을 가고 있었으며, 이를 위해서는 어디에도 얽매이지 않는 자유로움이 필요했다. 『독일 비애극의 원천』을 끝으로 "독문학 생산영역"에서 전개된 벤야민의 작업은 근본적으로 종결된다(Br. 455). 같은 해, 같은 출판사에서 출간된 『독일 비애극의 원천』과 『일방통행로』는 각각 결산과 새로운 시작을 의미한다. "우회로"를 통한 현상의 구제, 주관성의 비판적 구제라는 형이상학적 관심은 부르주아의 주관성이 불러들이는 환상과 제국주의적 자연지배에 근거한 "파괴의 광란" (GS IV/1, 148)을 극복하려는 유물론적인 관심으로 전환된다.

비를 갖추고 있는 어떤 행운의 왕자도 그 아이에게 가까이 가지 않습니다. 왜냐하면 신부에게 하는 입맞춤을 하다가는 그 아이가 물어버릴 것이기 때문입니다. 오히려 작가가 주방장으로서 아이를 깨우는 일을 자신의 몫으로 남겨두었습니다. 학문의 홀에서 날카롭게 울려야 할 따귀 때리는 소리는 너무 오래도록 울리지 않았습니다. 따귀 때리는 소리가 울린다면, 금지되어 있는데도 헛간에서 교수가운을 짜려다가 구식물레의 실패에 찔렸던 이 가련한 진리도 깨어나게 될 것입니다." (Br. 418)

인식비판적 서론

> 전체라는 것은 지식에서든 성찰에서든 조립될 수 없는데, 그
> 것은 지식에서는 내부가, 성찰에서는 외부가 **빠져** 있기 때문이
> 다. 그래서 우리가 학문에서 모종의 전체성과 같은 것을 기대
> 한다면 그 학문을 예술로서 사유하지 않으면 안 된다. 그것도
> 우리는 그 전체성을 어떤 일반적인 것, 과도하게 넘쳐나는 것
> 에서 찾으려 해서는 안 되고, 예술이 각각의 개별 예술작품에
> 서 재현되듯이 학문 역시 각각의 개별 대상에서 그때그때 온전
> 히 입증되어야 할 것이다.
>
> • 요한 볼프강 폰 괴테, 「색채론의 역사에 관한 자료」[1]

트락타트의 개념

방향을 전환할 때마다 다시금 재현(Darstellung, 서술)이라는 문제
에 부딪히는 것은 철학적 저술에 고유한 것이다. 물론 철학적 저술은
그 완결된 형태를 두고 볼 때 가르침(Lehre, 교설, 이론)이 될 테지만
그러한 완결성을 그 저술에 부여하는 것은 단순한 사유의 권한에 속하
는 게 아니다. 철학적 가르침은 역사적 성문화(Kodifikation, 법전화)
작업에 바탕을 둔다. 따라서 철학적 가르침은 기하학적 연역 방식으로
불러낼 수 있는 것이 아니다. 수학은, 모든 엄격하게 사태에 들어맞는

---

1) [Johann Wolfgang von] Goethe, *Sämtliche Werke*, Jubiläums-Ausgabe,
   In Verbindung mit Konrad Burdach [u. a.] hrsg. von Eduard von der
   Hellen, Stuttgart, Berlin, 연도표시 없음[1907ff.], Bd.40: *Schriften zur
   Naturwissenschaften*, 2, pp.141~142.

교수법이 추구하듯이 재현의 문제를 완전히 제거하는 것이 진정한 인식의 징표라는 점을 분명하게 증명해주는데, 그렇다면 그만큼 수학은 언어들이 의미하는 진리의 영역을 포기한다는 사실을 간명하게 드러내준다. 철학적 구상들에서 방법이라는 것은 그 구상들의 교수법적 장치로 환원되는 것이 아니다. 그리고 이 점은 다름 아닌 그 철학적 구상들에서 비의성(秘義性, Esoterik)이 고유하다는 점, 그리고 철학적 구상들은 비의성을 벗어던질 능력도 없고, 그것을 부인하는 것도 허락되지 않으며, 그것을 칭송하는 일은 그 구상들을 심판하게 될지도 모른다는 점을 말해준다. 가르침과 비의적 에세이라는 개념들을 통해 제기되는 철학적 형식의 대안을 19세기의 체계개념은 무시해왔다. 이 체계개념이 철학을 규정하는 한 철학은 진리를 마치 그것이 외부에서 날아 들어온 양 인식들 사이에 쳐놓은 거미줄로 포획하려는 혼합주의(Synkretismus)에 순응할 소지가 있다. 하지만 습득된 철학의 보편주의는 가르침의 교수법적 권위에 미치기에는 턱없이 부족하다. 철학이 인식을 위한 매개적 안내로서가 아니라 진리의 재현으로서 자신의 형식법칙을 지키려고 한다면, 체계 속에서 그 형식을 선취하는 일이 아니라 그 형식을 연습하는 일에 비중을 두어야 할 것이다. 이러한 연습은 명확하게 표현할 수 없는 진리의 본체를 목도한 모든 시대마다 어떤 입문서(Propädeutik, 예비교육)의 형태로 강요되어 왔는데, 이 입문서를 트락타트(Traktat)*라는 스콜라 철학적 용어로 불러도 될 것이

---

* 논고(論考), 논문을 뜻하며, 원래 도덕적 목적에 기여하는 고대의 수사학적인 문학형식을 이용하여 기독교 교리를 해석하고 정당화하는 교부시대와 중세의 산문형식을 일컫는다. 18세기 이래로 트락타트는 대개 별다른 호소력을 지니지 못한 도덕적·종교적 교화서를 의미했다. 크게 보아 감각적이고 실험적이며 개방적인 에세이와는 달리 트락타트는 체계적이고 독백적이며 논쟁적이다. 에세이와 트락타트의 엄격한 구분은 사실상 불가능하다. 내용면에서 볼 때 르

다. 그 이유는 트락타트가 비록 잠재적으로나마 신학대상들에 대한 지시를 내포하기 때문이고, 이러한 신학적 대상들이 없이 진리는 사유될 수 없기 때문이다. 트락타트들은 그 어조를 두고 볼 때 교훈적일 수 있다. 하지만 그것의 가장 내밀한 태도를 두고 볼 때 트락타트는 지침서가 지니는 간명성, 즉 가르침이라면 자신의 권위로 주장할 수 있을 그러한 간명성을 지니지 못한다. 트락타트는 그렇다고 수학적 증명과 같은 강제수단도 동원하지 못한다. 그 규범적 형태를 두고 볼 때 가르치려는 의도*라기보다는 거의 교육적이라 할 수 있는 의도의 유일한 요소로서 권위적인 인용이 허용된다. 재현은 트락타트 방법(Methode)의 총괄개념이다. 방법은 우회로(迂回路)이다. 우회로로서의 재현, 이것이 트락타트의 방법적 성격이다. 의도의 부단한 진행을 포기하는 것이 트락타트의 제일의 특징이다. 사유는 끈기 있게 항상 새로이 시작하며, 사태 자체로 집요하게 돌아간다. 이러한 부단한 숨 고르기가 정관(靜觀, Kontemplation, 관조)의 가장 고유한 존재형태이다. 왜냐하면 정관은 어떤 동일한 대상을 관찰할 때 여러 상이한 의미층을 좇는 가운데 항상 새로운 자신의 출발을 위한 추진력을 얻고, 자신의 단속적(intermittierend) 리듬의 정당성을 얻기 때문이다. 불규칙한 조각들로 분할되는 데도 모자이크가 장엄함을 드러내듯이 철학적 관찰은 비약을 두려워하지 않는다. 모자이크는

네상스 이래로 에세이에서 고대와 중세의 도덕적 교리에 의해 각인된 트락타트의 전통이 계속 살아남았으며, 20세기에도 벤야민, 헤르만 브로흐(Hermann Broch), 로베르트 무질(Robert Musil), 테오도르 아도르노(Theodor W. Adorno), 지크프리트 크라카우어(Siegfried Kracauer), 한스 마그누스 엔첸스베르거(Hans Magnus Enzensberger) 등의 문화분석적 에세이에서 트락타트적 요소들이 확인된다. Klaus Kanzog und Achim Masser(Hrsg.), *Reallexikon der Deutschen Literaturgeschichte*, Bd.4, Berlin und New York, 1981, pp.530~546 참조.

* 철학영역에서 "Intention"은 사유 또는 의도의 방향을 뜻하기에 문맥에 따라 "지향"으로도 옮겼다.

개별적이고 동떨어진 것들이 모여 나타난다. 초월적 힘을, 그것이 성상(聖像)이 지닌 힘이든 진리가 지니는 힘이든 이보다 더 강력하게 가르칠 수 없을 것이다. 사유파편들이 지니는 가치는 그 파편들이 근본구상에 견주어 측정될 수 없으면 없을수록 더 결정적이 된다. 그리고 모자이크의 가치가 유리용질의 질에 달려 있는 것과 마찬가지로 재현의 광휘는 그러한 사유파편들의 가치에 달려 있다. 미시적 가공작업이 조형적 전체성과 지적 전체성의 척도에 대해 갖는 이러한 관계는, 진리내용이란 사실내용의 세목들에 가장 엄밀하게 침잠할 때에 비로소 파악될 수 있음을 웅변해준다. 모자이크와 트락타트는 그것이 서양에서 지고로 발전된 형태를 두고 볼 때 중세에 속한다. 그 둘의 비교를 가능케 하는 것은 그들의 진정한 친화성이다.

인식과 진리

그러한 재현에 내재하는 어려움은 그 재현이 독특한 산문적 형식이라는 점을 증명해준다. 말하는 자가 개별 문장들이 스스로 지탱할 능력이 없을 때에도 이 문장들을 목소리와 표정을 통해 떠받치고, 마치 어떤 거창한 것을 암시하는 스케치를 단 한 번의 필치로 그려내기라도 하는 듯이 그것들을 짜 맞추어 종종 불확실하고 모호한 어떤 생각을 만들어내는 반면, 문자의 고유한 특징은 각 문장마다 새로이 멈추고 새로이 시작한다는 점이다. 정관적 재현은 다른 어떤 재현보다도 더 이 점을 따라야 한다. 정관적 재현의 목표는 열광시키고 감동시키는 것이 아니다. 정관적 재현은 관찰의 단계들에서 독자를 멈추도록 강요할 때에만 자신감을 갖는다. 대상이 크면 클수록 그 관찰은 단속적이다. 그것의 산문적 냉철함은 명령적인 교훈어의 차안(此岸)에서 유일하게 철학적 연구에 어울리는 글쓰기 방식으로 남는다.—이러한 철학적 연구의 대상은 이념

(Idee)들이다. 재현이 철학적 트락타트의 본래적 방법으로 인정받으려면, 그것은 이념들의 재현이어야 한다. 재현된 이념들의 운행 속에 현재화되는 진리는 어떠한 종류의 인식영역으로의 투사에서도 벗어나 있다. 인식은 소유이다. 인식의 대상 자체는 그것이 의식—그것이 선험적 의식이라도—속에 점유되어야 한다는 점으로 규정된다. 인식의 대상에는 소유적 성격이 남아 있다. 이러한 소유에게는 재현이 이차적이다. 소유물은 스스로를 재현하는 것으로서는 이미 존재하지 않는다. 하지만 바로 이 점, 즉 스스로를 재현하는 점이 진리에 해당한다. 방법은 인식에는 소유의 대상을—그것이 의식에서 산출되는 방식을 통해서라도—얻는 길을 뜻하는데, 그것은 진리에는 진리 자체의 재현이며, 따라서 형식으로서 진리와 함께 주어져 있다. 이 형식은 인식방법이 행하듯이 의식 속의 연관관계에 속하는 것이 아니라 존재에 속하는 것이다. 인식대상이 진리와 합치하지 않는다는 명제는 철학의 원천인 플라톤의 이데아론에서 철학의 가장 심오한 의도들(Intentionen, 지향들) 가운데 하나로서 거듭 입증될 것이다. 인식은 캐물을 수 있지만 진리는 그렇지 않다. 인식은 개별적인 것을 향해 있지만, 그것의 통일성을 직접 지향하지는 않는다. 인식의 통일성이라는 것이 존재한다면 그것은 오히려 매개적으로만, 다시 말해 개별 인식들을 근거로, 그리고 어느 정도는 그 인식들의 균형을 바탕으로 만들어질 수 있는 연관관계이다. 그에 반해 진리의 본질에는 통일성이 전적으로 매개 없이 존재하며 직접적 규정으로 존재한다. 캐물을 수 없다는 것은 이러한 직접적인 규정의 특성이다. 다시 말해 진리의 본질 속의 온전한 통일성이 캐물을 수 있는 것이라면, 그 물음은 이런 형식을 띠어야 할 것이다. 즉 진리가 물음들에 상응하도록 해줄지도 모르는 모든 가능한 대답들 속에, 어떻게 해서 그러한 통일성에 대한 대답 자체가 이미 주어져 있는가. 그런데 이 물음에 답하기 위해서는 그전에 똑같은 물음을 다시 되물어야 할 것이다. 이런 식으로

진리의 통일성은 모든 물음에서 벗어나 있다. 개념 속의 통일이 아니라 존재 속의 통일로서 진리는 모든 물음의 밖에 있다. 개념이 오성(悟性)의 자발성에서 나오는 반면, 이념들은 관찰에 주어져 있다. 이념들은 앞서 주어져 있는 무엇이다. 그리하여 인식의 연관관계에서 진리가 분리됨으로써 이념은 존재로서 정의된다. 이것이 이데아론이 진리개념에 대해 갖는 의미이다. 진리와 이념은 존재로서 플라톤의 체계가 각별하게 부여하는 지고의 형이상학적 의미를 얻는다.

철학적 미

이 점은 무엇보다 『향연』(Symposion)이 증명해준다. 특히 『향연』은 이 연관에서 두 가지 결정적 진술들을 내포하고 있다. 『향연』은 이념들의 영역인 진리를 미의 본질적 내용으로 전개한다. 『향연』은 진리를 아름답다고 선언한다. 진리와 미의 관계에 대한 플라톤적 통찰은 모든 예술철학적 시도의 최고의 관심사일 뿐만 아니라 진리개념 자체를 규정하는 데도 필수적인 저작이다. 체계론적 이해방식은 이 명제들에서 단순히 철학을 위한 찬가의 오래되고 존귀한 구상만을 볼 터인데, 그로 인해 이러한 이해방식은 어쩔 수 없이 이데아론의 사상권에서 멀어질 것이다. 이데아론의 사상권은 아마 앞에서 사유된 주장들 속에서 이념들의 존재방식을 가장 분명하게 밝혀줄 것이다. 두 가지 진술들 가운데 두 번째 진술은 우선 어떤 제한적 설명이 필요하다. 진리가 아름다운 것으로 불린다면, 그 점은 에로스적 갈망의 단계들을 기술하는 『향연』의 맥락에서 파악되어야 한다. 에로스가 자신의 동경을 진리 쪽으로 향하게 한다면 그 에로스는 자신의 원천적인 노력에 불성실한 것이 아니라고 이해되어야 한다. 왜냐하면 진리는 아름답기 때문이다. 진리는 그 자체로 아름답다기보다 에로스에게 아름답다. 인간의 사랑에서도 이와 똑같은 관계가 지배한다. 즉 인간은 스스로 아름다운 것이 아니라 사랑하는 사람에게 아름다운 것이다. 그것도 그의 육신이 아름다움의 질서보다 더 높은 질서 속에서 나타나기 때문에 그렇다. 진리 역시 마찬가지이다. 진리는 그 자체로 아름답다기보다 그것을 추구하는 사람에게 아름답다. 상대성의 입김이 이 사람에게 닿는다 해도, 진리에 고유한 아름다움이 그로 인해 어떤 비유적 수식어가 된 것은 결코 아니다. 오히려 스스로 재현되는 이념의 영역으로서 진리의 본질은 진실한 것의 아름다움에 대한 논의가 결코 침해될 수 없음을 보증해준다. 진리 속에서 그와 같은 재현적 계기야말로 아름다움 일반의 피신처이다. 다시 말해 아름다운 것은 자신을 숨김없이 드러내는 한, 빛을 발하는 것〔가상적인 것〕, 만져볼 수 있는 것으로 남는다. 아름다운 것이 빛나기만 할 뿐 아무것도 하려 하지 않는 한, 유혹하는 아름다운 것의 빛남은 오성(Verstand, 지성)의 추적을 촉발하면서, 아름다운 것이 진리의 제단으로 도피할 때 한해서만 자신의 무죄성을 인식하게 만든다. 에로스는 이러한 도피를 뒤쫓지만, 추적자로서가 아니라 사랑하는 자로서 뒤쫓는다. 미는 자신의 외적 외관〔가상〕 때문에 항상 양쪽을 피하는데, 곧 이해하려는 자〔오성〕를 두려움 때문에, 그리고 사랑하는 자를 불안 때문에 피한다. 그리고 이 사랑하는 자만이 진리가 비밀을 파괴하는 폭로(Enthüllung, 껍질을 벗겨냄)가 아니라 그 비밀에 합당한 계시라는 점을 증명할 수 있다. 진리가 아름다움에 합당할 수 있는가? 이것이 『향연』에서 가장 심오한 물음이다. 이에 대한 대답으로서 플라톤은 아름다움에 존재를 보증해주는 일을 진리의 역할로 할당한다. 이러한 의미에서 플라톤은 진리를 미의 내용으로 전개한다. 그러나 그 내용은 폭로를 통해 드러나는 것이 아니라, 오히려 껍질(Hülle)이 이념들의 영역에 들어설 때 불타 오르는 과정, 그 속에서 작품형식이 자신의 광도(光度)의 정점에 이르게 되는 작품의 연소과정이라고 비유적으로 표현할 수 있는 어떤 과정에서 드러난다. 진리와 미의 이러한 관계는 진리가 흔히 사람들이 그것과 동일한 것으로 상정하는 인식대상과 얼마나 다른지를 다른 무엇보다도 분명하게 보여준다. 그리고 이 관계는, 자신의 인식내용이 학문과의 관계를 오래전에 잃어버린 철학체계들의 경우에도 그 체계들의 현재성 속에 놓여 있는 단순하면서도 환영받지 못하는 어떤 정황을 해명하는 열쇠를 내포한다. 위대한 철학들은 세계를 이념들의 질서 속에서 재현한다. 그런데 그러한 일이 그 속에서 일어난 개념적 윤곽들이 오래전에 허약하게 무너져버린 경우가 상례이다. 그런데도 이 체계들은 플라톤이 이데아론으로써, 라이프니츠가 단자론 (Monadologie)으로써, 헤겔이 변증법으로써 보여주었듯이 세계를 기술하는 구상들로서 그 타당성을 주장하고 있다. 이 모든 시도들의 고유한 특징은, 세계 대신 이념들의 세계를 다룰 때에도 자신의 의미를 견지한다는 점, 아니 바로 그럴 때 비로소 자신의 의미를 강력하게 전개하는 경우가 허다하다는 점이다. 왜냐하면 이 사상적 구조물들은 이념들의 질서에 대한 기술로서 생겨났기 때문이다. 그 사상가들이 현실적인 것의 이미지를 그 구조물들 속에서 집약적으로 구상하려 하면 할수록, 그들은 나중에 나타날 해석자가 어떤 근본적인 의미를 지닌 세계로서의 이념세계를 독창적으로 재현하는 데 도움을 줄 것이 틀림없는 개념질서를 그만큼 더 풍부하게 구축하지 않을 수 없었다. 경험세계가 스스로 이념세계에 들어가서 그 속에서 용해되는 식으로 기술하는 구상을 훈련하는 것이 철학자의 과제라면, 그 철학자는 연구자와 예술가 사이에 고양된 중심을 획득한다. 예술가는 이념세계의 작은 이미지를 구상하는데, 이때 바로 그것을 비유로서 구상하기 때문에 각각의 현실 속에서 궁극적인 이미지를 만들어낸다. 연구자는 개념을 가지고 세계를 내부에서 분할하는 가운데 세계를 이념의 영역 속으로 분산해 배치한다. 단순한 경험을 소멸시키는 일에 대한 관심이 연구자를 철학자와 결합한다면, 재현이라는 과제가 예술가를 철학자와 결합한다. 항간의 견해에 따르면 철학자는 연구자로, 그것도 흔히 열등한 모습의 연구자로 분류되어왔다. 철학자의 과제 속에는 재현문제를 고려하는 자리가 어디에도 없는 것처럼 보였다. 철학적 양식의 개념에는 역설이라는 것이 없다. 철학적 양식의 개념은 자신의 요청(Postulat)들을 가지고 있다. 그 요청들이란, 연역의 연쇄에 반대되는 중단의 기법, 단편(斷片)의 제스처에 반대되는 논설의 지구력, 얄팍한 보편주의에 반대되는 모티프들의 반복, 부정하는 논쟁에 반대되는 치밀한 긍정성의 풍부함이다.

개념 속에서의 분할과 분산

진리가 통일성과 유일무이성으로 재현되기 위해 학문에서의 어떤 빈틈없는 연역적 연관관계가 요구되는 것은 결코 아니다. 그렇지만 바로 이러한 빈틈없음이야말로 체계논리가 진리사상에 연관되는 유일한 형식이다. 그와 같은 체계적 완결성은 단순한 인식들과 인식연관을 통해 진리를 확보하려는 다른 모든 재현보다 진리와 더 많은 공통점을 갖고 있지는 않다. 학문적 인식의 이론이 분과학문들에 철저하게 골몰하면 할수록 그 분과학문들의 방법적 비정합성(Inkohärenz)은 그만큼 명백하게 드러난다. 개별 과학적 분야는 저마다 새롭고 연역 불가능한 전제조건들을 도입하고 있다. 그런데 이들 분야들에서는 자신 앞에 누적된 전제조건들의 문제들이 해결된 것으로 간주되는가 하면, 또 다른 맥락에서 그 문제들의 해결이 종결될 수 없다는 점을 똑같은 역점을 두고 주장한다.[2] 자신의 연구물에서 개개의 분과학문이 아니라 억측에서 만

---

2) Emile Meyerson, *De l'explication dans les sciences*, 2 Bde., Paris, 1921, Passim.

들어낸 철학적 요청들에서 출발하는 학문론이 지니는 가장 비철학적인 특성들 가운데 하나는 바로 그러한 비정합성을 우연적인 것으로 간주하는 태도이다. 그러나 과학적 방법의 불연속성은 어떤 열등하고 임시적인 인식단계를 규정짓는 일과는 거리가 멀다. 오히려 그 불연속성은, 백과사전적으로 인식들을 포괄하는 가운데 비약 없는 통일성인 진리를 포착하려는 주제넘은 생각이 끼어들지 않는다면, 그 학문방법의 이론을 긍정적으로 촉진할 수 있을 것이다. 체계란 그 토대가 이념세계의 상태 자체에서 착상을 얻는 곳에서만 타당성을 갖는다. 체계들뿐만 아니라 철학용어를 규정하는 거대한 분류들, 즉 논리학·윤리학·미학과 같은 가장 일반적인 분류들은 언제나 분과학문의 이름으로서가 아니라 이념세계의 불연속적 구조의 기념비들로서 그 의미를 갖는 법이다. 그러나 현상들은 가상이 섞여 있는 그것의 조야한 경험적 존재 전체가 온전하게 구제되는 것이 아니라 그것의 요소들이 구제되어 이념들의 영역에 들어간다. 현상들은 분할되어 진리의 진정한 통일성에 참여하기 위해 자신의 거짓된 통일성을 벗어 던진다. 현상은 이렇게 분할된다는 점에서 개념들에 종속된다. 사물들을 요소로 해체하는 일을 수행하는 것이 개념의 역할이다.

개념들로 구별하는 작업은 오로지 그것이 이념들 속에서의 현상들의 구제, 플라톤적인 현상의 구제(τὰ φαινόμενα σώζειν)를 목표로 삼을 때만 파괴적인 궤변이나 늘어놓는다는 모든 의혹에서 벗어날 수 있다. 이러한 매개적 역할을 통해 개념들은 현상들을 이념들의 존재에 참여하도록 한다. 그리고 바로 이러한 매개역할로 인해 개념들은 철학의 또 다른 근원적 과제, 즉 이념들의 재현이라는 과제에 유용하게 된다. 현상들의 구제가 이념들을 매개로 이루어지는 동안, 이념들의 재현은 경험을 수단으로 이루어진다. 왜냐하면 이념들은 그 자체로서가 아니라 오로지 개념 속에서 사물적 요소들을 배속하는 작업을 통해 재현되기 때문이다. 그리고 이때 이념들은 그 사물적 요소들의 성좌(Konfi-guration)로 재현된다.

성좌(星座)로서의 이념

한 이념의 재현에 사용되는 일군의 개념은 이념을 그 개념들의 성좌로서 현현한다. 왜냐하면 현상들은 이념들 속에 동화되어 있지 않기 때문이다. 현상들은 이념들 속에 내포되어 있지 않다. 오히려 이념들은 현상들의 객관적이고 잠재적인(Virtuell) 배열이고 현상들의 객관적 해석이다. 이념들은 현상들을 자신 속에 동화시켜 내포하지도 않고, 스스로 기능들로, 현상들의 법칙으로, '가설'로 증발해버리지 않는다면 도대체 어떤 방식으로 현상들에 도달하는가 하는 물음이 생겨난다. 이에 대해서는 현상들의 재현(Repräsentation) 속에서라고 답할 수 있다. 이념 자체는 그 이념으로 포착된 것과는 근본적으로 다른 영역에 속한다. 따라서 이념이 이념으로 포착된 것을 마치 유(類)개념이 종(種)들을 포괄하듯이 포괄하는지는 그 이념의 존립에 대한 기준으로 이해될 수 없다. 왜냐하면 그것은 이념의 과제가 아니기 때문이다. 비유를 들어 이념의 의미를 이렇게 나타낼 수도 있다. 즉 이념과 사물들의 관계는 별자리와 별들의 관계와 같다. 이것이 의미하는 것은 우선 이념들이 사물들의 개념도 사물들의 법칙도 아니라는 점이다. 이념들은 현상들의 인식에 기여하지 않으며, 어떤 식으로도 현상들은 이념들의 존립에 대한 기준이 될 수 없다. 오히려 현상들이 이념들에 대해 가지는 의미는 그 현상들의 개념적 요소들에서 소진된다. 현상들은 자신의 현존 · 공통점 · 차이들을 통해 자신을 포괄하는 개념들의 범위와 내용을 규정한다. 그 반면 이념들에 대한 그들의 관계는 이념이 현상들의 객관적 해석—더 정확하게는 현상들이 지닌 요소들의 객관적 해석—으로서,

그 현상들 간의 공속성(共屬性, Zusammengehörigkeit)을 규정한다는 점에서 정반대의 관계이다. 이념들은 영원한 성좌(Konstellation)들이며, 그 요소들이 이러한 성좌들의 점들로 파악되는 가운데 현상들은 분할되는 동시에 구제된다. 게다가 그 요소들은 그 극단들에서 가장 분명하게 드러나는데, 이 요소들을 현상들에서 분리해내는 것이 개념의 과제이다. 이념은 일회적·극단적인 것이 또 다른 일회적·극단적인 것과 맺는 연관의 형상화라고 표현할 수 있다. 따라서 언어의 가장 일반적인 지시들을 이념들로 인식하는 대신 개념들로서 이해하는 것은 오류이다. 일반적인 것을 평균적인 것으로 서술하고자 한다면 이는 전도된 것이다. 일반적인 것은 이념이다. 이에 반해 경험적인 것은 그것이 어떤 극단적인 것으로 명확하게 통찰되면 될수록 그만큼 더 깊이 파악된다. 극단적인 것에서 개념은 출발한다. 아이들이 어머니가 가까이 있다고 느끼면서 그녀를 에워싸고 있을 때 비로소 어머니가 온힘을 다해 삶을 시작하는 것과 마찬가지로, 이념들은 극단들이 그 이념들 주위에 모여들 때 살아 움직이기 시작하는 법이다. 이념들은——괴테의 표현대로라면 이상(理想)들은——파우스트적 어머니들이다. 이 어머니들은 현상들이 그들을 신뢰하지 않으면서 주위에 모여들 때에는 어둠 속에 가려져 있다. 현상들을 모으는 일은 개념이 할 일이며, 구별하는 오성의 힘으로 그 개념들 속에서 이루어지는 분할작업은 그것이 동일한 하나의 과정 속에서 이중적인 것, 즉 현상의 구제와 이념들의 재현을 완수해낼 때 더욱더 의미 있는 일이 된다.

이념으로서의 말

이념들은 현상들의 세계 속에 주어져 있지 않다. 따라서 위에서 언급한 이념들의 주어져 있음〔소여성(所與性)〕은 어떤 종류의 것인지, 그리고 이념세계의 구조에 대한 모든 해명작업은 흔히들 이야기하는 지적 직관에 불가피하게 위임되는 것인지 하는 물음이 생겨난다. 모든 철학의 비의성이 전해주는 약점이 갑갑할 정도로 분명하게 드러나는 곳이 있다면, 그것은 신플라톤주의적 이교에 속하는 모든 가르침의 대가들에게 철학적 태도의 지침으로 제시되는 '직관'(Schau)에서이다. 이념들의 존재는 결코 어떤 직관의 대상으로서 생각할 수 없으며 지적 직관의 대상으로서도 생각할 수 없다. 왜냐하면 원형적 사유(intellectus archetypus)*라는 가장 역설적 형태에서도 직관은, 그 자체가 의도[지향]로서 나타나기는커녕 모든 종류의 의도에서 벗어나 있는 진리의 독특한 소여성과 관련을 맺지 않기 때문이다. 진리는 결코 관계 속에 등장하지 않으며 특히 의도적 관계 속에는 전혀 등장하지 않는다. 진리란 개념의도 속에 규정된 대상으로서의 인식대상이 아니다. 진리는 이념들로 형성된 무의도적인 존재이다. 진리에 합당한 태도는 따라서 인식 속에서 어떤 의견을 표명하는 일이 아니라 그 진리 속으로 몰입해 사라지는 것이다. 진리는 의도의 죽음이다. 진리를 캐물으려고 생각한 자가 어떤 비밀스러운 상에 덮여 있던 베일이 벗겨지자 쓰러져버렸다는, 자이스의 베일에 씌운 상에 관한 우화**가 바로 이 점을 말해준다. 그러한 결과를 낳는 것은 그 사정의 수수께끼 같은 끔찍함이 아니라 진리의 본성, 즉 그 앞에서는 가장 순수한 탐구의 불길마저 물속에서처럼 꺼져버리는 진리의 본성이다. 이념적인 것으로서 진리의 존재는 현상들의 존재방식과는 유다르다. 따라서 진리의 구조는 그 무의도성을 두고 볼 때

---

 * 스콜라 철학의 용어로서 인간의 논증적 사유에 대비되는 직관하고 창조하는 신적인 사유를 가리킨다.
** 실러가 고대 이집트 비교의 전설을 토대로 쓴 담시 「자이스의 베일에 씌운 상」 (Das verschleierte Bild zu Sais)(황윤석 옮김, 『독일 고전주의 시』, 탐구당, 1980, 184~191쪽) 참조.

사물들의 단순한 존재와 같지만 그 지속성을 두고 볼 때 사물들의 이러한 존재를 능가할 어떤 존재를 요구한다. 진리는 경험을 통해 자신의 규정을 찾을 어떤 견해로서가 아니라 그 경험의 본질을 비로소 각인하는 힘으로 존속한다. 이러한 힘을 유일하게 지니는 존재, 모든 현상성에서 벗어나 있는 존재가 이름(Name)이다. 이름의 존재가 이념들의 소여성을 규정한다. 하지만 이념들은 어떤 근원언어(Ursprache) 속에 주어져 있다기보다 근원적인 청각적 지각(Urvernehmen) 속에 주어져 있다. 이 속에서 말들은 명명하는 자신의 권위를, 인식하는 의미에게 빼앗기지 않은 채 보유하고 있다. "어떤 의미에서 우리는 '이데아'에 대한 플라톤의 가르침이라는 것이, 만일 그 말뜻이 자신의 모국어만을 알고 있을 뿐인 그 철학자에게 말 개념을 신성시하고 말들을 신성시하라고 권고하지 않았다면 가능했을지 의심해볼 만하다. 즉 플라톤의 '이데아들'은, 우리가 그것들을 이런 일면적 입장에서 한번 판단해도 된다면, 신성화된 말들과 말의 개념들 이외의 아무것도 아니다."[3] 이념은 언어적인 것이며, 그것도 말의 본질에서 말이 그때그때 상징이 되게끔 하는 요인이다. 경험적인 청각적 지각 속에서는 말들이 분해되는데, 이러한 지각 속에서 말들은 자신의 다소간 숨겨진 상징적 측면과 더불어 명백하게 범속한 의미를 지닌다. 말의 상징성 속에서 이념은 외부로 향하는 모든 전달에 반대되는 자기이해(Selbstverständigung)에 이르게 되는데, 철학자의 일은 말의 상징적인 성격에 그것이 지닌 우위를 재현을 통해 되돌려주는 일이다. 철학이 주제넘게 계시하는 자세로 이야기해

---

3) Hermann Güntert, *Von der Sprache der Götter und Geister. Bedeu-
   tungsgeschichtliche Untersuchungen zur homerischen und eddischen
   Göttersprache*, Halle an der Saale, 1921, p.49; Hermann Usener,
   Götternamen. Versuch einer Lehre von der religiösen Begriffsbildung,
   Bonn, 1896, p.321 참조.

서는 안 되는 이러한 일은 우선적으로 근원적인 청각적 지각으로 되돌아가는 기억하기를 통해서만 이루어질 수 있다. 플라톤이 말하는 상기(想起, Anamnesis)는 어쩌면 이러한 기억과 동떨어진 것이 아닐 것이다. 다만 여기서 중요한 것은 이미지들을 직관적으로 현현하는 일이 아니다. 오히려 철학적 관조 속에서 이념은 현실의 가장 깊숙한 내면에서 말로서, 즉 다시금 자신의 명명적 권리를 요구하는 말로서 풀려나온다. 그러나 그러한 태도를 취하는 것은 결국 플라톤이 아니라 철학의 아버지로서 인간의 아버지인 아담이다. 아담적인 명명행위는 유희나 자의와는 거리가 멀며, 오히려 바로 그 명명행위 속에서 낙원적 상태가 말들의 전달적 의미와 경쟁할 필요가 없었던 상태로서 입증된다. 이념들은 명명행위 속에서 스스로 무의도적인 것으로 드러나듯이 철학적 숙고 속에서 일신해야 한다. 이러한 일신을 통해 말들의 근원적인 청각적 지각이 다시 회복된다. 따라서 철학은 흔히 조롱대상이던 자신의 역사가 지속되는 동안 언제나 동일한 소수의 말들, 즉 이념들의 재현을 둘러싼 투쟁이었던 것이다. 새로운 용어들을 도입하는 일은 그것이 개념의 영역에 엄격하게 머물지 않고 궁극적 관찰대상들을 추구하는 한, 철학적 영역 내부에서는 의심스러울 수밖에 없다. 그와 같은 용어들, 언어보다는 의견이 더 많이 개입하여 실패한 명명이라고 할 수 있는 그 용어들은 역사가 철학적 관찰의 주요 표현들에 부여해왔던 객관성을 포기한 셈이다. 이 철학적 표현물들은 단순한 말들과는 달리 완성된 고립 속에서 자신을 지키고 있다. 이처럼 이념들은 다음의 법칙을 증명해준다. 즉모든 본질들은 현상들에서뿐만 아니라 특히 서로에게도 독립된 독자성과 불가침성 속에 존재한다. 천상의 조화가 서로 접촉하지 않는 별들의 운행에 바탕을 두듯이 예지계(叡智界, mundus intelligibilis)의 존립도순수한 본질들 사이의 지양할 수 없는 거리에 바탕을 둔다. 각각의 이념은 태양이며, 태양들이 서로 관련 맺는 것처럼 자신과 비슷한 다른 이념들과 관계한다. 그러한 본질들의 공명관계가 진리이다. 위에서 말한 그 본질들의 다수성(Vielheit)은 헤아릴 수 있게 제한되어 있다. 왜냐하면 불연속성은 "대상들과 대상들의 성질과는 전적으로 유다른 삶을 영위하는 본질들"에 해당하기 때문이다. "본질들의 존재는 우리가 어떤 대상에서 마주친……임의의 복합체를 끄집어내고 첨가하는 식으로 변증법적으로 짜낼 수 있는 것이 아니며, 오히려 그 본질들의 수는 헤아려져 있다. 사람들이 그 본질들을 마치 어떤 청동의 바위(rocher de bronce)*에 맞닥뜨린 듯이 마주칠 때까지, 아니면 그들의 존재에 대한 희망이 헛된 것으로 드러날 때까지 각각의 본질은 그 세계를 드러내는 데 적합하게끔 배당된 장소에서 힘겹게 찾아야 할 대상이다."[4] 본질들의 이러한 불연속적인 유한성에 대한 무지함이 바로 이데아론[이념론]을 갱신하려는 열정적 시도들, 최종적으로는 초기 낭만주의자들의 시도를 좌절시켜왔다. 이 낭만주의자들의 사변 속에서 진리는 언어적 성격 대신 성찰하는 의식의 성격을 취한 것이다.**

분류적 사고와 배치되는 이념

비애극(Trauerspiel)은 예술철학적 논술의 의미에서 하나의 이념이

---

* 프로이센의 황제 프리드리히 빌헬름 1세가 프로이센 왕의 권위에 부여했던 표어. 어떤 세찬 파도에도 굴하지 않는 바위라는 뜻.
4) Jean Hering, "Bemerkungen über das Wesen, die Wesenheit und die Idee", in: *Jahrbuch für Philosophie und phänomenologische Forschung* 4, 1921, p.522.
** '이념으로서의 말'이라는 제하의 이 단락에서 벤야민의 언어이론이 가장 분명하게 전개되어 있다. 그는 숄렘에게 보낸 1925년 2월 19일자 편지에서 「인식비판적 서론」을 "이념론으로 보기 좋게 꾸민" "일종의 초기 언어논문의 제2단계"라고 칭한다.

다. 이러한 예술철학적 논술은, 문학사적 논술이 다양성을 입증하는 일을 관장하는 반면, 통일성을 전제한다는 점에서 후자와 가장 두드러지게 변별된다. 문학사적 분석이 서로 상대방 쪽으로 변환하고 또 생성되어가는 것으로서 상대화하는 차이와 극단들은 개념적 전개 속에서 상보적 에너지들이라는 지위를 부여받는다. 그리하여 역사는 어떤 결정체적 동시성의 다채로운 가장자리로서 나타날 따름이다. 예술철학에게 극단들은 필수적인 것이 되고, 역사적 진행은 잠재적인 것이 된다. 문학사에서와는 정반대로 한 형식이나 장르에서의 극단은 그 자체가 문학사에 들어가지 않는 이념이다. 개념으로서의 비극은 별 문제 없이 미학적 분류개념들의 계열에 편입될 것이다. 그러나 분류영역에 대해 이념은 다른 관계에 있다. 이념은 여하한 등급도 규정하지 않으며, 각각의 개념단계가 분류들의 체계 내에서 그 바탕을 두는 일반성, 다시 말해 평균치의 일반성을 자체 내에 지니고 있지 않다. 그에 따라 예술이론적 연구들에서 귀납적 방법이라는 것이 얼마나 불확실한 것인지 언제까지나 은폐될 수 없었다. 최근의 연구자들 사이에서는 위기에 찬 당혹감이 나타나기 시작했다. 셀러는 "비극적인 것의 현상"에 대한 그의 연구에서 이렇게 말하고 있다. "어떻게……나아가야 할 것인가? 비극적인 것의 예들, 즉 사람들이 비극적인 것의 인상을 진술하는 일들과 사건들을 모두 모은 뒤 그것들이 대체 '공통으로' 지닌 점이 무엇인지를 귀납적으로 물어야 할까? 이것은 실험적으로 지지받을 수 있는 일종의 귀납적 방법일 것이다. 그런데 이런 방법은 비극적인 것이 우리에게 작용할 때 우리의 자아를 관찰하는 것보다 더 나을 게 없을 것이다. 그도 그럴 것이 대체 무슨 권리로 우리는 사람들의 진술에 신뢰를 보내 그들이 그렇게 부르는 것 역시 비극적 '이다'라고 말할 수 있단 말인가?"[5] 이념들을—그것들의 '범위'에 따라—귀납적으로 대중적인 화법으로 규정하고자 한다면, 그리하여 범위가 고정된 어떤 것의 본질해명을 추구하고자 한다면 아무 결실도 얻을 수 없다. 왜냐하면 언어의 사용이란 철학자에게는 그것이 이념에 대한 지시로서 받아들여질 경우 매우 귀중한 것이지만, 철학자의 해석작업에서 느슨한 언술이나 사고를 통해 형식적 개념근거로 받아들여질 경우 위험하기 때문이다. 이러한 사정을 두고 볼 때 우리는 다음과 같이 말할 수 있다. 즉 철학자가 말들을 더 잘 통제하기 위해 그것들을 종개념으로 만드는 항간의 사유 습관을 가까이 할 경우, 극도로 조심해야 한다는 점이다. 바로 예술철학이 이러한 암시에 걸려드는 일이 드물지 않게 일어난다. 수많은 예들 가운데 가장 현저한 예를 들자면, 가령 요한네스 폴켈트*의 『비극의 미학』(*Ästhetik des Tragischen*)은 비극적인 것이 현재에도 마냥 실현될 수 있는 형식인가 아니면 역사적으로 제약된 형식인가 하는 물음을 제기하지도 않고 아르노 홀츠나 막스 할베**의 작품들을 아이스킬로스나 에우리피데스의 드라마들과 같은 의미에서 자신의 연구 속으로 끌어들인다. 그렇게 될 경우 비극적인 것에 관한 한 이처럼 상이한 재료들 속

---

5) Max Scheler, *Vom Umsturz der Werte*. Der Abhandlungen und Aufsätze 2., durchges. Aufl., 1. Bd., Leipzig, 1919, p.241.

* Johannes Volkelt, 1848~1930: 감정이입 미학의 대표자. 칸트 및 독일 관념론의 영향을 받아 철학적으로는 비판적 형이상학의 입장에 섰다. 미학적으로는 T. 립스와 함께 감정이입의 작용을 미학적으로 구축하고, 또한 그 체계화를 시도했다. 또 미적 범주론에 관해서는 심리주의 미학의 입장에서 그 범주를 매우 다양하게 들어서 분류했다. 주저로는 『경험과 사유』(*Erfahrung und Denken*, 1886), 『미학체계』(*Das System der Ästhetik*, 전3권, 1905~14), 『확실성과 진리』(*Gewissheit und Wahrheit*, 1918), 『미의식론』(*Das ästhetische Bewusstsein*, 1920) 등이 있다.

** Arno Holz, 1863~1929: 독일 자연주의 창시자의 한 사람. 소설 『파파 햄릿』(1889), 희곡 『젤리케 일가(一家)』(1890) 등이 있다. Max Halbe, 1865~1944: 독일의 극작가. 자연주의 희곡이 G. 하우프트만이나 H. 주더만에 의하여 대표되던 시대에 『빙류』(氷流, 1892) 등 향토색이 짙은 독자적인 희곡을 썼다. 그 밖의 작품으로 『청춘』(*Jugend*, 1893), 『향토』(*Mutter Erde*, 1897), 『대하』(*Der Strom*, 1903) 등이 있다.

에는 긴장이 아니라 맥 빠진 이질성만 나타난다. 이렇게 하여 생겨난 사실들의 집적 속에는 원초적이고 다루기 힘든 사실들이 흥미를 돋우는 현대적 사실들의 잡동사니로 곧바로 은폐되는 법이다. 이 경우 어떤 '공통적인 것'을 규명하기 위해 이러한 사실더미에 종속되는 연구는 단지 몇 가지 심리학적 자료 이외에는 아무것도 손에 쥘 수 없다. 이러한 심리학적 자료들은 연구자의 주관성이나 아니면 적어도 동시대의 보통 사람의 주관성 내에서 서로 상이한 종류의 것들을 빈약한 반응의 동일성을 통해 합치해버린다. 심리학의 개념들을 통해 어쩌면 여러 다양한 형태의 인상이 재현될 수 있을지 모르지만—그런데 여기서 그 인상들을 불러내는 것이 예술작품들이라는 사실은 중요하지 않은 것으로 치부된다—한 예술영역의 본질은 재현될 수 없다. 이러한 일은 오히려 그 예술영역의 형식개념을 숙련된 방식으로 서술함으로써 이루어질 수 있다. 이 형식개념의 형이상학적 내용은, 마치 피가 온몸을 돌듯이 단지 내부에 있기보다는 어떤 작용을 미치는 것으로 나타나야 한다.

콘라트 부르다흐의 명목론(Nominalismus)

한편으로는 다양한 형상에 집착하면서 다른 한편으로는 엄격한 사유에 대해 무관심한 것이 언제나 무비판적 귀납법의 규정근거로 작용해왔다. 항상 문제가 되는 것은 콘라트 부르다흐*가 이따금 매우 예리하게 표명한 것처럼 구성적 이념들, 즉 사물들 속의 보편자들(universaliis in re)에 대한 기피증이다. "나는 휴머니즘의 기원에 관해 이야기할 것을 약속했다. 마치 휴머니즘이 언제 어디선가 전체로서 이 세상에 태어났고 그 뒤 전체로서 성장해온 살아 있는 존재이기라도 한 것처럼 말이

---

* Konrad Burdach, 1850~1936: 독일의 문예학자.

다. ……이때 우리는 중세의 스콜라 철학자들 가운데 일반 개념들, 즉 '보편자'에게 실재성을 부여한 실재론자들이 행한 방식을 취한다. 그와 똑같은 방식으로 우리는—태곳적 신화들처럼 실체화하면서—통일된 실체와 온전한 현실성을 지닌 존재를 설정하고, 그것을 마치 살아 숨쉬는 개체이기라도 한 것처럼 휴머니즘이라 부른다. 그러나 이와 유사한 수많은 경우에서와 마찬가지로 여기서……분명히 해둬야 할 것은, 우리는 무한한 계열의 다양한 정신적 현상들과 극히 상이한 인물들을 일목요연하게 개관하고 파악할 수 있기 위해 어떤 추상적 보조개념을 고안해내고 있을 뿐이라는 점이다. 우리가 그러한 일을 할 수 있는 것은, 인간의 지각과 인식의 원칙에 따라 볼 때 다음과 같은 이유에서이다. 즉 우리는 우리가 지닌 생득적인 체계지향적 욕구로 인해 이러한 수많은 다양한 현상들 가운데 우리에게 유사하거나 일치하는 것으로 나타나는 어떤 특징들을 그 현상들이 지닌 차이들보다 더 뚜렷이 보고 더 힘주어 강조한다. ……휴머니즘이니 르네상스니 하는 표지들은 자의적이며 심지어 거짓된 것들이다. 왜냐하면 그 표지들은 그처럼 근원과 형태와 정신이 다양한 삶에 실제적인 본질적 통일성이라는 거짓된 가상을 부여하기 때문이다. 이와 마찬가지로 부르크하르트(J. Burckhardt)와 니체 이래 즐겨 쓰이는 '르네상스인'이라는 용어는 자의적이고 허구적인 마스크이다."[6] 이 구절에 대해 저자는 각주에서 이렇게 쓰고 있다. "멸종시킬 수 없는 이 '르네상스인'의 나쁜 짝으로 '고딕인'(der gotische Mensch)이 있는데, 이 '고딕인'은 오늘날 사람을 혼란에 빠뜨리는 역할을 하고 심지어 존경할 만한 주요 역사연구가들 (트뢸취E. Troeltsch!)의 사상세계에서도 유령처럼 출몰하고 있다. 여

---

6) Konrad Burdach, *Reformation, Renaissance, Humanismus. Zwei Abhandlungen über die Grundlage moderner Bildung und Sprachkunst*, Berlin, 1918, pp.100~101.

기에 곁들여 가령 셰익스피어가 속하는 '바로크인'도 등장하고 있다."[7]
이러한 입장은 그것이 일반 개념들의 실체화에 반대하고 있다는 점에
서─보편 개념들은 모든 형태가 그러한 일반 개념에 속하는 것은 아
닌데─명백하게 정당성을 갖는다. 그러나 그러한 입장은 플라톤적으
로 본질들의 재현을 지향하는 학문론의 물음들 앞에서는 아무짝에도
쓸모가 없으며, 그러한 학문론의 필요성을 오해하고 있다. 오로지 그러
한 학문론만이 수학적인 것의 외부에서 움직이는 학문적 서술들의 언
어형식을 끝 모르는 회의로부터, 그리고 모든 세련된 귀납적 방법까지
도 결국 자신의 소용돌이 속으로 집어삼키는 회의로부터 지켜낼 수 있
다. 부르다흐의 설명들은 이러한 회의에 대처하지 못한다. 왜냐하면 그
의 설명들은 사적인 차원에서 행해진 사유의 유보(reservatio men-
talis)이지 방법론적 보장이 아니기 때문이다. 물론 특히 역사적 유형과
시대를 다룰 경우 사람들은 르네상스나 바로크의 이념과 같은 이념들
이 소재를 개념적으로 제압할 수 있다고는 결코 가정할 수 없을 것이
다. 그리고 여러 상이한 역사적 시대들에 대한 현대적 통찰은 이런저런
논쟁적 대결들을 통해, 즉 커다란 전환기들에서 그러하듯이 시대들이
마치 본심을 숨기지 않은 채 서로 대적하는 그러한 논쟁적 대결들을 통
해 올바른 것으로 인정받을 수 있다는 견해는 사료(史料)의 내용을 오
해할 것이다. 왜냐하면 그 경우 사료의 내용은 역사서술적인 이념들이
아니라 현실적 관심으로 규정되기 일쑤이기 때문이다. 그렇지만 그러
한 이름들이 개념들로서는 할 수 없는 것을 이념들로서는 해낼 수 있
다. 이념들에서는 똑같은 종류의 것이 하나로 합치된다기보다 극단적
인 것이 종합에 도달하기 때문이다. 이 점은 개념적 분석 역시 언제나
전적으로 서로 어긋나는 현상들만 마주하는 것은 아니고 때때로 종합

---

7) Konrad Burdach, 같은 책, p.213 각주.

의 윤곽이 그러한 개념적 분석을 통해 비록 정당화되지는 않을지라도 적어도 가시화될 수 있기는 하지만 그럼에도 맞는 말이다. 예를 들어 프리츠 슈트리히는 독일 비애극이 탄생한 바로크 시대의 문학에 대해 언급하기를, "형상화의 원리들은 그 시대 내내 똑같았다"[8]라고 했는데, 이는 옳은 지적이다.

사실주의(Verismus), 혼합주의, 귀납법

부르다흐의 비판적 성찰은 방법론의 긍정적 혁명을 생각해서가 아니라 세부적인 점에서 발생할 객관적인 오류에 대한 우려에서 나온 것이다. 그러나 궁극적으로 방법론이란 결코 객관적 결함에 대한 단순한 두려움에 의해 이끌려서는 안 되며, 부정적으로 제시되거나 경고의 규준으로 제시되어서는 안 된다. 오히려 방법론은 학문적 사실주의의 관점이 제시하는 것보다 더 높은 질서의 관점에서 출발해야 한다. 학문적 사실주의는 개별 문제들을 다룰 때, 스스로 학문상의 신조에서 무시해온 진정한 방법론의 물음들에 봉착하지 않을 수 없다. 그 물음들에 대한 해답은 통상적으로 문제제기를 수정하는 쪽으로 나아가는데, 그렇게 수정된 방향이란 다음과 같은 식으로, 즉 어떻게 '원래 어떠했는가' (Wie es denn eigentlich gewesen sei?)라는 물음이 학문적으로 답변된다기보다 오히려 제기될 수 있는가 하는 식으로 표현될 수 있다. 지금까지 논의해온 것에서 준비되었고, 앞으로의 논의에서 마무리될

---

8) Fritz Strich, "Der lyrische Stil des siebzehnten Jahrhunderts", in: *Abhandlungen zur deutschen Literaturgeschichte*. Franz Muncker zum 60. Geburtstage dargebracht von Eduard Berend [u. a.], München, 1916, p.52. 〔독문학자 슈트리히(1882~1963)는 이 논문에서 처음으로 양식으로서 파악된 '바로크' 개념을 17세기 문학에 적용했다.—옮긴이〕

이 생각을 통해 비로소 이념이라는 것이 바람직하지 못한 어떤 축약인지 아니면 오히려 그것의 언어적 표현 속에서 진정한 학문적 내용을 근거짓는 것인지가 결정된다. 자신이 행하는 연구들의 언어에 대해 항의를 늘어놓는 학문은 난센스이다. 말들은 수학의 기호들과 더불어 학문의 유일한 재현매체이며, 말들 자체는 기호가 아니다. 왜냐하면 이념으로서 자신의 본질적인 것을 지니는 같은 말이 바로 개념 속에서는, 즉 기호가 상응할 개념 속에서는 그 힘을 잃기 때문이다. 논증적이고 귀납적인 문제들이 리하르트 모리츠 마이어나 여타의 많은 사람들이 여기는 것처럼 결국 여러 잡다한 방법들의 혼합주의로 마무리될 수 있는 어떤 하나의 "직관"(Anschauung)[9]으로 결집된다고 해서 예술이론의 귀납적 방법이 떠받드는 사실주의가 고상해지는 것은 아니다. 이로써 사람들은 방법론 문제에 관한 모든 소박하고 사실주의적인 표현들과 함께 다시금 출발점에 서게 된 셈이다. 왜냐하면 바로 그 직관이라는 것이 해석되어야 하기 때문이다. 그리고 귀납적 방법을 취하는 미학적 연구방식의 이미지는 여기서도 그 익숙한 음울한 색조를 드러낸다. 그것은 그러한 직관이 이념 속에 용해된 사태의 직관이 아니라 작품 속에 투사된 수용자의 주관적 상태에 대한 직관이기 때문이다. 마이어가 자신의 방법론의 종결부로 생각한 감정이입(Einfühlung)이 그러한 직관에 귀착한다. 본 연구가 진행되면서 적용할 방법과는 정반대인 이 방법은 "드라마의 예술형식, 즉 비극이나 희극의 예술형식, 더 나아가 이를 테면 인물희극과 상황희극의 예술형식을 자신이 예상하는 어떤 주어진 크기를 가진 것들로 간주한다. 이제 그 방법은 각 장르의 뛰어난 대표

9) Richard M[oritz] Meyer, "Über das Verständnis von Kunstwerken", in: *Neue Jahrbücher für das klassische Altertum, Geschichte und deutsche Litteratur* 4, 1901(=*Neue Jahrbücher für das klassische Altertum, Geschichte und deutsche Litteratur und für Pädagogik* 7), p.378.

작들을 비교하면서 거기에서 개별 작품을 측정할 규칙과 법칙들을 찾는다. 그리고 그 방법은 다시금 장르들을 비교함으로써 각 작품에 적용될 일반적 예술법칙들을 추구한다."[10] 장르에 대한 예술철학적 '연역'은 이에 따르면 추상하는 방식과 결부된 귀납적 방식에 바탕을 두는 셈이고, 이러한 일련의 장르와 종류들은 연역적으로 획득되기보다 연역의 도식 속에서 제시될 것이다.

크로체가 본 예술 장르

귀납법이 이념들을 분류하고 배열하는 일을 포기함으로써 이념들을 개념들로 격하하고 있는 반면 연역법은 이념들을 의사(擬似)논리적 연속체 속에 투사함으로써 똑같은 일을 행한다. 철학적 사유세계는 개념적 연역을 중단 없이 진행함으로써 전개되는 것이 아니라 이념세계를 기술함으로써 전개되어 나온다. 이념세계를 기술하는 작업은 각각의 이념과 함께 원초적 이념으로서 새로이 시작된다. 왜냐하면 이념들은 축소할 수 없는 다수성을 이루기 때문이다. 수가 헤아려진—원래는 명명된—다수성으로서 이념들은 관찰에 주어져 있다. 이로부터 예술철학의 연역된 장르 개념에 대한 맹렬한 비판이 크로체(Benedetto Croce)에 의해 제기되었다. 크로체는 사변적 연역들의 틀이라고 할 수 있는 분류작업에서 피상적으로 도식화하는 비평의 토대를 간파해낸다. 그리고 역사적 시대개념들에 대한 부르다흐의 명목론, 사실과의 접촉을 조금도 늦추려 하지 않으려는 그의 저항은 올바른 것에서 멀어지지 않을까 하는 두려움에서 기인한다고 해석할 수 있는 반면, 그것과 전적으로 유사한 미학적 장르 개념들에 대한 크로체의 명목론, 그와 유사하

---

10) Meyer, 같은 글, p.372.

게 개별적인 것에 집착하는 경향은 그 개별적인 것에서 멀어짐으로써 본질적인 것을 놓치지 않을까 하는 우려에서 기인한다. 다른 모든 것보다 바로 이 점이 미학 장르들의 진정한 의미를 밝혀주는 데 적합하다. 『미학의 토대』(*Grundriß der Ästhetik*)는 "여러 또는 많은 특수한 예술형식들을 구별할 가능성, 그 형식들 각각 그것이 지닌 특수한 개념과 한계들을 통해 규정될 수 있고 고유한 법칙들을 부여받을 수 있는 가능성"이라는 편견을 질타한다. "……많은 미학자들이 여전히 비극적인 것이나 희극적인 것의 미학, 서정시 또는 유머의 미학, 회화나 음악 또는 문학의 미학에 대해 글을 쓰고 있다. ……하지만 더욱 나쁜 것은……비평가들이 예술작품들을 판단할 때 그것들을 장르 또는 그들이 생각하기에 그 작품들이 속하는 특수한 예술에 비추어 측정하는 습관을 아직 완전히 버리지 않았다는 점이다."[11] "예술들을 임의로 나누는 이론은 모두 근거가 없다. 장르 또는 분류는 이 경우 하나밖에 없는데, 예술 자체이거나 직관(Intuition)이 그것이다. 반면에 개별 예술작품들은 수없이 많으며, 모두 독창적이고 어느 한 작품도 다른 작품으로 번역할 수 없다. ……철학적 관찰에서는 보편적인 것과 특수한 것 사이로 어떤 중간적 요소도, 어떤 계열의 장르나 종류도, 어떤 '일반자'(generalia)도 끼어들 수 없다."[12] 이러한 서술은 미학 장르의 개념들에 대해서는 매우 중요하다. 그러나 그 서술은 충분치 않다. 왜냐하면 역사적 또는 양식상의 예들을 모으는 작업이 아니라 그 예들의 본질적 요소가 문제가 될 때에는 어떤 공통점을 찾을 목적으로 예술작품들을 나열하는 일이 쓸모없는 작업이라는 점은 명백하지만, 예술철학이 비

---

11) Benedetto Croce, *Grundriß der Ästhetik.* Vier Vorlesungen. Autorisierte dt. Ausg. von Theodor Poppe, Leipzig, 1913. (*Wissen und Forschen*, 5), p.43.
12) Benedetto Croce, 같은 책, p.46.

극적인 것이나 희극적인 것의 이념과 같은 풍부한 이념들을 일찍이 포기한다는 것은 생각할 수 없기 때문이다. 그 이념들은 규칙의 총괄개념들이 아니며 그 자체가 밀도와 실재성 면에서 개개의 드라마에 필적하는 구성물들, 그 개별 드라마와 같은 척도로 비교할 수 없는 구성물들인 것이다. 그리하여 그 이념들은 일군의 주어진 작품들을 모종의 공통점들을 근거로 자체 '아래에' 포괄한다는 요구를 내세우지 않는다. 왜냐하면 설령 그 이념들을 따라 이름 붙일 수 있을 순수한 비극, 순수한 희극이 존재하지 않는다 할지라도 그 이념들은 존속할 수 있기 때문이다. 연구를 시작할 때 일찍이 비극적이라든지 희극적이라고 불려왔을 그 어떤 것에도 얽매이지 않고 범례를 찾아보는 연구──설령 그러한 범례적 성격을 어떤 궤멸된 파편에 대해서만 인정해줄 수 있다 할지라도──가 그러한 점을 밝히는 데 도움을 줄 수 있다. 그리하여 그러한 연구는 서평가를 위해 '척도들'을 제공해주지 않는다. 한 용어의 기준들도 그렇지만 비평이라는 것, 예술에 관한 철학적 이데아론을 시험해보는 작업은 비교라는 외적 척도 아래에서가 아니라 내재적으로, 작품의 형식언어가 전개해가는 과정에서 형성된다. 그 과정은 그 형식언어의 내용을 그 형식언어의 영향을 대가로 산출해내는 과정이다. 여기에 덧붙이자면 위대한 작품들 내에서 최초로 그리고 말하자면 이상(理想)으로서 장르가 구현되지 않는다면, 그 작품들이야말로 장르의 한계 외부에 있다는 점이다. 중요한 작품은 장르를 세우거나 아니면 장르를 지양하는 작품이며, 완벽한 작품들에서 그 둘은 합치된다.

원천

예술형식들을 연역적으로 전개하는 것이 불가능하다는 데, 그와 함께 규칙을 비평적 심급으로 삼는 일을 무효화시키는 데──물론 그 규칙은 예술작업상의 지침으로서는 남겠지만—어떤 생산적인 회의(懷疑)를 위한 근거가 놓여 있다. 그 회의는 사유의 심호흡에 비유할 수 있다. 즉 그런 심호흡 뒤에 사유는 여유를 갖고 전혀 답답하다는 인상을 주지 않으면서 지극히 미세한 것에까지 몰두할 수 있게 된다. 다시 말해 이러한 미세한 것은 관찰이 예술작품과 그 형식의 내용을 헤아리기 위해 그것들 속에 침잠하는 곳에서는 어디서나 언급될 것이다. 예술작품과 형식을 대할 때 그것들을 단숨에 거머쥐려 함으로써 자기 것이 아닌 남의 소유물이 사라지게 하는 결과를 낳는 성급함은 천편일률적 사고를 하는 자들의 고질적 병폐이며, 이는 예술에 무지한 속물들의 순박함보다 나을 것이 없다. 이에 반해 진정한 숙고에서는 연역적 방식을 기피하는 태도와 현상들을 더욱더 멀리 소급해서 다루고 더욱 집요하게 추적하는 태도가 결합되어 나타난다. 현상들은 그것들의 재현이 이념들의 재현인 동시에, 그러는 가운데 비로소 개별적 현상이 구제되는 한, 어떤 음울한 놀라움의 대상으로 머물 위험에 결코 빠지지 않는다. 자명한 이야기이지만 미학적 용어에서 그 용어가 지닌 일군의 훌륭한 특성들을 탈취해버리고 예술철학을 침묵케 하는 급진주의는 크로체에게도 마지막 결론이 아니다. 크로체는 오히려 이렇게 말한다. "사람들이 추상적 분류의 이론적 가치를 부정한다고 했을 때 그것은 발생론적이고 구체적인 분류의 이론적 가치를 부정한다는 뜻은 아니다. 실제로 후자의 분류는 '분류'가 아니라 오히려 역사로 불린다."[13] 그러나 크로체는 이러한 모호한 문구를 써서 아쉽게도 너무 서둘러 이데아론의 핵심을 스쳐가고 있다. 예술을 '표현'(Ausdruck)으로 본 그의 규정을 다른 규정, 즉 '직관'으로 보는 규정을 통해 해체하는 심리주의가 그로 하여금 그 점을 보지 못하게 하는 것이다. 그는 어떻게 해서 그 스스로 '발생론

---

13) Benedetto Croce, 같은 책, p.48.

적 분류'라고 칭한 관찰태도가 예술의 종류들에 관한 이데아론과 원천 (Ursprung)의 문제에서 합치하는지 깨닫지 못했다. 원천은 전적으로 역사적 범주이기는 해도 발생과는 아무런 공통점이 없다. 원천이란 이미 발원한 것의 생성(Werden)이 아니라 오히려 생성과 소멸에서 발원하고 있는 것을 의미한다. 원천은 생성의 흐름 속에 소용돌이로서 자리하고 있으며, 그 리듬 속으로 발생과정 속에 있는 자료를 끌어당긴다. 사실적인 것의 적나라하고 명백한 존립 속에서는 원천적인 것을 결코 인지할 수 없으며, 그것의 리듬은 오로지 이중적인 통찰에 열려 있다. 즉 원천적인 것의 리듬은 한편으로 복원과 복구로서, 다른 한편 바로 그 속에서 미완의 것, 완결되지 않은 것으로 인식될 필요가 있다. 모든 원천적 현상 속에는 어떤 하나의 형상이 정해지는데, 그 형상 속에서는 하나의 이념이 그 자신의 역사의 총체성 속에서 완성되어 나타날 때까지 역사적 세계와 거듭 갈등을 빚는다. 따라서 원천은 사실적인 자료에서 추출해낼 수 없으며, 오히려 그 사실적 자료의 전사와 후사에 관계된다. 철학적 관찰의 규준들은 원천에 내재하는 변증법 속에 기록되어 있다. 모든 본질적인 것들 속에서 일회성과 반복이 서로를 조건짓고 있음이 이 변증법에서 입증된다. 따라서 원천이라는 범주는 코엔이 말한 것처럼[14] 어떤 순수 논리적 범주인 것이 아니라 역사적 범주이다. '사실을 위해서는 더욱 불리하다'라는 헤겔의 말은 잘 알려져 있다. 이 말은 근본적으로 다음과 같은 것을 뜻한다. 즉 본질관계들에 대한 통찰은 철학자의 몫이고, 본질관계들은 사실들의 세계에 그것들이 순수하게 드러나지 않는다고 할지라도 원래 그대로 존속한다. 헤겔의 이러한 순

---

14) Hermann Cohen, *Logik der reinen Erkenntnis*(*System der Philosophie*, 1), 2. Aufl., Berlin, 1914. pp.35~36 참조. 〔Hermann Cohen, 1842~1918: 신칸트 학파에 속하는 독일의 철학자. P.G. 나토르프와 더불어 마르부르크 학파 창시자의 한 사람이다.—옮긴이〕

수 관념론적 태도는 원천이념의 핵심을 포기하는 대가로 그 안전성을 얻고 있다. 왜냐하면 모든 원천의 증명은 현실에 제시된 것의 진정성을 묻는 질문에 대응할 준비가 되어 있어야 하기 때문이다. 원천의 증명이 스스로 진짜임을 인준받지 못한다면 그것은 자신의 칭호를 부당하게 달고 있는 셈이다. 이렇게 숙고해볼 때 철학의 최고 대상들에 대해 당위의 문제(quaestio juris)와 사실의 문제(quaestio facti) 사이의 구별은 지양된 듯이 보인다. 이 점은 논란의 여지가 없으며 불가피하기도 하다. 그렇지만 결론은 곧바로 모든 이전의 '사실'을 본질을 각인하는 요소로 받아들일 수 있다는 것이 아니다. 오히려 연구자의 과제는 여기서 시작된다. 즉 연구자는 사실의 가장 내적인 구조가 사실을 하나의 원천으로 드러나게 할 정도로 본질적인 것으로 나타날 때 비로소 그 사실을 확실한 것으로 여겨야 한다. 진정한 것은 현상들에 들어 있는 원천의 인장(印章)으로서 발견의 대상이며, 이때 발견은 독특한 방식으로 재인식 행위(Wiedererkennen)와 결부된다. 현상들에 나타나는 지극히 독특하고 기이한 것 속에서, 지극히 무력하고 서툰 시도들 속에서뿐만 아니라 후기의 난숙한 현상들 속에서도 그 진정한 것은 발견작업을 통해 드러날 수 있다. 이념이 역사를 각인한 일련의 특징적 현상들을 수용하는 것은 그러한 것들에서 통일성을 구성하기 위해서가 아니며, 하물며 공통점을 추출하기 위해서는 더더욱 아니다. 개별적인 것이 이념에 대해 갖는 관계는 개별적인 것이 개념에 대해 갖는 관계와 아무런 유사점도 없다. 개념에 대한 관계에서 개별적인 것은 개념 아래 귀속되고 과거에서처럼 개별성으로 머문다. 반면 이념에 대한 관계에서 개별적인 것은 이념 속에 위치하며 그것이 아니었던 것, 즉 총체성이 된다. 이것이 그 개별적인 것의 플라톤적 '구제'이다.

단자론

원천에 관한 학문으로서의 철학사는, 멀리 떨어져 있는 극단들이나 겉보기에 발전의 과도한 형태들로부터 그러한 대립들의 어떤 의미 있는 병존 가능성으로 특징지어지는 총체성으로서 이념의 성좌가 드러나게 하는 형식이다. 하나의 이념을 재현하는 일은 잠재적으로 그 이념 속에 존재할 수 있는 극단들의 영역이 잠재적으로 모두 섭렵되지 않는한 결코 성공했다고 볼 수 없다. 남김없이 섭렵하는 일은 잠재적으로 남아 있다. 왜냐하면 원천의 이념 속에 포착된 것은 역사를 어떤 내용으로서 갖는 것이지 그 이념 속에 포착된 것이 관련될 어떤 사건으로서 갖는 것이 아니기 때문이다. 원천의 이념 속에 포착된 것은 내부에서 비로소 역사를 알게 되며 그것도 무한정한 의미의 역사가 아니라 그 역사를 그것의 전사와 후사로 특징짓도록 해주는 의미, 본질적인 존재와 관련된 의미의 역사를 알게 된다. 그러한 본질적 존재들의 전사와 후사란 그 존재들을 구제하거나 이념세계의 울타리 안으로 모은다는 표지로서, 순수한 역사가 아니라 자연적 역사이다. 작품들과 형식들의 삶은 이러한 보호 속에서만 맑으면서 인간의 삶에 의해 혼탁해지지 않은 모습으로 전개되는 것이며, 그 삶은 어떤 자연적 삶이다.[15] 이렇게 구제된 존재가 이념 속에 확인되어 있다면 비본래적인, 즉 자연사적인 전사와 후사의 현전(現前)은 잠재적이다. 그 역사는 더 이상 실용주의적이고 실제적인 역사가 아니며, 완성되어 평온에 이른 상태에서, 즉 본질적 존재에서 자연적 역사로서 읽어낼 수 있다. 이로써 모든 철학적 개

---

15) Walter Benjamin, "Die Aufgabe des Übersetzers," in: Benjamin, *Charles Baudelaire: Tableaux parisiens*, 벤야민의 서문이 실린 독일어 번역, Heidelberg, 1923(*Die Drucke des Argonautenkreises*, 5), pp.VIII/IX. [발터 벤야민, 『선집』 제6권, 도서출판 길, 2008 참조.—옮긴이]

넘형성의 경향이 다시금 옛 의미로 규정되는데, 현상들의 생성을 그것들의 존재에서 확정하는 일이 그것이다. 왜냐하면 철학의 존재개념은 현상에서가 아니라 그 현상의 역사를 소진하는 데서 비로소 충족되기 때문이다. 그와 같은 연구들에서 역사적 시각을 심화시키는 일은 과거로의 심화이든 미래로의 심화이든 원칙적으로 그 한계가 없다. 그러한 심화작업이 이념에 총체성을 부여한다. 총체성이 이념을 이 이념이 지닌 양도할 수 없는 고립성과 대조적으로 각인하듯이 이념의 구성은 단자론적(monadologisch)이다. 이념은 단자이다. 전사와 후사를 가지고 그 이념 속으로 들어가는 존재는 자신의 숨겨진 형상 속에 여타 이념세계의 축소되고 어두워진 형상을 보여준다. 이것은 1686년 〔라이프니츠가〕『형이상학 논문』(*Metaphysische Abhandlung*)에서 말하는 단자들의 경우 한 단자 속에 그때그때 다른 모든 단자들이 불분명하게 함께 주어져 있는 것과 같다. 이념은 단자이다.——이념 속에는 현상들의 재현이 그것들의 객관적 해석의 형태로 미리 정해져 들어 있다. 이념들의 질서가 고차적이면 고차적일수록 그 이념들 속에 설정된 재현은 그만큼 더 완전하다. 이렇게 볼 때 실제 세계는, 세계에 대한 객관적 해석이 그 안에서 열릴 수 있도록 모든 현실을 깊이 천착해 들어갈 필요가 있다는 의미에서 과제일 수 있다. 그와 같은 침잠이라는 과제에서 바라볼 때 단자론을 생각한 사상가가 미적분의 창시자였다는 사실은 이상하게 보이지 않는다. 이념은 단자이다.——요컨대 모든 이념은 세계의 이미지를 담고 있다는 뜻이다. 이념의 재현을 위해서는 다름 아닌 이 세계의 이미지를 축소판으로 그려내는 일이 과제로 주어져 있다.*

---

* 벤야민은 「인식비판적 서론」의 이른바 '이론부분'을 1924년 9월 중반에 이미 끝냈으나 프랑크푸르트 대학교에 제출한 교수자격 논문에 이 부분은 빠져 있다. 이 부분은 『독일 비애극의 원천』의 출판을 위해 다시 다듬어졌는데, 바로

바로크 비애극에 대한 경시와 오해

독일 바로크 시대의 문학에 대한 연구사는 그 시대 주요 형식들 가운데 한 가지 형식에 대한 분석—즉 규칙과 경향들을 확인하는 작업이 아니라 풍부하고 구체적으로 파악된 그 형식의 형이상학을 제대로 천착해야 하는 분석—에 어떤 역설적인 빛을 비춰준다. 이 바로크 시대의 문학에 대한 통찰이 부딪치는 여러 압박감들 가운데 가장 심각한 압박감은 제아무리 중요하더라도 부자연스러운 형태, 특히 그 시대의 드라마에 고유한 그 형태에 있다는 점을 의심할 여지가 없다. 드라마 형식이야말로 다른 형식들보다 더 결정적으로 역사적 반향에 호소한다. 그러한 반향이 바로크 드라마의 경우 결여되어왔다. 낭만주의 시대에 시작한, 독일의 문학유산을 혁신하는 작업은 바로크 시대 문학에 대해서는 오늘날까지도 거의 적용되지 않았다. 특히 셰익스피어의 드라마는 그 풍부함과 자유분방함 때문에 낭만주의 작가들이 보기에는 동시대 독일 드라마 작품들이 빛을 발하지 못하게 작용했다. 게다가 독일 드라마 작품들의 진지함은 극장에서 공연하기에 낯선 것들이었다. 또한 바야흐로 자라나기 시작하는 독일 문헌학의 눈에는 지식관료층의 전적으로 비민중적인 작품들이 의심스럽게 여겨졌다. 실제로는 이 남성작가들이 언어와 민속 분야에서 이룬 공적은 괄목할 만한 것이고, 민족문학을 형성하는 일에 의식을 갖고 참여한 정신은 높이 살 만하다. 하지만 그들의 작업에는 절대주의적 격률, 즉 민중을 위해서는 그 어떠한 것도 행하지만 민중에 의해서는 어떤 것도 하지 말라는 격률이 너무 분명하게 드러나 있어서 그림(Grimm)과 라흐만(Lachmann)학파 문

「서론」처음부터 '단자론'까지가 수정된 '이론부분'이다. Walter Benjamin, *Gesammelte Schriften* I/3, pp.924~925(편집자의 주석부분) 참조.

헌학자들의 흥미를 끌기에는 역부족이었다. 독일 드라마의 틀을 구축하는 데 헌신하는 그들로 하여금 독일 민속의 소재층을 어디선가 끌어들이는 일을 하지 못하게 한 어떤 정신이 적지 않게 그들의 제스처에 고통스러운 강박증을 가져다주었다. 독일의 전설(Sage)이나 독일 역사가 바로크 드라마에서 아무런 역할도 하지 못한 것이다. 그러나 지난 세기[19세기] 마지막 30여 년간의 독일 문학연구의 확장도 실로 천박한 역사화 작업이 대부분이었으며, 이런 연구들도 바로크 비애극에 대한 연구에 도움을 주지 못했다. 비애극의 뻣뻣한 형식은 양식비평과 형식분석을 최하등급의 보조학문 정도로 여기는 학문에게는 접근 불가능한 것이었다. 또한 이해할 수 없는 작품들에서 흐릿하게 비쳐 나오는 [바로크] 작가들의 인상은 사람들이 그들에 대한 역사적 · 전기적 묘사를 하도록 유도하지 못했다. 그렇지 않아도 이들 드라마 작품들에서 작가적 천재성이 자유롭거나 심지어 유희적으로 펼쳐지고 있다고 말할 수 없다. 오히려 이 시대의 드라마 작가들은 어떤 세속적 드라마의 형식을 만들어내야 한다는 과제를 강하게 느끼고 있었다. 또한 안드레아스 그리피우스*에서 할만**에 이르기까지 이 시대 작가들이 자주 그것도 드물지 않게 상투적으로 반복하면서 그러한 과제를 위해 진력하긴 했지만, 반종교개혁 시대의 독일 드라마는 결코 칼데론(Calderón)이 스페인 드라마에 부여한 형식, 즉 유연하고 노련한 기법을 보여주는 형식을 찾아내지 못했다. 이 시대 독일 드라마는— 그리고 바로 그것이 필연적으로 이 시대에 생겨났기에—엄청난 노력으로 형성되었으며, 이 점을 두고 보더라도 어떤 탁월한 천재도 이 형식을 각인하는 역할을 해내지 못했다는 것을 알 수 있다. 그런데도 모든 바로크 비애극들의

---

* Andreas Gryphius, 1616~64: 독일 바로크 시대의 대표적인 작가.
** Johann Christian Hallmann, 1640~1716: 독일 바로크 시대의 드라마 작가.

무게중심은 그 형식에 있다. 개별 작가가 그 형식 속에 담을 수 있었던 것은 비길 데 없이 그 형식에 힘입고 있고, 작가의 제한적 성격은 그 형식의 깊이를 전혀 훼손하지 못한다. 이러한 통찰이 연구의 전제조건들 가운데 하나이다. 그렇지만 그 어떤 형식이든 그 형식 속에서 문학의 몸통에서 추상화한 것과는 다른 무엇을 간파한다는 의미에서 그 형식을 바라보는 데까지 상승할 능력이 있는 관찰태도도 필수적이다. 한 형식의 이념은—앞서 말한 것을 다시 한 번 반복하자면—그 어떤 구체적 작품 못지않게 생명력이 있다. 아니 비애극의 형식으로서의 이념은 바로크 시대의 개별 작품들과 비교할 때 단연코 더 풍부하다. 그리고 이례적이고 산발적으로 쓰이는 언어형식을 포함한 모든 언어형식이 그것을 각인한 사람의 증언으로서만 아니라 언어생활과 그때그때의 언어생활의 가능성의 기록으로서 이해될 수 있는 것처럼, 모든 예술형식도—그것도 모든 개별 작품보다 훨씬 더 본래적으로—객관적으로 필연적인 특정한 예술형상화의 지표를 담고 있다. 이러한 고찰은 예전의 연구에서는 이루어지지 않았는데, 왜냐하면 예전의 연구는 형식분석과 형식사에 주의를 기울이지 않았기 때문이다. 그러나 그것 때문만은 아니다. 오히려 바로크 시대의 드라마 이론에 무비판적으로 매달린 것도 원인으로 작용했다. 그것은 그 시대의 경향에 동화된 아리스토텔레스의 이론이다. 대부분의 작품들은 이러한 동화과정 속에서 조악해졌다. 이러한 변형을 낳은 뚜렷한 규정근거들을 찾으려 하지 않은 채 사람들은 너무 성급하게 사정을 왜곡하는 어떤 오해에 대해 말하려 했다. 이러한 평가는 이 시대의 드라마 작가들이 본질적으로 존경스러운 지침들을 몰지각하게 응용하는 일 이외에 아무것도 한 것이 없다는 견해로 곧장 이어졌다. 독일 바로크 시대의 비애극은 〔고대〕 비극의 일그러진 모습으로 보였다. 순화된 취향의 입장에서 볼 때 그 작품들에서 낯설고 심지어 야만적으로까지 느낀 것이 그 도식에 어렵지 않게 들어맞았다.

그들의 국가대사극(國家大事劇, Haupt- und Staatsaktion)*들의 중심 줄거리는 고대 궁정극을 왜곡한 것이고, 지나치게 과장된 장식 (Schwulst)은 그리스인들의 열정을, 그리고 피비린내 나는 결말효과는 비극적 파국을 왜곡한 것이었다. 이처럼 비애극은 스스로〔고대〕비극의 투박한 르네상스로 나타났다. 그와 함께 결국 이 형식에 대한 모든 견해를 좌절시킬 수밖에 없었던 추가적 분류작업이 이어졌다. 즉 비애극을 르네상스 드라마로 볼 경우 그것이 지닌 가장 현저한 특징들은 그만큼 많은 양식상의 결함을 지닌 것으로 간주된다. 이러한 목록화 작업은 소재사적 목록들이 지니는 권위 덕분에 오랫동안 교정되지 않은 채로 있었다. 이러한 목록화 작업 때문에 이 분야 문학의 기초를 이루는 매우 가치 있는 저서인 슈타헬(Paul Stachel)의『세네카와 독일 르네상스 드라마』 (*Seneca und das deutsche Renaissancedrama*)는 모든 내로라할 만한 본질통찰─그것이 반드시 추구하고 있지는 않는 그런 통찰─에서 엄격하게 배제된다. 슈트리히는 17세기 서정시 양식에 대한 그의 연구에서 오랫동안 연구를 마비시킨 이러한 모호성을 다음과 같이 들추어 냈다. "사람들은 17세기 독일문학의 양식을 르네상스라고 부르곤 한다. 그러나 사람들이 이 명칭을 고대의 장치에 대한 공허한 모방 이상의 것으로 이해한다면, 그 명칭은 잘못된 것이며 문예학이 양식사적 방향설정을 결하고 있음을 증명한다. 왜냐하면 그 시대는 르네상스의 고전정신을 아무것도 갖고 있지 않았기 때문이다. 그 시대 문학양식은, 사람들이 과장되고 요란한 장식만을 생각하는 것이 아니라 보다 깊은 형

---

* 17, 18세기 유랑극단의 공연목록에 오르는 레퍼토리 연극. 프랑스식의 규칙시학에 입각하여 초기 계몽주의 시학을 정립한 고트셰트(J.Ch. Gottsched)에 의해 부정적인 의미로 사용되었다. 중심이 되는 진지한 드라마(Hauptaktion), 희극적인 종결극, 에필로그로 구성된다. 역사적이고 정치적인 사건들 (Staatsaktionen)을 다루며, 주로 유명 드라마 작품들과 오페라를 개작한 것들이다.

상화 원리들에 소급한다고 해도 오히려 바로크적이다."[16] 이 시대 문학의 역사에서 놀라울 정도로 집요하게 지속된 또 다른 오류를 들 수 있는데, 이 오류는 양식비평의 선입견과 연관된다. 오류의 내용은 곧 이 시대 드라마가 무대공연에 적합하지 않다는 점이다. 기이한 장면 앞에서 엄습하는 당혹감이 그러한 장면은 한 번도 본 적이 없다든지, 그 같은 작품들은 영향을 미치지 않았다든지, 무대가 그 작품들을 거부했다든지 하는 따위의 생각으로 발전하는 것은 이번이 처음이 아니다. 적어도 세네카를 해석하는 데서 바로크 드라마에 관한 이전의 토론과 그 점에서 똑같은 논쟁이 벌어지고 있다. 그건 그렇다 치고 바로크에 대해서는 아우구스트 슐레겔[17]에서 카를 람프레히트[18]에까지 이어져 내려온 100년 묵은 허구, 즉 바로크 드라마가 읽기 위한 드라마였다는 말은 반박되었다. 보고 싶은 욕구를 불러일으키는 격렬한 사건들 속에는 바로 연극적인 요소가 강력하게 표현되고 있다. 심지어 이론까지도 연극장면적 효과를 종종 강조한다. '작가들은 유익하고자 하고 유쾌하게 하려 한다'라는 호라티우스의 명언은, 아우구스트 부흐너*의 시학으로 하여금 어떻게 즐거움이 비애극에서 가능할 수 있는가라는 물음을 던지게 만

---

16) Fritz Strich, 앞의 책, p.21.
17) August Wilhelm von Schlegel, *Sämmtliche Werke*, Hrsg. von Eduard Böcking, 6. Bd.: *Vorlesungen über dramatische Kunst und Litteratur*, 3. Ausg., 2. Theil, Leipzig, 1846. p.403 참조. 또한 A.W. Schlegel, *Vorlesungen über schöne Litteratur und Kunst*, Hrsg. von Jakob Minor, 3. Teil(1803~04): *Geschichte der romantischen Litteratur*, Heilbronn, 1884(*Deutsche Litteraturdenkmale des 18. und 19. Jahrhunderts*, 19), p.72.
18) Karl Lamprecht, *Deutsche Geschichte*, 2. Abt.: Neuere Zeit. Zeitalter des individuellen Seelenlebens, 3. Bd.,1. Hälfte(=der ganzen Reihe 7. Bd.,1. Hälfte), 3. Aufl., Berlin, 1912, p.267.
 * August Buchner, 1591~1661: 바로크 시대 독일의 시학이론가.

든다. 이에 대해 부흐너는 비애극의 내용에서는 아니지만 그것의 극적 재현에서 가능하다고 응답한다.[19)

'가치인정'

여러 형태의 편견에 사로잡힌 채 이 시대 드라마를 다루어온 연구는 객관적으로 진가를 인정하려는 시도를 하기도 하는데, 이러한 평가는 좋든 싫든 실제 사태와 맞지 않고 이질적인 채로 머물 수밖에 없어 혼란을 가중시킬 뿐이다. 사정을 제대로 분별하려는 사람은 이렇게 야기된 혼란에 처음부터 직면해야 했다. 우리는 여기서 바로크 비애극의 효과를 두고 그것이 아리스토텔레스가 언급한 〔고대〕 비극의 효과인 공포와 연민의 감정과 일치하는 점을 입증하려 함으로써 바로크 비애극이 진정한 비극이라고 결론짓는 식으로──사실 아리스토텔레스는 오로지 비극만이 공포와 연민을 일으킬 수 있다는 주장에 결코 동의하지 않았다──사태를 파악할 수 있다는 주장을 가능한 것으로 여겨서는 안 될 것이다. 예전에 어떤 작가는 다음과 같이 희한한 언급을 했다. "다니엘 로엔슈타인*은 그의 연구활동을 통해 과거의 세계에 적응을 잘한 나머지 자기세계를 잊어버렸으며 표현, 사고, 감정에서 그 시대의 관객보다 오히려 고대의 관객이 더 잘 이해할 수 있을 정도였다."[20) 이런 식의 허무맹랑한 견해를 반박하는 것보다 더 시급한 것은 어떤 한 영향관계가 결코 한 예술형식을 규정할 수 없다는 점을 지적하는 일일 것이다.**

19) Hans Heinrich Borcherdt, *Augustus Buchner und seine Bedeutung für die deutsche Literatur des siebzehnten Jahrhunderts*, München, 1919, p.58.

 * Daniel Casper Lohenstein, 1635~83: 그리피우스와 함께 독일 바로크 시대를 대표하는 작가.

20) Conrad Müller, *Beiträge zum Leben und Dichten Daniel Caspers von Lohenstein*, Breslau, 1882, pp.72, 73.

"예술작품이 자체 내에서 완성되는 것은 영원히 불가결한 요청이다! 가장 완벽한 것을 목전에 뒀던 아리스토텔레스마저도 효과를 생각했다고 한다! 이 얼마나 통탄할 주장인가!"라고 괴테는 말했다.[21] 괴테가 변호하고 있는 아리스토텔레스가 과연 이 의심에서 안전한지 여부와는 상관없이, 그[아리스토텔레스]가 정의한 심리적 효과를 드라마에 대한 예술철학적 논의에서 제외시키는 일은 예술철학적 방법의 시급한 관심사이다. 이런 의미에서 울리히 빌라모비츠 묄렌도르프는 이렇게 설명한다. "사람들은 카타르시스가 드라마에서 종류를 규정짓는 요소가 아니라는 점을 통찰해야 할 것이다. 또한 드라마로 하여금 영향을 미치도록 해주는 열정들을 사람들이 장르를 형성하는 요소로 인정하려는 경우에조차 공포와 연민이라는 두 불행한 개념은 참으로 불충분한 것이라고 할 수 있다."[22]—비애극을 아리스토텔레스에 기대어 구제하려는 시도보다 더 불행하고 훨씬 더 자주 볼 수 있는 것으로 다음과 같은 유형의 '가치인정'(Würdigung)*이 있다. 즉 손쉽게 구할 수 있는 기지에 찬 말을 간결하게 늘어놓으며 이러한 드라마의 '필연성'을 입증했다고 주

** 이러한 예술철학적 관점에서 벤야민은 바로크 드라마가 철저히 영향미학적인 고려 속에서 만들어졌다는 점을 무시한다. 하지만 우리는 이러한 사실을 근거로 벤야민의 예술철학적 성찰을 간단히 오류로 취급하는 것도 경계해야 할 것이다. 더구나 이 책의 제1부에 있는 「비애와 비극성」은 간단하게나마 바로크 비애극의 과시적인 측면을 비애와의 연관성 속에서 서술하고 있다.

21) Goethe, *Werke*, hrsg. im Auftrage der Großherzogin Sophie von Sachsen(=바이마르 판), 4. Abt.: *Briefe*, Bd. 42: 1827년 1~7월, Weimar, 1907, p.104.

22) Ulrich von Wilamowitz-Moellendorff, *Einleitung in die griechische Tragödie*. Unveränd. Abdr. aus der 1. Aufl. von Euripides Herakles I, Kap.I~IV, Berlin, 1907, p.109. 〔Ulrich von Wilamowitz-Moellendorff, 1848~1931: 20세기 초 독일의 대표적인 고전학자. 문헌학적인 관찰과 역사적인 관찰을 통일하고자 했다.—옮긴이〕

* 흔히 어떤 사람이나 그 사람의 업적 또는 작품의 진가를 인정하고 상찬하며

장함과 더불어, 그것이 긍정적 가치인지 아니면 갖가지 근거가 박약한 평가인지 알아볼 수 없기 일쑤인 어떤 다른 것도 입증했노라고 주장하는 유형의 '가치인정'이 바로 그것이다. 역사영역에서는 현상들이 필연적인지에 대한 물음은 아주 명백하게 언제나 선험적이다. 사람들이 바로크 비애극을 종종 장식하는 '필연성'이라는 잘못된 장식어는 여러 빛깔로 아른거리며 나타난다. 그 장식어는 단순한 우연과 무의미하게 대비되는 역사적 필연성을 뜻하기도 하고, 대가의 걸작과 반대되는 어떤 선의의 주관적 필연성을 뜻하기도 한다. 그러나 작품이 필연적으로 작가의 어떤 주관적 성향에서 생겨난다는 언급이 의미하는 것은 아무것도 없음이 명백하다. 작품과 형식들을 그후의 발전이 이루어지는 이전 단계들로서 어떤 문제성 있는 맥락에서 파악하는 '필연성'이라는 것도 이와 다를 바 없다. "[17세기의] 자연개념과 예술관은 찢겨진 채 영원히 붕괴되어 있는지도 모른다. 그러나 시들지 않고 퇴색하지 않으며 상실될 수 없이 존속하는 것은 우선 그 시대가 발굴한 소재들이며, 다음으로는 그 시대의 기법상의 발명품들이다."[23] 이렇게 최근의 서술도 이 시대의 문학을 단순한 수단으로 취급하여 구제하고 있다. 진가를 인정하는 가치평가들의 '필연성'[24]은 애매모호한 영역에 머물러 있으며, 유일무이하고 미학적으로 중요한 필연성 개념에서 그 외관을 취하고 있다. 그것은 노발리스가 생각하는 필연성 개념으로서, 그는 예술작품이

기리는 일을 가리킨다. 벤야민은 여기서 이러한 가치평가 작업 뒤에 숨어 있는 대상에 대한 왜곡과 무지를 비판적으로 파헤치고 있다.

23) Herbert Cysarz, *Deutsche Barockdichtung. Renaissance, Barock, Rokoko*, Leipzig, 1924, p.299. [Herbert Cysarz, 1896~1985: 독일의 문예학자.—옮긴이]

24) J[ulius] Petersen, "Der Aufbau der Literaturgeschichte", in: *Germanisch-romanische Monatsschrift*, 6(1914), pp.1~16, pp.129~152, 특히 pp.149, 151.

지니는 "존재해야 할······필연성"[25]으로서 예술작품의 선험성에 대해 말한다. 이러한 필연성이 오로지 그 필연성을 형이상학적 내용에까지 파고드는 분석을 통해서만 드러난다는 점은 명백하다. 온건주의적인 '가치인정'은 그 필연성을 파악하지 못한다. 최근의 헤르베르트 치자르츠의 시도 역시 결국 그와 같은 가치평가에 머물고 있다. 예전의 논문들에서는 전혀 다른 관찰방식의 모티프들이 결여되었다면, 이 최근의 논문에서는 어떻게 해서 가치 있는 사고와 날카로운 관찰들이 의고전주의적(擬古典主義的, klassizistisch) 시학체계, 즉 그 관찰들이 의식적으로 자신을 관련시키는 그러한 시학체계 때문에 훌륭한 결실들을 잃는지가 우리를 놀라게 한다. 최종적으로 그 논문에서 언술되는 것은 고전적 '구제'라기보다 하찮은 변명이다. 예전의 작품들에서는 그 대신 30년 전쟁이 언급되곤 했다. 사람들이 이 〔바로크 시대〕 형식을 두고 트집을 잡았던 모든 일탈들에 그 전쟁이 책임 있는 것처럼 보인 것이다. "사람들은 입버릇처럼 그것이 잔인한 사람들에 의해, 그리고 잔인한 사람들을 위해 씌어진 작품들이라고 말했다. 그러나 그것은 그 시대 사람들에게 필요했다. 전쟁과 피비린내 나는 살육전의 분위기 속에서 살던 그 시대 사람들은 이러한 장면을 자연스러운 것으로 여기고 있었다. 그것은 그들에게 제공된 그들 자신의 풍속도였다. 또한 그들은 그들에게 제공된 쾌락을 소박하고 노골적으로 맛보았다."[26]

바로크와 표현주의

이처럼 19세기 말에 이루어진 연구는 비애극의 형식을 비판적으로

---

25) Novalis, *Schriften*, Hrsg. von Jakob Minor, 2. Bd., Jena, 1907. p.231.
26) Louis G. Wysocki, *Andreas Gryphius et la tragédie allemande au XVIIe siècle*, 박사학위 논문, Paris, 1892, p.14.

규명하는 작업과는 완전히 동떨어진 방향으로 진행되었다. 문화사적 · 문학사적 · 전기적 관찰방식을 섞어 예술철학적 성찰을 대체하려 했던 이러한 혼합주의는 최근 연구에서는 그에 못지않게 해로운 구조를 지닌 짝을 만나고 있다. 고열에 시달리는 환자가 자신에게 들려오는 말들을 착란상태의 휘몰아치는 생각들 속에 가공해넣듯이, 시대정신은 이전의 정신세계나 멀리 떨어져 있는 정신세계의 기록들을 헤집고 들어가서 그것들을 억지로 빼낸 뒤 자신의 독단적 상상 속에 무자비하게 편입한다. 이러한 현상은 이 시대정신의 징표이기도 하다. 즉 그 자체가 곧바로 명명백백하게 동시대인의 감정에 호소하지 않을 어떤 새로운 양식이나 알려지지 않은 민속도 찾아낼 수 없을 것이다. 마치 작품을 만든 자는 자신이 그것을 만들었기 때문에 그것의 해석자라는 식으로, 역사가가 "치환"(Substitution)[27]을 통해 창작자의 자리로 슬그머니 들어서려는 이러한 불길하고 병적인 암시성에 대해 사람들은 '감정이입'이라는 명칭을 부여했다. 그런데 이 '감정이입'에서는 단순한 호기심이 방법이라는 외투를 걸치고 주제넘게 나서고 있을 뿐이다. 이러한 편력의 행각 속에서 현 세대의 자립적이지 못한 성격은 대부분 바로크에서 맞닥뜨린 위풍당당한 기세에 눌리고 말았다. 표현주의의 분출과 더불어 시작된—게오르게 학파의 시학에서 영향받은 바가 없다고 할 수 없을지라도[28]—재평가 작업은 지금까지 단지 극소수의 경우[29]를 제외하고는 현대 비평가와 그의 대상 사이에서가 아니라 대상 자체 내에서 새로

27) Petersen, 앞의 책, p.13.
28) Christian Hofman von Hofmanswaldau, *Auserlesene Gedichte*, Felix Paul Greve의 서문을 곁들인 편집, Leipzig, 1907, p.8 참조.
29) Arthur Hübscher, "Barock als Gestaltung antithetischen Lebensgefühls. Grundlegung einer Phaseologie der Geistesgeschichte", in: *Euphorion* 24, 1922, pp.517~562, 759~805 참조.

운 연관관계들을 해명하는 진정한 통찰을 보여줄 수 없었다. 그러나 옛 편견들은 타당성을 잃어가고 있다. 독일 문헌의 현 상태와 바로크 사이의 놀라운 유사점들은 대개 감상적이기는 하지만, 긍정적 방향에서 바로크를 천착하는 계기를 거듭 새롭게 부여해왔다. 1904년에 한 문학사가는 이 시대를 다음과 같이 설명했다. "지난 2세기 이래로 어느 시대의 예술감정도 자신의 양식을 추구하는 17세기의 바로크만큼 우리 시대의 예술감정과 근본적으로 유사했던 적이……없었던 것 같다. 내면은 공허하거나 깊숙한 곳까지 들쑤셔져 있으면서, 외적으로는 그 시대의 생존문제들과 일단 거의 무관하게 보이는 기술적 · 형식적 문제들에 골몰하는 모습. 이것이 대부분의 바로크 작가들이었으며 사람들이 개관할 수 있는 한 적어도 우리 시대의 작품을 각인하는 작가들도 이와 비슷하다."[30] 최근 이 문장들에서 소극적이며 너무 간단하게 표명된 견해는 훨씬 더 광범위한 의미에서 적용되고 있다. 1915년에 표현주의 드라마의 발단으로서 프란츠 베르펠(Franz Werfel)의 『트로이의 여인들』(Troerinnen)이 발표되었다. 이와 똑같은 소재를 바로크 드라마 초기 마르틴 오피츠의 작품*에서 볼 수 있는 것은 우연이 아니다. 두 작품 모두에서 작가는 〔트로이 여인들의〕 비탄의 목소리와 그 반향에 주목했다. 더욱이 두 경우 모두 폭넓게 펼쳐지는 인위적 전개과정이 아니라 오히려 드라마적 서창(敍唱)에서 길러진 작시법을 필요로 했다. 특히 언어적인 면에서 당시의 노력과 최근에 이루어진 노력 및 현재 이루어지는 노력의 유사점이 눈에 띄게 드러난다. 억지로 강조하는 모습이 둘

---

30) Victor Manheimer, *Die Lyrik des Andreas Gryphius. Studien und Materialien*, Berlin, 1904. p.XIII.

* Martin Opitz, 1597~1639: 독일어로 된 최초의 시학서인 『독일 시학서』를 썼으며, 세네카의 『트로이의 여인들』을 번역하여 독일 바로크 드라마의 길을 모색했다.

다 특징적이다. 이러한 문학의 구성물들은 공동체의 존재에서 자라 나오기보다 오히려 가치 있는 문학작품들이 없다는 점을 억지기교를 통해 은폐하려고 한다. 왜냐하면 표현주의와 마찬가지로 바로크는 본래적인 예술적 훈련의 시대이기보다 줄기찬 예술의지(Kunstwollen)의 시대였기 때문이다. 이른바 몰락의 시대는 늘 그렇다. 예술에서 가장 현실적인 것은 고립되고 완결된 작품이다. 그러나 때때로 완성된 작품은 아류들만이 도달할 수 있다. 그것은 예술들이 '몰락'하는 시대들, 예술들을 '욕구'하는 시대들이다. 그렇기 때문에 알로이스 리글*은 이 용어를 바로 로마 제국 말기의 예술에서 발견했다. 이 의지에는 형식만이 접근할 수 있으며 잘 만들어진 개별 작품은 결코 접근할 수 없다. 이 의지 속에 독일 의고전주의 문화가 붕괴한 이후의 바로크의 현재성이 그 근거를 둔다. 언어가 세상사의 중압을 견뎌낼 수 있는 것처럼 보이게 하는, 언어의 루스티카(Rustika)** 양식을 추구하는 경향이 더불어 나타난다. 전혀 부사적으로 사용되지 않는 형용사들을 명사와 결합시켜 덩어리로 짜내는 훈련은 오늘날 나타난 현상이 아니다. '화려한 무도'(Großtanz)니 '웅장한 시'(Großgedicht)(즉 서사시)니 하는 말들은 바로크적 어휘들이다. 신조어들은 어디서나 나타난다. 오늘날에나 당시에나 그러한 신조어들 가운데 많은 것들에서 새로운 파토스를 표현하려는 갈망이 드러나고 있다. 작가들은 언어의 특정하면서도 부드러운 은유가 솟아 나오는 내밀한 이미지적 힘을 개인적으로 전유하려 했

---

* Alois Riegl, 1858~1905: 오스트리아의 미술사가. 한 시대의 예술양식을 규정하는 초시대적 힘이라고 할 수 있는 '예술의지'(또는 예술의욕)라는 개념을 창안했으며, 가치판단에서 출발하는 미술사 서술관행을 극복하고 몰락의 시대(후기 로마)의 예술적 특성을 양식분석을 통해 밝히려고 했다. 벤야민은 리글의 방법론적 단초를 높이 평가하고 그로부터 스스로 많은 영향을 받았지만 후기에 「기술복제 시대의 예술작품」에서 그 한계를 또한 지적하기도 한다.
** 가장자리만 거칠게 다듬은 직육면체 돌덩어리로 쌓아올린 담벼락을 가리킨다.

다. 사람들은 언어를 창조하는 일이 문학적 언어를 발견하는 직접적 관심사인 양 비유담(比喩談)들보다 비유어(比喩語)들 속에서 자신의 명예를 추구했다. 바로크 시대의 번역가들은 가장 강력한 표현들을 찾아쓰는 데서 기쁨을 느꼈다. 이것은 요즘 사람들이 특히 고풍적 표현들을, 이것들 속에서 언어적 삶의 자원들을 확보할 수 있다고 여기면서 즐겨 쓰는 것과 같다. 늘 그렇듯이 이러한 강압성은, 그 속에서 진정한 내용을 담은 완성된 형식의 표현 같은 것이 고삐 풀린 힘들의 갈등으로부터는 좀처럼 쟁취될 수 없는 어떤 문학적 생산의 징표이다. 그와 같은 찢겨짐 속에 오늘날은 바로크적 정신상태의 어떤 면들을 예술활동의 세부에 이르기까지 반영한다. 오늘날처럼 당시에도 명망 있는 작가들이 몰두한 국가소설(Staatsroman)의 반대편에 당시 목가극처럼 오늘날에도 인간의 단순한 삶과 자연적 선함을 지향하는 작가들의 평화주의적 고백들이 있다. 예나 마찬가지로 지금도 생동하는 민중성에서 분리된 영역에서 삶을 영위해가는 작가들은 어떤 야망을 태우며 산다. 이러한 야망의 충족이라는 면에서는 어쨌거나 당시의 작가들이 오늘날의 작가들보다 더 행복했다. 왜냐하면 오피츠·그리피우스·로엔슈타인 등은 국사에 종사하면서 이따금 보람 있는 업적을 수행할 수 있었기 때문이다. 그리고 이 점에서 바로크와 표현주의의 유비는 한계를 드러낸다. 바로크 작가는 양 진영의 교회가 지지해주던 절대주의 체제의 이상에 스스로가 결부되어 있다고 줄곧 느꼈다. 오늘날 그의 후손들의 자세는 반국가적이고 혁명적이지 않다고 할지라도 그 어떠한 국가이념도 지니지 않았다는 점으로 특징지어진다. 마지막으로 여러 유사점에도 불구하고 잊어서는 안 될 커다란 차이가 있다. 17세기의 독일에서 문학은, 민족이 그 문학을 중시하지 않았을지라도 민족의 새로운 탄생을 위해 의미심장한 역할을 했다. 그에 반해 최근 20년간의 독일 문학은 시대에 대한 자신의 몫을 깨닫는다는 선언을 하는 데 마음이 끌렸지만 어떤 몰락을—설령 그 몰락이 무엇인가를 준비하고 생산적으로 작용할 지라도—의미한다.

자신을 위하여

그럴수록 독일 바로크 시대에 이와 유사한 경향들이 여러 과장된 예술수단들로 독특하게 표현된 모습이 바로 오늘날 불러일으킬 수 있는 인상은 더더욱 강렬하다.* 기법들을 쏟아내고 작품들을 동일한 형태로 거푸 만들어내며 격렬하게 가치주장을 품어냄으로써 동시대와 후세를 어느 정도 침묵시키려 했던 어떤 문학에 대해서는, 형식의 이념을 재현하는 일이 요구하는 것과 같은 주체적 태도가 필수적이라는 점을 강조할 필요가 있다. 심지어 이 경우에도 인식작업의 상공에서 바로크 분위기의 바닥 모를 나락으로 추락할 위험은 무시할 수 없다. 이 시대〔바로크〕의 의미를 현재화해보려는 즉흥적 시도를 할 때마다 모순들 속에서 소용돌이치는 이 시대의 정신성의 모습이 불러일으키는 독특한 현기증이 생겨난다. "바로크의 가장 내밀한 표현들과 바로크의 세부 내용들도—어쩌면 바로 그것들이야말로—안티테제적이다."[31] 멀리서 다가가는 관찰, 아니 총체성에 대한 조망을 우선 단념하는 관찰만이 어느 정도 금욕적인 훈련 속에서 정신을 견고하게 만들 수 있으며, 이 견고

---

* 이 단락의 제목은 'Pro domo'이다. Pro domo란 원래 '(자신의) 집을 위하여'라는 뜻이다. 이 말은 자신이 추방되어 있는 동안 적대자인 호민관 클로디우스에 의해 자기 집이 허물어지고 그 자리에 신전이 세워진 것에 대해 키케로가 연설한 것에서 기원한다.

31) Wilhelm Hausenstein, *Vom Geist des Barock*, 3.~5. Aufl., München, 1921, p.28. 〔Wilhelm Hausenstein, 1882~1957: 독일의 미술사가. 예술을 사회학적으로 바라보고, 마르크스 유물론을 미술사에 접목시키기도 했다.—옮긴이〕

함만이 정신으로 하여금 그 파노라마의 광경 속에 자기 스스로를 제어할 수 있게 해준다. 이번 연구가 기술하고자 한 것이 바로 이 훈련과정이다.

비애극과 비극

제1막 제1장. 하인리히. 이사벨. 무대는 왕궁.

하인리히 나는 왕입니다.

이사벨 나는 여왕입니다.

하인리히 나는 할 수 있고 하고자 합니다.

이사벨 왕께선 할 수도 없고 하고자 해서도 안 됩니다.

하인리히 누가 감히 나를 막는단 말입니까.

이사벨 제가 안 된다 할 겁니다.

하인리히 나는 왕입니다.

이사벨 왕께서는 제 아들입니다.

하인리히 저는 당신을 어머니로서 존경합니다.

허나 당신은 단지 계모일 뿐이라는 걸 아셔야지요.

저는 그녀를 취하고자 합니다.

이사벨 그녀를 취해선 안 됩니다.

하인리히 분명히 말하건데, 저는 그녀/에어넬린데를 취할
것입니다

　• 필리도어, 『에어넬린데 또는 네 번째 신부』[1]

바로크 시대의 비애극 이론

철학적 탐구를 하는 데에 개념형성의 규준인 극단적인 것으로의 방

---

1) Filidor[Caspar Stieler?], *Trauer- Lust- und Misch-Spiele*(비애극, 희극, 혼
합극), Erster Theil, Jena, 1665, p.1 [*Ernelinde Oder Die Viermahl Braut*,
혼합극, Rudolstadt, 연도표시 없음(I, 1)에 있는 별도의 쪽수]. [이 작품의 저
자가 누구인지는 확실하지 않다. 필리도어를 독일 작가이자 언어연구가인 카
스파르 폰 슈틸러(Caspar von Stieler, 1632~1707)의 가명으로 보기도 한다.
이 극에서 영국의 왕 하인리히는 에어넬린데가 자신의 딸인 줄도 모르고 그녀
를 아내로 취하려 한다.—옮긴이]

향설정은 독일 바로크 비애극의 원천에 대한 서술과 관련하여 두 가지를 의미한다. 첫째로 이러한 방향설정은 아무 데도 얽매이지 않은 채 소재의 폭을 관찰하는 연구에 대한 지침을 제공한다. 게다가 해당 드라마 작품이 그렇게 많지는 않은 상황에서 이러한 연구의 관심사는 마치 문학사가 정당하다는 듯이 그렇게 하는 것처럼 작가들의 유파나 전집이 나온 시대, 개별 작품의 층위를 찾는 데 있지 않다. 오히려 이러한 연구는 산만하고 이질적으로 보이는 것들이 적절한 개념들 속에서 종합(Synthesis)의 요소들로서 결합되어 있다는 점이 발견될 것이라는 가정에 의해 도처에서 이끌어질 것이다. 이러한 의미에서 이러한 연구는 종종 매우 기이한 작품을 쓴 그다지 중요하지 않은 작가들의 산물들을 위대한 작가들의 산물들보다 가볍게 평가하지 않을 것이다. 형식을 구현하는 것과 형식을 각인시키는 것은 서로 다르다. 전자가 선택받은 작가의 일이라면 후자는 보다 덜 중요한 작가들의 힘겨운 시도에서 종종 비교할 바 없이 뚜렷하게 일어난다. 형식의 삶은 형식에 의해 규정된 작품들의 삶과 동일하지 않으며, 형식이 뚜렷하게 드러나는 일은 때때로 한 문학작품의 완성과 반비례 관계에 있을 수 있다. 형식 자체는 볼품없는 문학작품의 야윈 몸에서, 말하자면 그 작품의 골격으로서 두드러지게 나타난다. 둘째로 극단에 대한 연구는 바로크 드라마 이론에 대한 고려를 포함한다. 시학적인 규정을 알리는 데에서 이론가들이 보여준 우직함*은 이 시기 문학이 갖고 있는 특히 매력적인 측면이다. 그들이 정한 규칙들은 그것들이 다소간 구속력이 있는 형태로 등장하고 있다는 이유만으로도 극단적이었다. 따라서 이 시기 드라마의 기이함은 대부분 시학에 기인한다. 드라마 줄거리의 몇 안 되는 상투적인 틀

---

* 르네상스에 이어 바로크 시대 시학자들 역시 아리스토텔레스의 전통을 고수한 것을 가리킨다.

조차 시학적 공리에서 파생되었기에 작가들의 지침서들은 분석을 위한 필수불가결한 원천임이 입증되었다. 이 지침서들이 근대적인 의미에서 비판적이었다면, 그것들은 보다 덜 중요했을 것이다. 이 지침서들을 참조하는 일은 대상에 의해 요구되었을 뿐만이 아니라 오늘날 연구수준을 볼 때 분명하게 정당화된다. 비교적 최근까지도 연구는 양식분류상의 선입견과 미적인 판단상의 편견에 의해 방해받아 왔다. 바로크 문학의 발견은 매우 뒤늦게 그리고 애매모호한 상황에서 이루어졌다. 그 이유는 너무나도 간편한 시대구분으로 인해 바로크 문학의 특징들과 자료들을 지난 시대의 논문들(Traktate)에서 가져오는 것이 선호되었기 때문이다. 독일의 문학분야에서 '바로크'는 그 어느 곳에서도 명백하게 언급되지 않았기에—바로크라는 표현은 조형예술 분야에서조차도 18세기에 들어와서야 나타난다—, 또 명료하며 큰 목소리로 전투적인 선언을 하는 일은 궁정적인 톤을 표본으로 삼고자 했던 문사(文士)들의 일이 아니었기에, 사람들은 이후에도 독일 문학사의 이 장(章)에 특별한 표제를 다는 것을 허용하려 하지 않았다. "비논쟁적 자세는 바로크 전체를 분명하게 특징짓는다. 모든 이들은 비록 자기목소리를 따를 때조차도 가능한 한 오랫동안 자신이 존경받는 선생과 입증된 권위자들이 걸은 길을 가고 있다는 외관을 유지하고자 한다."[2] 로마 회화 아카데미들의 열정적인 작업과 동시에 대두된[3] 시학적 논쟁에 대한 고조된 관심은 이 점을 오도해서는 안 된다. 따라서 시학은 1561년에 출간된 스칼리거*의 『시작(詩作)에 관한 일곱 책』의 변형에 머물러 있었다. 다음

2) Cysarz, *Deutsche Barockdichtung. Renaissance, Barock, Rokoko*, p.72.

3) Alois Riegl, *Die Entstehung der Barockkunst in Rom*, Aus seinem Nachlaß hrsg. von Arthur Burda und Max Dvořák, 2. Aufl., Wien, 1923, p.147 참조.

* Julius Caesar Scaliger, 1484~1558: 이탈리아 태생의 인문주의자. 그의 『시작에

과 같은 의고전주의적 도식이 지배적이다. "그리피우스는 논쟁의 여지가 없는 대가로서 독일의 소포클레스이다. 그 뒤에 독일의 세네카인 로엔슈타인이 두 번째 자리를 차지하고 있다. 독일의 아이스킬로스인 할만이 단지 제한적으로만 그 옆에 놓인다."[4] 그리고 시학들의 르네상스적인 외관에 상응하는 그 무언가가 분명히 드라마들 속에 있다. 이 드라마들의 양식적인 독창성은—이 정도로 미리 언급하는 것은 괜찮을 것이다—전체적으로 보았을 때보다 개별적으로 보았을 때 훨씬 더 뛰어나다. 전체적으로 볼 경우에는 실제로 람프레히트[5]가 이미 강조했듯이 어렴풋이 독일 르네상스 시기의 시민 드라마를 생각나게 하는 둔중함과 기본적인 줄거리의 단순함이 특징적이다. 그러나 전체가 오직 부분을 통해 규정된다는 점을 간과한 채로 전체를 주목하는 것을 허용하지 않는 진지한 양식비판의 조명 아래선 모두가 다 바로크적이라고는 할 수 없어도 르네상스와는 낯선 특징들이 인물들의 언어와 행동에서부터 무대장치와 소재선택에 이르기까지 도처에서 나타난다. 이와 동시에 앞으로 보겠지만 바로크식의 해석을 가능하게 하는 전래된 시학서들에 강조점이 주어진다는 점이 밝혀진다. 이러한 시학서들에 신뢰를 보인 경우는 이것들에 반기를 든 경우보다 바로크적인 의도에 보다 나은 기여를 했다. 고전성(Klassizität)을 향한 의지는 어떠한 훈련을 통해서도 감당할 수 없는 형식적 과제들에 직면해 있다고 스스로 느끼고 있던 〔이 시대〕 문학의 거의 유일하고도 진정 르네상스적인 특징이

관한 일곱 책』(*Poetices libri septem*, 1561)은 16세기의 시 작법에 대한 가장 방대한 저서로서 당대는 물론 18세기에 이르기까지 유럽 문학에 영향을 미쳤다.

4) Paul Stachel, *Seneca und das deutsche Renaissancedrama. Studien zur Literatur- und Stilgeschichte des 16. und 17. Jahrhunderts*, Berlin, 1907(*Palaestra*, 46), p.326.

5) Lamprecht, 앞의 책, p.265.

었다. 물론 이러한 특징은 그 거친 성격과 무분별함 때문에 르네상스를 넘어서고 있었다. 개별적인 경우에 이루어진 바를 고려하지 않는다면 고대 형식에 접근하려는 모든 시도는 필연적으로 최고로 바로크적인 형태를 얻기 위한 노력을 노골적으로 드러냈다. 문예학이 이러한 시도들에 대한 양식적인 분석을 등한히 한 데에는 과장문체의 시대, 언어타락의 시대, 학자시문학(Gelehrtenpoesie)의 시대에 대해 내린 평결에 그 원인이 있다. 아리스토텔레스적인 연극술의 학습이 독일 르네상스 문학을 위한 필수적인 과도단계였다는 언급으로 문예학이 이러한 평결의 의미를 제한하려고 하는 한, 문예학은 한 가지 선입견에 이어 또 다른 선입견에 직면한 셈이다. 이 두 가지 선입견은 서로 관련이 있다. 왜냐하면 17세기 독일 드라마의 르네상스 형식이라는 테제는 이론가들이 품고 있는 아리스토텔레스주의에 의해 지지되었기 때문이다. 아리스토텔레스적인 규정들이 바로크 드라마들의 가치를 숙고하는 데 얼마나 완고하게 부정적 영향을 미쳤는지는 이미 언급했다. 그 대신 여기서는 바로크 드라마에 대한 아리스토텔레스적인 원리의 영향이 '르네상스 비극'이라는 용어 속에서 과대평가되었음이 강조되어야 한다.

사소한 아리스토텔레스의 영향

초기 근대 독일 드라마의 역사에서 고대 비극작가들의 작품소재들이 영향력 면에서 이보다 더 미미했던 시기는 없다. 이 사실만으로도 아리스토텔레스의 지배는 반박된다. 그를 이해하기 위한 어떤 준비도 되어 있지 않았으며 심지어 그를 이해하기 위한 의지조차 없었다. 왜냐하면 그리피우스 이래 우선적으로 네덜란드의 고전주의와 예수회 드라마에서 반복해서 이끌어낸 기법적이고 소재와 관련된 진지한 지침을 사람들은 당연히 그리스 작가한테서 구하지 않았기 때문이다. 본질적인 것은 아리스토텔레스의 권위를 인정함으로써 스칼리거의 르네상스 시학과의 연관을 분명히 하고 이를 통해 자신들의 시도들의 정당성을 주장하는 것이었다. 더구나 17세기 중반에 아리스토텔레스 시학은 아직 레싱이 씨름했던 것과 같은 단순하면서도 거창한 도그마의 구조물이 아니었다. 『시학』(Poetik)에 대한 최초의 주석자 트리시노*는 우선 시간의 통일을 보충하기 위해 행동〔줄거리〕의 통일을 도입한다. 즉 시간의 통일은 그것이 행동의 통일을 불러일으킬 때만이 미적인 것으로 여겨졌다. 그리피우스와 로엔슈타인은 이러한 통일원칙을 지켰다. ──『파피니아누스』(Papinian)의 경우에 행동의 통일이 지켜졌는지에 대해선 논쟁의 여지가 있다. 이러한 고립된 사실과 함께 아리스토텔레스에 의해 규정된 드라마의 통일에 대한 목록은 종결된다. 당시의 시학이론은 시간의 통일에 대해 자세한 의미부여를 하지 않았다. 여타의 면에선 전통적인 견해와 그리 다르지 않은 하르스되르퍼**의 이론도 4일에서 5일 동안에 이루어지는 줄거리 전개도 허용된다고 분명히 밝혔다. 카스텔베트로*** 이래로 논의된 장소의 통일은 바로크 비애극의 경우 중요한 사항이 아니었다. 예수회 연극 역시 장소의 통일을 알지 못했다. 보다 결정적인 것은 비극적인 효과에 관한 아리스토텔레스의 이론에 대해 보여준 시학입문서들의 무관심이다. 『시학』에서 그리스 연극의 제의적 성격이 미치는 영향력이 그 어떤 다른 부분에서보다도 특별히 두드러지는 이 부분이 17세기에 특별히 잘 이해될 수 있었던 것은 아니다. 그러나 신비한 예식을 통한 정화의 이론을 전개시켰던 이러한 학설에 대한

---

 * Gian Giorgio Trissino, 1478~1550: 이탈리아의 작가 · 언어연구가.
 ** Georg Phillip Harsdörffer, 1607~58: 바로크 시기 뉘른베르크 작가군에 속하는 작가.
*** Ludovico Castelvetro, 1505~71: 이탈리아 르네상스기의 대표적인 문학비평가. 아리스토텔레스의 시학에서 3통일의 원칙을 이끌어냄.

통찰이 불가능한 것임이 입증되면 될수록 해석을 위한 보다 자유로운 공간이 생겨났다. 이 해석은 그것이 담고 있는 사상적인 내용에서 볼 때 보잘것없었지만 고대 비극의 의도를 왜곡하는 데 결정적인 역할을 했다. 공포와 연민은 행동의 통합적인 전체가 아니라* 특출한 인물들의 운명에 한몫하는 것으로 이해되었다. 즉 악인의 종말이 공포를 일깨우고, 경건한 영웅의 종말은 연민을 일깨운다는 식이다. 비르켄에게는 이러한 정의 역시 너무도 고전적으로 여겨졌기에 그는 공포와 연민 대신 신에 대한 경의와 시민들의 교화를 비애극의 목표로 설정했다. "우리 기독교인들은 / 무슨 행동을 하건 간에 그러하듯이 / 드라마를 쓰고 연극을 할 때에도 / 신을 경배하고 동료들이 선을 행하도록 교훈을 준다는 / 단 하나의 의도만을 지니고 있어야 한다."[6] 비애극은 자신의 관객의 덕을 단련시켜야 한다. 비애극의 주인공들에게 필수적이면서도 관객을 교화시키는 덕목이 있다면 그것은 예부터 있어온 아파테이아(ἀπάθεια, 부동심)이다. 스토아 철학의 윤리와 새로운 비극의 이론과의 결합은 네덜란드에서 완성되었으며 립시우스**는 아리스토텔레스의 연민(ἔλεος)을 오직 타인의 고난과 근심을 덜어주는 적극적인 충동으로 이해해야지, 끔찍한 운명을 볼 때 생기는 병리적인 쇠약으로 이해해서

---

* 참고로 아리스토텔레스의 『시학』제14장에 따르면 공포와 연민은 사건의 인과론적인 결합, 즉 플롯에 의해 환기되어야 한다.

6) *Teutsche Rede-bind- und Dicht-kunst* / verfasset durch Den Erwachsenen 〔Sigmund von Birken〕, Nürnberg, 1679, p.336. 〔Sigmund von Birken, 1626~81: 바로크 시기 뉘른베르크 작가군에 속하는 작가.─옮긴이〕

** Justus Lipsius, 1547~1606: 네덜란드의 법철학자·신스토아주의의 대표자. 커다란 성공을 거둔 그의 저서 『항상심에 관하여』(*De Constantia*, 1584)는 후기 휴머니즘·바로크 도덕의 기본서가 되었다. 그는 스토아주의를 우주론적이고 형이상학적인 면을 배제한 채 실천적이고 도덕적으로 재해석했으며, 이를 기독교적인 원칙들과 조화시키려 했다. 그의 신스토아주의적인 사유는 특히 그리피우스의 드라마에 많은 영향을 미쳤다.

는 안 된다는 것, 즉 심약함(pusillanimitas)이 아니라 오직 동정심 (misericordia)으로서 이해해야 한다는 점을 언급했다.[7] 이러한 주석 이 비극의 관찰을 통해 아리스토텔레스가 서술하는 것과 본질적으로 다른 것이라는 점에는 의심의 여지가 없다. 그렇기 때문에 새로운 비애 극을 그리스인들의 옛 비극에 연결시키는 계기를 비평에 부여하는 것 은 언제나 또다시 왕가 출신의 주인공의 존재라는 단 하나의 사실이다. 따라서 비애극의 독특성에 대한 탐구는 비애극의 화법으로 표명된 오 피츠의 유명한 정의를 살펴보는 데서 가장 적절하게 시작될 수 있을 것 이다.

비애극의 내용으로서의 역사

"비극은 영웅서사시와 맞먹는 위엄을 지니고 있다. 그 밖에 비극은 낮 은 신분의 인물들이나 평범한 일들을 도입하는 일로 고심하는 일이 거 의 없다. 왜냐하면 비극은 오직 왕의 의지 / 살인 / 절망 / 친자살해와 부 친살해 / 화재 / 근친상간 / 전쟁과 반란 / 한탄 / 울부짖음 / 탄식 그리고 이와 비슷한 일들을 다루기 때문이다."[8] 근대 미학자들은 이러한 정의 를 아주 대단한 것으로 보려 하지는 않았을 것이다. 왜냐하면 이러한 정 의는 단지 비극의 소재들의 윤곽을 정해놓은 것에 지나지 않는 것처럼

---

7) Wilhelm Dilthey, *Weltanschauung und Analyse des Menschen seit Renaissance und Reformation. Abhandlungen zur Gescichte der Philosophie und Religion*(*Gesammelte Schriften*, 2), Leipzig u. Berlin, 1923, p.445 참조.

8) Martin Opitz, *Prosodia Germanica, Oder Buch von der Deudschen Poeterey*, Nunmehr zum siebenden mal correct gedruckt, Franckfurt a.M, 연도표시 없음[ca. 1650], pp.30~31. [여기서 "평범한 일들"이란 시민계층에 게서 일어나는 일들을 말한다. ―옮긴이]

보이기 때문이다. 따라서 그것은 한 번도 주목할 만한 것으로 평가받지 못했다. 하지만 이러한 외관은 우리를 속인다. 오피츠는 위에서 언급된 사건들이 소재라기보다는 비애극에 들어 있는 예술의 핵심임을 말하지는 않았지만 그의 시대에는 자명한 것이었다. 그 시대에 재현된 역사적인 삶이 비애극의 진정한 내용인 것이다. 이 점에서 비애극은 비극과 구분된다. 왜냐하면 비극의 대상은 역사가 아니라 신화이며, 등장인물에게 비극적인 상황을 부여하는 것은 그들의 신분, 절대군주제가 아니라 그들 현존의 전사(前史), 과거의 영웅적 행위이기 때문이다. 오피츠적인 의미에서 살아 있는 민족성의 형성을 위한 열쇠는 신, 운명과의 대결이나 태곳적 과거의 현재화가 아니라 군주를 비애극의 주인공으로 만드는 것, 즉 군주의 덕의 확증, 군주의 악덕의 재현, 외교적인 활동의 본질에 대한 통찰, 모든 정치적인 간계들의 실행 등이다. 군주는 역사의 첫 번째 대표자로서 거의 역사의 구현체로 간주된다. 거친 방식으로 당대의 시학은 곳곳에서 현실 세계사 진행에 대한 관심을 언급한다. 리스트*는 『최고로 고상한 즐거움』에서 다음과 같이 적고 있다. "비극을 쓰려고 하는 자는 고금의 역사적인 사건들이나 역사서들에 정통해야 한다. 그는 정치의 진면모가 담겨 있는 세상사나/나랏일을 철저히 알고 있어야 한다. ……그는 또 전시나 평화 시/왕과 군주의 심정이 어떠한지/어떻게 국가와 백성들을 다스려야 하는지/어떻게 통치력이 유지되어야 하는지/어떻게 모든 해로운 조언들에 잘 대응해야 하는지/정권을 잡거나/반대파들을 몰아낼 때나/심지어 제거하고자 할 때에는/어떤 조치를 취해야 하는지를/알고 있어야 한다. 한마디로 말해/그는 자신의 모국어를 이해하고 있는 것처럼/그렇게 철저히 통치술을 이해해야만 한

---

* Johann Rist, 1607~67: 바로크 시대 독일의 시인·극작가·프로테스탄트의 목사. 찬송가 등의 가사를 많이 썼으며 풍유적(諷喩的)인 음악극을 위한 희곡도 썼다.

다."[9] 사람들은 역사의 흐름 자체에서 비애극을 파악할 수 있다고 믿었다. 이를 위해서는 적절한 말을 찾기만 하면 되었다. 이러한 처리에서조차도 사람들은 자신이 자유롭다 느끼려 하지 않았다. 비록 하우크비츠*가 독일 바로크 비애극 작가들 가운데 가장 재능 없는 작가라 할지라도, 아니 진정으로 유일하게 재능이 없었다 할지라도, 『메리 스튜어트』를 위해 그가 작품 뒤에 덧붙인 주석**에 있는 한 언급을 그의 작가적 역량 부족을 증명하는 것으로 본다면, 이는 비애극의 기술적 장치를 잘못 이해하는 것이 될 것이다. 그곳에서 작가는 작품을 쓸 때 오직 프란치스쿠스 에라스무스의 『숭고한 애도식장』(Der hohe Trauersaal)이라는 하나의 문헌만을 확보하고 있어서, "프란치스쿠스라는 해설자의 말에 과도하게 의존해야만 했다"라고 한탄한다.[10] 동일한 관점에서 로엔슈타인은 드라마와 맞먹는 분량의 주석을 썼다. 『파피니아누스』를 위한 주석 끝부분에서 그리피우스는 다음과 같이 말한다. "이번에는 이 정도까지만 하기로 한다. 그 이유는? 이것은 박학한 자들에겐 쓰나마나한 것이

---

9) *Die Aller Edelste Belustigung Kunst- und Tugendliebender Gemühter* [Aprilgespräch]/beschrieben und fürgestellet von Dem Rüstigen[Johann Rist], Franckfurt, 1666, pp.241~242.

 * August Adolph von Haugwitz, 1647~1706: 슐레지엔 지역에서 활동한 바로크 시기의 극작가.

** 독일 바로크 드라마 작가들은 자신의 작품 끝부분에 작품 각 부분에 대한 주석을 달아놓았다.

10) A(ugust) A(dolph) von H(augwitz), *Prodromus Poeticus, Oder: Poetischer Vortrab*, Dresden, 1684, p.78[*Schuldige Unschuld/Oder Maria Stuarda* (죄 있는 결백 또는 메리 스튜어트) 주석에 있는 쪽수]. [여기서 프란치스쿠스는 독일의 학자 에라스무스 프란치스치(Erasmus Francisci, 1627~94)를 지칭하는 것이다. 그의 저서 『숭고한 애도식장』의 전체 제목은 『숭고한 애도식장, 또는 위대한 군주들의 흥망』(Der hohe Trauer-Saal, oder Steigen und Fallen grosser Herren)이다. 하우크비츠의 『메리 스튜어트』에는 프란치스치에게 바치는 헌사가 있다.─옮긴이]

고 그렇지 못한 자들에겐 너무나도 부족하기 때문이다."[11] — 오늘날 '비극적'이라는 명칭이 그렇듯이, 아니 이 경우보다 더욱 정당하게 '비애극'이라는 단어는 17세기에 드라마와 역사적 사건에 동일하게 적용되었다. 심지어 양식은 당대인의 의식 속에 양자가 얼마나 가까이 서로 근접해 있는가를 증명해주고 있다. 사람들이 드라마 작품에서 과장문체라고 비판하곤 했던 것은 대부분 에르트만스되르퍼가 이 시대의 역사문헌들의 어조를 특징지은 글에 잘 기술되어 있다. "전쟁과 전쟁으로 인한 고난에 대해 쓴 모든 저술들에는 거의 애처롭게까지 들리는 과장된 한탄조가 고정적으로 담겨 있다. 말하자면 절망에 찬 표현방식을 지속적으로 사용하는 일이 보편적이었던 것이다. 비참함은 그것이 아무리 크다고 해도 정도의 변화가 있었던 반면, 당대의 저술들은그 비참함을 기술하는 데서 뉘앙스의 차이를 거의 알지 못했다."[12] 작품을 쓰는 데조차도 그 누구보다도 역사집행의 수임자들이 지명되었다는 사실은 연극무대가 역사무대에 동화되는 것에 대한 극단적인 결과일 것이다. 오피츠의 『트로이의 여인들』서문은 다음과 같이 시작한다.

"비극을 쓰는 일은 예전에는 황제나 / 군주 / 위대한 영웅 그리고 현자의 일이었다. 이들 가운데 율리우스 카이사르는 청년시절에 오이디푸스를 / 아우구스투스는 아킬레스와 아이아스를 / 마이케나스는 프로메테우스를 집필했으며 / 카시우스 세르베루스 파르멘시스, 폼포니우스 세쿤두스 / 네로 그리고 그 밖의 인물들도 이와 같은 일을 했다."[13] 오피츠의

---

11) Andreas Gryphius, *Trauerspiele*, Hrsg. von Hermann Palm, Tübingen, 1882(*Bibliothek des litterarischen Vereins in Stuttgart*, 162), p.635(*Ämilius Paulus Papinianus*, 주석).

12) Bernhard Erdmannsdörffer, *Deutsche Geschichte vom Westfälischen Frieden bis zum Regierungsantritt Friedrich's des Großen. 1648~1740*, Bd.1, Berlin, 1892(*Allgemeine Geschichte in Einzeldarstellungen*, 3, 7), p.102.

의견을 따르는 클라이는 "비극을 쓰는 것은 오직 황제, 군주, 위대한 영웅, 현자의 일이었지 하층사람들의 일이 아니었다는 것을 보여주는 일은 어렵지 않다"[14]라고 말한다. 이렇게까지 과도하게 가지는 않을지라도 클라이의 친구이자 스승인 하르스되르퍼는 신분과 형식의 상응이라는 다소 애매한 도식 속에서 농민신분에는 목가극을, 시민신분에는 희극을, 왕족신분에는 소설 내지는 비애극을 할당했다. 아마도 이러한 도식에는 대상뿐만이 아니라 독자가, 배우뿐만이 아니라 작가가 적용될 수 있을 것이다. 하지만 이러한 이론들로부터 이끌려진 정반대의 추론은 훨씬 더 기괴했다. 문학상의 갈등의 문제에서 정치적인 음모가 작용했다. 후놀트와 베르니케는 각기 스페인과 영국의 왕에게 상대방을 고발했다.*

주권론

군주는 역사를 대표한다. 그는 역사적인 사건을 마치 왕홀(王笏)을 쥐고 있는 것처럼 손에 쥐고 있다. 이러한 견해는 극작가들이 지니고

---

13) Martin Opitz, *L. Annaei Senecae Trojanerinnen*, Wittenberg, 1625, 〔쪽수표지 없는 서문의〕 p.1.

14) Karl Weiß, *Die Wiener Haupt- und Staatsactionen, Ein Beitrag zur Geschichte des deutschen Theaters*, Wien, 1854, p.14에서 재인용. 〔Johannes Klaj, 1616~56: 바로크 시대 독일의 작가. 하르스되르퍼, 비르켄 등과 함께 활동했다.—옮긴이〕

* 독일 출신의 외교관이자 경구시인인 베르니케(Christian Wernicke, 1661~1725)는 법률가이자 가극대본 작가인 포스텔(Christian Heinrich Postel, 1658~1705), 전원시인 후놀트(Christian Friedrich Hunold, 1680~1721)와 당대(바로크 후기) 문학생산의 현재성에 관해 논쟁을 벌인다. 논쟁은 현재성 있는 문화 프로그램과 도시문학의 형태에 대한 입장차이에 기인한 것이었다. 특히 베르니케는 바로크 비애극을 이미 철 지난 것으로 본 반면 포스텔과 후놀트는 슐레지엔의 비애극 작가들을 옹호했다.

있던 특권이 전혀 아니었다. 국가법적인 사상들이 그 바탕에 깔려 있는 것이다. 17세기에는 중세의 법이론과의 최종적인 논쟁 속에서 새로운 주권(Souveränität)개념이 형성되었다. 폭군살해라는 예부터 범례화된 문제가 이러한 논쟁의 초점이 되었다. 초기 국가론이 구분한 바 있던 여러 종류의 폭정 중에서 특히 왕위찬탈자가 논쟁의 대상이 되었다. 교회는 그를 저버렸지만 그를 제거할 수 있는 권한이 민중에게 있는지, 오히려 대립왕(Gegenkönig)*에 있는지, 아니면 오직 교황청에 있는지가 논쟁의 대상이 되었다. 교회의 입장표명은 그 시의성을 잃지 않고 있었다. 바로 종교투쟁의 세기에 가톨릭교회 성직자는 적대적인 군주들에 대항하여 자신의 손에 무기를 쥐어준 교리에 강하게 매달렸다. 그리고 프로테스탄티즘은 이러한 교리의 신권정치적 요구를 비난했다. 프랑스의 앙리 4세**의 살해에서 프로테스탄티즘은 이러한 교리의 결과를 공개적으로 비판했다. 1682년 프랑스의 갈리아 조항***이 출간됨으로써 신권정치적인 국가이론의 마지막 입장은 붕괴했다. 교황청이 있는데도 군주의 절대적인 불가침성이 관철된 것이다. 군주권에 대한 이러한 극단적인 이론은 여러 당파들이 그룹을 이루고 있었음에도 그 근원에서 반종교개혁적이었으며 그 근대적 변형태보다 더 지적이고 심

---

* 기존 왕에 반대하는 일단의 군주들에 의해 선출된 왕.

** Henri IV, 1589~1610: 나바르의 국왕. 프랑스의 국왕 앙리 3세가 암살되자 왕위를 계승, 부르봉 왕조를 열었다. 개신교에서 가톨릭으로 개종한 이후 낭트 칙령을 공포, 종교전쟁에 종지부를 찍었다. 그는 스페인의 지배 아래 있던 네덜란드를 공략하려는 계획을 갖고 있었는데, 이를 저지하려는 한 가톨릭 교도에 의해 살해되었다.

*** 프랑스에서는 이미 중세 때부터 교회의 독자적인 자율권을 획득하기 위해 반교황주의적인 성향과 운동이 있어왔다(갈리아주의). 루이 14세 때 국가공의회에 의해 결정된 갈리아 조항(Die galikanischen Artikel)을 통해 이러한 운동은 정점에 이른다. 이 조항은 정교분리, 공의회를 통한 교황권 실행의 제한을 공식화했다.

오한 것이었다. 근대적인 주권개념이 군주가 가지고 있는 최고의 행정
력에 귀결되는 반면, 바로크 시대의 주권개념은 비상사태(Ausnahme-
zustand)에 대한 논의에서 전개되었으며, 비상사태를 차단하는 일을
군주의 가장 중요한 일로 만들었다.[15] 지배하는 자는 처음부터 전쟁이
나 반란 또는 그 밖의 파국으로 인한 비상사태 발발 시 독재적인 지배
권의 소유자가 되도록 정해져 있다. 이러한 설정은 반종교개혁적인 것
이다. 완전한 안정상태의 이상, 즉 교회와 국가에 의한 질서회복의 이
상을 철저하게 펼치기 위해 르네상스의 풍부한 삶의 감정으로부터 세
속적이고 전제정치적인 것이 해방된 것이다. 그 결과 가운데 하나가 군
주권의 요구인데, 그 군주권이 지니는 공법적인 위치는 군사, 학문, 예

---

15) Carl Schmitt, *Politische Theologie. Vier Kapitel zur Lehre von der
Souveränität*, München, Leipzig, 1922, pp.11~12 참조. [Carl Schmitt,
1888~1985: 독일의 헌법학자 · 국제법학자. 바이마르 공화국 시기를 분석하
고 비판했으며, 비의회주의적인 강력한 전체국가를 구상했다. 1933년 나치당
에 가입한 후 정치와 대학정책과 관련된 여러 직책을 맡았다. 1945년 이후 고
향인 플레텐베르크로 돌아와 저술활동을 했다. 벤야민은 바로크 시대의 주권
개념을 설명하기 위해 카를 슈미트의 『정치신학』을, 특히 이 저서에 나오는
"비상사태"라는 개념을 인용한다. 이러한 작업은 바로크 드라마에 나오는 군
주의 이중성에 대한 통찰을 가능하게 하는 토대로 작용한다. 개념이 극단적인
것으로부터 도출되어야 한다고 보는 벤야민의 견해는 "한계상황"
(Grenzfall), 즉 "비상사태"로부터 주권이라는 "한계개념"(Grenzbegriff)이
도출되어야 한다고 보는 슈미트의 견해(Carl Schmitt, *Politische Theologie*,
München und Leipzig, 1934, p.11)와 유사하다. 또한 한 시대의 정치사회
적 구조를 그 시대의 형이상학적, 신학적 상과 연결시키는 슈미트의 학문적
방법론은 한 시대의 문학형식을 분석하기 위해 벤야민이 『독일 비애극의 원
천』에서 보여준 학문통합적인 관찰방식과 일맥상통한다. 『독일 비애극의 원
천』에 미친 슈미트의 영향에 대한 벤야민의 언급을 위해서는 Walter
Benjamin, *Gesammelte Schriften* I/3, hrsg. v. Rolf Tiedemann und
Hermann Schweppenhäuser, Frankfurt a. M., 1985, p.219를 볼 것. 이 저
서와 관련하여 벤야민이 슈미트에게 보낸 편지는 Benjamin, *Gesammelte
Briefe* III, hrsg. von Christoph Gödde und Henri Lonitz, Frankfurt a.
M., 1997, pp.558~559에 실려 있다.ㅡ옮긴이]

술 그리고 교회에서 번창하는 공동체의 지속성을 보장한다. 이 시대에 특징적인 신학적이고 법률적인 사유방식 속에서[16] 표현되는 것은 바로크 시대의 모든 도발적인 현세강조의 바탕에 깔려 있는 것으로서 과도하게 긴장된 초월성이 지연되는 현상이다. 이 점은 바로크 시대의 모든 도발적인 현세강조의 기반을 이룬다. 왜냐하면 복고(Restauration)라는 역사이상에 파국의 이념이 대립해 있기 때문이다. 그리고 이러한 대립에 맞춰 비상사태의 이론이 생겨났다. 만약 어떻게 해서 "17세기의 자연법을 지배했던 의식, 즉 비상사태가 지니는 의미에 대한 생기 있는 의식"[17]이 다음 세기에 사라졌는가를 설명하려 한다면, 18세기에 있었던 보다 안정적인 정치적인 상황을 지적하는 것만으로는 충분치 않다. "칸트에게……긴급권이 전혀 법이 아니었다"[18]면, 이 점은 그의 신학적인 합리주의와 관련이 있다. 바로크 시대의 종교적 인간은 세상을 꼭 붙잡는데, 그 이유는 자신이 세상과 함께 폭포 쪽으로 떠밀려간다고 느끼기 때문이다. 바로크적인 종말론은 존재하지 않으며, 바로 그렇기 때문에 지상에 있는 모든 것들을 그것이 종말에 다다르기 전에 쌓아놓고 강하게 흥분시키는 메커니즘이 있다. 조금이라도 속세의 숨결이 남아 있는 모든 것들은 피안을 비워내며, 바로크는 이것들에서 통상 형상화의 대상이 되지 않았던 풍부한 사물들을 추출해내어 그것을 자신의 정점에서 대담한 형태로 드러낸다. 이는 마지막 하늘을 텅 비워 그 하늘을 진공상태로 만듦으로써 언젠가는 지상을 파국적 폭력으로 소멸시키기 위해서이다. 바로크적인 자연주의가 "거리를 가장 적게 두는 예술"

---

16) August Koberstein, *Geschichte der deutschen Nationalliteratur vom Anfang des siebzehnten bis zum zweiten Viertel des achtzehnten Jahrhunderts*, 5., umgearb. Aufl. von Karl Bartsch, Leipzig, 1872(*Grundriß der Geschichte der deutschen Nationalliteratur*, 2), p.15 참조.

17) Schmitt, 앞의 책, p.14.

18) Schmitt, 같은 책, p.14.

이라는 통찰은 비록 변형되긴 했지만 근본적으로 동일한 사태를 언급하고 있다. "어떠한 경우에도 자연주의적인 예술수단은 거리의 단축에 기여한다. ……고양된 형식 속으로 그리고 형이상학적인 것의 초기 단계로 보다 확실하고 재빨리 되돌아가기 위해 그 자연주의적인 예술수단은 가장 활기차고 구체적인 현재성의 영역에서 대립적인 균형을 찾는다.[19] 바로크 비잔티움 양식의 과장된 형식들도 속세와 초월 간의 긴장을 부인하지 않는다. 그것들은 불안한 느낌을 주며 포만감에 사로잡힌 유출설(Emanatismus)이라는 것을 모른다. 『영웅들의 편지』(*Heldenbriefe*)의 서문은 다음과 같이 말한다. "내가 위안을 주는 확신을 가지고 살고 있는 것과 마찬가지로 / 내가 겸허한 마음으로 존경하고 / 신의 뜻에 어긋나는 것이 아닌 한 / 기꺼이 숭배할 의향도 있는 / 몇몇 화려한 혈통의 가문들이 지니고 있었던 / 그러나 이미 연기처럼 사라져버린 사랑의 자극들을 새롭게 하려고 할 때 / 사람들은 이런 대담한 행동을 그렇게 적대감을 가지고 바라보지는 않을 것이다."[20] 비르켄의 언급도 이에 못지않다. 인물들이 더 고상하면 할수록 그들에 대한 칭송이 더 잘 이루어진다. "이 점은 특히 신과 경건한 지상의 신들에게 마땅히 어울리는 일이다."[21] 이러한 언급은 루벤스가 그린 군주의 행차에 대한 소시민적인 대응물이 아닐까? "군주는 행렬 속에서 단지 고대식의 승리의 영웅으로서 등장하는 것이 아니라 동시에 신적인 존재들과 직접 결합되며, 그들에 의해 돌봄을 받고 칭송받는다. 따라서 그는 신격화된다. 속세와 천상의 인물들이 그를 수행하면서 서로 뒤섞여 놀며, 찬양의 이념에 기여한다." 그러나 이러한 찬미는 이교도적인

19) Hausenstein, 앞의 책, p.42.

20) [Christian Hofmann von Hofmannswaldau,] *Helden-Briefe*, Leipzig, Breßlau, 1680, [쪽수표시 없는 서문의] pp.8~9

21) Birken, *Deutsche Redebind- und Dichtkunst*, p.242.

상태로 있다. 비애극에서 군주와 순교자는 내재성(Immanenz)을 벗어나지 않는다.——신학적인 과장법에 매우 애호되는 우주론적인 논증이 덧붙여진다. 군주를 태양과 비교하는 일은 이 시기의 문학에서 수없이 반복되었다. 이러한 경우 궁극적인 심급의 유일성이 목표가 된다. "그 누군가를 왕위에 앉혀 | 자신의 옆에 두는 자는 왕관과 | 자포(紫袍)를 벗는 것이 합당하다. 세상에는 하나의 태양이 | 왕국에는 하나의 군주가 있는 법이니라."[22] "하늘은 오직 하나의 태양만을 용납한다. | 왕좌와 부부의 잠자리는 두 명이 즐길 수가 없는 것이다"[23]라고 의인화된 "명예욕"은 할만의 『마리암네』에서 말한다. 파하르도의 『101개의 우의화(寓意畵)로 된 어느 기독교-정치 군주의 상』에 있는 주목할 만한 한 언급은 이러한 은유사용을 통한 해석이 지배자의 일국적 위치에 대한 법학적인 공고화라는 측면으로부터, 바로크식 신권정치적인 열정에 상응하지만 국가정치적인 이성과는 양립할 수 없는 세계지배라는 과도한 이상으로 얼마나 쉽게 넘어갔는가를 가르쳐주고 있다. 일식현상이 "(달의) 작용이 해를 끼친다"라는 모토와 함께 그려져 있는 동판화 알레고리에는 군주들은 서로 가까워지는 것을 피해야 한다는 설명이 덧붙여져 있다. "군주들은 자신의 신하들과 편지로 / 서로 좋은 관계를 유지한다. 하지만 그들이 몇 가지 사항과 관련하여 서로 논의를 할 때면 / 곧바로 온갖 종류의 의심과 혐오감을 품은 시선이 생겨난다. 왜냐하면 한 군주는 다른 군주에게서 자신이 기대했던 것을 찾지 못하고 / 또한 그들 가운데 아무도 자신에 대해서는 헤아리지

---

22) Gryphius, 앞의 책, p.61〔*Leo Armenius*, II, 433 ff.〕.

23) Johann Christian Hallmann, *Trauer- Freuden- und Schäffer-Spiele*(비애극, 희극, 목가극), Breßlau, 연도표시 없음〔1684〕, p.17〔*Die beleidigte Liebe oder die großmütige Mariamne*(모욕당한 사랑 또는 고결한 마리암네), I, 477f.〕. *Mariamne*, 같은 책, p.12(I, 355) 참조.

않기 때문이며 / 대개 모두가 자신에게 법적으로 부여된 것 / 이상이 되고자 하기 때문이다. 군주들의 회동은 영원한 전쟁이다. 그 속에서 화려함을 위한 다툼이 일어나고 / 각자는 우선권을 가지려 하며 / 승리를 위해 남과 싸운다."[24]

비잔티움의 문헌

사람들은 호감을 가지고 동쪽의 역사에 시선을 돌렸는데, 그곳에서는 절대적인 황제권이 서양에서는 생각할 수 없을 정도로 강력하게 생겨났다. 『카타리나』(Catharina)에서 그리피우스는 페르시아의 샤*를 끌어들이고, 로엔슈타인은 자신의 처음과 마지막 작품**에서 술탄의 왕위를 사용한다. 그러나 가장 두드러진 역할을 하는 것은 신권정치적으로 근거지어진 비잔티움의 황제권이다. 당시에는 "루이 14세의 후원 아래 뒤 캉주(Du Cange), 콩베피스(Combefis), 말트레(Maltrait) 등과 같은 박학한 프랑스인들에 의해 간행된 비잔티움 역사가들의 방대한 판본들을 통해 비잔틴 문학의 체계적인 발견과 연구가 시작되었다."[25]

---

24) [Diego Saavedra Fajardo,] *Abris Eines Christlich-Politischen Printzens / In CI Sinn-Bildern* / Zuvor auß dem spanischen ins Lateinisch, Nun in Teutsch versetzet, Coloniae, 1674, p.897. [Saavedra Fajardo, 1584~1648: 스페인의 외교가. 위의 저술은 그가 1640년 뮌헨에서 스페인어로 출간한 엠블럼 문집이다. 그 후 독일어로 번역되었다.─옮긴이]

 * 작품 『그루지야의 카타리나』 속의 인물이자 실제 페르시아의 왕이었던 샤(페르시아 왕의 칭호) 압바스(Abbas)를 말함.

** 『이브라힘 바사』(*Ibrahim Bassa*)와 『이브라힘 술탄』(*Ibrahim Sultan*)을 지칭한다.

25) Karl Krumbacher, "Die griechische Literatur des Mittelalters", in: *Die Kultur der Gegenwart. Ihre Entwicklung und ihre Ziele*, Hrsg. von Paul Hinneberg, Teil I, Abt. 8: *Die griechische und lateinische Literatur und Sprache*, Von U(lrich) v(on) Wilamowitz-Moellendorff [u.a.], 3. Aufl.,

무엇보다도 두 역사가 케드레누스*와 조나라스**가 많이 읽혔는데 그 것은 동로마 제국의 운명에 대한 그들의 잔혹한 보고 때문만이 아니라 그들의 역사서에 담겨 있는 이국적인 이미지들에 대한 관심 때문이기 도 했다.*** 이 문헌들의 영향력은 17세기를 지나 18세기에 이르기까지 증대되었다. 왜냐하면 바로크 시기가 끝나갈 무렵 비애극의 폭군이 슈트라니츠키****의 빈(Wien) 익살극에서 불명예스럽지 않은 종말을 맞이하는 바로 그 조역을 자기 것으로 하게 되면 될수록, 악행이야기로 가득한 동로마 제국의 연대기들이 더욱더 유용한 것으로 증명되었기 때문이다. 예를 들자면 다음과 같다. "짐을 괴롭히는 자가 있거든, 목 매달고, 불태우고, 환형(轘刑)에 처하고, 피에 흠뻑 젖게 하여 스틱스 강에 익사시켜라. (모든 것을 뒤엎어버리고는 분노에 차서 퇴장한 다.)"[26] 다음과 같은 예도 있다. "정의가 번영하고, 잔인함이 지배할지 어다. 살인과 폭정이여 승리하라. 그래야 이 벤세스라우스*****가 계단 위에서가 아니라 피 흘리는 시체 위에서 승리의 왕위에 오를 수 있지 않겠느냐."[27] 북쪽에서 국가대사극이 오페라에 흡수되어 종결되었다 는 사실은 그것이 빈에서는 패러디 극에서 끝을 맺었다는 사실과 상응

Leipzig, Berlin, 1912, p.367.

  * Georgios Cedrenus: 11세기 비잔틴 역사가.

  ** Johannes Zonaras: 12세기 비잔틴 역사가.

 *** 그리피우스는 『레오 아르메니우스』의 서문에서 자신의 드라마의 소재가 이 두 역사학자의 역사서에 의거하고 있음을 밝히고 있다.

 **** Josef Anton Stranitzky, 1676~1726: 오스트리아 유랑극단의 배우. 1706 년 이래로 자신의 극단을 이끌었다.

 26) [작가 미상,] *Die Glorreiche Marter Joannes von Nepomuck*, zitiert nach Weiß, 앞의 책, p.154.

***** Wenceslaus: 작품에 나오는 보헤미아의 왕.

 27) *Die Glorreiche Marter Joannes von Nepomuck*, zitiert nach Weiß, 같 은 책, p.120.

한다. "한 편의 새로운 비극. 제목: 베르나르돈, 충실한 공주 품피아, 어릿광대, 폭군 타타르-쿨리칸, 운문으로 된 우스꽝스러운 패러디."[28] 이 새로운 비극은 겁 많은 폭군, 그리고 결혼을 통해 순결을 구하려는 인물을 통해 위대한 비애극의 모티프들을 부조리한 것으로 만들고 있다. 거의 이 작품은 비애극에서 군주의 역할이 얼마나 고통스럽게 틀에 박힌 유형과 극단적인 상황에 결합되어야 하는가를 밝히는 그라시안의 한 구절을 모토로 받아들일 수 있을 것이다. "사람들은 왕들을 평균적인 척도에서 평가하지 않는다. 사람들은 그들을 아주 선하거나 아주 악한 자로 여긴다."[29]

헤롯 드라마

폭군 드라마와 공포는 '악한 자들'에 걸맞으며, 순교자 극과 연민은 '선한 자들'에 걸맞는 것이다. 이러한 형식들의 기이한 병존은 바로크 시대 군주권의 법적인 양상을 간과하는 한에서만 유지될 수 있다. 당대의 이데올로기가 지시하는 바를 따라가 본다면 이 두 가지 형식들은 엄격하게 서로 상보적인 것으로 나타난다. 바로크 시대에 폭군과 순교자는 왕관을 쓴 자의 야누스적인 두 얼굴이다. 이 둘은 필연적으로 극단적일 수밖에 없는 군주의 특징들이다. 폭군과 관련하여 이 점은 쉽게

---

28) Joseph [Felix] Kurz, *Prinzessin Pumphia*, Wien, 1883, (Wiener Neudrucke, 2), p.1[Wiedergabe des alten Titelblattes].

29) *Lorentz Gratians Staats-kluger Catholischer Ferdinand*/aus dem Spanischen übersetzet von Daniel Caspern von Lohenstein, Breßlau, 1676, p.123. [Balthasar Gracián, 1601~58: 스페인의 작가·철학자. 대표작으로는 소설 『크리티콘』(*El Criticón*)과 격언서 『지혜의 기술』(*Oráculo manual y arte de prudencia*)이 있다. Lorenzo Gracian은 그의 필명이다. 우리나라에 『세상을 보는 지혜』 등이 소개되어 있다.─옮긴이]

이해할 수 있다. 독재적인 힘이 펼쳐지는 특별한 경우를 대표적인 예로 삼고 있는 주권론은 통치자의 상을 폭군이라는 의미에서 완성한다. 드라마는 권한집행의 제스처를 지배자의 특징으로 만들고, 상황이 그렇게까지 요구하지 않는데도 지배자에게 폭군이 하는 말과 태도를 부여하여 그를 등장시키는 데 전념한다. 마찬가지 의미에서 지배자가 등장할 경우 그가 예복, 왕관 그리고 왕홀을 완전하게 갖추지 않은 경우는 단지 예외적인 경우일 것이다.[30] 이러한 지배권의 규범은 심지어 군주가 끔찍할 정도로 부패했을 경우에도 원칙적으로 변화를 겪지 않는다. 이 점이 바로크가 지니고 있는 이미지의 특징이다. "자포가 이를 덮어 주어야 하느니라"[31]라는 원리를 끊임없이 변형시켜 이루어진 미사여구는 사실 도발적인 것으로 여겨진다. 하지만 그러한 미사여구는 그것이 그리피우스의 『파피니아누스』에서와 같이 형제살해, 로엔슈타인의 『아그리피나』(*Agrippina*)에서처럼 근친상간, 그의 『소포니스바』(*Sophonisbe*)에서 나오는 것 같은 사랑의 배반, 할만의 『마리암네』에서와 같은 아내살해를 표현해야 할 때조차도 경탄의 감정을 불러일으킨다. 이 시기 유럽 극장 도처에 등장한 인물 헤롯왕[32]이 바로 이러한 폭군의 구상에 잘 들어맞는다. 그에 관한 이야기는 왕의 오만함을 재현하는 데 필요한 가장 흥미진진한 특징들을 제공하고 있다. 헤롯을 둘러싼 끔찍한 비밀스런 이야기는 이 시대에 와서 비로소 만들어진 것이 아

---

30) Willi Flemming, *Andreas Gryphius und die Bühne*, Halle, 1921, p.386 참조.

31) Gryphius, 앞의 책, p.212(*Catharina von Georgien*, III, 438). 〔왕이 잘못을 저지를 경우에도 왕의 권한(=자포)에 의해 그의 행동이 정당화되어야 한다는 뜻.―옮긴이〕

32) Marcus Landau, "Die Dramen von Herodes und Mariamne", in: *Zeitschrift für vergleichende Litteraturgeschichte*, NF 8(1895), pp.175~212, pp.279~317, NF 9(1896), pp.185~223 참조.

니다. 광기 어린 지배자로서 정신이 나간 창조물의 엠블럼(Emblem)이 되기 이전에 그는 훨씬 더 끔찍한 인물로 초기 기독교 시기에 알려져 있었다. 테르툴리아누스만이 헤롯을 메시아로 숭상하는 헤롯 추종주의자들의 종파에 대해 이야기한 것은 아니다. 또 그의 삶이 단지 드라마의 소재만 되었던 것도 아니다. 라틴어로 된 그리피우스의 초기 작품인 헤롯 서사시는 당시 사람들의 관심을 사로잡은 것이 무엇인지를 매우 분명하게 보여준다. 그것은 화산처럼 광기를 분출시키며 자신과 함께 주위에 있는 조신들을 파멸에 빠뜨리는 17세기의 통치자, 즉 피조물의 정점에 있는 자이다. 화가들은 그가 갓난아이 둘을 때려 죽이려고 그들을 손에 든 채 광기에 휩싸여 있는 그림을 그리는 것을 좋아했다. 이 유대왕의 전형적인 종말 속에 순교자 비극의 특징들이 얽혀 들어가 있다는 점에서 군주 드라마의 정신이 명백해진다. 지배자가 극도로 도취된 상태에서 권력을 펼칠 때, 사람들은 그 지배자에게서 역사의 현현을 그리고 동시에 역사의 변전(變轉)을 정지시키는 심급을 인식한다. 따라서 권력에 도취되어 스스로를 잃어버리는 지배자에 대해 다음과 같은 한 가지 사항이 언급되어야 한다. 그는 신이 그에게 부여한 무제한적이고 위계적인 위엄이 불러들인 알력의 희생자로서 가련한 인간상태로 추락한다.

우유부단

지배자의 권력과 지배능력 사이의 대립은 비애극에 고유한, 단지 외관상으로만 장르적인 특성을 낳았다. 이 특성은 오직 주권론의 토대 위에서만 해명될 수 있다. 문제는 결단하는 데에서 나타나는 폭군의 무능력이다. 비상사태에서 어떤 결정을 내려야 하는 군주는 사태를 처음 맞이한 상황에서 어떤 결단을 내리는 것이 거의 불가능하다는 점을 보여

준다. 매너리즘 시대 작가가 그린 회화에 평온한 빛을 받고 있는 구성이 나타나지 않듯이, 이 시기의 극중인물들은 계속 변화하는 결심의 현란한 빛 속에 서 있다. 극중인물들 속에서 분명하게 나타나는 것은 스토이즘적인 화술이 보여주는 군주의 권한이 아니라, 항상 급변하는 격정의 폭풍, 급작스럽게 분출되는 자의성이다. 그 속에서 특히 로엔슈타인의 인물들은 마치 찢어진 채 펄럭이는 깃발처럼 동요한다. 만약 이러한 인상을 이미지를 통해 이해해도 된다면, 그들은 또한 머리가 작다는 면에서[33] 엘 그레코*의 인물들과 비슷한 점이 있다. 왜냐하면 그들을 규정하는 것은 사유가 아니라 동요하는 육체적 충동이기 때문이다. 이 점은 "이 시기의 문학이 그것이 자유로운 서사문학일지라도 재빨리 스쳐가는 동작조차도 성공적으로 잡아내는 반면, 인간의 얼굴을 마주 대할 경우에는 무기력해지는 점"[34]과 잘 어울린다.—마시니사(Masinissa)는 사자(使者) 디살케스(Disalces)를 통해 소포니스바에게 그녀가 로마의 포로가 되지 않도록 독배를 보낸다. "디살케스여 가라 / 그리고 내게 더 이상 한 마디도 하지 말거라. | 아니, 멈춰라! 나는 죽는다. 떨리고 / 몸이 마비된다. | 하지만 가라! 주저할 시간이 더 이상 없도다. 멈춰라! | 가라! 아! 보아라 / 내 눈에 흐르는 눈물과 터질 듯한 내 가슴을. | 가라! 가거라! 결정한 것은 번복될 수가 없느니라."[35] 『카타리나』에 나오는 이와 비슷한 부분에서 샤 압바스는 카타리나를 처형하라는 명령을

---

33) Hausenstein, 앞의 책, p.94 참조.

* El Greco, 1541~1614: 그리스 태생의 스페인 화가. 17세기 르네상스 말기 스페인 펠리페 2세의 궁중화가였고 당시 매너리즘으로 분류된 그의 화풍은 주목받지 못했다. 그의 화풍은 20세기 초 독일 표현주의에 지대한 영향을 주었으며 오늘날에는 미술사에서 매우 중요한 작가로 평가받는다.

34) Cysarz, 앞의 책, p.31.

35) Daniel Caspar von Lohenstein, *Sophonisbe*, Franckfurth, Leipzig, 1724, p.73(IV, 504 ff.).

이만 쿨리(Iman Kuli)에게 내리고 그를 보내면서 다음과 같이 말을 맺는다. "일을 완수하기 전에는 | 모습을 드러내지 말거라! 아, 이 무슨 전율이 | 이렇게 쇠약해진 가슴을 죄어오는가! 가라! 떠나라! 아, 아니다. | 멈추어라! 이리 돌아오라! 그래 가거라! 이것이 마지막 결정이다."[36] 빈 익살극에서도 잔인한 폭군에 따라붙는 특성은 우유부단이다. "펠리폰테: 자, 그녀를 살려주어라, 살려주어라.——아니다.——그래, 그래. 살려주어라. ……아니야, 아냐. 그녀는 죽어 사라질 것이다. 그녀를 죽여라. …… 그럼 가거라. 그녀는 살아야 한다."[37] 다른 인물들에 의해 말이 잠시 중단된 후 폭군은 이처럼 말한다.

순교자로서의 폭군, 폭군으로서의 순교자

폭군의 몰락에서 언제나 우리를 매혹하는 부분은 그 인물의 무력함과 타락상이 그의 역할이 신성 불가침한 권력을 지니고 있다는 그 시대의 확신과 모순관계에 있다는 데 있다. 따라서 이 시대에 한스 작스*의 드라마 스타일로 군주의 종말에서 단순한 도덕적인 만족을 이끌어내는 일은 전혀 불가능한 일이었다. 만약 군주가 개인으로서 자신의 이름으로 파멸하는 것뿐만이 아니라 지배자로서 역사 속에 사는 인간의 이름으로 파멸하는 것이라면, 그의 몰락은 그 속에 신하 또한 자신이 연루되어 있

---

36) Gryphius, 앞의 책, p.213(*Catharina von Georgien*, III, 457ff.). Hallmann, *Trauer-, Freuden- und Schäferspiele*, p.86(*Mariamne*, V, 351) 참조.

37) (Josef Anton Stranitzky,) *Wiener Haupt- und Staatsaktionen*. Eingeleitet und hrsg. von Rudolf Payer von Thurn, Bd. 1, Wien, 1908 (*Schriften des Literarischen Vereins in Wien*, 10) p.301[*Die Gestürzte Tyrannay in der Person deß Messinischen Wüttrichs Pelifonte*(메시나의 폭군 펠리폰테가 저지른 폭정의 몰락), II, 8].

 * Hans Sachs, 1494~1576: 16세기 독일의 장인가요 작가·극작가.

다고 여기는 법적인 판결로서 생겨나는 것이다. 헤롯 드라마에 대한 보다 자세한 관찰이 가르쳐주는 바는 순교자 비극에 가깝거나 그것에 속하는 것으로 여겨지는 작품들, 『레오 아르메니우스』, 『찰스 1세』 (*Carolus Stuardus*)*, 『파피니아누스』 같은 작품들에서 명백해진다. 기본적으로 시학입문서에 나오는 모든 드라마 정의에서 순교자 드라마에 대한 서술을 볼 수 있다는 것은 지나친 말이 아니다. 그것들은 주인공의 행동이 아니라 그의 인내에, 더 나아가 종종 영혼의 고통이 아니라 그에게 닥친 육체적인 불행이 주는 고통에 관심을 기울인다. 하지만 순교자 드라마는 하르스되르퍼가 쓴 한 문장을 제외하고는 그 어디에서도 권장되지 않았다. "주인공은……모든 완전한 덕의 본보기가 되어야 하며/자신의 친구들과/ 적들의 불충으로 말미암아 슬픔에 잠긴다. 그러나 그는 어떤 상황에 닥치더라도 큰 도량을 보이며 한숨과/울부짖음 그리고 수많은 한탄을 불러일으키는 고통을 대담하게 극복한다."[38] '자신의 친구들과 적들의 불충으로 말미암아' 슬픔에 잠긴 자라는 말은 그리스도의 수난상에 대해서도 할 수 있을 것이다. 그리스도가 왕으로서 인류의 이름으로 고통을 당했 듯이, 바로크 작가들의 관점에 따르면 군주 역시

---

* 그리피우스의 비애극으로 원제목은 『살해당한 폐하 또는 영국의 국왕 카롤루스 스투아르두스』(*Ermordete Majestät Oder Carolus Stuardus König von Gross Britannien*, 1649/50년에 씌어짐, 1657년과 1663년 출판)이다. 이 드라마는 청교도 혁명을 계기로 영국의 국왕 찰스 1세(카롤루스 스투아르두스)가 공개처형을 당하는 사건을 다루고 있다. 이 드라마에서 찰스 1세는 예수 수난의 길을 따르는 순교자로 그려진다. 크게 개작된 제2판에서 카를로스와 예수와의 상징적인 상관성은 구조적으로 보다 분명하게 부각된다.

38) [Georg Philipp Harsdörffer,] *Poetischen Trichters zweyter Theil*, Nürnberg, 1648, p.84. [『문학의 깔때기』는 하르스되르퍼가 누구나 쉽게 그리고 짧든 기간 내에 시작법을 이해할 수 있도록 하기 위해 쓴 독일어 시학서이다. 오늘날에도 독일에는 주입식 교육방식을 일컫는 말로 "뉘른베르크의 깔때기(Nürnberger Trichter)"란 표현이 있는데 이것은 이 시학서의 제목에서 연원하는 것이다.─옮긴이]

전적으로 그러하다. 친크그레프의 『100편의 윤리, 정치적인 엠블럼』에 있는 71번째 모토는 「너를 모르는 자가 너를 들어 올린다」*이다. 풍경을 뒤로 하고 커다란 왕관이 보이는데 그 밑에는 다음과 같은 시구가 있다. "이 짐은 그것을 지고 있는 자에게는 | 그것의 기만적인 광휘에 현혹된 자들이 보는 것과는 다르게 보인다. | 후자는 그 짐의 무게를 전혀 알지 못하지만 | 전자는 그것이 가져오는 고통을 잘 알고 있다."39) "순교자 카롤루스"(Carolus Märtyrer, Carolus Martyr)40)라는 말이 『찰스 1세를 위한 왕권의 옹호』의 표지동판화 밑에 쓰여져 있다. 이러한 대립들은 혼란되기는 하지만 매우 탁월한 방식으로 그리피우스의 첫 비애극에서 상호작용을 한다. 한편으로는 황제의 숭고한 지위가 강조되고, 다른 한편으로는 그의 행동의 치욕스런 무기력이 보임으로써 드라마가 폭군 드라마인지 아니면 순교자 이야기인지 근본적으로 불분명해진다.** 그리피우스라면 분명 전자가 맞다고 했을 것이다. 슈타헬은 후자를 당연하다

---

* 왕관이 주는 무게를 이해하지 못하는 자만이 왕관을 쓰고자 한다는 뜻.

39) Julius Wilhelm Zincgref, *Emblematum Ethico-Politicorum Centuria*, Editio secunda, Franckfort, 1624, Embl. 71.

40) [Claudius Salmasius,] *Königliche Verthätigung für Carl den I. geschrieben an den durchläuchtigsten König von Großbritannien Carl den Andern*, 1650.

** 그리피우스의 첫 드라마 『레오 아르메니우스』에서 반대파에 의해 폭군으로 낙인찍힌 동로마 제국의 황제 레오는 자신의 처지를 다음과 같이 한탄한다.

"레오: 군주란 왕관을 쓴 노예 이외에 그 무엇이더냐.
그는 화려한 일에나 하찮은 일에나 매번
손찌검을 당하고 사람들 입에 올라 상처를 입는다. 양 진영에선 언제나
질투와 불충, 시의, 증오, 고통, 불안과 공포가 일어나 그를 괴롭힌다.
긴 긴 밤을 걱정 속에서 보내고 있는 동안,
그의 걷잡을 수 없는 근심보다는 그가 걸친 장식을 더 눈여겨보는 이 나라,
(그가 더 이상 자유롭지도 못한데도), 칭송받아 마땅한 일을 비방하는
이 나라를 위해 깨어 있는 동안,
그는 누구에게 자신의 몸을 맡긴단 말이냐.

고 여겼을 것 같다.[41] 이러한 드라마들에서 소재상의 상투성을 중단시키는 것은 바로 구조이다. 『레오 아르메니우스』에서는 그 어느 드라마에서보다도 윤곽이 분명한 윤리적인 현상이 제대로 드러나지 못한다.—모든 폭군 드라마에 순교자 비극의 요소가 어떻게 숨어 있는가를 인식하기 위해서 깊은 연구가 필요한 것은 아니다. 반면 순교자 이야기에서 폭군 드라마의 요소를 발견하기는 훨씬 어렵다. 이를 위한 준비단계로서 필요한 것은 바로크 시대에—적어도 바로크 문학에서—전통적이었던 순교자에 대한 기이한 이미지에 대한 지식이다. 이 이미지는 종교적인 구상과는 아무 관련이 없다. 군주의 이상적인 이미지와 마찬가지로 완전한 순교자는 내재성을 벗어나지 못한다.* 바로크 드라마에서 순교자는 급진적인 스토아주의자이며 왕위를 둘러싼 분쟁이나 종교논쟁을 계기로 하여 자신을 증명하려 한다. 그 결과 그는 고문을 당하거나 죽음을 맞는다. 특이한 점은 이러한 드라마들 가운데 몇몇 작품, 그리피우스의 『그루지야의 카타리나』, 할만의 『소피아』와 『마리암네』, 하우크비츠의 『메리 스튜어트』에서 여성이 사건실행의 희생자로 등장한다는 점이다. 이 점은 순교자 비극의 올바른 평가를 위해 결정적인 것이다. 군주의 일이란 비상사태 시 질서를 복원하는 것이다. 다시 말해 독재를 행하는 것인데, 이 독재가 지향하는 유토피아는 요동치는 역사적 사건의 자리에 불굴의 자연법 체제를 정립하는 것이다. 영혼의 비상사

그는 누구를 등용시켜야 한단 말인가?
목숨이라도 버릴 듯이 그를 위해 일하다
유희가 전도되면 또다시 죽음을 무릅쓰고 그에게 대항하고,
그를 궁전에서 내쫓으니 말이다."〔Andreas Gryphius, *Leo Armenius*, hrsg. v. Peter Rusterholz, Stuttgart, 1971, pp.14~15(I, 153ff.)〕

41) Stachel, 앞의 책, p.29 참조.
* 그리피우스의 비애극에서 비극적 죽음을 당하는 왕 또는 여왕은 비록 내재성에서 벗어나지 못한다 치더라도 기독교적인 초월 및 구원에 대한 강한 열망을 지니고 있다.

태에 대한 스토아적인 기술(技術) 역시 이와 비슷한 고정화, 즉 격정의 지배를 이루고자 한다. 이러한 기술도 반역사적인 신(新)창조를—작품주인공이 여자인 경우에는 순결의 주장을—추구하며, 이러한 신창조는 폭군의 독재적인 법체제 못지않게 해악 없는 최초의 창조상태와 동떨어져 있다. 한편에서는 시민의 복종이, 다른 한편에서는 육체의 금욕이 현저한 특징이다. 따라서 순결한 여왕은 순교자 드라마에서 첫 번째 자리를 차지한다.

순교자 드라마의 평가절하

폭군 드라마의 형태가 아무리 극단적이어도 그 명칭에 대해 한 번도 이론적인 논쟁이 일어나지 않았던 반면, 순교자 비극에 대한 토론은 이미 알려진 대로 독일 연극술의 확고한 부분을 이루고 있다. 아리스토텔레스의 시학, 플롯의 경멸스러운 추악함, 특히 언어적인 모티프들을 근거로 하여 이 시기의 비애극에 대해 표명된 모든 유보적인 태도는 150년 전부터 작가들이 순교자 비극이라는 개념을 매개로 삼아 비애극을 비난할 때 보여준 자만심 앞에서는 그 의미가 퇴색된다. 이러한 의견일치의 원인은 사태 그 자체에서가 아니라 레싱의 권위에서 찾아져야 할 것이다.[42] 문학사가 항상 작품에 대한 비판적인 논의를 이미 흘러간 논쟁과 결합시키는 완고함을 생각해본다면, 레싱의 영향력은 놀랄 만한 것이 아니다. 그리고 사태 그 자체를 전제로 하는 것이 아니라 그것이 동시대 일반 시민에게—이들이 무대와 관중과 맺는 관계는 행동하고자 하는 그 어떤 초보적인 열망조차 유지하지 못할 정도로 시들어버렸

---

42) Gotthold Ephraim Lessing, *Sämmtliche Schriften*, Neue rechtmäßige Ausg. hrsg. von Karl Lachmann, Bd.7, Berlin, 1839, pp.7ff. 참조 (*Hamburgische Dramaturgie*, 1. u. 2. Stück).

다—미치는 영향을 전제로 하는 심리적인 관찰방식은 이 점을 교정할 수 없다. 왜냐하면 이러한 유형의 관찰자들이 연극적인 것의 유일한 증거물로서 간주하는 것, 즉 극적 긴장을 위한 보잘것없는 격정의 잔재가 순교자 극의 공연에서 만족할 만큼 제공되지 못하기 때문이다. 그들은 실망하여 학자연한 항의의 언어를 취했으며 부족한 내적인 갈등, 비극적인 죄의 부재를 확정함으로써 비애극의 가치를 궁극적으로 고정할 수 있다고 믿었다. 여기에 음모에 대한 평가가 덧붙여진다. 비애극에서의 음모는 주제, 장면, 유형의 고립에 의해 이른바 고대 비극의 대립플롯과 구분된다. 순교극 무대에선 폭군과 악마 또는 유대인이 끔찍스런 잔인함과 사악함을 지닌 채 등장하는데, 이때 그들은 스스로를 명확하게 설명하거나 전개시키지 않고 단지 자신의 비열한 계획만을 고백할 뿐이다. 마찬가지로 바로크 드라마는 적대자들을 현란한 빛을 받는 별도의 장면에 등장시키는데, 이 경우 그들을 움직이는 동기들은 대개 거의 아무런 역할도 하지 않기 십상이다. 바로크적인 음모는 마치 열린 무대 위에서 무대장식이 바뀌듯이 이루어진다. 음모 속에서 환상이 의도되지 않음에 따라 이러한 대립플롯의 조직도 강하게 두드러진다. 음모를 꾀하게 된 결정적인 동기들을 주석부분에서 찾도록 한 공평무사함이 이 점을 가장 잘 가르쳐준다. 할만의 드라마 『마리암네』에서 헤롯은 다음과 같이 시인한다. "그렇다. 짐은／만일 [로마의 황제] 안토니우스가 느닷없이 짐을 살해한다면／｜왕비의 목숨을 빼앗으라고 그[헤롯의 매제 요세푸스]에게 극비리에 명했노라."[43] 그리고 주석부분에는 다음과 같은 설명이 있다. "그 이유는 그녀에 대한 사랑이 너무나 커서／그가 죽은 후 그녀가 누구의 수중에도 들어가지 않도록 하기 위해서이

---

43) Hallmann, *Trauer-, Freuden- und Schäferspiele*, p.27(*Marianne*, II, 263~264).

다."[44] 『레오 아르메니우스』도 비록 음모가 느슨하게 짜인 예는 아니지만 거리낌 없이 구성이 이루어진 예로 들 수 있을 것이다. 왕비 테오도시아(Theodosia)는 왕을 설득하여 반역자 발부스(Balbus)에 대한 처형을 미루게 한다. 이로 인해 황제 레오는 죽음을 당한다. 남편을 위한 긴 한탄을 하면서도 그녀는 자신이 전에 한 이의제기에 대해 한 마디도 언급하지 않는다.* 결정적인 모티프가 간과된 채로 있는 것이다.─단지 역사적인 줄거리의 '통일'로 인해 드라마는 명료한 진행을 해 나가도록 강요를 받으며, 따라서 위험에 빠진다. 왜냐하면 이러한 진행이 모든 실용적인 역사서술의 기초를 이루고 있듯이, 드라마는 천성적으로 모든 외적인 시간적인 진행에서는 거부되어 있는 총체성을 얻기 위해 완결성을 확실하게 요구하기 때문이다. 중심줄거리와 평행을 이루건, 대조를 이루건 간에 보조줄거리가 드라마에 이 점을 보장해준다. 오직 로엔슈타인만이 보조줄거리를 빈번하게 사용한다. 대개 그것은 배제되곤 했는데, 사람들은 그렇게 함으로써 역사를 보다 확실하게 보여줄 수 있다고 생각했다. 뉘른베르크파(派)**는 고루하게도 "옛날 이교도 시절에는 국정이 폭군에 의해 이끌어졌고 / 그런 이유로 대개 끔찍한 파국을 맞이했기 때문에"[45] 연극이 비애극이라 불리게 되었다고 가르친다.

---

44) Hallmann, *Trauer-, Freuden- und Schäferspiele*, p.112(*Mariamne*, 주석).
 * 벤야민의 주장과 달리 테오도시아는 적어도 "우리의 온순함이 뜨거운 불꽃을 불러일으켰단 말인가?"(Hat vnser linde-seyn die heisse flam entzündet?) 라고 말한다. Gryphius, *Leo Armenius*, Stuttgart, 1971, p.93(V, 103) 참조.
 ** 17세기 독일에서는 문학관을 공유하는 작가들 사이에 문학그룹들이 형성되었다. 독일 제국의 분열된 구조로 말미암아 새로운 독일 문학의 중심은 프랑스(파리)와는 달리 여러 곳에 분포되어 있었다. 가장 중요한 문학그룹은 슐레지엔이었으며, 뉘른베르크도 중요한 위치를 점하고 있었다. 뉘른베르크에서 활동한 이른바 '페그니츠-목자들'(Pegnitz-Schäfer)에 속한 작가들로는 하르스되르퍼, 클라이, 비르켄 등이 있다. 그들은 시 형식을 풍부하게 했으며, 그들의 중요 작품주제는 30년 전쟁과 평화였다.

그리피우스 드라마의 구조에 대해 게르비누스*는 다음과 같이 판단한다. "장면들은 단지 줄거리를 설명하고 진행시키기 위해 전개된다. 그것들은 연극적 작용을 전혀 목표로 삼지 않는다."[46] 적어도 범위를 『카르데니오와 첼린데』(*Cardenio und Celinde*)에 한정시켜본다면 이러한 언급은 대체로 보아 타당하다. 그러나 무엇보다도 중요한 것은 근거를 잘 대고는 있지만 고립되어 있는 이러한 관찰이 비평의 기본적인 원칙들을 마련하는 데 쓸모가 없다는 점이다. 그리피우스와 그와 동시대 작가들의 드라마 형식은 그것이 이후 세대의 드라마 형식들을 특징짓지 못했기 때문에 그것들보다 뒤떨어지는 것이 아니다. 독일 바로크 비애극의 가치는 그 자체가 지니고 있는 맥락의 설득력에서 규정된다.

기독교 연대기와 비애극

이러한 맥락에서 바로크 드라마와 중세 교회 드라마와의 유사함이 상기될 수 있는데, 그것은 이 두 드라마가 공히 지니고 있는 수난극적인 특징에서 드러난다. 하지만 이러한 지적은 그것이 감정이입의 지배 아래 있는 문헌이 제시하는 재치 있는 통찰에 직면하여 문학에 대한 양식분석을 촉진하는 것이 아니라 사장시키는 쓸데없는 유추행위를 하는 것이 아니냐 하는 의심에서 벗어나야 한다. 이러한 의미에서 우리는 바로크 드라마와 바로크 드라마 이론에서 보이는 중세적 요소들의 재현이 다른 맥락에서 서로 만나게 될 중세와 바로크 정신세계 사이의 대결을 위한 서론으로 읽힐 수 있다는 점을 인식할 수 있을 것이다. 중세의

---

45) Birken, *Deutsche Redebind- und Dichtkunst*, p.323.

  * Georg Gottfried Gervinus, 1805~71: 독일의 문학사가.

46) G[eorg] G[ottfried] Gervinus, *Geschichte der Deutschen Dichtung*, Bd.3, 5. Aufl., hrsg. von Karl Bartsch, Leipzig, 1872, p.553.

이론들이 종교전쟁의 시기에 다시 활기를 띠게 되었다는 점,[47] "국가와 경제, 예술과 학문의 영역에서"[48] 중세가 아직도 지배적이었다는 점, 중세를 극복하는 일 그리고 중세에 중세라는 이름을 붙이기 시작한 것이 17세기에 비로소 이루어졌다는 점[49] 이 모두가 이미 오래전에 언급된 바이다. 시야를 특정 개별 사항들에 돌린다면, 이에 대한 증거들이 놀랄 정도로 많다. 심지어 이 시기의 시학을 순전히 통계적인 방식으로 편찬한 책조차도 비극에 대한 정의의 핵심이 "중세 문법서 및 사전에 나오는 것과 똑같다"[50]라는 결론에 이르렀다. 원래 보에티우스(Boetius), 플라키디우스(Placidus)와 조화를 잘 이루는 스칼리거가 몇 가지 예를 들어 이 두 사람이 드라마의 영역을 넘어 비극적인 문학과 희극적인 문학을 구분하는 것에 반대한다 할지라도, 오피츠의 정의(定義)와 보에티우스와 플라키디우스의 중세적인 정의 사이에 놀라운 유사성이 드러난다는 것은 부인할 수 없다.[51] 보베의 텍스트에는 이러한 구분이 다음과 같이 표현되어 있다. "희극은 슬픈 시작을 행복한 종결로 변형시키는 문학이지만, 비극은 행복한 시작을 슬픈 종결로 이끄는 문학이다."[52] 슬픈 사건이 대사로 재현되는지 또는 산문적인 흐름 속에서

47) Alfred v(on) Martin, *Coluccio Salutati's Traktat 'Vom Tyrannen'. Eine kulturgeschichtliche Untersuchung nebst Textedition*. Mit einer Einleitung über Salutati's Leben und Schriften und einem Exkurs über seine philologisch-historische Methode, Berlin, Leipzig, 1913(*Abhandlungen zur Mittleren und Neueren Geschichte*, 47), p.48 참조.

48) Flemming, *Andreas Gryphius und die Bühne*, p.79.

49) Burdach, 앞의 책, pp.135~136 및 p.215(각주) 참조.

50) Georg Popp, *Über den Begriff des Dramas in den deutschen Poetiken des 17. Jahrhunderts*, 박사학위 논문, Leipzig, 1895, p.80.

51) Julius Caesar Scaliger, *Poetices libri septem*. Editio quinta, [Genf], 1617, pp.333~334(III, 96) 참조.

52) Vinzenz von Beauvais, *Bibliotheca mundi seu speculi majoris. Tomus*

재현되는지 하는 점은 거의 비본질적인 구분으로 여겨진다. 따라서 모네는 중세 연극과 중세 연대기 사이의 결합을 설득력 있게 보여주었다. "연대기 서술자들은 세계사를 거대한 비애극으로 간주했다는 점" 그리고 "세계사 연대기들이 옛 독일 연극들과 관련이 있다는 점"이 드러난다. "그러한 연대기의 종결이 최후의 심판, 세계 드라마의 끝인 한, 기독교적인 역사서술은 당연히 기독교 연극과 연관을 맺는다. 중요한 것은 이러한 연관을 분명히 하는 연대기 서술자의 언급에 주의를 기울이는 것이다. 오토 폰 프라이징은 (바바로사 황제에게 바치는 서문에서) 다음과 같이 말한다. '당신께선 저희들이 이 역사를 쓰라린 마음으로 기술했다는 것을 아셔야 합니다. 따라서 저희는 일련의 사건을 엮어냈다기보다는 그것이 지닌 비참함을 비극이란 방식으로 엮어낸 것입니다.' 그는 이러한 의도를 신그리무스(Singrimus)를 위한 서문에서 반복해서 언급한다. '현명한 독자는 이 책에서 역사이야기보다는 치명적인 재앙의 참혹한 비극을 발견할 수 있을 것이다.' 오토에게 세계의 역사는 형식면에서가 아니라 내용면에서 하나의 비극이었다."[53] 500년이 지난 후에 살마시우스(Salamsius)는 동일한 관점을 취한다. "독립교회파는 종결부까지 남아 있던 비극적인 요소였다. 하지만 우리는 장로파가 4막과 4막을 넘어서까지 등장해 극 전체를 차지하는 것을 본다. 종결 막인 5막만이 이전의 배우들에게 야유를 보내고 그들을 쫓아내고 등장하는 독립교회파를 위해 남겨진다. 이전의 배우들은 극을 비극적이고 잔인

---

secundus, qui speculum doctrinale inscribitur, Duaci, 1624, Sp.287. [Vincent de Beauvais, 1184~1264: 프랑스의 학자·교육자·도미니크 수도사. 그가 쓴 『거대한 거울』(*Speculum maius*)은 규모를 갖춘 중세 최초의 백과사전이다. ―옮긴이]

53) *Schauspiele des Mittelalters*. Aus den Handschriften hrsg. und erklärt von F[ranz] J[oseph] Mone, Bd.1, Karlsruhe, 1846, p.336. [Otto von Freising, 1112~58: 프라이징의 주교이자 중세의 대표적인 역사가. ―옮긴이]

한 파국적인 결말로 이끌지 않았을 것이다."[54] 후기 고전적인 연극론은 말할 것도 없고 〔레싱의〕『함부르크 연극론』과 동떨어진 바로 이 '비극'에서, 다시 말해 중세가 자신의 신비극*에서 실현되었다기 보다는 아마도 빈약한 모습으로 전승된 고대 드라마 소재 속에 투영시켰을 이 '비극'에서 바로크 비애극의 형식세계가 드러난다.

바로크 드라마의 내재성

그런데도 고려해야 할 점이 있다. 기독교 신비극과 기독교 연대기가 역사진행 전체, 구원사로서의 세계사를 염두에 두고 있는 반면, 국가대사극은 순전히 실제적인 사건의 부분과 관련을 맺고 있다. 기독교 또는 유럽은 일련의 유럽 기독교 종파들로 나뉘어졌고, 이들의 역사적인 행위들은 구원의 과정 속으로 통합될 것을 더 이상 요구하지 않는다. 비애극과 중세 신비극 사이의 친화성은 세속화된 기독교 드라마의 최후의 메시지임이 틀림없어 보이는 출구 없는 절망을 통해 의문시 된다. 왜냐하면 아무도 주인공의 순교가 도달하는 지점인 스토아적인 도덕성이나 폭군의 분노를 광기로 이끄는 정의가 바로크 드라마의 아치형 구조가 만들어내는 긴장을 떠받치는 데 충분하다고 여기지 않을 것이기 때문이다. 장식적이고 진정 바로크적인 회반죽 세공의 육중한 층은 아치의 쐐기돌을 감추고 있으며 오직 둥근 천장의 긴장에 대한 세밀한 연구만이 그것의 위치를 찾아낼 수 있다. 슐레지엔과 뉘른베르크의 신교

---

54) Claude de Saumaise, *Apologie royale pour Charles I., roy d'Angleterre*, Paris, 1650, pp.642~643.

 * 교회 예배식에서 발전한 중세의 종교극으로서 성경이야기를 소재로 삼는다. 광장에 설치되어 있으면서 무대공간이 좌우로 (또는 상하로) 나뉘어져 있는 병렬무대(Simultanbühne)나 수레마차 무대(Bühnenwagen)에서 공연되었다.

도 문인들뿐만 아니라 예수회 교도들과 칼데론에게서 이루어진 신비극의 세속화는 구원사적인 물음에 관련된 긴장이 무한히 팽창하는 것을 허용한다. 왜냐하면 반종교개혁의 세속화가 두 종파 속에서 관철되었다 해도, 종교적인 관심은 조금도 그 중요성을 상실하지 않았기 때문이다. 이 세기가 거부한 것은 종교적인 해결이었으며, 그것은 종교적인 관심이 종교적인 해결 대신 세속적인 해결의 방향으로 나아가도록 요청하고 강요하기 위해서였다. 당대의 사람들은 이러한 강제의 속박과 이러한 요구의 자극 아래서 갈등을 겪었다. 철저히 균열되고 분열된 유럽 역사의 모든 시대 가운데 바로크는 기독교의 지배가 흔들리지 않았던 유일한 시대이다. 이 시기에 중세적인 저항의 노선, 즉 이단은 차단되어 있었다. 그 이유는 일부는 기독교가 자신의 권위를 힘주어 강조했기 때문이기도 하지만 무엇보다도 세속적인 새로운 의지의 열정이 교리나 삶이 지닐 수 있는 이단적인 뉘앙스 속에서 전혀 표현될 수가 없었기 때문이다. 그처럼 반역도 예속도 종교적인 방식으로 성취될 수 없었기 때문에, 시대의 모든 힘은 정통적인 교회형식을 유지하면서 삶의 내실의 전반적인 변혁을 목표로 하고 있었다. 그 결과 필연적으로 원래 하고 싶어했던 표현을 직접적으로 할 수 있는 모든 길이 당대인들에게 차단되었다. 왜냐하면 그러한 직접적인 표현이 가능했다면 그것은 시대의지의 명백한 표출을 가져왔을 것이고 또한 기독교적 삶과의 대결, 나중에 낭만주의가 겪게 될 그러한 대결을 가져왔을 것이기 때문이다. 사람들은 이러한 일을 긍정적인 그리고 부정적인 의미에서 회피했다. 왜냐하면 이 시대를 지배한 정신상태는 그것이 무아지경의 행위를 기이하게 펼칠 줄 알았다 할지라도 그 행위 속에서 세상을 변용시키기보다는 지상의 표면에 구름 낀 하늘이 드리우게끔 하는 것이었기 때문이다. 르네상스의 화가가 하늘을 높게 유지할 수 있었다면 바로크 시대의 회화들 속에서는 구름이 어둡게 또는 빛을 받으며 땅 쪽으로 움직인다.

르네상스는 무신앙적이고 이교도적인 시대로서가 아니라 종교적인 삶을 위한 세속적인 자유의 시대로서 바로크와 대조된다. 반면에 반종교개혁 시기와 함께 중세의 교권제도적 특성은 피안으로 직접 들어가는 길이 막혀 있는 세계 속에 들어선다. 부르크하르트의 선입견에 반대하여 부르다흐가 행한 르네상스와 종교개혁 시기에 대한 새로운 규정은 이와는 반대로 반종교개혁의 본질적인 특징들을 비로소 올바르게 조명했다. 종말에 대한 기대만큼 반종교개혁과 거리가 먼 것은 없었다.* 부르다흐에 의해 르네상스 운동의 추동력으로서 가시화된 시대변혁의 기대조차도 반종교개혁과는 전혀 관련이 없다. 반종교개혁의 역사철학적인 이상은 절정, 즉 모든 묵시론적인 특징들을 낯설게 여기는 평화와 예술의 황금시대이다. 그리고 그것은 교회의 검을 통해 성립되고 영원히 보장된 것이다. 이러한 신조는 그때까지 잔존해 있던 종교 드라마에까지 영향을 미쳤다. 따라서 예수회 수도자들은 "더 이상 예수의 삶과 관련된 드라마 전체를 테마로 삼지 않고, 점점 더 드물게 예수 수난사를 다루었으며, 오히려 구약에서 소재를 취하는 것을 선호하고 성자의

---

* 필립 셰퍼(Philopp Schäfer)는 트리엔트 종교회의 이후의 가톨릭 신학이나 바로크 스콜라 철학에서 명확한 종말론적인 경향은 찾아 볼 수 없다고 말한다. 하르트무트 레만(Hartmut Lehmann)에 따르면 종말론에 크게 의존하고 있던 개신교도들과는 달리 17세기의 가톨릭교도들은 세계에 대한 대심판보다는 사후영혼에 대한 개별 심판에 대해 더 많은 관심을 갖고 있었다. 아달베르크 크렘프트(Adalbert Klempt)는 구원의 질서에 근거한 세계사의 종말론적인 해석은 17세기 말 시기까지 이어지는 세속화의 첫 국면 속에서 비판적으로 해체되고, 보편사적 연구영역에서 배제되기 시작했다고 주장한다. Philipp Schäfer, *Eschatologie. Trient und Gegenreformation*, Freiburg u.a., 1984(*Handbuch der Dogmengeschichte*), p.41, 56 참조; Hartmut Lehmann, *Das Zeitalter des Absolutismus*, Stuttgart u.a., 1980, p.134 참조; Adalbert Klempt, *Die Säkularisierung der universalhistorischen Auffassung. Zum Wandel des Geschichtsdenkens im 16. und 17. Jahrhundert*, Berlin und Frankfurt, 1960, pp.124~125 참조.

전설 속에서 자신들의 선교의도를 더 잘 표현했다."[55] 복고의 역사철학은 보다 분명하게 세속드라마에 영향을 미쳤음이 틀림없다. 세속 드라마는 역사적인 소재를 앞에 두고 있었으며, 시의성 있는 사건을 소재로 삼은 그리피우스, 오리엔트를 배경으로 한 국가대사들을 다룬 로엔슈타인과 할만 같은 작가들의 선도정신은 대단한 것이었다. 그러나 이러한 시도들은 처음부터 엄격한 내재성 속에 붙잡혀 있으며, 신비극이 추구하는 피안에 대한 전망도 없이 자신들의 풍부한 장치들의 전개 속에서 유령의 출몰장면이나 지배자의 찬미를 표현하는 것으로 제한되어 있다. 이러한 제약 속에서 독일 바로크 드라마는 자라났다. 그것이 별난 형식 속에서, 따라서 보다 집약된 형식 속에서만 일어났다고 해서 놀랄 일은 아니다. 독일 르네상스 드라마에 속하는 것 가운데 독일 바로크 드라마 안에서 살아남은 것은 거의 없다. 오피츠의 『트로이의 여인들』은 르네상스 드라마의 조절된 쾌활함과 도덕주의적인 단순함을 포기하고 있다. 헌사와 찬가의 경우는 제외하고 만약 숙련된 솜씨를 강조하는 일이 항상 금기시된 것이 아니더라면, 그리피우스와 로엔슈타인은 자신들의 드라마에서 기예적인 가치와 형이상학적인 무게를 훨씬 더 분명히 요구했을 것이다.

유희와 성찰

형성되어가는 비애극의 형식언어는 전적으로 시대의 신학적인 상황 속에 놓여 있는 성찰상의 필연성들이 전개된 것으로 볼 수 있다. 그 필연성들 가운데 하나는 모든 종말론이 없는 데서 수반되는 것으로, 은총의 상태

---

55) Willi Flemming, *Geschichte des Jesuitentheaters in den Landen deutscher Zunge*, Berlin, 1923(*Schriften der Gesellschaft für Theatergeschichte*, 32), pp.3~4.

를 포기함으로써 필요해진 위안을 천지창조의 상태(Schöpfungsstand)로의 복귀 속에서 찾으려는 시도이다. 바로크 시기의 다른 삶의 영역에서와 마찬가지로 여기에서도 근본적으로 시간적인 자료들이 공간적인 비본래성(Uneigentlichkeit)과 동시성으로 변환된다는 점이 결정적이다. 이것이 이 드라마 형식의 구조 깊은 곳으로 들어가는 것을 가능하게 해준다. 중세가 이승에서의 사건의 무가치함과 피조물의 덧없음을 구원으로 나아가는 길의 중간단계로 제시한다면, 독일 비애극은 현세의 절망상태 속으로 완전히 빠져들어 간다. 독일 비애극이 구원을 알고 있다면, 그것은 신의 구원계획의 실현 속에서보다는 이러한 불행한 숙명 자체의 심연 속에 놓여 있는 것이다. 종교극의 종말론으로부터의 전향은 유럽 전역에 걸쳐 생겨나는 새로운 드라마를 특징짓는다. 그런데도 은총받지 못한 자연으로의 무분별한 도피는 독일에 전형적인 것이다. 왜냐하면 유럽 드라마의 최고봉으로서 가톨릭 문화지형에서 바로크적인 특징을 보다 화려하고, 뚜렷하며, 성공적으로 전개시킨 스페인 드라마는 은총 없는 창조상태의 갈등을 세속화된 구원의 힘으로 제시되는 왕가의 궁정 안에서 유희적으로 축소시킴으로써 해결하기 때문이다. 제3막의 스트레타(stretta)*는 간접적인 방식으로, 즉 반영하고, 결정화시키고, 꼭두각시 같은 형식으로 초월을 포섭함으로써 독일 비애극들보다 뛰어난 결말을 칼데론 드라마에 보장해준다. 칼데론 드라마는 현존의 실체를 다루어야 한다는 요청을 부인할 수 없다. 그런데도 만약 세속 드라마가 초월의 경계에서 멈추어야 한다면, 그것은 우회로를 통해, 다시 말해 유희적으로 초월을 확인하고자 한다. 이 점은 그 어느 드라마에서보다 칼데론의 『인생은 꿈』(*La vida es sueño*)에서 가장

---

* 음악 특히 오페라 아리아에서 화려하고 강렬하며 빠른 템포로 진행되는 종결부. 『독일 비애극의 원천』의 종결부 역시 스트레타적인 구조를 갖췄다고 말할 수 있다.

분명하게 드러난다. 여기에서는 기본적으로 신비에 적절한 전체성이 존재하는데, 그 속에서 꿈은 아치형 하늘처럼 깨어 있는 삶 위를 둥글게 뒤덮고 있다. 이 작품에는 윤리성이 권한을 쥐고 있다. "하지만 꿈이건 진실이건 간에 | 나는 정당하게 행동해야 한다. 진실이라면, | 바로 그런 이유에서, 꿈이라면 깨어났을 때 | 친구를 얻기 위해서 말이다."[56] 칼데론의 경우를 제외한 그 어떤 곳에서도 바로크 비애극의 완성된 예술형식을 연구할 수는 없을 것이다. '비애'와 '유희'(Spiel)가 서로 조화를 이룰 수 있도록 해주는 정확성이 바로크 비애극의 타당성—비애극이라는 말과 대상의 타당성—을 만들어낸다.—독일 미학에서 유희 개념의 역사는 바로크, 고전주의, 낭만주의의 세 시기로 나뉜다. 이 경우 첫 번째 시기는 주로 창작물을, 두 번째 시기는 창작과정을, 세 번째 시기는 이 두 가지를 다 중요시했다. 삶 자체를 유희로 보는 관점, 더구나 예술작품을 유희로 명명하는 관점은 고전주의에는 낯선 것이다. 유희충동에 관한 실러의 이론은 예술작품의 구조가 아니라, 예술의 생성과정과 영향에 주목한다. 예술작품은 삶이 '진지할' 때에도 '쾌활할' 수 있다. 하지만 그것은 삶이 절대적인 것을 향한 강렬함 앞에서 자신의 마지막 진지함을 상실했을 때만 유희적으로 재현된다. 이 점은 그 표현방식이 아무리 다르다 할지라도 바로크와 낭만주의에 들어맞았다. 더욱이 양자의 경우에 이러한 강렬함은 세속적인 예술의 형식들과 소재들 속에서 자신을 표현해야 했다. 그것은 과시적인 방식으로 드라마 속에서 유희적 요소를 강조했으며, 초월이 단지 세속적으로 위장된 형태로 유희 속의 유희로서 자신의 마지막 말을 하게끔 했다. 예술적인 테크닉이 항상 명백하게 드러난 것은 아니다. 즉 무대 위에 무대가 설치

---

56) Don Pedro Calderon de la Barca, *Schauspiele*, übers. von J[ohann] D[iederich] Gries, Bd.1, Berlin, 1815, p.295(*Das Leben ein Traum*, III).

되고, 관람공간이 무대공간 속에 포함되는 것과 같은 기법이 늘 명백하게 활용된 것은 아니다. 그러나 세속적인 사회의 '낭만적인' 연극의 경우에 구제하고 해소하는 심급은 언제나 오직 유희와 가상의 패러독스한 성찰 속에만 놓여 있다. 괴테는 의도성의 외관이 모든 예술작품이 지니고 있는 특성이라고 말한 바 있는데, 이 의도성은 칼데론의 이상적이고 낭만적인 비애극에 슬픔을 흩뜨린다. 왜냐하면 새로운 드라마에서 신은 책략(Machination) 속에 있기 때문이다. 독일 바로크 비애극에서 특징적인 것은 유희가 스페인의 작품에서 보이는 찬란함이나 이후 시기의 낭만주의적인 작품이 지닌 기교 없이 전개된다는 점이다. 그런데도 독일 바로크 비애극은 그리피우스의 서정시에 가장 깊게 각인되어 있는 유희의 모티프를 지니고 있다. 이 모티프는 로엔슈타인의 『소포니스바』에 있는 헌사에서 지속적으로 변형되었다. "죽을 수밖에 없는 운명을 지닌 인간 삶의 전 과정이 | 유년시절에 유희와 함께 시작되듯이 / | 삶도 역시 허망한 유희와 함께 끝난다네. | 로마가 아우구스투스가 태어난 날을 | 놀이로 축하하듯 유희와 화려함을 통해 | 사자(死者)의 몸도 매장되는구나. | ……눈먼 삼손은 유희하며 무덤 속으로 들어간다. | 그리고 우리가 사는 짧은 시간은 한 편의 시일뿐. | 이 자가 등장하면 / 곧 저 자가 사라지는 유희로다. | 눈물로 시작하고 / 울음으로 끝나는 유희로다. | 그렇다. 부패와 / 구더기와 벌레가 우리의 시체 속에서 들끓으니 | 죽은 뒤에도 시간은 우리와 유희를 하는구나."[57] 바로『소포니스바』의 기괴한 사건진행은 인형극이라는 매우 중요한 매개물을 통해서 한편으로는 그로테스크한 모습으로 다른 한편으로는 미묘한 모습으로 나타나는 유희적인 요소의 전개를 선취하고 있다. 작가가 이러한 대담한 전환을 의식하고 있다. "사랑하기에 이제 남편을 위해

---

57) Lohenstein, *Sophonisbe*, pp.13~14〔쪽수표시 없는 헌사〕.

죽으려는 여인이 | 두 시간만에 서로의 애정을 잊어버리다니. | 마시니사의 욕망은 속임수일 뿐이야. | 그는 이전에 사랑을 위해 그녀를 탐하려 하더니 | 저녁에는 치명적인 독을 선사하지 않더냐. | 이전에 정부(情夫)였던 자가 형리가 되어 그녀를 몰락시키는구나. | 이 세상에서 욕망과 야심은 이렇게 유희를 벌이는구나!"[58] 이러한 유희는 우연적인 것으로 여길 필요가 없으며, 계산되고 계획적인 것으로, 따라서 야심과 욕망이 자신의 실에 묶어둔 인형들의 유희로 생각할 수 있다. 물론 칼데론*에 이르는 낭만주의 드라마가 행동을 항상 새롭게 테두리 짓고 축소시키는 것을 가능하게 했던 전형적인 예술수단인 성찰을 17세기 독일 드라마가 전개시킬 수 있는 수준에 이르지 못했다는 것은 논쟁의 여지가 없다. 이 성찰이란 요소는 낭만주의 희극에서뿐만 아니라 이른바 낭만주의 비극, 즉 운명극(Schicksalsdrama)에서도 가장 중요한 예술수단들 가운데 하나로서 가치를 지닌다. 칼데론 드라마에서 성찰이 차지하는 위치는 당대의 건축에서 소용돌이 기둥머리 장식이 차지하는 위치와 정확히 상응한다. 성찰은 무한반복되며 자신이 에워싸고 있는 원을 보이지 않을 때까지 축소시킨다. 이러한 성찰의 두 가지 측면, 즉 현실적인 것을 유희적으로 축소시키는 일과 사유의 성찰적인 무한성을 세속적인 운명의 공간이 지닌 폐쇄적인 유한성 속으로 이끄는 일은 공히 본질적이다. 왜냐하면 운명극의 세계는 미리 말하자면 그 자체로 폐쇄된 공간이기 때문이다. 이 점은 특히 칼데론의 경우에 해당됐는데, 사람들은 그의 헤롯 드라마 『질투는 가장 끔찍한 괴물』(*Eifersucht das größte Scheusal*)을 세계문학 최초의 운명극으로 보고자 했다. 그것은 엄격한 의미에서 세속적인 세계, 비참하면서도 화려

---

58) Lohenstein, *Sophonisbe*, pp.8~9〔쪽수표시 없는 헌사〕.

* Johann Ludwig Tieck, 1773~1853: 독일의 소설가·극작가. 슐레겔 형제와 함께 초기 낭만파를 이끌었다.

한 피조물의 세계이다. 이 세계에서 운명의 규칙은 신의 보다 위대한 영광과 관객의 즐거움을 위해 계획적이면서도 동시에 놀라운 방식으로 확증되어야 한다. 아무런 이유 없이 베르너*같은 사람이 가톨릭에서 도피처를 찾기 전에 운명극을 시도한 것은 아니다. 단지 겉으로만 이교적으로 보이는 운명극의 세속성은 실제로는 교회신비극의 세속적인 보충이다. 이론적으로 정향된 낭만주의자들조차 마법에 걸린 것처럼 칼데론에 매료되어 셰익스피어의 존재에도 불구하고 특히 그를 자신들의 극작가로 칭하게 했던 동인은 그 예를 찾아볼 수 없는 성찰의 완벽한 기법이다. 주인공들은 언제나 이를 구사하는데, 이는 마치 때로는 이쪽에서 때로는 저쪽에서 관찰할 수 있는 공처럼 운명의 질서를 자신의 손으로 돌리기 위해서이다. 결국에 낭만주의자들은 권위의 황금사슬을 두른 채 거칠 것 없이 성찰하는 천재 이외에 그 무엇을 열망했겠는가? 그러나 바로 이러한 선례가 없는, 예술적으로 매우 뛰어나지만 계산적인 면에서 그보다 한 단계 더 뛰어난 것처럼 보이는 스페인식의 완성은 순수문학의 테두리를 넘어서는 바로크 드라마의 모습을 몇 가지 점에서 독일 드라마보다 잘 보여주지 못하는 것 같다. 이 독일 드라마에서는 그 한계성이 기예적인 면의 우위 속에서 은폐된다기보다는 도덕적인 면의 우월 속에서 드러난다. 자신의 직업윤리가 분명하게 밝힌 바와 같이 신앙생활의 초월성을 일상생활의 내재성과 결합시키기 위해 항상 노력하는 루터 교파의 도덕주의는 인간에게 일어나는 당혹스런 세속사를 군주의 위계적인 힘과 결정적으로 대면시키는 일을 단 한 번도 허용하지 않았다. 그런데 칼데론의 많은 드라마에서 문제의 해결은 바로 이러한 대면에 근거하고 있다. 그런 까닭에 독일 비애극의 결론은 형식적으로 보다 덜 풍성하고 도그마적인 측면도 덜하다. 그것은 분명 예술적인 면

---

* Zacharias Werner, 1768~1823: 독일의 극작가. 역사극과 운명비극을 썼다.

에서는 아니지만 도덕적인 면에서 스페인 드라마의 경우보다 책임의식을 더 느끼고 있다. 그런데도 칼데론 드라마의 풍부하고도 완결된 형식에 대해 중요한 의미를 갖는 다양한 연관들을 연구하지 않는 것은 전혀 생각할 수 없는 일이다. 앞으로 이 책에서 부가설명과 참고사항을 위한 공간이 적어질수록, 본 연구는 당대의 독일에서는 필적할 만한 것이 없는 이 스페인 작가가 쓴 비애극과의 근본적인 관련을 보다 분명하게 해야 한다.

피조물로서의 군주

비애극이 전개되는 지반인 창조상태의 층위는 명백하게 군주의 위치도 규정한다. 그가 아무리 신하와 국가보다 높은 권좌에 앉는다 할지라도 그의 지위는 창조의 세계에 제한되어 있다. 그는 피조물의 지배자이지만 피조물로 남아 있다. 바로 이 점을 칼데론의 예에서 설명해보자. 지조 있는 왕자 돈 페르난도(Don Fernando)의 다음과 같은 말에서 특별히 스페인적인 견해가 언급되는 것은 결코 아니다. 이 말은 창조세계 속에서 왕이란 이름의 모티프를 관철시키고 있다. "짐승과 야생동물의 경우에조차도 | 이 이름은 자연의 법이 그 이름을 순종하는 마음으로 섬기라 명할 정도의 | 위엄을 갖추고 있습니다. 저희들이 읽은 바로는 | 자유로운 날짐승의 국가를 지배하는 왕인 사자는 | 이마에 주름을 지을 때 | 그 이마를 덥수룩한 머리털로 왕관처럼 장식하고는 | 온화해져 순종하는 동물들을 절대로 잡아먹지 않는다고 합니다. | 출렁이는 바다의 물거품 속에서 | 물고기들의 왕, 돌고래가 검푸른 어깨 위에 가지고 있는 | 금빛 은빛 비늘들은 | 왕관들의 모습을 하고 있습니다. 사람들은 광포한 격랑 속에서 | 돌고래가 사람들이 바다에서 빠져 죽지 않도록 | 그들을 뭍으로 데려가 구하는 것을 | 이미 목격했습니다. ……

뭍짐승, 물고기, | 새, 식물, 별들 가운데 | 이러한 위엄 있는 왕들은 | 연민을 잘 알고 있습니다. 폐하, 이 점은 인간의 경우에도 | 정당한 것임이 틀림없사옵니다."[59]──왕권의 근원을 천지창조의 상태에서 찾으려는 시도는 심지어 법이론에서도 나타난다. 폭군살해의 반대자들은 국왕살해자를 부친살해자라고 비방하는 데 혈안이 돼 있었다. 살마시우스, 실머(Robert Silmer)를 비롯한 많은 학자들은 "왕의 권한을 아담이 창조물 전체의 주인자격으로 받은 세계지배권으로부터" 이끌어냈다. "이 지배권은 특정 가문들의 우두머리들에게 상속되었으며, 마침내 비록 제한된 영토 내에서이긴 하지만 단 하나의 가문에서 세습되었다. 따라서 국왕살해는 부친살해와 같은 것이다."[60] 귀족조차 자연현상으로 나타날 수 있었기에 할만은 『조사』(弔辭, Leichreden)에서 다음과 같은 비탄조로 죽음을 대할 수 있었다. "아, 너는 특권을 지닌 자들 앞에서도 눈과 귀를 열지 않는구나."[61] 단지 신하인 자, 인간을 동물로 보는 것은 전적으로 논리적이다. 따라서 오피츠, 체르닝*, 부흐너는 "신성을 지닌 동물", "영리한 동물",[62] "호기심 많고 감각적인 동물"[63] 등과 같은 표

---

59) Don Pedro Calderon de la Barca, *Schauspiele*, übers. von August Wilhelm Schlegel, Zweyter Theil, Wien, 1813, pp.88~89 및 90도 참조 [*Der standhafte Prinz*(지조 있는 왕자), III].

60) Hans Georg Schmidt, *Die Lehre vom Tyrannenmord. Ein Kapitel aus der Rechtsphilosophie*, Tübingen, Leipzig, 1901, p.92.

61) Johann Christian Hallmann, *Leich-Reden / Todten-Gedichte*(조사/추모시) *und Aus dem Italiänischen übersetzte Grab-Schriften*, Frankfurt, Leipzig, 1682, p.88.

  * Adreas Tscherning, 1611~59: 마르틴 오피츠를 잇는 바로크 시대 독일의 시인·시학이론가.

62) Hans Heinrich Borcherdt, *Andreas Tscherning. Ein Beitrag zur Literatur- und Kultur-Geschichte des 17. Jahrhunderts*, München, Leipzig, 1912, pp.90~91 참조.

63) August Buchner, *Poetik*, hrsg. von Othone Prätorio, Wittenberg, 1665, p.5.

현을 사용한다. 다른 한편 부츠키는 "덕 있는 군주는 천상의 동물이 아니고 그 무엇이겠느냐"라고 말한다.[64] 또한 그리피우스의 아름다운 시구는 다음과 같다. "너희들, 지고하신 분의 상(象)을 잃어버린 자들아. | 너희들 인간에게서 태어난 저 상을 보아라! | 무슨 이유로 그것이 마구간으로 들어가는지 묻지 말거라! | 그 분이 짐승보다 더 짐승 같은 우리를 찾으신다."[65] 광기에 휩싸인 폭군들은 이 짐승 같은 모습을 보여준다. 할만의 작품에 나오는 안티오후스(Antiochus)가 식탁에 놓여 있는 생선머리를 보고 공포에 질려 광기에 휩싸일 때,[66] 또 후놀트(Hunold)가 네부카드네자르(Nebucadnezar)를 동물형상으로 등장시킬 때 무대는 "황폐한 황무지"를 보여준다. "독수리의 깃털과 발톱을 갖춘 네부카드네자르가 많은 금수들 무리 속에 있다. ……그는 기이한 거동을 한다. ……그는 으르렁거리고 고약한 표정을 짓는다."[67]——이와 같은 예들은 고귀한 피조물인 통치자 내부에 예기치 못한 힘을 지닌 동물적인 것이 생겨날 수 있다는 신념 속에서 나온 것들이다.

명예

그와 같은 토대 위에서 스페인 연극은 자신의 중요한 모티프 하나를 발전시켰는데, 다른 어떤 것보다도 바로 이 모티프가 독일 비애극의 제

---

64) Sam[uel] von Butschky, *Wohl-Bebauter Rosen-Thal*(잘 가꾸어진 로젠탈 지역), Nürnberg, 1679, p.761.

65) Gryphius, 앞의 책, p.109(*Leo Armenius*, IV, 387ff.).

66) Hallmann, *Die göttliche Rache oder der verführte Theodoricus Veronensis*(신의 복수 또는 유혹당한 테오도리쿠스 베로넨시스), in: *Trauer-, Freuden- und Schäferspiele*, p.104(V, 364 ff.) 참조.

67) *Theatralische/Galante Und Geistliche Gedichte/Von Menantes*[Christian Friedrich Hunold], Hamburg, 1706, p.181[극시 부분의 쪽수(*Nebucadnezar*, III, 3; 장면지문)].

한된 진지함을 민족적으로 조건지어진 것으로 인식할 수 있게 해준다. '망토와 검의 연극'(comedia de capa y espada)*에서 펼쳐지는 분규들이나 비애극에서 명예가 갖는 지배적인 역할이 드라마 등장인물이 처한 피조물의 상태에서 생겨나는 것을 보면 놀랍지 않을 수 없다. 그렇지만 실상이 바로 그렇다. 헤겔의 정의에 따르면 명예란 "전적으로 상처받기 쉬운 것"이다.[68] "명예가 투쟁하며 추구하는 개인적 자립심은 어떤 공동체를 위한 용맹이나 그 공동체가 올바르다거나 개개인 삶의 영역에서 정직하다는 평판을 듣기 위해 발휘하는 용맹함으로 자신을 드러내지 않는다. 명예란 그와는 반대로 오로지 개개의 주체의 인정과 추상적 불가침성을 위해서만 싸운다."[69] 이 추상적 불가침성은 그렇지만 다름 아닌 육체를 지닌 인간의 가장 엄격한 불가침성일 뿐이며, 가장 추상적인 명예규범의 요구들까지도 바로 피와 살의 무결(無缺)함이라 할 수 있는 그러한 불가침성에 원초적 근거를 두고 있다. 그렇기 때문에 명예는 친척이 저지른 수치스런 일이라든가 자신의 신체에 가해진 치욕에 의해서도 타격을 받는다. 그리고 이름은 인격체가 지닌 겉보기에 추상적인 불가침성을 자신의 고유한 불가침성 속에서 증명하고자 하는데, 이 이름은 종교적 맥락에서와는 달리 피조물로서의 삶의 맥락 속에서는 그 자체로 아무것도 아니며, 단지 인간의 다치기 쉬운 신체를 엄호하는 방패일 따름이다. 명예가 실추된 자는 법의 보호를 받지 못한

---

* 17세기 스페인에서 발달한 연극형식으로서 유럽 도덕극의 스페인식 변형이라 할 수 있다. 사회의 최상층 계급에 속하는 주인공들이 당대에 전형적인 복장을 하고 등장해 붙여진 이름이다.

68) Georg Wilhelm Friedrich Hegel, *Werke*, Vollständige Ausgabe durch einen Verein von Freunden des Verewigten: Ph[ilipp] Marheineke [u.a.], Bd.10, 2: *Vorlesungen über die Ästhetik*, hrsg. von H[einrich] G[ustav] Hotho, Bd.2, Berlin, 1837, p.176.

69) Hegel, 앞의 책, p.167.

채 방치된 자이다. 즉 치욕은 비난받는 자를 처벌하도록 자극함으로써 자신의 근원을 어떤 신체적 결함에서 발견한다. 스페인 드라마는 명예 개념의 비할 데 없는 변증법을 통해 피조물로서의 개인이 지닌 적나라한 면모를 다른 어디에서보다 탁월하게, 아니 화해의 방향으로 서술할 줄 알았다. 순교자 극에서 피조물로서의 삶이 종말을 맞이하면서 겪게 되는 잔인한 처형은 명예가 골고다 언덕으로 오르는 수난의 길에서 그 짝을 찾아볼 수 있다. 칼데론의 드라마를 보면 이 명예는 제아무리 학대를 받았다 해도 결미에서는 왕권에 근거한 판결이나 어떤 궤변을 통해 다시 일어설 수 있게 된다. 스페인 드라마는 명예의 본질 속에서 피조물로서의 신체에 적합한 피조물의 정신성을, 그리고 그로써 속세적인 것의 우주를 발견했지만, 바로크 시대 독일 작가들에게는, 아니 이후의 이론가들에게조차도 그러한 우주는 열리지 않았다. 하지만 그들은 모티프상의 유사성을 놓치지는 않았다. 그리하여 쇼펜하우어는 이렇게 적고 있다. "우리 시대에 자주 거론되는, 고전적 시문학(Poesie)과 낭만적 시문학 사이의 차이라는 것은 내가 보기에는 근본적으로 이런 데서 연유하는 것처럼 보인다. 즉 고전적 시문학은 다름 아닌 순수하게 인간적이고 현실적이며 자연적인 모티프들을 알고 있는 반면, 낭만적 시문학은 꾸며내거나 인습적이거나 상상해낸 모티프들도 효과적으로 이용할 줄 안다는 것이다. 여기에는 기독교 신화에서 유래하는 명예의 원칙들, 그 밖에도 기사적(騎士的)이고 과장되어 있으며 환상적인 명예의 원칙들이 속한다. ……이러한 모티프들이 인간의 상황과 인간의 천성에 대한 그 어떤 기괴한 왜곡을 낳는지는 예컨대 칼데론과 같은 낭만주의 장르에 속한 최고의 작가들에서도 볼 수 있다. 단막 종교극들은 차치하고라도 『최악의 일이 항상 확실한 것은 아니다』(*No siempre el peor es cierto*)나 『스페인에서의 마지막 결투』(*El postrero duelo de España*)와 같은 작품, 또는 그와 유사한 '망토와 검의 연극'

들만 보아도 알 수 있다. 여기서 당시 비교적 상류층의 정신수양에 속했던 것으로 대화에서 종종 현학적으로 재치를 부리는 일도 그런 요소들과 어울린다."[70] 쇼펜하우어가 다른 곳에서는 기독교 비애극을 비극보다 더 높이 평가하려 했다 치더라도 그는 스페인 드라마의 정신 속으로 파고 들어가지 못했다. 그가 스페인 드라마를 그처럼 낯설게 느낀 것은 스페인인들의 관찰방식이 지닌, 게르만적인 것과는 동떨어진 무도덕성 때문이 아닌지 추측해볼 수도 있겠다. 그러한 무도덕성의 토대 위에서 스페인 비극과 희극들이 서로 넘나들었다.

역사적 에토스의 파괴

스페인 드라마에서 찾아볼 수 있는 소피스트적인 문제들, 아니 그 해답들은 독일의 신교극작가들의 무거운 논증 속에서는 찾아볼 수 없다. 그러나 그 시대의 역사관은 독일 극작가들의 루터교적 도덕주의에 좁은 한계를 그어놓은 바 있다. 군주들의 상승과 몰락이 끊임없이 되풀이되는 광경, 견실한 덕의 인내심은 그 작가들에게 도덕성이란 이름으로 다가왔다기보다 그 집요함을 두고 볼 때 역사진행의 본질적 측면으로, 또 자연적 측면으로 다가왔다. 역사개념과 도덕개념들의 내밀한 융합이라는 것이 고대에는 완전히 낯선 것이었고 합리주의 시대 이전의 서양에서도 마찬가지로 거의 알려져 있지 않았던 것처럼, 바로크 시대에 이 점은 특히 연대기적 방식으로 세계사를 향해 설정된 의도 속에서 확인된다. 이 의도가 세부적인 데 천착하는 한 그것은 미시적 방식의 의미에서 볼 때 음모에 의해 이루어진 정치적 계산을 면밀하게 추적하는

---

70) Arthur Schopenhauer, *Sämmtliche Werke*, hrsg. von Eduard Grisebach, Bd.2: *Die Welt als Wille und Vorstellung*, 2, Leipzig, 연도표시 없음 [1891], pp.505~506.

작업으로 귀결될 따름이다. 바로크 시대의 드라마는 역사적 사건이라는 것을 음모꾼들의 저열한 모사 이외의 다른 어떤 것으로도 알지 못한다. 기독교적인 순교자의 태도로 굳어져 있는 군주가 맞닥뜨리는 수많은 반란들 속에는 일말의 혁명적 신념도 찾아볼 수 없다. 불만이 그 반란의 고전적 동기이다. 오직 군주만이 윤리적 품위를 반영하고 있으며, 또한 이 품위는 다름 아닌 역사라는 것을 전혀 모르는 스토아주의자의 품위에서 온 것이다. 왜냐하면 기독교 신앙을 지키는 영웅이 품는 구원에의 기대가 아니라 바로 그와 같은 태도야말로 바로크 드라마 주인공들에게서 항상 발견할 수 있는 태도이기 때문이다. 순교자 이야기에 대한 이의제기들 가운데 분명 가장 근거가 있는 것은 바로 이 이야기가 역사적 내용에 대해서는 그 어떤 요구도 할 권리가 없다고 말하는 이의제기이다. 다만 그 이의제기는 이 형식에 대한 잘못된 이론에만 해당할 뿐이지 그 형식 자체에 해당하는 것은 아니다. 바커나겔의 다음의 문장을 보면 그러한 이의제기가 결론으로서는, 비록 그 결론을 도출하기 위해 끌어오는 주장이 적절할지라도, 불충분하다는 점을 더불어 알 수 있다. "비극은 신적인 것에 비추어볼 때 모든 인간적인 것이 받아들여질 수 없다는 점뿐만 아니라 그게 그럴 수밖에 없다는 점도 입증해야 한다. 따라서 비극은 몰락의 필연적 원인이 되는 결함들을 입 밖에 내지 않으면 안 된다. 비극이 아무 죄도 드러내지 않고 어떤 형벌을 보여주게 되면, 그것은……그러한 경우를 모르는 역사, 비극이 그러한 비극적 근본이념의 현현들을 끄집어내야 하는 장소로서의 역사에 반하게 된다."[71] 이런 역사이해가 지니는 의심스러운 낙관주의를 일단 제쳐놓고 본다면 순교자 극의 의미에서는 윤리적 위반이 아니라 피조물로서의 인간의

---

71) Wilh[elm] Wackernagel, *Über die dramatische Poesie. Academische Gelegenheitsschrift*, Basel, 1838, pp.34~35. [Wilhelm Wackernagel, 1806~69: 독일의 문예학자.—옮긴이]

상태 자체가 몰락의 원인이다. 작가들이 비평보다는 극작법에서 보다 더 계획성 있게 사용된 말이라고 할 수 있는 '비애극'이라는 말로 한 작품을 칭했을 때, 그들은 비극적 영웅의 특이한 몰락과는 아주 판이한 이러한 전형적 몰락을 염두에 둔 것이다. 따라서 그 권위로 인해 자신이 여타의 점에서는 지금 논의되는 주제와 동떨어져 있다는 점을 잊게 만드는 한 범례인 『서출의 딸』(*Natürliche Tochter*)*이 "비애극"으로 칭해지는 것은 우연이 아니다. 이 작품은 배경을 이루고 있는 혁명적 사건의 세계사적 폭력에 의해 영향을 받지 않는다. 국정을 뒤흔드는 사건에서 주기적으로 자연의 폭력과도 같이 일어나는 파괴의 의지가 보여주는 끔찍함만이 괴테에게 말해주는 바가 있었다는 점에서, 괴테는 그 작품소재를 17세기의 작가처럼 대했던 것이다. 고풍스러운 어조는 그 사건을 어떻게 보면 자연사적으로 파악된 선사(先史) 속으로 밀어넣는다. 이를 위해 괴테는 그런 어조를 과장하며, 급기야 그 어조는 벌어지는 일에 대해 서정적으로는 탁월하면서 드라마적으로는 억압적인 긴장관계에 놓이게 된다. 바로크 정치 드라마에서 그렇듯이 역사극의 에토스는 이 괴테 작품에는 낯선 것일 뿐이다. 물론 바로크의 정치 드라마에서처럼 스토아적인 영웅주의를 위해 역사적 영웅주의가 물러나는 양상을 보이지 않지만 말이다. 바로크 정치 드라마에서 조국, 자유, 신앙이란 사적인 유덕함을 입증하기 위해 임의로 교체할 수 있는 계기들일 뿐이다. 로엔슈타인은 이 점을 가장 극단적으로 그려낸다. 로엔슈타인만큼 역사적인 것을 자연적 사건과 유비시키는 은유를 통해 윤리적 성찰의 날카로움을 꺾어버리는 기교를 잘 사용할 줄 아는 작가가 없었다. 스토아적으로 과시하는 부분을 제외하고는 그 어떠한 윤리적 동기에서 촉발된 태도나 토론도 철저하게 추방되며, 끔찍한 사건보다는

---

* 5막으로 이루어진 괴테의 비애극. 1803년에 초연되었다.

바로 그처럼 윤리성을 배제하는 철저함이 로엔슈타인의 드라마에 인위적으로 멋 부리는 어법과는 판이하게 구별되는 내용을 더 많이 부여해주고 있다. 브라이팅거*는 1740년 『비유의 본성, 의도 및 사용에 대한 비판적 논고』에서 이 유명한 드라마 작가[로엔슈타인]를 심판할 때, 실제로는 도덕적 원리들에 해를 끼치는 자연물의 예들을 통해 그 도덕적 원리들에게 외견상 그럴싸한 강조점을 부여하는 수법을 지적한 적이 있다.[72] 이러한 비유법은 윤리적 위반이 자연적 상황을 내세우며 단순하고 우직하게 스스로를 변명할 때에 비로소 자신의 가장 적절한 의미를 얻게 된다. "사람들은 넘어지려고 하는 나무들로부터는 멀리 떨어지는 법이랍니다."[73] 이렇게 말하면서 [아그리피나의 시녀] 소피아는 종말이 가까워진 아그리피나에게 작별을 고한다. 이러한 말들은 말하는 인물의 특징이 아니라 고도의 정치적인 사건에 걸맞는 자연적 태도를 표현하는 격률로 파악될 수 있다. 작가들이 역사적·윤리적 갈등들을 자연사를 통한 논증 속에서 매우 설득력 있게 해소시키는 데 사용한 이미지의 보고(寶庫)는 엄청났다. 브라이팅거는 이렇게 말한다. "자연계의 지식을 현란하게 펼치는 일은 우리의 로엔슈타인의 특징으로서 그는 뭔가 특이하다, 아니면 불가능하다, 또는 뭔가 일어날 법하다, 아니면 그렇지 않다, 또는 결코 그렇지 않다고 말할 때마다 그와 같은 자연의 비밀을 발견하곤 한다. ……아르지노에(Arsione)**의 아버지***가

---

* Johann Jakob Breitinger, 1701~76: 스위스의 문헌학자·작가.

72) Joh[ann] Jac[ob] Breitinger, *Critische Abhandlung Von der Natur, den Absichten und dem Gebrauche der Gleichnisse*, Zürich, 1740, p.489.

73) Daniel Casper v[on] Lohenstein, *Agrippina. Trauer-Spiel*, Leipzig, 1724, p.78(V, 118).

** 로엔슈타인의 방대한 소설 『도량 큰 사령관 아르미니우스』(*Großmüthiger Feldherr Arminius*, 1689~90)에 나오는 한 여군주.

*** 폴레몬(Polemon)을 가리킨다.

자신의 딸이 왕자보다 못한 사람과 혼인을 하는 것은 명예롭지 못하다는 것을 증명하고자 할 때면, 그는 이런 식으로 결론을 내린다. '내가 내 딸을 지금과는 다르게 여겨야 한다면, 나는 아르지노에게 잘못을 저지르는 격이 될 것이다. 그러니 그 아이는 천민을 닮은 담쟁이덩굴 같은 부류가 되어선 안 될 것이다. 그런 부류라면 개암나무 덤불을 이내 대추야자수인 양 끌어안을 것이다. 왜냐하면 고귀한 식물들은 머리를 하늘(!)로 향하는 법이기 때문이다. 장미들은 해가 있을 때에만 머리를 연다. 야자수들은 하찮은 식물들하고 어울리는 법이 없다. 그렇다. 생명이 없는 자석도 저 고귀한 북극성보다 못한 별을 따르지 않는다. 그런데 폴레몬 집안이(이것이 결론이다) 몸종 같은 마호르(Machor)의 후손들에게 몸을 굽혀야 하다니!'[74] 이러한 구절들, 특히 수사적인 글들, 결혼축시들 그리고 조사들에서 얼마든지 찾을 수 있는 그와 같은 구절들을 읽다보면 독자는 슈미트가 지적했듯이 그런 예들을 발췌해놓은 모음집들이 작가들의 작업연장이 되어 일반적으로 쓰이지 않았을까 추측하게 될 것이다.[75] 그 모음집들은 사실자료들뿐만 아니라 중세의 '파르나소스에 이르는 계단'(Gradus ad Parnassum)*처럼 시적인 미사여구들을 담고 있었다. 그와 같은 것을 적어도 할만의 『조사』에서 추론할 수 있는데, 그 작품은 게노페파(Genofeva)[76]나 퀘이커 교도[77] 또는 그

74) Breitinger, 앞의 책, pp.467, 470.
75) Erich Schmidt, 〔서평〕 Felix Bobertag, "Geschichte des Romans und der ihm verwandten Dichtungsgattungen in Deutschland", 1. Abt., 2. Bd, 1. Hälfte, Breslau, 1879, in: *Archiv für Litteraturgeschichte* 9(1889), p.411.
   * 파르나소스는 그리스 중앙에 위치한 석회암으로 이루어진 산으로서 뮤즈의 거처이다. '파르나소스에 이르는 계단'이라는 말은 음악, 문학, 미술 등 예술 분야에서 발전을 이루게 해주는 안내지침서를 지칭하기 위해 사용되었다.
76) Hallmann, *Leichreden*, pp.115, 299 참조. 〔게노페파는 중세의 한 전설에 나오는 여자의 이름이다.―옮긴이〕

밖의 기이한 표제어들을 위해 상투적인 표현법들을 마련해두고 있다. 역사적 사료들을 세심하게 다루는 일 못지않게 자연사적 비유들을 사용하는 데에는 작가들의 박식함이 많이 요구되었던 것이다. 그처럼 작가들은 로엔슈타인이 그리피우스에게서 실현된 것으로 봤듯이 박식한 사람의 교양이상(Bildungsideal)에 참여하게 된다. "그리피우스 씨는…… | 어떤 한 가지를 논할 때 무언가 빠져 있는 것/ | 많은 것들에 대해 어느 정도 아는 것 / 오직 한 가지 사항에서만 모든 것을 아는 것은 | 박학다식한 것이라 여기지 않았습니다."[78]

무대

피조물은 그 틀 속에서만 도덕적 세계가 바로크 시대의 눈앞에 펼쳐질 수 있었던 거울이다. 그것은 오목거울이다. 왜냐하면 그러한 일은 일그러짐 속에서만 가능했기 때문이다. 이 시대의 맥락에서 모든 역사적 삶은 덕(德)에서 벗어났기 때문에 덕은 드라마 인물들의 내면 자체에도 아무 의미를 갖지 못하게 되었다. 덕이 이 비애극의 주인공들에서 보다 더 무미건조하게 나타난 적이 없다. 그 비애극들에서는 수난의 신체적 고통만이 역사의 부름에 응하게 된다. 그리고 피조물의 상태에서 인물의 내면적 삶이 단말마적 고통 속에서일지라도 신비적으로 자족해

---

77) Hallmann, 앞의 책, pp.64, 212 참조. 〔퀘이커 교도는 교회와 도그마를 거부하는 신비주의적인 기독교 공동체의 신봉자들을 말한다. 17세기 중반 영국의 북서부 지역에서 생겨났다.―옮긴이〕

78) Daniel Capers von Lohenstein, *Blumen*, Breßlau, 1708, p.27〔「히아신스」에서 별도의 쪽수가 표시된 부분(안드레아스 그리피우스 씨의 죽음에 부여하는 고귀한 인간정신)〕. 〔로엔슈타인의 시집 『꽃들』(*Blumen*)은 「히아신스」, 「하늘의 열쇠」, 「장미」의 3부로 이루어져 있으며 여기에는 쪽수가 각각 따로 매겨져 있다.―옮긴이〕

야만 하듯이, 작가들은 역사적 사건에도 울타리를 두르려고 했다. 드라마의 사건들의 연쇄는 역사라는 것이 일어나지 않는 천지창조의 날들에서처럼 전개된다. 역사적 사건을 자체 속에 거두어들이는 천지창조의 자연은 루소적인 자연과는 판이하다. 다음과 같은 말은 그 토대를 건드리지는 못하지만 이러한 사정을 언급하고는 있다. "여전히 이러한 경향은 모순에서 생겨났다. ……우아한 목가 속에서 전혀 이질적인 요소들의 종합과 같은 것을 지어내고자 한 바로크 시대의 억누를 수 없이 강력했던 시도는 어떻게 파악해야 할까? 조화로 가득 찬 자연과의 합일과는 반대되는 대립적인 자연으로의 동경이 여기서도 분명 작용했다. 하지만 그와 상반된 체험도 있었는데, 즉 사멸시키는 시간의 체험, 피할 수 없는 무상함의 체험, 높은 곳에서 추락하는 체험이 그것이다. 그렇기 때문에 고상한 것들로부터 벗어난 채 베아투스 일레(beatus ille)*의 존재는 모든 유위전변(有爲轉變)에서 멀리 떨어져 있어야 할 것이다. 그처럼 바로크 시대에 자연은 시간에서 벗어나는 유일한 길이었으며, 바로크는 이후 시대가 지녔던 문제들은 알지 못한다."[79] 오히려 그보다는 특히 전원극에서 풍경에 대한 바로크적 탐닉이 지니는 특이함이 드러난다. 왜냐하면 역사와 자연의 대립이 아니라 역사적인 것을 천지창조의 상태 속에서 남김없이 세속화하는 일이 바로크의 세계도피가 표현하는 마지막 말이기 때문이다. 연대기적 세계사의 위안 없는 흐름에 맞서는 것은 영원이 아니라 낙원의 무시간성의 복구이다. 역사는 무대 속으로 변형되어 들어간다. 그리고 바로 전원극들이 역사를 어머니 대지

---

* "……한 자는 행복하도다"라는 뜻으로 세상사에서 벗어나 시골에서 아무 걱정 없이 단순한 삶을 사는 자를 찬미하는 의미로 쓰인다. 에포우드(Epode, 길고 짧은 시행이 번갈아가며 진행되는 시) 형식으로 쓴 호라티우스의 시에서 기원한다.

79) Hübscher, 앞의 책, p.542.

에 씨앗처럼 흩뿌린다. "의미심장한 사건이 일어났다고 말해지는 어떤 장소에서 목동은 시구들을 바위, 돌 또는 나무에 추억 삼아 남겨놓는다. 이러한 목동들에 의해 도처에 지어진 명성의 사당들에서 우리가 경탄하는 영웅의 기념상들은 하나같이 찬가적인 비문들로 화려하게 장식되어 있다."[80] 사람들은 17세기 역사관의 특징을 "파노라마적"[81]이라고 핵심을 짚어 명명하기도 했다. "이 회화적인 시대가 지닌 전체 역사관의 특징은 기억할 만한 모든 것을 한데 모아두는 것이다."[82] 역사가 무대 속으로 세속화된다면 정밀과학에서 그와 동시에 미분학(微分學)을 낳는 동일한 형이상학적 경향이 그로부터 생겨난다. 두 경우 모두에서 시간적인 움직임은 일종의 공간 이미지 속에 포착되고 분석된다. 무대의 이미지, 더 정확히 말해 궁정의 이미지는 역사적 이해를 위한 열쇠가 된다. 왜냐하면 궁정은 가장 내밀한 무대이기 때문이다. 하르스되르퍼는 『문학의 깔때기』에서 다른 무엇보다 관찰할 만한 가치가 있는 궁정의 삶에 대한 알레고리적이거나 그 밖의 비판적인 묘사를 위한 제안들을 수없이 많이 모아놓았다.[83] 『소포니스바』에 대한 로엔슈타인의 흥미로운 서문에는 이런 구절이 있다. "그러나 어떠한 삶도 궁정을 터전으로 택한 사람들의 삶보다 | 더 많은 유희와 무대를 제시하지 못한다."[84] 물론 이와 똑같은 말은 영웅적인 인물이 몰락할 때, 궁정이 처형

80) Julius Tittmann, *Die Nürnberger Dichterschule. Harsdörffer, Klaj, Birken. Beitrag zur deutschen Literatur- und Kulturgeschichte des siebzehnten Jahrhunderts*(*Kleine Schriften deutschen Literatur- und Kulturgeschichte*, I), Göttingen, 1847, p.148.
81) Cysarz, 앞의 책, p.27(각주).
82) Cysarz, 같은 책, p.108(각주); pp.107~108도 참조.
83) [Georg Philipp Harsdörffer,] *Poetischen Trichters Dritter Theil*, Nürnberg, 1653, pp.265~272 참조.
84) Lohenstein, *Sophonisbe*, 앞의 책, p.10[쪽수표시 없는 헌사].

장으로 축소될 때, "그리고 죽어 없어질 존재는 무대 위로 올라갈 것이다"[85]라고 말할 때 그 효력을 발휘한다. 비애극에서 궁정은 역사진행을 꾸미는 영원하고 자연적인 무대장식이다. 이미 르네상스 이래, 그리고 비트루비우스에 따르면, 비애극에서는 "위풍당당한 궁궐과/군주의 정원이/ 무대들"[86]이라는 점이 확립되어 있었다. 독일 연극이 통상 이러한 규정에 묶여 있었던 데 반해——그리피우스의 비애극들에서는 풍경이 있는 장면이 나오지 않는다——, 스페인 연극은 자연 전체를 왕에게 복속된 존재로 자신 속에 편입시키고 그러면서 무대의 형식적 변증법을 펼치기를 좋아했다. 왜냐하면 칼데론에게 사회적 질서이자 그것의 재현인 궁정은 최고 단계의 자연현상이며, 그것의 제일 법칙은 지배자의 명예이기 때문이다. 아우구스트 슐레겔이 칼데론에 대해 다음과 같이 말할 때 그는 거듭 놀라움을 자아내는 그의 특유의 확신을 가지고 이 사태의 근본을 파고든다. "그 대상이 겉보기에 어떤 것이든 간에 그의 시문학은 천지창조의 장엄함을 지칠 줄 모르게 칭송하는 찬가이다. 그렇기 때문에 그는 거듭 새로운 환희에 찬 놀라움으로 자연의 산물들과 인간이 만든 예술의 산물들을 찬양하는데, 이때 그는 마치 그것들을 아직 낡지 않은 축제의 화려함 속에서 처음 바라보는 듯하다. 그것은 아담이 처음 깨어나 유창하고 능숙한 표현을 구사하면서 비밀스러운 자연의 관계들을 파고드는 모습이다. 이는 높은 정신적 교육을 받고 성숙한 관조의 능력을 갖춘 이만이 도달할 수 있는 경지이다. 그가 가장

---

85) Gryphius, 앞의 책, p.437(*Carolus Stuardus*, IV, 47). 〔이는 찰스 1세가 처형을 앞두고 처형대에 올라가기 전에 한 말이다.—옮긴이〕

86) 〔Georg〕 Philipp Harsdörffer, *Vom Theatrum oder Schawplatz*. Für die Gesellschaft für Theatergeschichte aufs Newe in Truck gegeben, Berlin, 1914, p.6. 〔Marcus Vitruvius Pollio, B.C. 84~A.D. 27: 로마의 건축가. 그의 저서 『건축에 대한 10권의 책』(*De archiectura libri decem*)은 유일하게 현존하는 고대의 건축이론서이다.—옮긴이〕

멀리 떨어져 있는 것, 가장 크고 가장 작은 것, 별들과 꽃들을 모아놓을 때 그가 사용하는 이 모든 은유가 갖는 의미는 모든 창조된 사물들은 이들이 공동의 기원을 갖고 있기에 그것들이 서로를 끌어당긴다는 데 있다."[87] 작가는 피조물들의 질서를 유희적으로 뒤바꾸는 것을 좋아한다. 즉『인생은 꿈』에서 세기스문도는 "산의……신하"[88]로 불리는가 하면, 바다는 "크리스탈처럼 영롱하게 빛나는 동물"[89]이라고 표현된다. 독일 비애극에서도 점점 더 자연의 무대가 연극의 사건 속으로 밀고 들어온다. 물론 그리피우스는 단지 본델*의『형제들』(Gebrœders)을 번역하면서 새로운 양식을 따랐고, 이 드라마에 나오는 사제들의 라이엔 (Reyen)**을 요르단 강과 요정들에게 나누어 할당했다.[90] 하지만『에피카리스』(Epicharis) 제3막에서 로엔슈타인은 테베레 강과 일곱 언덕의 라이엔을 연출한다.[91]『아그리피나』에서는 말하자면 예수회 극의 '무언극' 양식을 따라 〔자연의〕 무대가 연기에 개입한다. 즉 네로에 의해 배를 타게 된 황후〔아그리피나〕는 숨겨진 장치에 의해 바다 한가운데서 배가 난파되는 일을 겪게 되지만, 라이엔 부분에서 바다요정들의 도움을 받아 구조된다.[92] 하우크비츠의『메리 스튜어트』[93]에서는 "사

---

87) August Wilhelm Schlegel, *Sämtliche Werke*, Bd.6, 앞의 책, p.397.

88) Calderon, *Schauspiele*, übers. von Johann Diederich Gries, Bd.1, 앞의 책, p.206(*Das Leben ein Traum*, I).

89) Calderon, *Schauspiele*, 앞의 책, Bd.3, Berlin, 1818, p.236(*Eifersucht das größte Scheusal*, I).

 * Joost van den Vondel, 1587~1679: 네덜란드 황금시대의 시인·극작가.

** 독일 바로크 비애극의 각 막 끝에 있는 코러스를 말한다. 이것은 예수회 극 그리고 네덜란드의 극작가 본델의 모범을 따르고 있으며, 대개 드라마의 사건을 일반화하여 해석하고 가치평가를 내리는 기능을 지니고 있다. 하지만 라이엔의 기능은 무엇보다도 개개의 작품 속에서 구체적으로 파악되어야 한다.

90) Gryphius, 앞의 책, pp.756 ff.(*Die sieben Brüder*, II, 343ff.) 참조.

91) Lohenstein, *Epicharis. Trauer-Spiel*, Leipzig, 1724, pp.74~75(III, 721ff.) 참조.

이렌들의 라이엔"이 나오며 할만의 작품에서는 그와 같은 라이엔이 여러 군데 나온다. 할만은 『마리암네』에서 시온 산이 사건에 관여하게 된 정황을 그 산 스스로가 자세히 설명하게끔 한다. "여기 / 죽어 없어질 자들아 / 너희에게 진정한 이유를 알려주마. | 왜 산과 말 없는 절벽들까지도 | 입과 입술을 여는지를. | 왜냐하면 / 미친 자가 자기 스스로를 더이상 알지 못하게 되고 / | 보이는 게 없이 미쳐 날뛰다가 지고의 존재에게 선전포고를 하게 되면 / / 위대한 하나님의 진노가 불타오르자마자 / | 산들과 / 강들과 별들도 복수를 하도록 추동되는 법. | 불행한 시온이여! 이전에는 하늘의 영혼이더니 / | 지금은 고문의 지옥이로다! | 헤롯이여! 아! 아! 아! / 개망나니 같은 / 너의 광란이 / 산조차 울부짖게하고 / | 너를 저주하게 만드는구나! | 복수! 복수! 복수다!"[94] 이와 같은 단락이 증명하듯이 비애극과 전원극이 자연에 대한 관점에서 서로합치한다면 할만에게서 절정에 이르는 발전과정에서 그 둘이 서로 균형을 이루려고 한다는 점은 놀라운 일이 아니다. 그 둘의 대립관계는 표면적으로만 그럴 뿐이다. 그 둘은 잠재적으로 서로 결합하려고 한다. 그리하여 할만은 "목가적인 모티프들을 진지한 연극에" 끌어들이는데, "이를테면 목가적 삶의 상투적인 찬미라 할 수 있는 타소(Tasso) 식의 사티로스 모티프를 소피아와 알렉산더에 끌어들인다. 다른 한편 할만은 영웅적인 작별장면들이나 자살, 선악에 대한 신의 심판, 유령출몰 장면들과 같은 비극적 장면들을 전원극에 끌어들인다."[95] 드라마적인 이야

---

92) Lohenstein, *Agrippina*, p.53ff.(Ⅲ, 497ff.) 참조.

93) Haugwitz, *Maria Stuarda*, 앞의 책, p.50(Ⅲ, 237ff.) 참조.

94) Hallmann, *Trauer-, Freuden- und Schäferspiele*, 앞의 책, p.2(*Mariamne*, Ⅰ, 40ff.).

95) Kurt Kolitz, *Johann Christian Hallmanns Dramen. Ein Beitrag zur Geschichte des deutschen Dramas in der Barockzeit*, Berlin, 1911, pp.158~159. 〔Torquato Tasso, 1544~95: 반종교개혁 시기의 이탈리아 작

기들 외에도, 예컨대 서정시에서도 시간의 흐름이 공간 속으로 투사되는 양상이 나타난다. 뉘른베르크 작가들의 시집들은 마치 이전에 알렉산더 시행으로 된 학자풍의 시들이 그랬던 것처럼 "탑……우물, 지구 모양의 황제의 보석, 오르간, 류트, 모래시계, 저울판, 화환, 하트"[96]를 그들 시의 그래픽적인 윤곽으로 제시하곤 했다.

성자이자 음모꾼인 궁신

바로크 드라마가 해체되는 데에는 이러한 경향들이 지배적인 추세가 된 것이 일조했다. 후놀트의 시학에서 특히 분명하게 추적할 수 있듯이,[97] 점차 발레가 연극 대신에 등장하게 된다. '혼란'이 이미 뉘른베르크 학파의 이론에서 연극술의 전문용어로 자리 잡고 있다. 독일에서도 공연된 로페 데 베가*의『혼란스런 궁정』(Der verwirrte Hof)은 제목부터 전형적이다. 비르켄은 이렇게 쓰고 있다. "영웅극의 멋은 모든 것이 혼란스럽게 뒤섞이고 역사이야기에서 서사되듯이 질서정연하게 이야기가 진행되지 않으며, 무죄가 고통받고 악함이 축복을 받는 것으로 연출되지만 결국에는 모든 것이 다시 전개되면서 올바른 결말에 도달하게 되는 데서 드러난다."[98] '혼란'은 단지 도덕적 차원에서만이 아니라 실제적인 차원에서도 이해될 수 있다. 비극이 연출하는 것처럼 시간적이고 비약적인 진행과는 반대로 비애극은 공간의 연속 속에서——흡

가. 소피아와 알렉산더는 각각 1671년 초연된 할만의 순교자극『소피아』(Sophia)에 나오는 순교자 주인공과 주교의 이름이다.―옮긴이]

96) Tittmann, 앞의 책, p.212. 〔류트는 만돌린처럼 목이 짧은 현악기의 일종이다.―옮긴이]

97) Hunold, 앞의 책 참조.

* Lope de Vega, 1562~1635: 스페인 황금시대의 극작가.

98) Birken, Deutsche Redebind- und Dichtkunst, pp.329~330.

사 안무법적 구도 속에서―펼쳐진다. 비애극에서 분규를 조장하는 자, 발레안무가의 선임자는 바로 음모꾼(Intrigant, 모사꾼)이다. 음모꾼은 폭군과 순교자 곁에 세 번째 유형으로 등장한다.[99] 그의 사악한 계산들은 국가대사극의 관객들의 관심을 사로잡는데, 관객들이 이러한 계산들에서 비단 정치판의 지배양상뿐만 아니라 자신을 열광시켰던 인간학적이고 심지어 생리학적인 지식을 인식할 때 그 관심은 더욱 커진다. 노련한 음모꾼은 전적으로 지력과 의지 그 자체이다. 그 점에서 그는 마키아벨리가 최초로 묘사한 바 있고 17세기 문학과 이론적 문헌이 열정적으로 키워낸 이상에 상응한다. 물론 이 이상은 나중에 빈의 패러디 극이나 시민비극(die bürgerlichen Trauerspiele)에 등장하는 음모꾼처럼 상투적인 인물로 전락했지만 말이다. "마키아벨리는 정치적 사유를 그의 인간학적 원칙들에 근거해서 전개했다. 일률적인 인간본성의 모습, 동물성과 격정들이 지니는 힘, 특히 사랑과 공포가 지니는 힘, 그것들의 무제한성, 이런 것들이 모든 논리정연한 정치적 사유와 행동 그리고 정치학 자체의 근거를 이루어야 할 통찰들이다. 사실들을 가지고 계산하는 정치인의 긍정적 상상력은 인간을 하나의 자연력으로 파악하고, 격정들이 다른 격정들을 끌어 들어오게 하는 방식을 통해 바로 그 격정들을 극복하도록 가르치는 이러한 인식들에 기초를 둬야 한다."[100] 피조물이 지닌 예측 가능한 동력장치인 인간의 격정들, 이것이 세계사적인 역동성을 국가정치적 행동으로 주조해내야 할 지식목록에 들어 있는 마지막 항목이다. 동시에 그것은 역사가들 가운데 사르피*나 구이치아르디니**가 그랬던 것처럼 이러한 지식을 시적 언어로 생생하게 표

---

99) Erich Schmidt, 앞의 책, p.412 참조.
100) Dilthey, 앞의 책, pp.439~440.
 * Paolo Sarpi, 1552~1623: 이탈리아의 수도사 · 학자.
** Francesco Guicciardini, 1483~1540: 르네상스 말기 이탈리아 역사가 ·

현하려고 노력할 때 사용한 은유의 원천이다. 이 은유의 사용은 정치영역에 머무르지 않는다. "통치의 시계에서 관리들은 어쩌면 톱니바퀴라 할 수 있다. 그러나 군주는 시계바늘과 추임이……틀림없다."[101] 이러한 표현 옆에 『마리암네』의 두 번째 라이엔에 나오는 "인생"이 하는 말을 갖다놓아도 좋을 것이다. "아담의 신체가 작동하는 시계장치가 되었을 때 | 하나님이 손수 나의 황금빛 불을 붙이셨도다."[102] 같은 드라마에 이런 말도 나온다. "내 두근거리는 심장이 불타오르네 / 왜냐하면 충실한 피가 | 타고난 열정 때문에 내 핏줄 곳곳에서 요동치고 | | 시계장치처럼 온몸을 돌기에."[103] 또한 아그리피나에 대해서는 이렇게 표현된다. "이 거만한 동물, 교만한 여자가 이제 누워 있구나. | 그녀는 생각했었지, 그녀 뇌의 시계장치가 | 천체의 운행방향을 뒤바꿀 정도로 강력하다고."[104] 시계가 자신의 이미지로 이러한 표현법들을 지배하고 있다는 것은 우연이 아니다. 굀링크스*의 유명한 시계의 비유는 똑같이 맞춰진 두 개

정치가.

101) Johann Christoph Mennling [Männling], *Schaubühne des Todes / Oder Leich-Reden*, Wittenberg, 1692, p.367. [Johann Christoph Mennling, 1658~1723: 바로크 시대 독일의 작가.—옮긴이]

102) Hallmann, *Trauer-, Freuden- und Schäferspiele*, p.34(*Mariamne*, II, 493~494).

103) Hallmann, *Trauer-, Freuden- und Schäferspiele*, p.44(*Mariamne*, III, 194ff.). [이 대목은 마리암네가 헤롯 앞에서 그녀의 어머니 알렉산드라와 외할아버지이자 대사제인 휘르카누스를 변호하는 대목이다.—옮긴이]

104) Lohenstein, *Agrippina*, 앞의 책, p.79(V, 160ff.). [이 대목은 네로의 명을 받아 아그리피나를 살해한 자들 중 하나인 아니케토스가 쓰러진 그녀를 보고 한 말이다.—옮긴이]

 * Arnold Geulincx, 1624~69: 네덜란드의 철학자. 데카르트의 육체와 영혼 이원론의 난제를 기회원인론(機會原因論, Okkasionalismus)을 통해 해결했다. 이 이론에 따르면 영혼과 육체 사이에는 기회원인(causae occasionales)만이 존재하며, 즉 충분한 인과관계가 없으며 오직 신만이 특정한 육체적 상태와 특정한 영혼의 상태를 지속적으로 매개해준다.

의 오류 없는 시계가 작동하는 방식으로 심신의 병행구조를 도식화해서 보여주는데, 그 비유에서 초침은 말하자면 두 세계에서 사건이 일어나는 박자를 정해준다. 바흐의 칸타타 텍스트들에서도 알 수 있듯이 이 시대는 오랫동안 이러한 표상에 매료되어 있었던 것 같다. 베르그송이 입증했듯이 시계바늘이 움직이는 이미지는 수리적 자연과학이 상정한 아무런 질도 없이 반복되는 시간을 서술하는 데 꼭 필요하다.[105] 그러한 시계바늘의 움직임 속에서 인간의 유기적 삶뿐만 아니라 궁신(宮臣)의 간계와 군주의 행동이 이루어진다. 이때 군주는 세상을 다스리는 신의 기회원인론적 이미지에 따라 언제든 국정에 직접 개입하여 역사적 흐름의 자료들을 말하자면 공간적으로 측정할 수 있는 규칙적이고 조화로운 순서에 따라 배열하고자 한다. "군주는 국가의 모든 잠재적 가능성들을 일종의 연속적인 창조를 통해 펼쳐 나간다. 군주는 정치적 세계 속으로 옮겨놓은 데카르트적 신이다."[106] 정치적 사건이 진행될 때 음모꾼은 그 사건을 제어하고 고정시키는 초침의 박자를 두드린다.─궁신의 냉철한 통찰은 그가 그 통찰을 언제든지 이용할 줄 알기 때문에 다른 사람들에게 위험한 것이 될 수 있으며, 그와 같은 정도로 그 자신에게도 슬픔의 깊은 원천이 되기도 한다. 이러한 특징 때문에 음모꾼의 이미지는 가장 음울한 모습을 띤다. 궁신의 삶을 꿰뚫어보는 사람은 왜 궁정이 비애극의 비할 데 없는 무대장면인지를 비로소 깨닫는다. 게바라*의 『궁신』(Cortegiano)에는 "카인은 하나님의 저주로 인해 자신의 고향을 갖지 못했기 때문에 최초의 조신(朝臣)이 되었다고

105) Henri Bergson, *Zeit und Freiheit. Eine Abhandlung über die unmittelbaren Bewußtseinstatsachen*, Jena, 1911, pp.84~85 참조.

106) Frédéric Atger, *Essai sur l'histoire des doctrines du contrat social*, Thèse pour le doctorat, Nimes, 1906, p.136.

  * Antonio de Guevara, 1480~1545: 스페인의 작가 · 도덕철학자.

한다"라는 말이 나온다."[107] 그 스페인 작가의 입장에서 보자면 물론 이 것이 궁신이 지니고 있는 유일한 카인과도 같은 특성은 아니다. 하나님 이 살인자 카인에게 내린 저주가 종종 궁신에게도 떨어질 때가 많다. 그 러나 스페인 드라마에서 통치의 광휘가 그래도 궁정의 가장 두드러진 표 지였던 데 반해, 독일 비애극은 전적으로 음모의 음울한 색조에 맞춰져 있었다. "궁정이 살인자들의 소굴, | 배신자들의 집결지, 흉악한 무리들 의 거처가 아니고 무엇이란 말인가?"[108]라고 미하엘 발부스(Michael Balbus)는 『레오 아르메니우스』에서 탄식한다. 로엔슈타인은 『이브라 힘 바사』(Ibrahim Bassa)의 헌사에서 음모꾼 루스탄(Rusthan)을 말 하자면 그 무대의 대표자로 묘사하면서 그를 "명예를 잊은 궁정의 위선 자이자 살인을 도모하는 중상모략가"라고 칭한다.[109] 그러한 묘사 또는 그와 유사한 묘사 속에서 권력, 지식, 욕망이 악마적인 경지에까지 다 다른 궁정관리나 추밀고문관이 등장하는데, 그는 고도의 정치적 일격 이 구상되는 장소인 군주의 집무실을 언제든 드나들 수 있다. 할만이 『조사』의 어느 우아한 구절에서 다음과 같이 말할 때 그 점이 암시되어 있다. "하지만 정치가인 내게는 저 하늘의 지혜를 담은 비밀직무실에

---

107) Rochus Freiherr v[on] Liliencron, Einleitung zu Aegidius Albertinus, *Lucifers Königreich und Seelengejaidt*, hrsg. v[on] Rochus Freiherrn v[on] Liliencron, Berlin, Stuttgart, 연도표시 없음[1884], (*Deutsche National-Litteratur*, 26), p.XI. [Rochus Freiherr von Liliencron, 1820~1912: 독문학자 · 음악사가. 아이기디우스 알베르티누스의 『루시퍼 의 왕국과 영혼사냥』의 편집자이다.―옮긴이]

108) Gryphius, 앞의 책, p.20(*Leo Armenius*, I, 23~24).

109) Daniel Casper von Lohenstein, *Ibrahim Bassa. Trauer-Spiel*, Breßlau, 1709, pp.3~4[쪽수표시 없는 헌사]. Johann Elias Schlegel, *Ästhetische und dramaturgische Schriften*, ([hrsg. von] Johann von Antoniewicz), Heilbronn, 1887(*Deutsche Literaturdenkmale des 18. u. 19. Jahrhunderts*, 26), p.8도 참조.

들어서는 게 어울리지 않는다."[110] 독일 신교도들의 드라마는 이러한 궁신의 흉악한 면모를 강조한다. 그에 비해 가톨릭이 지배한 스페인에서 궁신은 평온함의 위엄을 갖추고 등장하는데, 이러한 덕목은 "교회의 궁신이자 속세의 궁신이라는 이상 속에서 가톨릭의 에토스를 고대의 아타락시아(Ataraxie, 평정심)와 결합시킨다."[111] 게다가 그의 정신적 주권이 지니는 독특한 이의성(二義性) 속에 그의 지위가 지닌 전적으로 바로크적인 변증법의 토대가 있다. 정신은 권력을 통해 자신을 드러낸다는 것이 이 시대의 명제였다. 정신이란 독재를 행사하는 능력이다. 이 능력은 내면의 엄격한 규율을 요구하면서 외부를 향해서는 거리낌 없는 행동을 요구한다. 정신의 실천은 세상사의 흐름을 거치면서 냉정함을 수반하게 되는데, 그것의 차가움은 강도 면에서 권력을 추구하는 뜨거운 열망하고만 비견될 수 있다. 그처럼 계산된 완벽한 처세술은 모든 소박한 충동들을 벗어 던진 피조물에게 슬픔을 일깨운다. 그리고 이러한 정조(情調)로 인해 궁신에게 스스로 성자가 되라는 역설적인 요구를 하거나 심지어 그라시안이 그랬듯이[112] 궁신은 성인이라고 표명하는 것이 가능해진다. 슬픔의 정조 속에서 성스러움의 구현이라는 순전히 비실제적인 방식은 그런 뒤 세상과의 무제한적인 타협의 길을 열어놓는다. 그리고 이러한 타협이 스페인 작가의 이상적인 궁정관리를 특징짓는다. 독일 드라마 작가들은 한 인물 안에서 이러한 대립관계의 현기증 나는 심연을 측정할 엄두를 낼 수 없었다. 그들은 궁신의 두 가지 얼굴만을 알고 있는데, 폭군의 편을 드는 악인인 음모꾼이 하나이

---

110) Hallmann, *Leichreden*, p.133.

111) Cysarz, 앞의 책, p.248.

112) Egon Cohn, *Gesellschaftsideale und Gesellschaftsroman des 17. Jahrhunderts. Studien zur deutschen Bildungsgeschichte*(17세기 사회의 이상들과 사회소설. 독일 교양사 연구), Berlin, 1921, p.11 참조.

고, 죄 없는 왕의 고난을 함께하는 자인 충신이 다른 하나이다.

비애극의 교훈적 의도

음모꾼은 어떤 경우에도 드라마의 조직에서 지배적인 위치를 점했음이 틀림없다. 왜냐하면 이러한 맥락에서 바로크의 관심과 잘 합치했기에 당시 통용되었던 스칼리거의 이론에 따르면 음모꾼이 가장 잘 관찰할 수 있었던 영혼의 삶에 대한 지식을 전달하는 일이 드라마의 본래적인 목적이었기 때문이다. 새로운 세대의 의식 속에서 르네상스 시인들의 도덕적 의도에 학문적 의도가 덧붙여진 것이다. "작가는 행동을 통해 감정(affectus, 정념)을 가르친다. 그래서 우리는 선을 받아들이고 그것을 올바른 처신을 위해 모방하며 악을 멀리 하고 거부한다. 그렇기 때문에 행동은 가르침의 존재방식이고 감정은 올바른 행동을 위해 우리가 배워야 할 것이다. 따라서 행동은 말하자면 플롯으로 엮은 패턴 내지 매개체이고, 감정은 분명 목표이다. 하지만 시민의 삶 속에서 행동은 목적이고 감정은 그것의 형식이다."[113] 스칼리거가 그 속에서 수단으로 기능하는 행위의 재현을 드라마 상연의 목표인 감정의 재현에 종속되는 것으로 파악하고자 했던 이 도식은 어떤 면에서는 바로크적 요소들을 이전의 창작방식이 갖고 있는 요소들과 대립되게 확정짓기 위한 척도를 제시할 수 있다. 다시 말해 17세기의 발전에 특징적인 점은 격정의 서술이 점점 더 강조되면서, 다른 한편 르네상스 드라마에서 빠진 적이 없던 것으로서 행위의 윤곽을 뚜렷이 부각시키는 일이 점점 더 불확실하게 되었다는 점이다. 격정의 지배를 받는 삶의 템포가 가속화되어 차분한 행동들, 성숙한 결정들이 갈수록 드물게만 일어나게 되

---

113) Scaliger, 앞의 책, p.832(VII, 3).

었다. 감성과 의지는—리글이 메디치가의 묘당에 있는 줄리아노*의 형상과 의인화된 밤의 형상에서 머리와 몸의 자세가 서로 부조화를 이룬다는 점을 들어가며 훌륭하게 보여주고 있듯이[114]—바로크적인 인간규범의 조형적 형상 속에서만 서로 대립관계에 있는 것은 아니다. 그 둘의 대립관계는 드라마에서도 마찬가지이다. 그것은 특히 폭군의 경우에 두드러진다. 폭군의 의지는 사건이 전개되어가는 가운데 감정에 의해 점점 더 훼손된다. 결국에는 광기가 들어선다. 로엔슈타인의 비애극들은 격정을 연출하는 과정에서 그 격정의 토대가 되어야 할 행위가 얼마나 뒤로 물러설 수 있는지를 보여준다. 그의 비애극들에서는 교훈적인 열망 속에서 열정들이 거칠게 쫓고 쫓기듯이 서로 교체된다. 이점은 17세기의 비애극들이 제한된 소재층에 완고하게 갇혀 있었다는 것을 해명해준다. 이러한 조건 속에서는 이전 작가들 및 동시대 작가들과 겨루면서 열정이 분출되는 모습을 더욱더 강박적이고 노골적으로 연출하는 일이 중요했다.—비애극들의 정치적 인간학과 유형학이 보여주고 있는 것과 같은, 연극술과 관련된 사실자료들의 축적된 토대는 자신의 대상을 필연적이면서 아무런 실체도 없는 과도기 현상으로 처리해버리는 역사주의의 당혹스러운 상황으로부터 해방되기 위한 선결조건이다. 이러한 사실자료의 맥락에서 볼 때—피상적으로 고찰하면

---

* Giuliano di Piero de' Medici, 1453~78: 메디치 가문의 일원으로 형인 로렌초와 함께 피렌체를 통치했다. 그러나 1478년 반대파인 파치가의 습격으로 살해되었다. 수려한 외모로 특히 유명했는데 미켈란젤로가 아름다운 그의 두상을 제작하기도 했다.

114) Riegl, 앞의 책, p.33 참조. (피렌체에 있는 메디치 예배당 안에는 미켈란젤로가 제작한 로렌초 데 메디치와 줄리아노 데 메디치의 대리석 묘 (1520~34)가 있는데 줄리아노의 대리석관 위에는 밤과 낮이 각각 여성과 남성으로 의인화되어 서로 등을 진 채 반쯤 누워 있으며 그 사이에 줄리아노가 정면을 바라보며 앉아 있다.—옮긴이)

오해를 불러일으키기에 안성맞춤인——바로크 시대의 아리스토텔레스
주의가 지닌 특수한 의미가 타당성을 얻게 된다. 이러한 "격에 맞지 않
은 이론"[115]을 취하면서 이 시대의 해석은 고대 속으로 침투해 들어갔
는데, 그 해석의 힘을 기반으로 새로운 것은 복종의 제스처를 통해 가
장 신빙성 있는 권위를 확보하고 있는 것이다. 현재가 지닌 힘을 그러
한 고대의 매체를 통해 바라보는 작업이 바로크가 할 수 있는 작업이었
다. 그렇기 때문에 바로크는 자신의 고유한 형식들을 "자연스럽다"라고
이해했으며, 자신의 경쟁자인 고대의 대척자로서가 아니라 그 고대를
극복하고 상승시키는 것으로 이해했다. 바로크 비애극이 이끄는 승리
의 전차 위에서 고대 비극은 포박된 노예로 있다.

---

115) Hübscher, 앞의 책, p.546.

여기 현세의 시간 속에서
나의 왕관은
슬픔의 베일로 덮여 있다.
그러나 은총을 받아
그 왕관이 내 머리 위에 보답으로 씌어져 있는 / 그곳에서
그것은 자유롭고 / 찬란하도다.
- 요한 게오르크 시벨, 『새로 지은 무대』[1]

폴켈트의 『비극적인 것의 미학』

　몰지각한 모방자들의 손에서 왜곡되는 한이 있더라도 사람들은 그리스 비극의 요소들, 즉 비극적 플롯, 비극적 영웅 그리고 비극적인 죽음을 비애극에 본질적인 것으로 재인식하려고 했다. 다른 한편으로—이것이 예술철학의 비판적 역사에서 더 중요한 것일 것이다—사람들은 비극, 즉 그리스 비극을 비애극의 초기 형식으로, 그리고 후기 형식과 본질적으로 유사한 것으로 보려 했다. 이에 따라 비극의 철학은 역사적인 사실내용과의 어떠한 연관도 없이 '죄' 그리고 '속죄'라는 개념들 속에서 논리적으로 근거지어졌다 여겨지는 보편적 정서의 체계 속에 편입되어 도덕적인 세계질서의 이론으로 전개되었다. 19세기 후반기의

---

1) Johann Georg Schiebel, *Neu-erbauter Schausaal*, Nürnberg, 1684, p.127.

문학적, 철학적 아류들의 이론은 자연주의적인 극작법의 정립을 위해 이러한 세계질서를 놀라울 정도로 순진한 방식으로 자연스런 인과결합이라는 과정에 접근시켰으며, 이에 따라 비극적인 운명은 "개인이 법칙에 맞게 질서지어진 환경과 상호작용함으로써 표현되는"[2] 어떤 상태가 된다. 폴켈트의 『비극적인 것의 미학』이 이를 잘 보여준다. 이 미학은 위에서 언급한 선입견들의 형식적인 성문화 작업(Kodifikation)으로서, 비극적인 것이 마치 실제 삶에 낯설지 않은 사실들의 특정한 배열 속에서 무조건적으로 나타날 수 있다는 가정에 근거하고 있다. "근대적 세계관"이 "오직 비극적인 것만이 그 속에서 아무 거칠 것 없이 힘차고 일관되게 전개될 수 있는"[3] 요소로 특징지어질 때, 그것은 바로 이 점을 말하고 있는 것이다. "따라서 근대적 세계관은 자신의 운명이 초월적인 힘의 놀라운 개입에 달려 있는 비극적인 영웅〔주인공〕이 정당하지 못한 세계질서, 정화된 지적 통찰을 못 견뎌 하는 세계질서 속에 들어가 있다고 생각할 수밖에 없으며, 또 이 영웅에 의해 표현된 인간성이 협소화되고 억압되고 부자유스럽게 된다고 판단할 수밖에 없다."[4] 비극적인 것을 인간보편적인 내용으로서 현재화하려는 이러한 완전히 헛된 노력은 간신히 다음과 같은 것, 즉 "우리가 옛 민족이나 지나간 시대가 자신들 문학의 비극적인 운명에 부여한 형태들을 예술적으로 우리 스스로에게 영향을 미치게끔 할 때 우리 근대인들이 받게 되는"[5] 인상이 어떻게 해서 의도적으로 비극적인 것의 분석에 바탕이 될 수 있는가를 설명해준다. '근대인'의 조절되지 못한 감정들의 능력만큼이나 문제

---

2) Johannes Volkelt, *Ästhetik des Tragischen*, 개정 제3판, München, 1917, pp.469~470. 〔Johannes Volkelt, 1848~1930: 독일의 철학자. 미학을 체계화하는 작업을 했다.―옮긴이〕

3) Volkelt, 같은 책, p.469.

4) Volkelt, 같은 책, p.450.

5) Volkelt, 같은 책, p.447.

되는 것은 정말로 없다. 비극에 대한 판단이 문제가 될 경우에는 더욱 그러하다. 그리고 이러한 통찰의 정당성은 『비극적인 것의 미학』이 나오기 40년 전에 출간된 『비극의 탄생』(*Geburt der Tragödie*)에서 입증되었을 뿐만 아니라, 근대 연극이 그리스 비극과 닮은 어떠한 비극도 보여주지 않는다는 사실을 통해서 강하게 암시된다. 이러한 실상을 거부함으로써 비극적인 것에 대한 이러한 이론들은 당치않게도 오늘날에도 분명히 비극을 쓸 수 있을 것이라고 말하는 것이다. 이러한 월권은 이러한 이론들이 갖고 있는 숨겨져 있지만 본질적인 동기이다. 그리고 문화적인 자만심을 표현하는 이러한 공리를 뒤흔드는 데 적합한 그 어떤 비극적인 것의 이론도 바로 이런 이유로 인해 의심스러운 것으로 여겨졌다. 역사철학이 배제되었던 것이다. 그러나 역사철학적인 관점이 비극이론의 필수불가결한 한 부분으로서 입증되어야 한다면, 이때 분명해지는 것은 비극이론은 오직 연구가 자신의 시대의 상황에 대한 통찰을 보여줄 때 비로소 기대할 수 있다는 것이다. 이것이 바로 새로운 사상가들, 특히 프란츠 로젠츠바이크*와 게오르크 루카치가 니체의 초기 저작에서 파악한 아르키메데스의 점(Punkt) 이다. "헛되이 우리 민주주의 시기는 비극적인 것을 위한 동등권을 획득하고자 했다. 영혼이 가난한 자들에겐 이러한 천상의 왕국을 열어주려는 어떠한 시도도 쓸데없는 것이다."[6]

니체의 『비극의 탄생』

비극이 전설과 연결되어 있으며 비극적인 것이 윤리로부터 독립되어

---

* Franz Rosenzweig, 1886~1929: 독일의 유대계 종교철학자.

6) Georg von Lukács, *Die Seele und die Formen*, *Essays*, Berlin, 1911, pp.370~371.

있다는 것을 통찰함으로써 니체의 저작은 이와 같은 테제들에 대한 기초를 세웠다. 이러한 통찰이 지닌 영향이 간신히 나타나는 것은 아닐지라도 서서히 나타나는 이유를 설명하기 위해 이후 연구세대의 편견을 언급할 필요는 없다. 오히려 니체의 저서는 자신의 쇼펜하우어적이고 바그너적인 형이상학 속에서 자신이 지닌 최상의 것을 손상시키는 측면들을 가지고 있었다. 이미 신화를 정의하는 데서 이 측면들은 작용하고 있다. "신화는 현상세계를 경계지역으로 몰아가고, 이 속에서 이 현상세계는 스스로를 부정하고 다시 진정하고 유일한 실재 세계의 품속으로 도망치고자 한다. ……따라서 우리는 진정으로 미적인 청중의 경험에서 비극작가를 떠올린다. 작가는 개체화하는 풍성한 신처럼 자신의 형상들을 창조해낸다. 이런 의미에서 작가의 작품은 좀처럼 '자연의 모방'으로 파악될 수 없을 것이다. 그런 다음 작가의 엄청난 디오니소스적인 충동은 현상세계의 배후에서 이 세계를 사멸시켜 우리가 최고의 예술적인 근원적 환희를 근원적 일자의 품에서 예감할 수 있도록 하기 위해 현상세계 전체를 집어삼키는 것이다."[7] 이 부분이 충분히 분명하게 보여주듯이 비극적인 신화는 니체에게는 순수한 미학적 창조물로 간주된다. 그리고 아폴로적인 힘과 디오니소스적인 힘의 대립적인 상호작용은 가상과 가상의 소멸과 마찬가지로 미적인 영역 안에 틀어박히고 만다. 비극적 신화에 대한 역사철학적인 인식을 포기함으로써 니체는 비극적인 사건에 곧잘 부여되곤 했던 도덕성이라는 상투적인 틀로부터의 해방을 비싼 값을 치루고 얻어냈다. 이러한 포기를 나타내는 고전적인 표현은 다음과 같다. "왜냐하면 무엇보다도 예술 드라마 전체가 우리를 위해서 예를 들어 우리의 개선, 교양을 위해 상연되는 것이

---

7) Friedrich Nietzsche, *Werke*[2. Gesamtausg.], 1. Abt., Bd.1: *Die Geburt der Tragödie*[usw.], (hrsg. von Fritz Koegel), Leipzig, 1895, p.155.

전혀 아니며, 우리가 저 예술세계의 진정한 창조자가 아니라는 사실이, 그것이 우리에게 굴욕적이기도 하고 우리를 높여주기도 하지만, 우리에게 명백한 것이어야 하기 때문이다. 그러나 아마도 우리는 우리가 예술세계의 진정한 창조자에게는 이미 형상이자 예술적인 투사물이라는 점, 그리고 예술작품들이 지니고 있는 의미 속에서 우리가 최고의 위엄을 갖추게 된다는 점을 받아들여도 될 것이다. 왜냐하면 오직 현존재와 세계는 미적인 현상으로서만 영원히 정당화되어 있기 때문이다. 반면에 이러한 우리 자신의 의미에 대한 우리의 의식은 물론 화폭에 그려진 전사들이 화폭에 그려진 전투에 대해 가지고 있는 의식과 별다를 바 없다."[8] 유미주의의 심연이 열리고, 천재적인 직관은 이 심연에 빠져들어 결국 모든 개념들을 상실했다. 그리하여 신들과 영웅들, 저항과 고난, 비극적인 건축물의 기둥들이 무(無) 속으로 사라진다. 예술이 인간을 자신의 근거로서 인식하는 대신 자신의 현상으로 만들고, 인간을 자신의 창조자로서가 아니라, 그의 현존을 자신의 형성의 영원한 소재로 인식할 정도로 예술이 현존재의 중심을 차지하는 곳에서 냉정한 성찰은 사라진다. 쇼펜하우어의 경우처럼 인간이 예술의 중심에서 떨어져 나와 니르바나, 즉 잠들고 있는 삶에의 의지가 그 대신 들어서든지 또는 니체의 경우처럼 인간세계의 현상들과 인간을 창조해낸 것이 "불협화음의 인간화"[9]든지 간에 남는 것은 똑같은 프래그머티즘이다. 왜냐하면 예술작품이 절대적인 의지의 산물로서 세계와 함께 자기자신의 가치를 떨어뜨리고 있을 때 모든 예술작품에 영감을 불어넣는 것이 이른바 삶에의 의지이든 삶의 파괴의 의지이든 아무 의미가 없기 때문이다. 바이로이트(Bayreuth)의 예술철학의 심연 속에 거주하고 있는 니힐리즘

---

8) Nietzsche, 같은 책, pp.44~45.
9) Nietzsche, 같은 책, p.171.

은 그리스 비극의 견고한 역사적인 조건이라는 개념을 무가치한 것으로 만들었다. "이미지의 불꽃……서정적인 시. 이것들은 최고로 전개되었을 때 비극, 드라마적인 디오니소스 찬가라고 불린다."[10]—비극은 코러스와 청중들의 환상 속으로 녹아 없어진다. 니체는 다음과 같이 논한다. "항상 염두에 두어야 할 것은 아티카 비극의 관중들은 코러스 석(Orchestra)에 있는 코러스에서 자신들을 발견했으며 근본적으로 관중과 코러스 사이에 대립이 없었다는 점이다. 왜냐하면 모든 것은 춤추고 노래하는 사티로스들 또는 이 사티로스들에 의해 재현되는 인물들의 위대하고 숭고한 코러스이기 때문이다. ……사티로스 코러스는 무엇보다도 디오니소스적인 군중들의 (즉 관중들의) 비전이며, 이와 마찬가지로 무대의 세계는 이 사티로스 코러스의 비전이다."[11] 니체에게 비극의 미학적 해체의 전제가 되는 아폴로적인 가상을 과도하게 강조하는 것은 올바르지 못한 것이다. 문헌학적으로 볼 때 "제식(cultus)에 비극적 코러스가 연관될 수 있는 계기는 없다."[12] 그리고 그것이 군중이건 개인이건 간에 도취된 자는 뻣뻣하게 굳어 있지 않는 한 오직 그가 극단적으로 열정적인 행위를 하는 모습 속에서만 그려질 수 있다. 코러스가 스스로 군중의 환영이면서 또 다른 비전들의 담지자라는 견해는 차치하고라도, 비극에서 적절하게 잘 숙고하여 관여하는 코러스를 동시에 비전의 주체로 설정하는 것은 불가능하다. 무엇보다도 코러스와 관중은 통일체가 전혀 아니다. 이 둘 사이에 존재하는 심연, 즉 코러스 석의 존재가 이 점을 입증해주지 않는 한 그것은 언급될 필요가 있다.

---

10) Nietzsche, 같은 책, p.41.
11) Nietzsche, 같은 책, pp.58~59. 〔사티로스(Satyros)는 디오니소스를 호위하는 숲의 정령으로서 반은 인간 반은 염소의 모습을 하고 있다.—옮긴이〕
12) Wilamowitz-Moellendorff, 앞의 책, p.59.

독일 이상주의의 비극이론

니체의 연구는 아류 비극이론을 논박하지 않은 채 그것에 등을 돌렸다. 왜냐하면 니체는 이러한 이론의 핵심, 즉 비극적인 죄와 비극적인 속죄에 대한 학설과 논쟁할 계기를 찾지 못했기 때문인데, 그렇게 된 이유는 그가 너무나도 기꺼이 도덕적인 논쟁영역을 이 아류 비극이론에 맡겨버렸기 때문이다. 그는 이러한 비판작업을 등한시함으로써 그에게는 최종적으로 비극의 본질에 대한 규정을 분명하게 드러나게 하는 역사철학적인 또는 종교철학적인 이해에 이르는 길이 막혀 있었다. 논의가 시작되는 곳에서는 언제나 외견상 논박의 여지가 없는 것처럼 보이지만 보호될 수 없는 선입견이 있다. 이 선입견이란 마치 인체모형이 해부학 교육을 위해 사용되는 것처럼 작품 속 인물들에게서 만나게 되는 행동과 태도방식이 도덕적인 문제들을 논의하는 데 이용될 수 있다는 가정이다. 별 생각 없이 사람들은 다른 경우에서라면 자연에 충실한 재현이라고는 좀처럼 파악하려 하지 않는 예술작품에 도덕적 현상들이 전형적으로 모사되어 있다고 믿어버린다. 사람들은 이때 이것들이 모사될 수 있는 것인가 하는 질문은 하지도 않는다. 예술작품의 비평에서 도덕적 사실내용의 의미는 문제 되는 것이 전혀 아니며 다른 것, 다음과 같은 이중의 것이 문제가 된다. 도덕적인 의미가 예술작품에서 묘사된 행동과 태도, 현실의 모사로서의 행동과 태도에서 적절하게 드러나는가? 그리고 작품의 내실이 결국에는 도덕적인 통찰 속에서 적절하게 파악될 수 있는 것인가? 다른 그 무엇보다도 이 두 질문에 대한 긍정—오히려 무시라고 해야 적절할 터인데—이 비극적인 것에 대한 통상적인 해석과 이론을 특징짓는다. 그리고 비극적 시문학의 도덕적인 내실을 시문학의 마지막 메시지로서가 아니라 시문학의 통합적인 진리내용의 한 요소로 파악해야 할 필연성, 즉 역사철학적으로 파악해야 할 필연성이 해명되기 위해 필요한 것은 바로 이러한 질문들에 대한 부정이다. 주로 예술철학의 관심대상인 두 번째 사항에 대한 부정보다는 첫 번째 질문에 대한 부정이 분명 더 쉽게 다른 문맥 속에서 근거지어질 수 있을 것이다. 그러나 다음과 같은 사실도 첫 번째 질문에 대해서 해명해주는 바가 많다. 즉 작품 속 인물들은 오직 문학 속에만 존재한다. 마치 고블랭(Gobelin)*을 위한 주제들이 캔버스 안으로 짜여들어 가듯이 인물들은 문학작품 전체 속으로 엮여져 들어간다. 그리하여 개인으로서의 인물들은 결코 작품에서 떼어질 수 없다. 이 점에서 문학에서, 예술 그 자체에서 나타나는 인간상은 현실의 인간상과는 다르다. 현실에서 아주 다양한 방식으로 오직 외견상으로만 나타날 뿐인 몸의 고립은 바로 신과 함께하는 도덕적 고독의 지각될 수 있는 표현으로서 분명한 의미를 지니고 있다. '어떠한 우상도 만들지 말라'라는 말은 우상숭배에 대한 방어만을 의미하지는 않는다. 인간 몸의 재현을 금지하는 것은 인간의 도덕적인 본질을 지각할 수 있게 해주는 영역이 모사될 수 있을 것이라는 인상을 아주 강력하게 방지할 수 있다. 그 대담한 의미를 살펴볼 때 모든 도덕적인 것은 그것이 위험 그 자체가 거주하는 장소인 죽음 속에서 자기자신을 완수하는 곳에서 삶과 결합되어 있다. 도덕적인 면에서, 즉 우리가 유일무이한 존재라는 점에서 우리와 관련되는 이러한 삶은 각각의 예술실천이라는 관점에서 볼 때 부정적인 것으로 나타나거나 그런 방식으로 나타나야 한다. 왜냐하면 예술은 자신의 입장에서 볼 때 어떤 차원에서도 자신이 예술작품 속에서 양심의 고문관 자격을 받거나, 표현 대신에 표현된 것이 관심의 대상이 되는 것을 허용할 수 없기 때문이다. 도덕적인 원리 속에서는 물론이고 추상화된 원리 속에서 결코 나타나지 않고 오직 비평과 주석이 가해진

---

* 색실로 인물이나 풍경 등을 짜 넣어 만든 장식용 벽걸이.

작품 자체의 전개 속에서만 나타나는[13], 이러한 전체적인 것의 진리내용은 도덕적인 교훈을 오직 고도로 매개된 방식으로만 포함한다.[14] 독일 이상주의의 비극비평이 그러하듯——졸거의 소포클레스 논문은 얼마나 전형적인 예인가![15]——도덕적인 교훈이 연구의 핵심으로 들어서는 경우에는 작품이나 형식의 역사철학적 위치를 알아내려는 훨씬 더 고귀한 노력이 비실제적이고 따라서 모든 속물적인 윤리적 교리와 다름없는 천박한 생각을 위해 포기되었다. 비극에 관련하여 이러한 노력은 비극과 전설과의 관계에 대한 관찰 속에서 보다 확실한 안내자를 갖게 된다.

비극과 전설

빌라모비츠에 의하면 "아테네 비극이란 영웅전설을 소재로 한 그 자체로 완결된 작품이다. 그것은 아테네의 시민 코러스와 둘 또는 세 명의 연기자들에 의한 상연을 위해 장엄한 양식으로 문학적으로 손질된 것이며 디오니소스의 성전에서 행해지는 공식적인 예배의 일부로 공연되도록 정해져 있었다."[16] 그는 다른 곳에서 다음과 같이 말한다. "따라서 모든 관찰은 결국 비극과 전설과의 관계에 대한 문제로 되돌아간다. 바로 여기에 비극의 뿌리가 있는 것이며, 그곳에서부터 비극 특유의 강

---

13) Walter Benjamin, "Goethes Wahlverwandtschaften", in: *Neue Deutsche Beiträge*, 2. Folge, Heft 1(April 1924), pp.83ff. 참조.
14) Croce, 앞의 책, p.12 참조.
15) [Carl Wilhelm Ferdinand] Solger, *Nachgelassene Schriften und Briefwechsel*, hrsg. von Ludwig Tieck und Friedrich von Raumer, Bd.2, Leipzig, 1826, pp.445ff. 참조. [Karl Wilhelm Ferdinand Solger, 1780~1819: 독일 낭만주의를 대표하는 미학자.―옮긴이]
16) Wilamowitz-Moellendorff, 앞의 책, p.107.

점과 약점이 유래하며, 아테네 비극과 다른 모든 드라마 사이의 차이도 여기에 근거한다."[17] 비극의 철학적 규정은 이 지점에서 시작되어야 하며 그것도 비극이 단순히 전설의 연극적 형상화로서 파악될 수 없다는 인식과 함께 이루어져야 한다. 왜냐하면 전설은 그 본성상 무(無)경향적(tendenzlos)이기 때문이다. 종종 반대편에서 급격하게 치솟아 올라와서는 밑으로 떨어지는 전승의 물결은 종국에는 나누어지고, 많은 지류가 있는 하상(河床)의 서사적 수면에서 잠잠해졌다. 비극적 문학은 전통을 경향성을 가지고 변형시킨 것으로서 서사문학과는 대립된다. 오이디푸스 모티프[18]는 비극이 얼마나 집중적이고 의미심장하게 전설을 변형시키는가 하는 점을 보여주고 있다. 그러나 바커나겔과 같은 이전의 이론가들이 허구가 비극적인 것과 양립할 수 없다는 점을 분명히 한 것은 정당하다.[19] 전설의 변형은 비극적인 상황을 찾아 나서는 데서 생기는 것이 아니라, 더 이상 민족의 근원사로서의 전설에서 드러나지 않는다면 모든 의미를 잃어버리고 말 그 어떤 경향성이 뚜렷해질 때 생기는 것이다. 비극의 징표는 셸러가 자신의 연구 「비극적인 것의 현상에 대하여」(Zum Phänomen des Tragischen)에서 특징적인 것으로 선언했던 영웅과 환경 사이의 '수준상의 갈등'(Niveaukonflikt)[20] 그 자체에서가 아니라, 그러한 갈등이 일어나는 일회적이고도 그리스적인 방식에서 만들어진다. 이러한 방식은 어느 지점에서 찾아질 수 있을까? 비극적인 것 속에는 어떤 경향이 숨겨져 있는 걸까? 무엇을 위해 영웅은 죽는 것일까?─비극적 문학은 희생이라는 관념에 근거하고 있다.

17) Wilamowitz-Moellendorff, 같은 책, p.119.
18) Max Wundt, *Geschichte der griechischen Ethik*, Bd.1: *Die Entstehung der griechischen Ethik*, Leipzig, 1908, pp.178~179 참조.
19) Wackernagel, 앞의 책, p.39.
20) Scheler, 앞의 책, pp.266ff. 참조.

하지만 비극적인 희생은 자신의 대상물이 영웅이라는 점에서 그 어떤 희생과도 다른 것이며, 최초이자 최후의 희생인 것이다. 최후의 희생이란 말이 뜻하는 것은 비극적인 희생이 낡은 법을 보호하고 있는 신들을 향한 속죄의 제물이라는 것이다. 최초의 희생이 의미하는 것은 비극적인 희생이 민족의 삶의 새로운 내용들을 알리는 대표적인 행위라는 점이다. 이러한 새로운 내용들은 죽음을 부르는 낡은 속박과는 달리 상위의 명령이 아니라 영웅의 삶 자체를 지시한다. 그것들은 개개인의 의지에는 걸맞지 않고 오직 아직 태어나지 않은 민족공동체의 삶에만 축복을 전하기 때문에 영웅을 파멸시킨다. 비극적인 죽음은 이중의 의미를 지니고 있다. 그것은 올림푸스의 낡은 법을 무력화시키는 행위이며 인류의 새로운 수확물의 첫 결실로서의 영웅을 아직 알려지지 않은 신에게 바치는 행위이다. 이러한 이중적인 힘은 아이스킬로스의 『오레스테이아』(Orestie), 소포클레스의 『오이디푸스』(Ödipus)에서 표현되어 있듯이 비극적인 고난 속에도 기거하고 있다. 희생의 속죄가 이러한 모습 속에서 보다 적게 드러난다면, 이러한 속죄는 그만큼 더 분명하게 변화하며, 그 결과 죽음에 빠져든 상태는 신들과 희생자들의 낡은 의식(意識)에 만족을 주고 분명하게 새로운 의식을 갖추는 급작스런 상태로 대치된다. 이때 죽음은 구원, 즉 죽음의 위기가 된다. 가장 오래된 예는 희생물을 바치려는 제사장의 칼을 피해 도망감으로써 제단에서 처형하는 일이 중단되는 경우이다. 죽음이 예정된 자가 제단 주위를 달리며 돌다 마침내 제단을 붙잡을 때 제단은 피난처로, 분노한 신은 자비로운 신으로, 희생되어야 할 인간은 신의 포로, 신의 종이 된다. 이것은 전적으로 『오레스테이아』의 기본도식이다. 아곤적인(agonal)* 상황에 관련된

---

* 그리스 신들을 위한 축제에 거행된 시합, 경기를 의미하는 '아곤'(agón)은 원래 모든 종류의 회합이나 회합장소를 뜻했다. 아곤은 기원전 5세기 그리스

예언은 그것이 죽음이라는 주제에 한정되어 있고, 공동체에 절대적으로 의존하고 있으며, 해결과 구원의 최종적 결말을 전혀 보장해주지 않는다는 점에서 모든 서사적이고 교훈적인 예언과는 구별된다. '아곤적인' 재현에 대해 이야기할 수 있는 권한은 결국 어디에서 오는 것일까? 이 권한은 제물로 바쳐진 자가 제단 주위를 돌면서 달린다는 점으로부터 비극적인 사건을 가설적으로 유도해내는 것만으로는 아직 충분히 지지될 수 없을 것이다. 우선 이 점은 아테네의 연극이 시합의 형식으로 진행된다는 점을 보여준다. 작가만이 아니라 주인공들도, 심지어 코러스의 후원자들도 경쟁관계에 들어선다. 그러나 이러한 권한은 모든 비극공연이 관중에게 전달한다기보다 모든 비극공연이 등장인물들을 통해 보여주는 말 없는 압박감에 내적인 근거를 두고 있다. 모든 비극공연은 아곤의 말 없는 경쟁 속에서 인물들 사이에서 수행된다. '메타윤리적 인간'의 분석을 통해 로젠츠바이크는 그리스 비극의 주인공을 이후의 주인공 유형과 구분짓게 해주는 비극적 영웅의 미성숙을 비극 이론의 초석으로 삼았다.* "왜냐하면 자아(das Selbst, 자기자신)의 표지, 자아의 위대함을 보증하는 인장이자 자아의 허약함을 나타내는 증

연극의 발전을 이해하는 데 중요한 개념이다. 드라마는 기본적으로 작가들 간의 시합이다. 경쟁적이고 갈등적인 상황을 연출하기 위해 아이스킬로스는 제2의 연기자를, 소포클레스는 제3의 연기자를 도입했다. 비극과 아곤을 관련시키는 벤야민의 언급은 『독일 비애극의 원천』의 성립에 많은 영향을 미쳤으며 벤야민에 따르면 이 저서의 "진정한 독자"였던 플로렌스 크리스티안 랑 (Florens Christian Rang)에 의해 자극받은 것이다. 벤야민에게 보낸 1924년 1월 28일자 편지에서 랑은 비극에서 "제물로 바쳐진 자의 삶과 죽음의 과정은 이미 아곤, 도망가는 자와 추적하는 자들 사이의 투쟁"이라고 말한다.

* 로젠츠바이크는 자신의 저서 『구원의 별』(1921)에서 자아로서의 인간이 자유 속에서 지켜야 할 실존주의적 윤리를 강조한다. 그러면서도 인간은 계시 (Offenbarung)를 통해 외부로부터 자신에게 다가오는 요구, 즉 사랑의 행위라는 요구를 감당할 수 있게 되며, 오직 개인 속에서만 실현될 수 있는 이 사랑의 행위를 통해 계시의 공동체, 사랑의 공동체가 이루어질 수 있다고 역설

표는 자아가 침묵한다는 것이다. 비극적 영웅은 자신에게 적절한 오직 하나의 언어만을 가지고 있는데, 그것이 바로 침묵이다. 이는 처음부터 비극적 영웅이 처한 상황이다. 바로 그렇기 때문에 비극적인 것은 침묵을 표현하기 위해 드라마라는 예술형식을 만들어내었다. ……영웅은 침묵함으로써 자신을 신과 세계에 결합시켰던 다리를 부숴버리고, 말을 하면서 자신을 다른 개성과 구분짓고 개별화하는 개성의 영역으로부터 높이 치솟아 자아의 얼음장같이 찬 고독 속으로 들어간다. 자아는 자신 이외에는 아무것도 알지 못한다. 그것은 그저 고독하기만 하다. 자아가 침묵하지 않고 달리 어떻게 자신의 고독을 그리고 자신 속에 깃든 완고한 반항을 활동적으로 만들 수 있겠는가? 이미 그 당시 사람들도 눈치 채고 있었듯이 아이스킬로스의 비극에서 자아는 그렇게 하고 있다."[21] 이러한 중요한 언급에서 나타나 있듯이 오직 반항만이 비극적인 침묵을 지배하고 있다고 생각해서는 안 된다. 침묵이 반항 속에서 강화되듯이, 반항은 오히려 침묵의 경험 속에서 형성된다. 언어와 마찬가지로 영웅의 위업의 내용은 공동체에 속한다. 민족공동체가 그의 위업을 부인하기 때문에 그것은 말 없이 영웅 속에 머무르고 있다. 그리고 영웅은 모든 행위와 모든 지식의 파급력이 더 커지고 더 멀리 미칠

한다. 그에 따르면 계시가 없는 이교도의 세계에서는 신과 세계와 인간이라는 "근원현실들"(Urwirklichkeiten)이 말 없는 상태로 서로 떨어져 있다. 그는 고대 그리스 비극의 인간에서 이러한 상태가 실현되어 있다고 본다. 〔Franz Rosenzweig, *Der Stern der Erlösung*, Frankfurt a. M., 1988, pp.XXVI, XXIX~XXXI(Reinhold Mayer의 해설), 67~90("Der Mensch und sein Selbst oder Metaethik") 참조〕

21) Franz Rosenzweig, *Der Stern der Erlösung*, Frankfurt a.M., 1921, pp.98~99. Walter Benjamin, "Schicksal und Charakter", in: *Die Argonauten*, 1. Folge(1914ff.), Bd.1(1915ff.), Heft 10~12(1921), pp.187~197 참조. 〔발터 벤야민, 「운명과 성격」, 『선집』 제5권, 도서출판 길, 2008 참조.—옮긴이〕

수록 그만큼 더 강력하게 그것들을 형식적으로 자신의 육체적 자아의 경계 안으로 포섭시킨다. 그가 자신의 일을 고수할 수 있다면 그것은 언어가 아니라 오직 자신의 육체 덕분이기에, 그는 결국은 죽음 속에서 그 일을 행해야 한다. 루카치가 비극적인 결단에 대해 서술하면서 "삶의 이러한 위대한 순간의 본질은 자아의 순수한 체험이다"[22]라고 말할 때, 그는 동일한 상황을 염두에 두고 있는 것이다. 니체가 쓴 한 단락은 그가 비극적 침묵이라는 사태를 그냥 지나치지 않았다는 점을 보다 잘 알려준다. 이 사태의 의미가 비극의 영역에서 벌어지는 아곤의 현상이라는 점을 알아채지 못한 채 그는 이미지와 말을 대조시킴으로써 이 사태를 건드린다. 비극적인 "영웅들은 대체로 행동할 때보다 더 피상적으로 말을 한다. 신화는 발설된 말에서는 자신에 어울리는 객관화를 전혀 발견하지 못한다. 장면들과 시각적인 이미지들의 구성은 작가 스스로가 말과 개념으로 표현할 수 있는 것보다 더 깊은 지혜를 드러낸다."[23] 물론 여기서 니체가 계속해서 의도하는 것처럼 어떤 실패가 문제 되는 것은 아니다. 비극적인 말(das tragische Wort)이 상황과 일치를 보지 못하고 더 멀리 뒤처져 있으면 있을수록—비극적인 말이 상황과 보조를 맞춘다면 우리는 이 상황을 더 이상 비극적이라 말할 수 없다—영웅은 낡은 규약으로부터 그만큼 더 많이 벗어나 있다. 낡은 규약이 결국 그를 덮칠 때 영혼은 저 멀리 있는 공동체의 말 속으로 들어가 구제되는 반면, 그는 단지 자신의 본질의 말 없는 그림자, 즉 자아를 희생물로 이 낡은 규약에 내던진다. 전설의 비극적인 재현은 이로부터 엄청난 현실성을 얻는다. 고통당하는 영웅의 모습을 보며 공동체는 그의 죽음이 그들에게 부여한 말에 대해 존경 섞인 감사함을 배운다. 이 말은 작

---

22) Lukács, 앞의 책, p.336.
23) Nietzsche, 앞의 책, p.118.

가가 전설로부터 새로운 의미를 얻어내면 언제나 새로운 선물로서 다른 곳에서 빛을 발하는 말이다. 비극적인 파토스보다는 비극적인 침묵(das tragische Schweigen)이 이후의 문학에서보다 고대 문학에서 일반적으로 더 강렬하게 살아 있던 언어표현의 숭고함의 경험을 보다 잘 보존하는 장소가 되었다.——마적인 세계질서에 대한 그리스 문학의 결정적인 대립 역시 비극문학에 역사철학적인 특징을 부여한다. 비극적인 것이 마적인 것과 맺는 관계는 패러독스가 이의성과 맺는 관계와 같다. 비극이 갖고 있는 모든 패러독스들——낡은 규약에 응하면서 새로운 규약을 만들어내는 희생, 속죄이지만 자아를 빼앗아 가버리는 죽음, 인간뿐만 아니라 신에게도 승리를 판결하는 대단원——속에서 다이몬들(Dämonen)*의 낙인인 이의성은 사멸해간다. 비록 미약하기는 하지만 도처에 이 점에 대한 지적이 분명하게 되어 있다. 따라서 어떠한 책임을 느끼지도 찾지도 않고 추적자의 심급 쪽으로 의심을 되돌리는 영웅의 침묵에서도 사정은 마찬가지이다. 왜냐하면 침묵의 의미가 반전되기 때문이다. 즉 무대에 나타나는 것은 피고의 당혹감이 아니라 말 없는 고난의 증거이며, 영웅에 대한 재판에 바쳐진 것처럼 보였던 비극은 올림푸스 신들에 대한 심리로 변한다. 이 심리과정에서 영웅은 증인의 역할을 하게 되고 신들의 의지에 반하여 "반신(半神)의 명예"[24]를 공포한다. 정의를 향한 아이스킬로스의 심원한 경향[25]은 모든 비극문

---

* 기독교에서 '악마'를 뜻하는 데몬(Dämon, 그리스어 daimōn)은 원래 '신' 또는 '신적인 본질'을 뜻했다. 즉 고대 그리스에서 다이몬은 신과 인간 사이에 위치하고 인간에게 행운을 주기도 하고 불행을 주기도 하는 이중적인 존재로 여겨졌다. 이 단어는 문맥에 따라 '다이몬' 또는 '악마'로 옮겼다.

24) [Friedrich] Hölderlin, *Sämtliche Werke*. Historisch-kritische Ausgabe. Friedrich Seebaß의 협업 하에 Nobert v[on] Hellingrath 편, Bd.4: *Gedichte 1800~1806*, München, Leipzig, 1916, p.195.

25) Wundt, 앞의 책, pp.193ff. 참조.

학의 반(反)올림푸스적인 예언에 영감을 불어넣는다. "창조적인 인간(Genius)의 머리가 죄의 안개 위로 처음으로 우뚝 솟은 것은 법의 테두리 안에서가 아니라 비극의 테두리 안에서 일어났다. 왜냐하면 비극에서 마적인 운명은 돌파되기 때문이다. 그러나 이는 죄로부터 벗어나고 순수한 신과 화해한 인간의 순수함에 의해 죄와 속죄의 헤아릴 수 없는 이교도적인 연관이 해소됨으로써 생겨난 것은 아니다. 비극에서 이교도적인 인간은 자신이 신들보다 더 우월하다고 생각하고 있지만, 이러한 인식이 그의 말문을 막아버려 언어는 불분명해진 상태로 남는다. 언어는 자신의 본심을 드러내는 대신 남몰래 자신의 힘(Gewalt)을 모으려 한다. ······ '도덕적인 세계질서'가 다시 세워진다는 말은 전혀 아니다. 도덕적인 인간은 아직은 말이 없고 미성숙하지만—이런 모습을 지니고 있는 사람으로서 그는 영웅이란 이름을 갖고 있다—요동치는 저 고통스런 세계에서 자신을 일으켜 세우려 한다. 도덕적인 침묵, 도덕적인 미성숙에서 창조적인 인간의 탄생이라는 패러독스가 비극의 숭고함을 형성한다."[26]

왕위와 비극

비극에 대한 억측과 명백한 혼동이 수많은 영웅들이 왕의 신분이었다는 사실에 기인하는 것이 아니라면, 비극의 내용의 숭고함이 인물들의 지위와 혈통에서 설명되는 것이 아니라는 점을 지적하는 것은 불필요한 일일 것이다. 이러한 억측과 혼동은 이러한 신분을 그 자체로 그리고 근대적인 의미에서 이해하는 데서 생겨난다. 왕의 신분이 비극적 문학의 근거가 되는 전통에서 유래하는 비본질적인 요소라는 지적은

---

26) Benjamin, "Schicksal und Charakter", 앞의 책, p.191.

사태를 가장 분명하게 해명해준다. 태고시절 비극적 문학에서는 지배자를 중심으로 이야기가 전개되었으며 따라서 드라마 인물의 왕가혈통은 그 근원이 영웅시대에 있음을 알려준다. 오직 이 점에서만 이러한 혈통은 중요한 것이며 결정적인 의미를 지닌다. 왜냐하면 영웅적인 자아의 직설적인 태도는——이것은 영웅의 성격상의 특징이 아니라 역사철학적인 특징이다——지배자로서의 그의 위상에 상응하기 때문이다. 이러한 단순한 사실과 대조되게 비극적인 왕의 지위에 대한 쇼펜하우어의 해석은 그것을 일반적인 인간적인 것으로 평준화하여 고대 드라마와 현대 드라마 사이의 근본적인 상이함을 알 수 없게 만드는 한 예이다. "그리스인들은 수미일관하게 왕가의 인물들을 비극의 영웅으로 삼았다. 그 이후 보다 근대적인 사람들도 대부분 그렇게 했다. 이는 신분이 행동하는 자 또는 고통을 당하는 자에게 더 많은 위엄을 부여하기 때문은 결코 아니다. 단지 인간의 정열을 작동시키는 것이 문제이기 때문에 이러한 일이 일어나게 하는 대상들의 상대적 가치들은 중요하지 않다. 그리고 농가(農家)는 왕국이 하는 만큼 많은 일을 이룬다. …… 그러나 커다란 권력과 명망을 지닌 사람들은 비극에 가장 적합한 인물들인데, 그 이유는 인생의 운명을 알려주는 불행이 그 어떤 부류의 관객에게도 공포를 주기 위해선 충분한 위엄을 갖추고 있어야 하기 때문이다. ……그러나 시민가정을 곤경과 절망에 빠뜨리는 상황은 훌륭한 사람들이나 부유한 사람들의 눈에는 대부분 매우 하찮은 것이며 인간적인 도움을 통해서 때로는 사소한 일을 통해서 제거될 수 있다. 따라서 관객들은 이러한 상황으로 인해 비극적인 충격을 받지 않는다. 반면에 위대한 인간들과 힘 있는 인간들의 불행은 반드시 공포를 불러일으키는데, 이 불행은 어떠한 외부 도움을 바랄 수도 없다. 왜냐하면 왕은 자신의 힘으로 스스로를 돕거나 몰락해야 하기 때문이다. 여기에 높은 위치에서 추락하는 것이 가장 참담하다는 점이 덧붙여진다. 시민출신의 인물에게는 떨어지게 될 높은 위치가 결여되어 있다."[27] 여기서 비극적인 인물의 신분적인 위엄으로서 근거지어진 것, 그것도 바로크적인 방식으로 '비극'의 불운한 사건으로부터 근거지어진 것은 초시대적인 영웅의 모습과는 아무런 관련이 없다. 그러나 아마도 군주의 지위는 근대 비애극에서는 적절한 문맥에서 고려된 범례적이고 훨씬 더 엄밀한 의미를 가질 수 있을 것이다. 양자 간의 기만적인 친화성과 관련하여 비애극과 그리스 비극을 분리시키는 것이 무엇인가 하는 점은 최근의 연구에서 아직 주목받지 못했다. 『메시나의 신부』(Braut von Messina)에서 실러의 비극적인 시도는 낭만주의적 태도로 인해 급속히 비애극으로 변할 수밖에 없었는데, 보린스키는 쇼펜하우어의 견해를 좇아 코러스에 의해 지속적으로 강조된 인물들의 높은 신분을 고려하여 실러의 이 비극적 시도에 대해 언급한다. 이때 그의 언급은 본의 아니게 매우 아이러니한 작용을 한다. "'현학적인' 정신이 아니라 활기찬 인간적인 정신에서 르네상스 시학이 고대 비극의 '왕과 영웅'에 집요하게 매달린 것은 얼마나 올바른 일이었는가."[28]

옛 '비극'과 새로운 '비극'

쇼펜하우어는 비극을 비애극으로 파악했다. 아마도 피히테 이후 독일의 위대한 형이상학자들 가운데 쇼펜하우어처럼 그리스 드라마에 대한 공감이 결여되어 있는 자도 없을 것이다. 그는 또한 근대 드라마가

27) Schopenhauer, *Sämtliche Werke*, Bd.2, pp.513~514.
28) Karl Borinski, *Die Antike in Poetik und Kunsttheorie von Ausgang des klassischen Altertums bis auf Goethe und Wilhelm von Humboldt*, II: 미출판 유고. Hrsg. von Richard Newald, Leipzig, 1924(*Das Erbe der Alten. Schriften über Wesen und Wirkung der Antike*, 10), p.315.

보다 높은 발전단계에 있다고 보았으며, 비록 불충분하기는 하지만 이러한 대조 속에서 적어도 문제의 소재는 밝혔다. "어떤 모습으로 그것이 나타나든지 간에 모든 비극적인 것에 정신적 고양을 위한 고유한 힘을 주는 것은 세계와 삶이 어떠한 진정한 만족도 줄 수 없으며 따라서 이것들에 대한 우리의 애착이 무가치하다는 인식의 등장이다. 여기서 비극적인 정신이 생겨난다. 따라서 그것은 체념을 낳는다. 나는 고대인의 비극에서 이러한 체념의 정신이 좀처럼 직접적으로 나타나거나 표현되지는 않는다는 점을 인정한다. ……스토아 학파의 평정이 변함없이 필연적으로 다가오는 재앙에 대한 침착한 인내와 냉정한 예측을 가르치는 반면, 기독교는 체념과 욕구의 포기를 가르친다는 점에서 양자는 근본적으로 구분된다. 이와 마찬가지로 고대의 비극적인 영웅들은 피할 수 없는 운명의 일격을 의연하게 받아들이는 반면 기독교 비극은 세계의 무가치와 허무함에 대한 의식 속에서 삶에 대한 의지 전체를 포기하고 기쁜 마음으로 세상을 떠난다. 나는 전적으로 새로운 인간들의 비극이 고대 인간들의 비극보다 더 높은 수준에 있다고 생각한다."[29] 로젠츠바이크의 발견이 드라마의 철학적 역사에 가져온 발전을 인식하기 위해선 이 사상가의 몇몇 문장을 불분명하고 비역사적인 형이상학에 사로잡혀 있는 위의 평가와 대조할 필요가 있다. "이것이 새로운 비극과 옛 비극 사이의 가장 뿌리 깊은 차이이다. ……새로운 비극의 인물들은 마치 모든 개개인들이 다른 사람들과 다른 것처럼 모두 서로가 상이하다. ……고대 비극에서는 사정이 다르다. 여기서 다른 것은 오직 행동뿐이다. 그러나 영웅은 비극적 영웅으로서 항상 동일한 인물, 즉 항상 고집스럽게 자신 속에 매몰된 동일한 자아이다. 근대적 영웅이 혼자 있을 경우 본질적으로 의식적이어야 한다는 요청은 필연적으로 제

---

29) Schopenhauer, *Sämtliche Werke*, Bd.2, pp.509~510.

한된 그의 의식에 상치된다. 의식은 항상 명료하고자 하며, 제한된 의식은 불완전하다. ……따라서 새로운 비극은 고대의 비극이 전혀 알지 못하는 한 가지 목표, 절대적인 대상과 관련을 맺고 있는 절대적인 인간의 비극을 추구한다. ……좀처럼 알 수 없었던 목표는……헤아릴 수 없이 많은 인물들 대신 하나의 절대적인 인물, 고대의 영웅처럼 변치 않는 하나의 근대적 영웅을 설정하는 것이다. 모든 비극적인 인물들의 노선들이 만나게 되는 이러한 수렴지점, 즉 이러한 절대적인 인간은 바로 성자이다. 성자비극은 비극작가의 비밀스런 동경이다. ……이러한 목적이 비극작가가 도달할 수 있는 목표인가 아닌가 하는 것은 중요하지 않다. 예술작품으로서의 비극이 도달할 수 없는 것이라 할지라도 이 목표는 근대적인 의식의 입장에서 볼 때 고대적인 의식을 가지고 있는 영웅에 대한 정확한 대응물이다."[30] 이 문장에서는 고대 비극에서 '보다 새로운 비극'을 연역해내는 것이 시도되었는데, 말할 나위도 없지만 이러한 비극은 사소한 것이라고 결코 말할 수 없는 이름, 즉 '비애극'이란 이름으로 불린다. 이러한 명칭 하에서 위에 인용된 부분을 종결짓는 사상은 문제의 가설적인 차원을 넘어선다. 비애극은 순교자 극(Märtyrerdrama)을 통한 성자비극(Heiligentragödie)의 형식임이 입증된다. 오직 칼데론에서 스트린드베리*에 이르는 다양한 드라마에서 성자비극의 특징들을 인식하는 것을 익히는 한해서만 이러한 형식, 즉 신비[신비극]의 한 가지 형식의 열려진 미래가 분명해질 것이 틀림없다.

---

30) Rosenzweig, 앞의 책, pp.268~269.

  * August Strindberg, 1849~1912: 스웨덴의 작가.

틀로서의 비극적인 죽음

여기서 문제 되는 것은 이러한 형식의 과거이다. 이러한 과거는 우리를 저 멀리 그리스 정신의 역사에서 한 전환점, 즉 소크라테스의 죽음으로 이끈다. 순교자 극은 비극의 패러디로서 소크라테스의 죽음에서 발원했다. 종종 그래 왔듯이 여기서도 한 형식의 패러디는 그 형식의 종말을 알린다. 빌라모비츠는 플라톤에게 비극의 종말이 문제 된다는 점을 입증했다. "플라톤은 자신의 사부작 드라마를 불태웠는데, 그 이유는 아이스킬로스적인 의미에서 작가가 되기를 포기했기 때문이 아니라 비극작가가 이제는 더 이상 민족의 스승도 우두머리도 될 수 없다는 것을 인식했기 때문이다. 물론 그는 새로운 형식의 비극적인 인물을 창조하려고 노력했다. 그만큼 비극의 힘은 강했다. 그리고 그는 이미 극복된 영웅전설 대신 소크라테스의 전설권을 창조해냈다."[31] 이러한 소크라테스의 전설권은 영웅전설의 마적인 패러독스가 이성 쪽으로 넘어감으로써 이루어진 영웅전설의 완전한 세속화이다. 물론 외면상으로 볼 때 철학자의 죽음은 비극적인 죽음과 유사하다. 그것은 낡은 법의 문자에 따르면 속죄의 제물이며 도래하는 정의의 정신 속에서는 공동체를 형성하는 희생자적인 죽음이다. 그러나 바로 이러한 일치는 진정한 비극성이 지니고 있는 아곤적인 것의 진정한 의미를 분명하게 드러낸다. 그것은 대화 속에서 눈부시게 펼쳐지는 말과 의식에 자리를 내어준 영웅의 말 없는 투쟁이자 도주이다. 아곤적인 것은 소크라테스의 철학적 투쟁을 특징짓는 운동이지만 그것은 소크라테스 드라마로부터 떨어져 나갔다. 그리고 단숨에 영웅의 죽음은 순교자의 죽음으로 변형되었다. 여러 교부들이 공감하면서 그리고 니체가 증오심을 가지고 정확

31) Wilamowitz-Moellendorff, 앞의 책, p.106.

하게 감지했듯이 소크라테스는 기독교 신앙의 영웅처럼 자유의사로 죽는다. 그리고 그는 침묵할 때, 자발적으로, 말로 나타낼 수 없는 우월감을 지닌 채, 그리고 아무 저항도 하지 않고 말이 없다. "그러나 추방이 아니라 죽음이 선고된 것은 소크라테스 스스로가 명료한 의식을 가지고, 그리고 죽음에 대한 자연스런 공포도 없이 초래한 것처럼 보인다. ……죽음을 맞이하는 소크라테스는 고귀한 그리스 청년들의 새로운, 전례 없는 이상이 되었다."32) 플라톤은 이러한 이상이 얼마나 비극적인 영웅의 이상과 동떨어진 것인가를 밝히기 위해 불멸을 자신의 스승의 마지막 대화의 주제로 삼는 것 외에 다른 지적을 더 할 수 없었다.『변명』(Apologie)에 입각해볼 때 소크라테스의 죽음이,『안티고네』(Antigone)에서 너무나도 합리적인 의무개념을 통해 해명된 죽음에서와 마찬가지로, 아직도 비극적인 것으로 나타날 수 있었다면,『파이돈』(Phaidon)의 피타고라스적인 분위기는 죽음이 그 어떤 비극적인 연관으로부터도 벗어나 있다는 것을 보여준다. 소크라테스는 죽음을 면할 수 없는 존재로서, 굳이 말하자면 죽음을 면할 수 없는 존재들 가운데 가장 훌륭하고 가장 덕이 있는 자로서 죽음을 정면으로 바라본다. 그러나 그는 죽음을 낯선 것으로 인식하고, 죽음을 넘어서, 불멸성 속에서 자기자신을 다시 발견하기를 기대한다. 그러나 자신에게 친숙하고 고유하면서 자신 속에 자리 잡고 있는 죽음의 폭력 앞에서 놀라 움츠리는 비극적인 영웅은 그렇지 못하다. 그의 삶은 자신의 종말이 아니라 자신의 형식을 의미하는 죽음으로부터 풀려 나오는 것이다. 왜냐하면 언어적인 그리고 육체적인 삶의 한계들이 처음부터 이 존재에게 주어져 있고 이 존재 안에 자리 잡고 있다는 점에서만 비극적인 존재는 자신의 과제를 발견할 뿐이기 때문이다. 사람들은 여러 가지 방식으로 이 점을

32) Nietzsche, 앞의 책, p.96.

언급해왔다. 이 점은 아마도 비극적인 죽음을 "단지……영혼이 죽었다는 외적인 표식"[33]이라 명하는 부수적인 언급에서 가장 적절하게 드러날 것이다. 비극적인 영웅은 굳이 말하자면 영혼이 없다. 그의 내면의 섬뜩한 공허로부터 멀리서 들려오는 새로운 신들의 명령이 반향하며, 도래하는 세대들은 이러한 메아리에서 자신의 언어를 배운다.——일상의 피조물의 경우에 삶이 퍼져가듯, 영웅의 경우에는 죽음이 퍼져 나간다. 그리고 비극적인 아이러니는 언제나 영웅이 심오하지만 그가 예감하지 못하는 정당함을 지닌 채 삶의 상황, 즉 몰락의 처지에 대해 이야기하기 시작하는 곳에서 성립한다. "비극적 인간의 죽음에 대한 결연한 의지도 역시……단지 겉으로만 그것도 단지 인간적이고 심리학적인 관점에서만 영웅적일 뿐이다. 죽어가는 비극의 영웅들은——대략 이렇게 어떤 젊은 비극작가는 썼다——죽기 전에 이미 죽어 있다."[34] 자신의 정신적 육체적인 현존 속에 있는 영웅은 비극적인 사건진행의 틀이다. 사람들이 적절하게 표현한 바 있듯이, 진정으로 "틀의 지배력"이 감정 또는 상황이 무한하고 다양하게 펼쳐 나가는 것을 당연한 것처럼 보는 근대적인 삶의 태도를 고대적인 것과 분리시켜주는 본질적인 특징들 가운데 하나라면, 이러한 지배력은 비극이 자체로 지니고 있는 힘과 분리될 수 없다. "고귀한 감정의 강도가 아니라 지속성이 고귀한 인간을 만든다." 이러한 영웅적인 감정의 단조로운 지속성은 오직 이미 주어져 있는 영웅의 삶의 틀 안에서만 보장되어 있다. 비극에서 신탁은 운명의 마법인 것만은 아니다. 신탁이란 비극적 삶이 그 삶의 틀 안에서 전개되지 않을 경우 비극적 삶은 존재하지 않는다는 확신이 밖으로 표출된 것이다. 이러한 틀 내에서 확정되어 나타난 필연성은 인과론적인 것도

---

33) Leopold Ziegler, *Zur Metaphysik des Tragischen. Eine philosophische Studie*, Leipzig, 1902, p.45.
34) Lukács, 앞의 책, p.342.

마적인 것도 아니다. 그것은 반항의 말 없는 필연성이며 자아는 이 반항 속에서 자신의 발언을 한다. 마치 남풍을 맞이할 눈처럼 반항의 말 없는 필연성은 말(Wort)의 입김을 받아 녹아버릴 것이다. 그러나 이 말은 다름 아닌 알려지지 않은 말이다. 영웅적인 반항은 자신 속에 폐쇄된 채 이 알려지지 않은 말을 지니고 있다. 이 점으로 인해 영웅적인 반항은 완전히 전개된 공동체의 의식에 의해 그 어떤 숨겨진 의미도 더 이상 인정받지 못한 한 인간의 오만과 구분된다.

비극적 대화, 소송상의 대화 그리고 플라톤적인 대화

오직 고대 시기만이 영웅의 목숨을 대가로 침묵의 권리를 얻은 비극적인 오만을 알고 있었다. 거만하게도 신들 앞에서 자신을 변호하기를 거부하는 영웅은 말하자면 계약적 성격을 지닌 속죄의 절차를 갖는 것에서 신들과 의견의 일치를 본다. 그런데 이 절차는 그 이중적인 의미에 따라 낡은 법체제의 복원을 의미할 뿐만 아니라 무엇보다도 새로운 공동체의 언어적 의식 속에서 그것의 점차적인 파괴를 의미한다. 그리스인의 아곤을 구성하는 세 가지 중요한 부분들인 시합, 재판, 비극은—부르크하르트의 『그리스 문화사』[35]는 도식(Schema)으로서의 아곤을 지적한다—계약이라는 특징 아래 서로 결합된다. "그리스에서 법제정과 재판절차는 결투권(Fehderecht)*에 대한 투쟁과 자력구제에 대한 투쟁 속에서 생겨났다. 독단의 경향이 줄어들거나 국가가 이러한 경향을 성공적으로 잠재웠을 경우 재판은 우선 재판관의 판결을 추구

---

35) Jakob Burckhardt, *Griechische Kulturgeschichte*, hrsg. von Jakob Oeri, Bd.4, Berlin, Stuttgart, 1902, pp.89ff. 참조.
  * 권리를 관철하기 위해 개인이나 가족 또는 혈족 간에 투쟁을 할 수 있는 권리를 말한다.

하는 것이 아니라 속죄의 협상을 한다는 데 그 특징이 있다. ……절대적인 법을 발견하는 것이 아니라 피해자가 복수를 포기하게끔 만드는 것이 주요 목적이었던 이러한 절차의 테두리 내에서 증거와 선고를 위한 성스런 형식들은 그것이 패소한 자들에게도 미칠 인상 때문에 특별히 중요한 의미를 지니고 있었다."[36] 고대의 소송, 특히 형사소송은 원고와 피고의 이중역할에 기초를 두고 있기 때문에 공식적인 재판절차가 없이 대화로 이루어졌다. 고대의 재판은 자신의 코러스를 가지고 있었는데, 일부는 선서증인들(Schwurgenossen)이(예를 들어 고대 크레타의 법체제에서 소송당사자 쌍방은 증거를 댈 경우 선서인의 신빙성을 보증하는 사람들, 즉 〔시련을 줌으로써 유무죄를 판별하는〕 신명재판Ordal에서 무기를 들고 자기 편의 정당함을 보증하는 증인들을 대동했다), 일부는 자비를 간청하는 피고동료들이, 마지막 일부는 판결을 내리는 주민회의가 그 역할을 했다. 아테네의 법에서 중요하고 특징적인 것은 디오니소스적인 파열, 즉 도취적이고 황홀한 말이 아곤의 표준적인 테두리를 돌파할 수 있었다는 점, 보다 높은 정의가 무기를 가지고 또는 정해진 언어형식의 테두리 내에서 서로 대립하는 당사자들에 대한 재판에서보다는 생동감 있는 연설의 설득력에서 자라난다는 점이다. 신명재판은 자유로운 발언(Logos)에 의해 붕괴된다. 이것이 아테네에서의 재판과정과 비극의 근본적인 유사성이다. 개별적으로 자아의 단단한 갑옷을 뚫고 들어가는 영웅의 말은 분노의 울부짖음이 된다. 비극은 재판의 이러한 이미지 속으로 흡수된다. 속죄의 심리(審理)는 비극에서도 생겨난다. 따라서 소포클레스와 에우리피데스의 경우에 영웅들은 "말하기를 배우는 것이 아니라……단지 논쟁하는 것을 배운다."

---

36) Kurt Latte, *Heiliges Recht. Untersuchung zur Geschichte der sakralen Rechtsformen in Griechenland*, Tübingen, 1920, pp.2~3.

이 점은 "사랑의 장면이 고대 드라마에서 낯선"[37] 이유를 설명해준다. 그러나 극작가의 입장에서 신화가 협상이라면, 그의 문학은 재판과정의 모방이자 동시에 수정이다. 그리고 이 재판의 전체적인 면모는 원형극장이라는 차원과 함께 자랐났다. 공동체는 통제하는, 실로 판결을 내리는 심급으로서 재판과정의 재수용에 참여한다. 공동체는 화해에 대해 판단을 하기 위해 노력하며, 이 화해를 해석하는 과정에서 작가는 영웅의 업적들에 관한 기억을 새롭게 한다. 그러나 비극의 결론은 언제나 증거 불충분이라는 평결(non liquet)을 알린다. 언제나 해결은 구제이지만, 그것은 단지 개별적이며, 문제가 있는, 제한된 구제였다. 비극이 시작되기 전에 또는 그것에 이어 공연되는 사티로스 드라마는 희극의 열정만이 재판장면에서 내려진 이러한 평결을 준비하거나 그것에 반응한다는 점에 대한 표현이다. 그리고 또한 이 점에서 헤아릴 수 없는 결말이 불러일으키는 공포가 나타난다. "공포와 연민을 불러일으키는 영웅은 부동의 완고한 자아로 남는다. 그리고 또다시 이러한 감정들은 즉시 관람자의 내면으로 향하게 되고, 그 결과 그 또한 자신 속에 갇힌 자아가 된다. 각 개인은 혼자 남아 있으며, 자기자신으로 남는다. 공동체는 성립되지 않는다. 그런데도 공통점은 생겨난다. 자아는 서로에게 다가가지는 않지만, 이 모든 자아 속에는 동일한 음조가, 즉 자신의 자아의 감정이 울려 퍼진다."[38] 비극에서 나타나는 소송연출법의 치명적이고 지속적인 영향력은 통일의 원리에서 생겨난다. 심오한 해석조차도 다음과 같이 말함으로써 이 원리의 철저한 설명을 간과한다. "장소의 통일은 주위의 삶의 지속적인 변화의 한가운데에서 이렇게 멈춰 서 있음을 나타내는 자명하고 가장 쉽게 떠오르는 의미상징(Sinnbild)이

---

37) Rosenzweig, 앞의 책, pp.99~100.
38) Rosenzweig, 같은 책, p.104.

다. 따라서 이러한 상징을 표현하기 위한 기술적으로 필연적인 길이 생겨난다. 비극적인 것은 한순간일 뿐이다. 이것이 시간의 통일이 지니는 의미이다."[39] 이 점을 의심할 수는 없을 것이다. 지하세계로부터 영웅들이 시한부적으로 출현하는 것은 시간적인 흐름의 이러한 중단을 최대치로 강조한다. 그러나 장 파울이 비극에 관해 "그 누가 공적인 축제 공연에 모인 많은 사람들 앞에서 음침한 세계들을 보여주겠는가"[40] 하고 수사학적으로 물을 때, 그는 가장 놀라운 예언을 거부하고 있을 뿐이다. 그의 시대엔 그 누구도 그러한 것들을 소망하지 않았다. 그러나 언제나 그렇듯이 이 경우에도 형이상학적 해석의 가장 풍부한 층이 실제적인 차원에서 발견된다. 이러한 차원에서 볼 때 장소의 통일은 법정이며, 시간의 통일은 언제나——진행이 하루이건 그렇지 않건 간에——재판개정일의 제한된 시간이며, 행동의 통일은 재판행위의 통일이다. 소크라테스의 대화를 거부할 수 없는 비극의 에필로그로 만드는 것은 바로 이러한 상황이다. 일생 동안 영웅은 말만을 부여받는 것이 아니라 일단의 제자들, 젊은 대변자들을 얻는다. 이제부터는 그의 말이 아니라 그의 침묵이 최고의 아이러니로 충만해 있다. 그것은 소크라테스적인 아이러니로서 비극적인 아이러니와는 반대된다. 비극적인 것은 무의식적으로 영웅적인 삶의 진실을 건드리는 말이 흘러나오는 것이다. 자아의 폐쇄성은 너무나 심각하여 자아는 자신이 꿈속에서 자기 이름을 불러도 깨어나질 않는다. 냉담하고 짐짓 꾸민 것 같은 철학자의 아이러니컬한 침묵은 의식적인 것이다. 영웅의 희생자적인 죽음 대신에 소크라테스는 교육자의 예를 보여준다. 플라톤의 작품은 어떤 우월함을 가지

39) Lukács, 앞의 책, p.430.
40) Jean Paul (Friedrich Richter), *Sämtliche Werke*, Bd.18, Berlin, 1841, p.82(*Vorschule der Ästhetik*, 1, Abt., §19). (Jean Paul, 1763~1825: 독일의 이른바 반고전주의 시대 작가.—옮긴이)

고 소크라테스의 합리주의가 비극예술에 선언한 투쟁을 판결할 때에 비극에 불리하게 판결을 한다. 그런데 이 우월함은 궁극적으로는 도전 받은 것[비극]보다는 도전자[소크라테스의 합리주의]에 결정적으로 더 크게 [불리하게] 영향을 미쳤다. 왜냐하면 이러한 판결은 소크라테스의 합리적인 정신에서가 아니라 오히려 대화 그 자체의 정신에서 생겨난 것이기 때문이다. 『향연』의 마지막 부분에서 소크라테스와 아가톤*과 아리스토파네스**가 서로 마주보고 앉아 있을 때, 세 사람 머리 위로 날 이 새는 것과 때를 같이하여 플라톤이 비극성과 희극성을 동시에 갖추 고 있는 진정한 작가에 대한 토론 위에 비치도록 한 것은 바로 자신이 사용한 대화형식의 냉철한 빛이 아닐까? 순수한 드라마적인 언어는 대 화 속에서, 비극성과 희극성의 변증법의 영향권 안에서 나타난다. 이러 한 순수한 드라마적인 것이 그리스 드라마의 형식 속에서 점차로 세속 화되었던 신비를 복원하는 것이다. 그것의 언어는 새로운 드라마의 언 어인 비애극의 언어이다.

비애와 비극성

비극이 비애극과 동일시됨으로써 사람들은 아리스토텔레스의 시학 이 비극적인 것의 반향으로서의 비애에 대해 침묵한다는 점을 정말 특 이한 것으로 여겨야 했다. 하지만 그러기는커녕 근대 미학은 비극적인 것이라는 개념 속에서 스스로 한 가지 감정, 즉 비극과 비애극에 대한 감정적인 반응을 발견했다고 종종 생각했다. 비극은 예언의 전단계로 서 오직 언어적인 것 속에서만 발견되는 사태이다. 비극적인 것은 예언

---

* Agathon, B.C. 448~400: 그리스의 비극작가.
** Aristophanes, B.C. 445~385: 그리스의 희극작가.

의 목소리가 활동을 하던 태곳적의 말이자 침묵이며, 이러한 목소리를 구원하는 고난이자 죽음이지 결코 얽히고설킨 모습을 실제 내용으로 하고 있는 그 어떤 운명이 아니다. 비애극은 무언극적인 것으로 생각할 수 있지만, 비극은 그렇지 못하다. 왜냐하면 법의 마적인 힘에 대한 투쟁은 창조적인 인간의 말과 결합되어 있기 때문이다. 비극적인 것을 심리주의적인 방식으로 증발시키는 것과 비극과 비애극을 동일시하는 것은 서로 짝을 이룬다. 이미 비애극이라는 이름 자체가 그것이 내용상 관찰자에게서 비애감을 불러일으킨다는 점을 지적하고 있다. 이것은 비극의 내용보다 비애극의 내용이 경험적인 심리학의 범주들 속에서 더 잘 펼쳐진다는 것을 말하는 것이 전혀 아니다. 오히려 이것이 말하고자 하는 것은 비탄할 만한 실제 상황보다는 이 연극이 비애를 표현하는 데 훨씬 더 잘 기여할 수 있다는 점일 것이다. 왜냐하면 이 연극은 슬프게 만드는 연극이 아니라 슬픔이 자신의 만족을 찾는 연극, 즉 슬퍼하는 자들 앞에서 펼쳐지는 연극이기 때문이다. 이 연극의 특성은 일종의 과시(Ostentation)에 있다. 이 연극의 장면들은 보이기 위해 설정된 것이며 보이고 싶은 그 모습으로 배열되어 있다. 여러 면에 독일 바로크 시기에 영향을 미쳤던 이탈리아의 르네상스 드라마는 순수한 과시 성향에서, 즉 트리온피(Trionfi)[41]에서, 다시 말해 피렌체의 로렌초 데

---

41) Werner Weisbach, *Trionfi*, Berlin, 1919, pp.17~18 참조. 〔트리온피는 승리의 행진이란 뜻이다. 단테는 『신곡』에서 베아트리체가 알레고리적인 형상들과 성인들에 의해 호위를 받으며 승리의 행진을 하는 것을 묘사하고 있는데 (연옥편, 29,43~30,9), 트리온피는 이러한 묘사를 모범으로 삼아 지어진 교육적인 시를 말한다. 페트라르카의 「트리온피」가 대표적이다. 르네상스 시기 축제나 행사(군주의 입성과 출성, 사신의 내왕, 평화의 축제, 선거의 승리, 카니발 등) 때 행해진 화려한 행렬을 의미하기도 한다. 이 행렬에는 알레고리적인 형상과 신화적인 장면 그리고 사회의 각 계층을 대변하는 인물들이 등장한다.―옮긴이〕

메디치* 시기에 널리 퍼진 설명조의 낭송이 곁들여진 퍼레이드에서 성립한 것이다. 유럽의 비애극 전체를 놓고 볼 때 무대 또한 엄격하게 고정되어 있지 않았으며 고유한 장소에 자리 잡고 있는 것이 아니라 변증법적으로 분할되어 있었다. 비애극의 무대는 그것이 궁전과 결합되어 있는 관계로 유랑극단의 무대형태로 남아 있었다. 비유적으로 유랑극단의 무대는 창조된 역사의 무대인 세상을 대변한다. 하지만 그리스인들의 시각에서 볼 때 무대는 우주적인 장소이다. "그리스 연극형식은 고적한 계곡을 생각나게 한다. 무대건축은 산 속에서 이리저리 무리지어 다니는 디오니소스 축제 참여자들이 내려다보는 빛나는 구름처럼 나타난다. 이 구름은 찬란한 테두리로서 그 가운데서 디오니소스의 형상이 드러나는 것이다."42) 이러한 아름다운 묘사가 올바른 것인지, 법정과의 유사성에 입각해 '장면이 재판정이 된다'라는 말이 마음이 사로잡힌 모든 공동체들에 통용되어야 하는 것인지 확실히 판단할 수는 없겠지만, 분명한 것은 디오니소스 축제 때 공연된 그리스 비극은 반복 가능한 과시가 아니라 상위 심급에서 일어나는 비극적 소송의 일회적인 재수용이라는 점이다. 무대가 야외극장이라는 사실과 공연이 결코 똑같은 방식으로 반복되지 않는다는 점이 이미 암시하듯이 비극 속에서 일어나는 일은 우주 안에서의 그 어떤 결정적인 실현이다. 이 실현된 것을 확인하기 위해 그리고 그것을 판단하는 재판관으로서 공동체가 소집되는 것이다. 비극의 구경꾼들이 비극에 의해 요청되고 정당화되는 반면, 비애극은 관찰자의 관점에서 이해되어야 한다. 그는 어떻게 무대에서, 즉 우주와는 전혀 관련이 없는 감정의 내적 공간에서 상황이 강렬하게 자신 앞에서 연출되는가를 알게 된다. 언어적인 것이 바로크

---

* Lorenzo I. de Medici, 1449~92: 피렌체의 정치가이자 사실상의 군주. 피렌체를 르네상스기 가장 중요한 예술도시로 만들었다.
42) Nietzsche, 앞의 책, p.59.

의 연극에서 두드러진 비애와 과시의 연관성을 간결하고 분명하게 드러낸다. 따라서 "비애의 무대"는 "비유적인 표현으로 슬픈 사건들의 무대로서의 세상을 뜻한다. ……". "화려한 장례. 영구대(靈柩臺, Trauergerüst), 천으로 덮여 있고 장식 및 의미상징(Sinnbilder, 우의화) 등이 있는 구조물로서 그 위 관에 안치된 고귀한 자의 시신이 전시된다(Katafalk, Castrum doloris, Trauerbühne)."[43] '비애'라는 단어는 언제나 이러한 복합명사를 만드는 용도로 쓰이고 있으며 이러한 복합명사 속에서 이 단어는 동반하는 단어들로부터 이른바 의미의 핵심을 뽑아낸다.[44] 할만은 비애라는 바로크적인 용어가 지니고 있는 대담하고도 전혀 미적이지 않은 의미를 매우 특징적으로 다음과 같이 말하고 있다. "이런 비애극은 너의 공허함에서 나오는 것이지! | 세상은 이 춤추는 죽음(Todten-Tantz)을 가슴에 품는다네!"[45]

질풍노도, 고전주의

바로크 이후 시기는 역사적인 소재가 특히 비애극에 적합하다고 가정했으며, 이 점에서 이 시기는 바로크 이론에 빚지고 있다. 그리고 이 시기는 바로크 드라마에서 역사가 자연사적인 변형을 거친다는 점을

---

43) Theodor Heinsius, *Volksthümliches Wörterbuch der Deutschen Sprache mit Bezeichnung der Aussprache und Betonung für die Geschäfts- und Lesewelt*, Bd.4, 1. Abt.: S bis T, Hannover, 1822, p.1050. [Katafalk, Castrum doloris, Trauergerüst는 모두 영구대를 지칭하는 말이다. 이 건축물은 사치스럽고 화려한 장식성으로 인해 장례식을 일종의 무대로 만든다. 목조로 되고 한시적으로만 세워졌던 이 장례건축물은 15세기에도 있었지만 바로크 시기에 크게 유행했다.—옮긴이]

44) Gryphius, 앞의 책, p.77(*Leo Armenius*, III, 126) 참조.

45) Hallmann, *Trauer-, Freuden- und Schäferspiele*, p.36 (*Mariamne*, II, 529~530). Gryphius, 앞의 책, p.458(*Carolus Stuardus*, V, 250) 참조.

간과했듯이, 비극의 분석에서 전설과 역사를 구별하는 일에 주목하지 않았다. 이렇게 해서 역사적 비극이라는 개념이 생기게 되었다. 비애극을 비극과 동일시하는 것도 이러한 면에서 생겨난 결과였으며, 이러한 동일시는 이론적으로 독일 의고전주의가 세상에 내놓은 역사 드라마의 문제성을 은폐하는 기능을 갖게 되었다. 역사적인 소재와의 불안정한 관계는 이 문제성이 지니고 있는 가장 분명한 측면들 가운데 하나이다. 역사적 소재를 해석하는 데 주어진 자유는 비극에서 신화의 새로운 모습이 경향적으로 드러내는 세밀함에 훨씬 뒤처진다. 다른 한편으로 이러한 종류의 드라마는 바로크 비애극이 감수해야만 했으며 시 작법상의 교양풍토와 잘 조화될 수 있는 작업, 즉 사건의 역사적 출처에 엄격하게 연대기적으로 집착하는 작업과는 대조되게 위험하게도 역사의 '본질'에 자신이 결합되어 있다고 이해할 것이다. 반면 플롯의 완전한 자유는 근본적으로 비애극에 적합한 것이다. 질풍노도기에 이루어진 이 형식의 매우 중대한 발전은 굳이 말하자면 이 형식 속에 깃들어 있는 잠재력의 자기경험으로서, 그리고 연대기의 자의적인 제약으로부터의 해방으로서 파악될 수 있다. 다른 방식으로 바로크 형식세계의 영향은 폭군이자 순교자의 시민적 혼종으로서의 '강건한 천재'의 모습에서 확인된다. 미노어(Minor)는 베르너의 『아틸라』(*Attila*)[46]에서 이러한 종합을 간파했다. 심지어 진짜 순교자와 그의 고통의 드라마적인 형상화도 『우골리노』(*Ugoline*)*의 아사(餓死) 모티프나 『가정교사』(*Hofmeister*)**의 거세 모티프에서 계속해서 살아남는다. 따라서 죽음

---

[46] Jakob Minor, *Die Schicksals-Tragödie in ihren Hauptvertretern*, Frankfurt a. M, 1883, pp.44, 49 참조.

 * 게르스텐베르크(Heinrich Wilhelm von Gerstenberg, 1737~1823)의 질풍노도 초기의 드라마.

** 질풍노도기의 대표적인 작가 렌츠(Jakob Michael Reinhold Lenz, 1751~92)의 드라마.

이 자신의 자리를 사랑에게 내준다는 점을 빼고는 피조물의 연극은 분명하게 지속되고 있다고 할 수 있다. 그러나 여기서도 허무함은 최후의 말로 남아 있다. "아, 인간은 아무 흔적도 남기지 않은 채 이렇게 세상을 떠나는구나! 이는 마치 미소가 얼굴에 지어졌다 없어지고, 새들의 노래가 숲 속에서 울리다 사라지는 것 같다."[47] 이러한 한탄 속에서 질풍노도기는 비극의 코러스를 읽었으며 비극에 대한 바로크적인 해석의 일부를 가져왔다. 『첫 번째 비평집』(*Erstes kritisches Wäldchen*)에 있는 레싱의 『라오콘』(*Laokoon*)에 대한 비평에서 오시안(Ossian)* 시대의 대변자 헤르더는 "부드러운 눈물에 대한……감수성"을 가지고 있으면서 크게 한탄하는 그리스인들에 대해 언급한다.[48] 사실 비극의 코러스는 비탄조가 아니다. 그것은 깊은 고통을 보고서도 초연하다. 이 점이 비탄에의 몰입과 갈등을 빚는다. 초연함의 이유를 무덤덤함이나 연민에서 찾는다면 이 초연함에 대한 설명은 단지 피상적이 될 뿐이다. 오히려 코러스에서의 언어사용법은 비극적 대화의 잔해들을 윤리적 내지 종교적 사회에서 생긴 갈등의 안팎에서 확립된 언어구축물로 복원한다. 코러스 무리가 계속해서 무대 위에 있다는 사실은 비극적인 사건을

---

47) Joh(ann) Anton Leisewitz, *Sämtliche Schriften*. Zum erstenmale vollständig gesammelt und mit einer Lebensbeschreibung des Autors eingeleitet. Neben Leisewitz' Portrait und einem Facsimile. Einzig rechtmäßige Gesammtausgabe, Braunschweig, 1838, p.88(*Julius von Tarent*, V, 4).

* 방랑시인으로서 3세기경 스코틀랜드 고지 게일 지역의 신화적인 인물이다. 스코틀랜드의 초기 낭만주의자 맥퍼슨(James Macpherson, 1736~96)은 자신의 상상력으로 쓴 가요들과 서사시를 마치 오시안의 작품을 번역한 것처럼 꾸며 발표하는데, 그의 작품은 독일 질풍노도기 문학과 낭만주의 문학에 커다란 영향을 미친다.

48) [Johann Gottfried] Herder, *Werke*, hrsg. von Hans Lambel, 3. Teil, 2. Abt., Stuttgart, 연도표시 없음[약 1890년]. (*Deutsche National-Litteratur*, 76), p.19(*Kritische Wälder*, I, 3).

탄식 속에서 녹여버리기는커녕 레싱이 이미 언급했듯이[49] 대화 속에 배어 있는 격정조차도 제한한다. 코러스를 "창조의 근원적인 고통이 울려 퍼지는" "슬픔에 찬 비탄"[50]이라고 파악하는 것은 진정 코러스의 본질을 바로크적으로 재해석하는 것이다. 왜냐하면 적어도 어느 정도는 독일 비애극의 라이엔에 이러한 과제가 부여되기 때문이다. 물론 두 번째 과제는 더욱 눈에 잘 띄지 않는다. 바로크 드라마의 코러스는 그리스 드라마에서 보이는 것 같은 막간극이 아니라 막을 감싸는 틀로서, 이 틀과 막과의 관계는 마치 르네상스 인쇄물에서 활자영역과 이를 감싸는 테두리 장식과의 관계와 같다. 이러한 틀 안에서 막이 그 본성상 순전히 볼거리의 구성성분임이 강조된다. 따라서 비애극의 라이엔은 대개 비극의 코러스보다 더 풍부한 형식으로 발전했으며 줄거리와 보다 느슨하게 결합되어 있다.──질풍노도기와는 완전히 다른 방식으로 비애극의 비공식적인 삶은 의고전주의적인 역사 드라마에서 드러난다. 근대 작가들 가운데 그 누구도 실러처럼 고대의 파토스를 비극적 신화와 아무런 관련이 없는 소재들 속에서 관철시키는 데 성공한 사람은 없다. 그는 비극이 신화 속에서 소유하고 있는 반복 불가능한 전제들을 역사의 형상 속에서 새롭게 확인할 수 있다고 믿었다. 그러나 고대적인 의미에서 비극적인 요소도 낭만적인 의미에서 운명의 요소도, 그것들이 인과론적 필연성이라는 개념 안에서 서로를 소멸시키고 상쇄하지 않는 한, 원래 역사에 고유한 것은 아니다. 의고전주의의 역사 드라마는 위와 같은 막연하고 온건한 관점에 위태롭게 다가가고 있으며, 비극적인 것으로부터 해방된 윤리성도 운명의 변증법에서 벗어난 이성적 판단도 이 드라마의 구조를 확고히 할 수 없다. 괴테가 주어진 사태 속

---

49) Lessing, 앞의 책, p.264(*Hamburgische Dramaturgie*, 59번째 글) 참조.
50) Hans Ehrenberg, *Tragödie und Kreuz*, 2 Bde, Würzburg, 1920. Bd.1: *Die Tragödie unter dem Olymp*, pp.112~113.

에서 근거지어진 중요한 매개들을 찾는 경향이 있는 반면—진기하게도 위작이긴 하지만 칼데론의 영향 아래 카롤링거 왕조시기의 역사소재를 다룬 그의 미완성작이 『기독교에 근원한 비애극』(*Trauerspiel aus der Christenheit*)이라는 제목으로 씌어진 것은 이유가 없는 것은 아니었다—, 실러는 드라마를 독일 이상주의가 이해한 역사의 정신에서 근거지우려 한다. 일반적으로 그의 드라마들이 위대한 작가의 문학작품으로 평가될지라도 그가 자신의 드라마를 통해 아류적인 형식을 세상에 내놓았다는 것은 부인할 수 없는 일이다. 이 경우 그는 역사의 테두리 안에서 운명을 개인적 자유의 대립물로 성찰할 수 있는 가능성을 의고전주의에서 발견한다. 그러나 이러한 노력을 계속해서 해 나감으로써 그리고 낭만주의 운명극을 『메시나의 신부』에 적용시킴으로써 그는 필연적으로 비애극의 유형에 다가간다. 그가 이상주의적인 일반원리에도 불구하고 『발렌슈타인』(*Wallenstein*)에서는 점성술적인 것에, 『오를레앙의 처녀』(*Jungfrau von Orleans*)에서는 칼데론식의 기적의 작용에, 『빌헬름 텔』에서는 칼데론식의 연극도입부의 모티프에 의존한다는 것은 그의 탁월한 예술이해의 증표이다. 물론 운명극에서건 그 밖에 다른 곳에서건 간에 비애극의 낭만적인 형식은 좀처럼 칼데론의 재판(再版) 이상이 될 수 없었다. 이 점을 두고 괴테는 칼데론의 작품이 실러에게 위험한 것이 될 수 있다고 말한 것이다. 그가 『파우스트』의 마지막에서 칼데론마저 능가하는 힘으로, 실러가 절반은 마지못해 절반은 스스로를 억누르지 못해 이끌렸다고 느꼈을지도 모르는 바를 의식적이고 냉철하게 전개시켰을 때, 그는 정당하게도 스스로가 이러한 위험으로부터 안전하다고 생각할 수 있었다.

국가대사극, 인형극

역사 드라마의 미학적인 난제들은 가장 급진적이고 따라서 가장 세련되지 못한 형태, 즉 국가대사극에서 가장 명료하게 드러난다. 그것은 박학함에 기반을 두고 만들어진* 북부의 비애극에 대한 남부의 대중적인 반대유형이다. 이러한 특별한 통찰은 아니더라도 이 장르에 대한 그어떤 통찰의 유일한 증거는 특이하게도 낭만주의에서 연원한다. 『독일인들의 시문학과 언변술』(*Poesie und Beredsamkeit der Deutschen*)에 대한 역사적인 서술 속에서 문학자 프란츠 호른은 물론 국가대사극이라는 주제에만 머물고 있지는 않지만 놀라운 이해력을 가지고 이 장르를 파악하고 있다. 그는 다음과 같이 말한다. "펠템**의 시대에 이른바 국가대사극은 특히 인기가 있었지만 거의 모든 문학사가는 특별한 설명도 덧붙이지 않은 채 이 장르에 대해 조롱을 퍼부어댔다.—이 연극은 진정으로 독일적인 근원을 갖고 있으며 전적으로 독일적인 특성에 적합한 것이다. 이른바 순수 비극적인 것에 대한 애정은 드문 일이었다. 그러나 매우 심사숙고하는 성향을 가진 사람들한테서 가장 활발히 나타나곤 하는 낭만적인 것에 대한 선천적인 충동은 익살극에서 얻는 즐거움과 같은 풍부한 자양분을 원했다. 하지만 이러한 모든 장르에도 불구하고 완전히 충족되지는 않는, 독일인들에게 고유한 경향이 있으니 그것은 보편적인 진지함, 장중함의 경향, 때론 확대하고자 하고 때론 격언식의 간결함을 추구하는 경향, 그리고 세밀함을 지향하는 경향이다. 이를 위해 사람들은 이른바 국가대사극을 고안해냈는데 구약

---

* 바로크 시대의 작가들은 뚜렷한 엘리트 의식을 지니고 있었으며 그리스어와 라틴어에 능통한 것은 물론 매우 광범위한 지식을 섭렵한 박학한 작가(poeta doctus)였다.
** Johannes Velthem, 1640~93: 유랑극단의 단장이자 연기자.

의 역사적인 사건(?)이나 그리스, 로마, 터키 등이 이 연극에 소재를 제공했다. 하지만 독일적인 소재는 거의 없었다. ……이곳에서는 왕들과 군주들이 금박종이로 된 왕관을 머리에 쓴 채 매우 우울하고 슬픈 모습으로 나타나서는, 연민을 느끼는 관중들에게 통치하는 것보다 더 어려운 것은 없다는 점 그리고 나무꾼이 자신들보다 더 편안하게 잠을 잔다는 점을 확신시킨다. 최고 지휘관과 장군들은 훌륭한 언변을 구사하며 자신들의 위대한 업적을 이야기한다. 공주는 자신에게 어울리게도 매우 정숙하면서도 대개는 장교들 가운데 한 명과 고귀한 사랑에 빠진다. ……대개 악의를 품고 있으며 사악하거나 적어도 음침한 성격의 소유자로 나타나는 대신들은 작가들이 그다지 선호하지 않는 인물들이다. ……어릿광대는 종종 등장인물들에게 매우 성가신 존재이다. 그러나 그들은 한마디로 그 자체로는 사멸되지 않는 이러한 패러디의 화신으로부터 벗어날 수가 없다.”[51] 이러한 호소력 있는 묘사가 인형극을 상기시키는 것은 우연이 아니다. 빈에서 활동한 이 국가대사극의 특출한 작가 슈트라니츠키(Stranitzky)는 인형극단의 소유자였다. 남아 있는 그의 텍스트들이 비록 그곳에서 공연되지는 않았을지라도, 이 인형극단의 레퍼토리가 여러 가지 면에서 국가대사극과 연관을 맺고 있었을 것이라 생각하지 않을 수 없다. 아마도 이 장르를 본뜬 패러디 풍의 아류작품들은 인형극 무대에서 자리를 잡았을 것이다. 국가대사극이 변형되어 생긴 이 축소 모델은 이것과 비애극과의 유사성을 특히 잘 보여주고 있다. 비애극이 스페인 식으로 섬세한 성찰을 선택하든지 또는 독일식으로 과장된 제스처를 선택하든지 간에 비애극에는 인형극의 주인공이 본래적으로 지니고 있는 유희적인 기이함이 남아 있다. “파피니아

---

51) Franz Horn, *Die Poesie und Beredsamkeit der Deutschen, von Luthers Zeit bis zur Gegenwart*, Bd.2, Berlin, 1823, p.294ff.

누스와 그의 아들의 시체는 인형으로 표현되지 않았을까? 무대에 끌려 들어온 레오의 시체와 교수대에 누워 있는 크롬웰, 이어튼(Irreton), 브래드쇼(Bradschaw)의 시체는 분명 그랬을 것이다. ……그리고 끔찍한 성물(聖物), 즉 그루지야의 지조 있는 여군주 카타리나의 타버린 머리 역시도 이 경우에 속한다. ……『카타리나』서막에서 의인화된 영원이 등장할 때는 1657년판 제목에 그려진 동판화가 보여주는 것처럼 소도구 전체가 바닥에 흩어져 있다. 왕홀과 주교장(主敎杖) 이외에도 '장식, 그림, 무기 그리고 학술원고'가 놓여 있다. 영원은 자신의 말에 따라 아버지와 아들을 밟고 올라선다.* 영원에 의해 언급된 군주와 마찬가지

---

*『그루지야의 카타리나』서막의 무대지문은 다음과 같다.

"무대는 시체, 그림, 왕관, 왕홀(王笏), 검 등으로 가득 차 있다. 무대 위로 하늘이 열리고 무대 아래로는 지옥이 열린다. 영원이 하늘 아래서 내려와 무대 위에 선다."

이어서 의인화된 "영원"이 등장하여 다음과 같이 말한다.

"근심 가득한 세상에서
고통과 탄식과 앙상한 해골로 둘러싸인 채,
모든 것이 몰락하고
너의 물건이 무로, 너의 즐거움이 쓰라린 울음으로 변할 때
나를 찾는 너희들아!
너희들 눈먼 자들아! 아! 너희들은 어디서 나를 찾을 수 있다 생각하느냐!
너희들은 내 대신 무너지고 사라지고 말 것을
진리 대신 헛된 꿈을 붙잡지 않느냐!
샘물 대신 웅덩이 물을 마시고 원기를 회복하지 않느냐!
(……)
보라, 가련한 자들아! 이 눈물의 골짜기가 무엇인가 보아라.
사람들이 밧줄과 말뚝과 죽음을 가지고 장난을 치는 고문의 집이로다.
내 앞에는 군주가 누워 있고 왕관이 놓여 있다.
나는 왕홀과 지휘봉을 짓밟고 아버지와 아들 위에 올라서 있다.
내게 장식품과 그림과 무기와 학자의 글은
허섭스레기이자 하찮은 먼지일 뿐.

로 이들이 정말로 무대 위에 있었다면 그들은 단지 인형이었을 것이다."[52] 이러한 관점들을 신성모독으로 여겼음이 틀림없는 정치철학은 이 관점들을 검토할 수 있게 해준다. 살마시우스는 다음과 같이 썼다. "그들은 왕의 머리를 공처럼 다루고, 어린이들이 굴렁쇠를 가지고 노는 것처럼 왕관을 가지고 놀며, 군주의 왕홀을 광대의 막대기로 여기고, 최고 권능을 지닌 사법관 징표에 대해 창의 과녁만도 못한 취급을 한다."[53] 인물들이, 특히 왕이 관복을 입고 실제로 등장할 때조차도 그들의 모습은 인형처럼 굳은 인상을 준다. "군주에게 / 자포는 천성과도 같은 것이야. | 그는 왕홀 없이는 병들고 말지."[54] 로엔슈타인의 이 구절은 바로크 무대에 등장하는 지배자와 트럼프 카드의 왕을 비교하는 것을 정당화해준다. 같은 드라마에서 미시프자(Micipsa)는 "왕관이 주는 책무에 버거워하는"[55] 마시니사의 몰락에 대해 말한다. 마지막 예는 하우크비츠의 비애극이다. "짐에게 붉은 벨벳과 / 꽃무늬가 있는 천과 | 검은 공단(貢緞)으로 된 옷들을 다오. 그래야 사람들이 / 옷을 보고 무엇이 짐의 감각을 즐겁게 하고 / | 짐의 몸을 힘들게 하는가를 / 읽어낼 수 있지 않겠느냐. | 창백한 죽음이 마지막 복장을 만들고 있는 / | 이러한 유희 속에서 짐이 어떤 사람이 됐는가 볼지어다."[56]

여기 너희들 위에 희열이 영원하며,

여기 너희들 아래 화염과 굉음이 영원하니,

이것이 나의 왕국이로다. 너희들은 무엇을 소유하고 싶은지 선택하라."〔Andreas Gryphius, *Catharina von Georgien*, hrsg. v. Alois M. Haas, Stuttgart, 1975, pp.13, 16(I, 1ff.)〕

52) Flemming, *Andreas Gryphius und die Bühne*, p.221.

53) Saumaise, *Apologie royale pour Charles*, I, p.25.

54) Lohenstein, *Sophonisbe*, p.11(I, 322~323).

55) Lohenstein, *Sophonisbe*, p.4(I, 89). 〔미시프자는 누미디아의 왕 시팍스를 받드는 신하이다. ─옮긴이〕

희극적 인물인 음모꾼

호른에 의해 조사된 국가대사극의 특징들 가운데 비애극의 연구를 위해 가장 중요한 것은 행정수행 시 발생하는 음모이다. 음모는 고급 문학적인 드라마에서도 자신의 역할을 톡톡히 해낸다. 비르켄은 비애극의 소재로 "자만에 찬 언변/비탄/매장과 묘비"와 더불어 "거짓맹세, 배반……사기, 술책"[57]을 들고 있다. 음모를 꾸미는 조언자는 박학다식한 작가들이 쓴 드라마에서 완전히 자유롭게 행동하는 것이 아니다. 그러한 일은 보다 민중적인 드라마에서 일어난다. 여기서 음모가적인 조언자는 본디 희극적인 인물이다. "정신이 혼란된 법률가이자 왕의 총애를 받는 자인 바브라 박사"가 그러한 예이다. "그의 정치적인 악행과 위장된 소박함은……정치행위가 벌어지는 무대에서 적당한 즐거움을 제공한다."[58] 음모꾼과 함께 희극은 비애극에 도입된다. 그러나 그것은 에피소드 형태로 들어간 것이 아니다. 희극성, 보다 정확하게 말해 순수한 즐거움은 없어서는 안 될 비애의 내면으로서 마치 옷단이나 옷깃에 있는 옷의 안감이 간혹 눈에 띄는 것처럼 때때로 효력을 발휘한다. 희극의 대표자는 비애의 대표자와 연결되어 있다. 광대는 "메시나의 폭군 펠리폰테(Pelifonte)"에게 "노하지 마소서. 우리는 좋은 친구가 아닙니까. 동료라면 서로에게 해를 주지는 않겠지요"[59]라고 말한다. 또는 무대 왼쪽에 익살꾼이 그리고 무대 오른쪽에는 군주가 그려져 있

56) Haugwitz, 앞의 책, *Maria Stuarda*, p.63(V, 75ff.).
57) Birken, *Deutsche Redebind- und Dichtkunst*, p.329.
58) *Die Glorreiche Marter Joannes von Nepomuck*(성 요한 네포무크의 영광스러운 순교), Weiß, 앞의 책, pp.113~114에서 재인용.
59) Stranitzky, 앞의 책, p.276[*Die Gestürzte Tyrannay in der Person deß Messinischen Wüttrichs Pelifonte*(메시나의 폭군 펠리폰테의 폭정의 몰락), I, 8].

는 동판화 위에는 다음과 같은 경구가 씌어져 있다. "무대가 이제 비게 되면/│광대도 왕도 더 이상 의미가 없다네."[60] 사변적인 미학은 순수한 즐거움이 잔혹한 것과 얼마나 가까운 사이인가에 대해 드물게만 설명을 했거나 전혀 그런 적이 없었던 것 같다. 어른들이 질겁할 때 아이들이 웃는 것을 보지 못한 자가 있단 말인가? 사디스트에게 어린아이 같은 웃음과 어른들의 경악이 교대로 나타나는 것과 같은 일을 음모꾼에게서 읽어내는 일이 중요하다. 모네는 이 점을 16세기에 만들어진 예수의 어린 시절을 다룬 한 연극에 등장하는 악한에 대한 훌륭한 묘사에서 밝히고 있다. "이러한 인물이 궁전광대의 초기 형태라는 점은 분명하다. ……이러한 인물의 성격상의 기본특징은 무엇인가? 인간의 오만함에 대한 조롱이다. 이 점이 이 악한을 후대의 무턱대고 웃기려는 인물과 구별짓는다. 어릿광대에겐 그 어떤 순진한 것이 있는 반면, 이 늙은 악한에겐 간접적으로 끔찍한 유아살해를 부추기는 신랄하고 도발적인 냉소가 있다. 여기에 악마적인 것이 놓여 있다. 왜냐하면 이 악한은 말하자면 악마의 일부이기 때문이다. 가능한 한 어린 예수를 살해함으로써 구원을 방해하기 위해 그는 필연적으로 이 연극에 속하게 된다."[61] 만약 바로크 드라마에서 관료가 악마의 자리를 차지한다면 그것은 바로크 드라마 속에서 순교자 극이 세속화되는 상황에 전적으로 적절한 것이다. 모네의 서술에 영향을 받아서인지 빈의 국가대사극을 설명하는 경우에도 음모꾼의 특성은 악한에게로 소급된다. 국가대사극의 광대는 "아이러니와 조롱으로 무장한 채 등장해서는 대개 스카핀이나 리플 같은 자신의 동료들을 기만한다. 그리고 음모를 관리하는 일을 떠맡기를 주저하지 않는다. ……우리 시대의 세속연극에서처럼 이미 15세기 종

---

60) Filidor, *Trauer- Lust- und Misch-Spiele*, 표지.
61) *Schauspiele des Mittelalters*, hrsg. und erklärt von Franz Joseph Mone, p.136.

교극에서는 악한이 희극적인 인물역할을 떠맡았다. 요즘과 마찬가지로 당시에도 이 역할은 작품의 구조에 완전하게 맞아 떨어졌으며 줄거리 전개에 결정적인 영향을 미쳤다."[62] 여기서 상정되어 있듯이 이 역할은 전혀 다른 특징들을 결합해놓은 것이 아니다. 잔혹한 장난은 무해한 즐거움만큼이나 원초적이다. 그리고 바로 음모꾼이라는 인물 덕분에 종종 뻣뻣하고 서투르게 진행되는 비애극은 진정으로 심오한 경험의 토양과 맞닿게 된다. 그러나 군주의 슬픔과 그의 조언자의 쾌활함이 매우 가깝게 함께 있다면 이는 궁극적으로는 이것들 속에 사탄영역의 두 영역이 드러나기 때문이다. 허울만 좋은 비애의 신성함은 윤리적인 인간의 몰두하는 행위를 매우 위협적인 것으로 만든다. 하지만 뜻밖에도 비애는, 가감 없이 악마의 추한 얼굴을 드러내는 희희낙락함과는 달리, 완전한 절망 속에서 희망이 없는 것은 아니다. 독일 바로크 드라마의 예술적 한계는 이러한 중대한 관계를 표현하는 일이 민중적인 드라마에 맡겨져 있다는 데서 가장 적나라하게 드러난다. 반면 영국에서 셰익스피어는 악마적인 광대의 오래된 도식에 기초하여 이아고(Iago)와 폴로니우스(Polonius) 같은 인물들을 만들어냈다. 이들과 함께 희극(Lustspiel)은 비애극 속으로 들어간다. 비극과 희극(Komödie)이 서로 대립하는 그만큼 이 두 형식〔비애극과 희극〕은 과도기를 거쳐 경험적으로뿐만 아니라 그 형성원칙 면에서도 서로 강하게 결합되어 있는데, 이 두 형식의 친화성이 그렇게 강하기에 희극이 비애극 속으로 들어가는 것이다. 결코 비애극이 희극 속에서 전개될 수는 없을 것이다. 다음과 같은 이미지를 떠올리는 것이 적절하다. 즉 희극은 자신을 작게 만들어 비애극 쪽으로 건너가 그 안에 들어가는 것이다. "나는 이승의 피조물이자 피할 수 없는 죽음의 장난에 불과하다"[63]라고 로엔슈타인

---

62) Weiß, 앞의 책, p.48.

은 쓰고 있다. 다시금 우리는 성찰된 인물들의 축소를 기억해야 한다. 희극적인 인물은 요설가(饒舌家)이다. 그는 자신의 성찰 속에서 스스로 꼭두각시가 된다. 비애극은 시학규칙에 맞는 예들을 보여줌으로써가 아니라 유희적인 과도기 형태로 자신 속에 희극의 특징이 울리게 함으로써 자신의 높은 지위에 다다른다. 그래서 칼데론과 셰익스피어는 뻣뻣한 유형의 인물밖에 만들어내지 못한 17세기의 독일인들보다 의미 있는 작품을 창작했던 것이다. 노발리스는 "희극과 비애극 둘 다 이익을 보고 이 두 형식은 섬세하고 상징적인 결합을 통해 비로소 문학적으로 된다"[64]라고 말하는데, 이는 적어도 비애극에 관한 한 전적으로 올바른 언급이다. 그는 셰익스피어의 천재적인 능력을 통해 자신의 요구가 충족되어 있음을 본다. "셰익스피어 속에서 시문학은 반(反)시문학(Antipoesie)과, 조화는 부조화와 서로 교체되며 비열한 것, 저열한 것, 추한 것은 낭만적인 것, 보다 고상한 것, 아름다운 것과, 또 현실적인 것은 상상적인 것과 자리를 바꾼다. 이것은 바로 그리스 비극과는 반대되는 경우이다."[65] 사실 독일 바로크 드라마의 진지함은 그리스 드라마로부터 결코 이끌어질 수는 없지만 후자를 참고함으로써 해명될 수 있는 몇 안 되는 특징들 가운데 하나일 것이다. 질풍노도기는 셰익스피어의 영향 아래 비애극에서 희극의 내면을 다시 분명히 보여주고자 했으며 곧바로 희극적인 음모꾼을 다시 설정했다.

---

63) Lohenstein, "Hyachinthen"(히아신스), in: *Blumen*, p.47〔"Redender Todten-Kopff Herrn Mattäus Machners"(마테우스 마흐너 씨의 말하는 해골)〕.

64) Novalis 〔Friedrich von Hardenberg〕, *Schriften*, hrsg. von J〔akob〕 Minor, Jena, 1907, Bd.3, p.4.

65) Novalis, 앞의 책, p.20.

운명극에서 운명개념

독일 문학사는 바로크 비애극과 일가를 이루는 국가대사극, 질풍노도기의 드라마, 운명극을 다루는 데 냉담했다. 그 이유는 대상에 대한 몰이해에 있는 것이 아니라 적대감에 있다. 이 적대감의 대상은 이 예술형식이 지닌 형이상학적 효소들이 함께할 때 비로소 제 모습을 드러낸다. 언급된 형식들 가운데 운명극이 가장 정당하게 이러한 냉담함, 아니 멸시를 받는 것처럼 보인다. 이러한 멸시는 이 장르의 몇몇 후기 작품들의 수준을 놓고 본다면 정당하다. 그러나 종래의 견해는 이 드라마들의 도식에 근거한 것이지 자칫하면 부서지기 쉬운 개별 사항들의 목록에 기초한 것이 아니다. 따라서 이 개별 사항들을 살펴보는 것은 필수불가결한 일이다. 왜냐하면 이미 위에서 암시된 바 있듯이 이 도식은 바로크 비애극의 그것과 매우 유사하기에 전자는 후자의 한 가지 변형으로 파악되어야 하기 때문이다. 더욱이 이 점은 칼데론의 작품에서 매우 분명하고 의미 있게 드러난다. 비극적인 것에 대한 폴켈트의 이론이 자신의 대상영역의 모든 진정한 문제들을 부인하면서 그랬던 것처럼, 이렇게 번성하는 드라마의 영역을 이른바 그 영역의 지배자[칼데론]의 한계에 대해 한탄하는 것으로 비켜갈 수는 없다. 그는 "우리는 이 작가가 엄격하게 가톨릭적인 신앙과 불합리하게 고조된 명예개념의 압력 아래" 있었다는 것을 "결코 잊어서는 안 될 것"[66]이라고 말한다. 이미 괴테는 이와 같은 빗나간 견해에 대해 언급한다. "셰익스피어와 칼데론을 생각해보라! 그들은 미를 판단하는 최고의 재판관석 앞에서도 흠잡을 데 없이 자신을 입증할 수 있다. 만약 그 어떤 영리하고 유별난 사람이 몇몇 구절들 때문에 고집스럽게 그들을 비판한다면, 그들은 웃

---

66) Volkelt, 앞의 책, p.460.

으면서 자신들이 작업을 통해 추구했던 국가와 시대의 모습을 보여줄 것이며 이를 통해 관용을 얻고자 하지는 않겠지만, 상황에 성공적으로 잘 적응한 이유로 새 월계관을 얻게 될 것이다."[67] 즉 그의 한계를 너그럽게 보아 넘기기 위해서가 아니라 그가 지닌 무제약성의 특성을 파악하는 법을 배우기 위해 괴테는 이 스페인 작가에 대한 연구를 요청한다. 이러한 배려는 운명극에 대한 통찰에서 정말로 결정적이다. 왜냐하면 운명이란 순수한 역사적인 사건이 아니듯이 순수한 자연적인 사건도 아니기 때문이다. 운명이란 그것이 이교도적인 것, 신화적인 것으로 위장을 한다 할지라도 오직 반종교개혁 시기 복고신학(Restaurationstheologie)의 정신 속에 있는 자연사적인 카테고리로서 의미가 충만한 것이다. 그것은 역사적인 사건 속에 있는 자연의 근본적인 힘이다. 이 역사적인 사건은 전적으로 자연은 아닌데, 왜냐하면 천지창조의 상태가 아직도 은총의 태양을 반사하고 있기 때문이다. 그러나 그것은 아담의 죄의 늪에서 비치고 있는 것이다. 왜냐하면 벗어날 수 없는 인과관계 그 자체가 운명적인 것은 아니기 때문이다. 사건을 그것이 마치 인과론적으로 필연적인 양 극장에서 전개시키는 과제가 작가에게 부여될 것이라는 견해는 그것이 종종 반복되어 나타난다 할지라도 결코 진실이 될 수 없다. 결정론이 관심을 가지고 대변하려는 테제에 예술이 어떻게 힘을 실어줄 수 있단 말인가? 철학적인 규정들이 예술작품 속에 파고든다면, 이 규정들은 현존의 의미에 대해 언급하는 그런 규정들이다. 그리고 세상사의 자연법칙적인 사실성에 대한 이론들은 그것들이 이 세상사를 총체적으로 파악한다 할지라도 중요한 것이 아니다. 결정론적인 관점은 예술형식을 규정할 수 없다. 그러나 운명에 대한 진정한 사유에 관한 한 사정은 다

---

67) Goethe, *Sämtliche Werke*, Jubiläums-Ausgabe, Bd.34: *Schriften zur Kunst*, 2, pp.165~166(*Rameaus Neffe, Ein Dialog von Diderot*; Anmerkungen).

르다. 이 사유의 가장 중요한 계기는 결정되어 있음(Determiniertheit)
이라는 영원한 의미 속에서 찾아져야 한다. 이러한 영원한 의미에 입각
해볼 때 사건의 결정된 진행이 결코 자연법칙에 따라 이루어질 필요는
없다. 기적이 이러한 영원한 의미를 잘 보여줄 수 있다. 이 의미의 본질
은 사실에 입각한 필연성에 있는 것이 아니다. 운명에 대한 사유의 핵
심은 행위자의 도덕적 결함이라는 의미에서의 죄가 아니라 이러한 사
정에서 항상 피조물에 고유한 죄—기독교적으로 말하면 원죄—라는
의미에서의 죄가 아무리 일시적일지라도 분명하게 드러남으로 해서 그
것이 쉼 없이 펼쳐지는 불행의 수단인 인과성을 불러일으킨다는 확신
에 있다. 운명은 죄의 영역에서 사건의 엔텔레키(Entelechie)*이다. 이
러한 고립된 죄의 영역은 운명을 특징짓고 있으며 이 운명 속에서 모든
의도적인 것과 우연적인 것은 고조된다. 그 결과 복잡한 사건, 예를 들
어 명예와 관련된 복잡한 사건은 그 패러독스한 격렬함으로 인해 운명
이 이 연극을 추동시킨다는 점을 누설한다. 그 누가 "우리가 있을 법하
지 않은 우연, 짜내서 만들어낸 상황, 너무 복잡한 음모에……마주치게
된다면 운명적인 것에 대한 인상은 사라지고 만다"[68]라고 말한다면, 이
것은 완전히 틀린 말일 것이다. 왜냐하면 바로 이 기이하고 매우 부자
연스런 결합이 사건의 상이한 영역 속에 있는 상이한 운명들에 상응하
는 것이기 때문이다. 물론 독일의 운명비극에는 운명을 재현하는 데 필
요한 이러한 사고영역이 결여되어 있다. 베르너와 같은 자의 신학적인
의도는 칼데론의 작품에서 잘 나타나는 이교도적이고 가톨릭적인 인
습, 즉 삶의 작은 이야기들에 별들의 운행에 입각한 마적인 운명의 작

---

* 일반적으로 내적으로 작용하는 형식원칙을 말한다. 아리스토텔레스는 플라톤
  의 형식 및 이념 개념에 의거해서 엔텔레키를 존재하는 것 속에 놓여 있는 형
  상 가능성의 실현으로 파악한다.

68) Volkelt, 앞의 책, p.125.

용을 부여해주는 인습이 결핍되어 있음으로 해서 생기는 한계를 상쇄할 수 없었다. 반면 이 스페인 작가의 드라마에서 운명은 역사의 근본 정신으로서 펼쳐진다. 그리고 어지럽혀진 창조질서의 위대한 복구자인 왕만이 운명을 조절할 수 있다는 점은 논리적이다. 별들의 운행에 입각한 운명과 절대왕권은 칼데론 세계의 두 기둥이다. 반면 독일 바로크 비애극을 특징짓는 것은 비기독교적인 관념의 심각한 빈곤상태이다. 이로 인해, 좀 더 과감하게 말한다면 오직 이 이유로 인해 독일 바로크 비애극은 운명극이 될 수 없었다. 특히 눈에 띄는 것은 존경할 만한 기독교 신앙이 얼마나 점성술적인 전통을 억눌렀는가 하는 점이다. 로엔슈타인의 작품에 나오는 마시니사가 "하늘이 자극하는 일은 아무도 극복할 수 없다"[69]라고 말하고, 또는 "별들과 심성의 상응"이 천체의 운행에 자연이 의존한다는 점을 논하는 이집트의 이론을 불러내고 있기는 하지만[70], 이런 것들은 개별적인 경우들이며 이데올로기적인 것이다. 반면에 중세는 점성술적인 운명에 의한 불행이란 주제를 그리스 비극에서 찾으려 했는데, 이는 운명극을 비극적인 것의 관점에서 바라보는 근대 비평의 오류에 대한 대응물이라 할 수 있다. 11세기 투르의 일데베르*는 그리스 비극을 "전적으로 추한 얼굴이란 의미에서 판단했으며, 이러한 용모는 '운명비극'에 대한 근대적인 관점에 의해 다시금 그리스 비극의 특징이 되었다. 일데베르는 그리스 비극을 거칠고 기계적으로, 또는 중세 시기에 사람들이 고대 이교도적인 세계관에 갖고 있던 평균적인 상에 따라 점성술적인 관점에서 판단한 것이다. 그는 (유감스

---

69) Lohenstein, *Sophonisbe*, p.65(IV, 242).

70) Lohenstein, "Rosen", in: *Blumen, Rosen*, pp.130~131("Vereinbarung Der Sterne und der Gemüther").

 * Hildebert von Tours 또는 Hildebert von Lavardin, 1056~1133: 중세의 대표적인 작가. 1125~33년까지 투르 지역에서 대주교를 지냈다.

럽게도 완성되지는 않았지만) 오이디푸스의 문제에 대해 전적으로 자립적이고 자유롭게 써내려가면서 이를 '수학서'(liber mathematicus)라 불렀다."[71]

자연적 죄와 비극적 죄

운명은 죽음이 있는 쪽으로 굴러간다. 죽음은 형벌이 아니라 속죄이며, 죄지은 삶이 자연적인 삶의 법칙에 종속되어 있다는 것에 대한 표현이다. 종종 비극적인 것에 대한 이론의 중심이 되는 죄는 운명과 운명극에 자신의 거처를 둔다. 비극적인 사건의 진행과정에서 영웅은 고대의 규약에 따라 외부로부터 주어지고 불행을 통해 인간에게 부여된 이 죄를 넘겨받고는 자신의 내면으로 가져간다. 그는 자의식 속에서 죄를 성찰함으로써 마적인 죄의 지배에서 벗어난다. "비극적인 영웅들에게 닥친 운명의 변증법에 대한 의식"이 비극적인 영웅들에게서 추구되었다면 그리고 "신비적인 합리주의"가 비극적인 성찰 속에서 찾아졌다면,[72] 이것이 의미하는 바는, 비록 전체 맥락에서 볼 때 이 점은 의심스럽고 용어도 극도로 문제가 있는 것이기는 하지만, 아마도 영웅의 새롭고도 비극적인 죄일 것이다. 비극적인 질서의 모든 표명들이 그러하듯 이 영웅의 이 죄는 역설적이게도 오직 자부심에 찬 죄의식에 그 본질이 있다. 이러한 죄의식 속에서 영웅적인 인물은 '무구한 자'가 마적인 죄에 노예화되는 상황에서 벗어날 수 있게 된 것이다. 오직 비극적인 영

---

71) Karl Borinski, *Die Antike in Poetik und Kunsttheorie von Ausgang des klassischen Altertums bis auf Goethe und Wilhelm von Humboldt*, in: *Mittelalter, Renaissance, Barock*, Leipzig, 1914(*Das Erbe der Alten. Schriften über Wesen und Wirkung der Antike*, 9), p.21.
72) Lukács, 앞의 책, pp.352~353.

웅이라는 의미에서만 루카치가 다음과 같이 언급했던 바는 타당하다. "외적으로 보았을 때 죄라는 것은 있지 않으며, 있을 수도 없다. 모두가 타인의 죄를 잘못된 일에 연루되는 것이나 우연적인 것으로 여기며, 바람의 숨결이 조금만 달리 불기만 했어도 전혀 다른 모습을 띠었을 그어떤 것으로 여긴다. 죄를 받아들임으로써 인간은 자신에게 일어난 모든 일을 긍정한다. ……고귀한 인간들은……한번 자신의 삶에 속했던 것은 그 어떤 것도 놓아주지 않기 때문에 그들은 비극을 자신들의 특권으로서 소유하고 있다."[73] 이것은 "죄를 짓고 있다는 것은 위대한 인품을 가진 자의 명예이다"라는 헤겔의 유명한 문구가 변형된 것이다. 여기서 문제 되는 것은 언제나 행동에 의해서가 아니라 의지로 인해 죄를 지은 사람들의 죄이다. 반면에 마적인 운명의 영역에서 사악한 우연을 통해 죄 없는 이들을 보편적인 죄의 심연 속으로 내던지는 것은 행위 이외에 그 어떤 것도 아니다.[74] 세대를 거쳐 전해 내려온 오래된 저주는 비극적인 시문학 속에서 영웅적인 인물 스스로가 찾아내어 자신의 내면에 간직한 소유물로 된다. 이런 식으로 오래된 저주는 소멸된다. 반면에 이 저주는 운명극에서 지속적으로 작용을 하고, 따라서 비극과 비애극의 구분 속에서 "비극적인 것이 불안한 유령처럼 잔혹한 '비극들' 속에 나오는 인물들 사이를 이리저리"[75] 떠돌곤 한다는 언급이 해명된다. "운명의 주체는 결정될 수 없다."[76] 따라서 비애극은 영웅을 알지 못하고, 오직 사건의 구도(Konstellation)만을 알고 있다. 『레오 아르메니

---

73) Lukács, 같은 책, pp.355~356.

74) Walter Benjamin, "Zur Kritik der Gewalt", in: *Archiv für Sozial-wissenschaft und Sozialpolitik*, 47(1920/21), p.828(Heft 3; August '21) 참조. 〔발터 벤야민, 「폭력비판을 위하여」, 『선집』 제5권, 도서출판 길, 2008 참조.―옮긴이〕

75) Ehrenberg, 앞의 책, Bd.2: Tragödie und Kreuz, p.53.

76) Walter Benjamin, "Schicksal und Charakter", 앞의 책, p.192. Benjamin,

우스』에 나오는 레오와 발부스, 『그루지야의 카타리나』에 나오는 카타
리나와 샤 압바스, 『카르데니오와 첼린데』에 나오는 같은 이름의 두 인
물, 로엔슈타인의 작품에 나오는 네로와 아그리피나, 마시니사, 소포니
스바 등 이렇게 많은 바로크 드라마에 나오는 주인공들 가운데 대다수
는 비극적이지 않지만 비애를 불러일으키는 드라마에는 적합한 인물들
이다.

소도구

불행은 등장인물들 간에 배분되어 있을 뿐만 아니라, 마찬가지로 사
물들 속에서도 지배력을 갖는다. "운명비극에서 특징적인 것은 전 세대
를 거쳐 저주와 죄가 세습되어 내려온다는 점만이 아니라, 이러한 점
이……파멸적인 소도구와 결합된다는 사실이다."[77] 왜냐하면 일단 인
간의 삶이 적나라한 피조물의 삶 속으로 빠져 들어갔다면 외견상 죽은
사물들의 삶조차도 이 인간의 삶에 대해 힘을 갖게 되기 때문이다. 죄
의 영역 안에서 이 사물들이 작용한다는 것은 죽음의 전조이다. 인간
속에 있는 피조물의 삶의 열정적인 운동, 한마디로 말해 열정 그 자체
는 파멸을 초래하는 소도구를 작동시킨다. 이 소도구는 열정의 진동을
기록하는 지진계와 다름없다. 사물의 본성이 뜻밖에 들이닥친 우연을
통해 나타나는 것과 마찬가지로 운명극에서 인간의 본성은 맹목적인
열정 속에서 표현되며 이 둘은 공히 운명의 법칙 아래 놓여 있다. 이 법
칙은 자신을 기록하는 수단이 적절하면 할수록 보다 분명하게 드러난
다. 따라서 많은 독일 운명극이 보여주듯이 보잘것없는 소도구가 대단

"Goethes Wahlverwandtschaften", 앞의 책, pp.98ff.; Benjamin,
"Schicksal und Charakter", 앞의 책, pp.189~192 참조.
77) Minor, 앞의 책, pp.75~76.

치도 않은 복잡한 사건 속에서 희생자를 압도하는지 또는 그 대신 칼데론의 경우에서처럼 매우 오래된 모티프들이 드러나는지 살피는 일은 전혀 사소한 일이 아니다. 〔칼데론 외에〕 "극적 효과를 그렇게 문학적으로 표현할 수 있는 극작가를"[78] 알지 못한다는 슐레겔의 언급은 이러한 맥락에서 볼 때 타당하다. 칼데론은 이 분야의 대가인데 왜냐하면 극적 효과는 그에게 가장 고유한 드라마 형식, 즉 운명극의 내적인 필연성의 산물이기 때문이다. 이 작가세계의 신비스런 외관의 핵심은 착종되어 있는 운명극의 사건 속에서 소도구가 지속적으로 거침없이 전면에 드러난다는 데 있는 것이 아니라, 열정 자체가 소도구들의 본성을 정확하게 받아들인다는 데 있다. 칼데론의 경우에 질투는 단도와 똑같이 날카롭고 손에 쥔 듯 사용 가능한 것이기 때문에 질투가 소재가 되는 비극에서 단도는 그것을 이끄는 열정과 하나가 된다. 이 작가의 대가적인 면모는 헤롯 드라마와 같은 작품*에서 열정이 근대 독자가 찾고자 하는 행위의 심리학적 동기로부터 매우 정확하게 구분되어 있다는 데 있다. 사람들은 이 점을 알아차렸지만 그것은 오직 이의를 제기하기 위해서였다. "마리암네의 죽음의 동기를 헤롯의 질투로부터 이끌어내는 것이 자연스러운 일이었을지도 모른다. 더구나 대단원은 거부할 수 없을 정도 강력하게 밀려오고 있었다. 그리고 칼데론이 '운명비극'에 적합한 결말을 맺기 위해 의도적으로 이러한 해결에 어긋나게 작업을 했다는 것은 분명하다."[79] 맞는 말이다. 왜냐하면 헤롯은 질투에서 비롯되어 자신의 부인을 죽이는 것이 아니라, 질투에 의해 그녀가 죽기 때문

---

78) August Wilhelm Schlegel, *Sämtliche Werke*, Bd.6, p.386.

  * 칼데론의 운명극 『질투는 가장 끔찍한 괴물』(*El mayor monstruo los celos*, 1635)을 가리킨다.

79) P(eter) Berens, "Calderons Schicksalstragödien", in: *Romanische Forschungen* 39, 1926, pp.55~56.

이다. 질투를 통해 헤롯은 운명에 붙잡히는 신세가 되고, 운명은 단도를 불운이나 불운을 나타내는 징표로 사용하는 것과 마찬가지로 질투를 위험하게 불타오른 인간의 본성으로서 자신의 영역에서 사용하는 것이다. 사건을 물화되고 파편화된 요소로 분해해버리는 우연은 소도구가 갖고 있는 의미에 전적으로 상응한다. 따라서 낭만주의적 운명극이 가장 깊은 의미에서 모든 운명의 질서를 포기하는 고대 비극과 구분된다는 점에서 소도구는 진정한 낭만주의 운명적 드라마의 기준이다.

유령의 시간과 유령의 세계

운명극은 비애극 속에 함축되어 있다. 운명극과 독일 바로크 드라마 사이에는 오직 소도구의 도입 여부 문제만이 있을 뿐이다. 소도구의 배제에서 진정한 고대의 영향, 진정한 르네상스적인 특징이 드러난다. 왜냐하면 고대 드라마에서는 세속적인 사물세계가 자리를 잡고 있지 못하다는 사실보다 고대 드라마와 그 이후의 드라마를 분명하게 구분해주는 것이 거의 없기 때문이다. 독일 바로크의 의고전주의 시기에도 사정은 비슷하다. 그러나 비극이 사물세계로부터 완전히 분리되어 있다면, 이 세계는 바로크 비애극의 지평 위로 중압감을 주며 우뚝 솟아오른다. 박학함을 보여주는 수많은 주석더미의 기능은 실제 사실들이 행동을 짓누르는 악몽임을 암시하는 일이다. 완성된 운명극의 형태에서 소도구는 간과될 수 없다. 운명극에서는 이 소도구 곁에 꿈과 유령출몰과 끔찍한 종말이 있으며, 이 모든 것은 운명극의 근본형식, 즉 비애극에서 항상 나타나는 재료들이다. 가까운 또는 보다 먼 권역에서 죽음을 중심으로 모여드는 이것들은 피안적인, 특히 시간과 관련된 현상으로서 사물세계의 현세적인, 주로 공간적인 현상들과 대립되어 바로크 시기에 완전하게 전개되어 있다. 특히 그리피우스는 유령들과 관련된 모든 것에 매우 커다란 가치를 부여한 바 있다. 독일어는 그리피우스 덕분에 다음과 같은 문장으로 그리스 비극에서 기계장치를 통해 하늘에서 내려오는 신(deus ex machina)을 훌륭하게 변형시킬 수 있었다. "우리가 고대처럼 기계장비를 통해 신을 등장시키는 것이 아니라 무덤에서 유령을 등장시키는 것을 그 누군가가 이상하게 여긴다면, 그는 사람들이 유령에 대해 이따금씩 써온 바를 고려해보아야 한다."[80] 그는 이 주제에 대한 자신의 생각을 「유령에 관하여」(De spectris)라는 논문에서 밝힌 바 있고 또한 밝히려 했다. 이 주제에 대해 확실한 것은 알려져 있지 않다. 유령의 출현과 마찬가지로 미래를 알려주는 꿈은 드라마에 거의 필수적인 구성성분이다. 때때로 독일 바로크 드라마는 마치 서막처럼 이 꿈에 대해 설명하는 것으로 시작한다. 대개 이 꿈은 폭군의 몰락을 예언한다. 당시 극작가들은 고대 그리스의 신탁을 이런 방식으로 독일 연극에 도입했다고 생각했을지도 모른다. 여기서 중요한 것은 이 꿈이 운명의 자연영역에 속한다는 것을 지적하는 것이다. 이 점에서 꿈은 고대 그리스의 신탁들 가운데 오직 특정한 것들과, 특히 대지와 관련된 신탁들과 유사점을 가질 수 있을 것이다. 반면에 이러한 꿈들의 의미가 "관중들이 줄거리와 그것의 비유적인 선취를 분별 있게 비교할 수 있게"[81] 하는 데에 있다고 보는 견해는 단지 지성주의의 망상일 뿐이다. 꿈의 환영 그리고 유령의 활동에서 추론할 수 있듯이 밤은 커다란 역할을 한다. 여기서부터 유령이 출몰하는 밤이 중요한 역할을 하는 운명극까지의 거리는 단지 한 발자국에 불과하다. 그리피우스의 『찰스 1세』, 로엔슈타인의 『아그리피나』는 자정에 사건이 시작된다. 시간의 통일이 종종 강요하는 것처럼 다른 드라마들은 밤에 사건이 일어날 뿐

---

80) Gryphius, 앞의 책, p.265(*Cardenio und Celinde*, 서문).
81) Kolitz, 앞의 책, p.163.

만 아니라, 『레오 아르메니우스』, 『카르데니오와 첼린데』, 『에피카리스』와 같은 드라마에서는 중요한 장면이 밤을 배경으로 함으로써 문학적인 분위기를 자아낸다. 드라마 사건이 밤, 특히 자정과 결합되는 데에는 그 이유가 있다. 자정에 시간이 저울의 바늘처럼 평형을 이룬다는 생각은 널리 퍼져 있다. 영원회귀의 진정한 질서로서 운명은 오직 간접적으로만, 즉 기생적으로만 시간적이라 말할 수 있기 때문에,[82] 운명은 자신을 표명할 시공간을 찾는다. 그래서 이 운명의 표명은 시간의 작은 창인 자정에 이루어진다. 이 테두리 내에서 항상 동일한 유령이 등장하는 것이다. 비극과 비애극 사이에 놓여 있는 간극의 깊이는 장 파울이 인용한 아베 보쉬(Abbé Bossu)의 『서사시 문학론』(*Traité sur la poésie épique*)에 나오는 훌륭한 관찰을 문자 그대로 엄격하게 읽어낸다면 밝혀질 수 있다. 그에 따르면 "어떠한 비극도 밤 속으로 옮겨질 수 없다." 비애극에서 유령이 출몰하는 시간은 모든 비극적인 공판에 요구되는 낮 시간과 대조된다. "이제 유령이 출몰하는 밤의 시간, | 묘지는 하품을 하고 지옥은 | 페스트를 세상에 내뿜는구나."[83] 유령의 세계에는 역사가 없다. 비애극은 죽은 자들을 그 유령의 세계로 보낸다. "아슬프도다, 짐은 죽는다. 그렇다, 저주받은 자여, 짐은 죽는다. 그러나너는 나의 복수를 두려워해야 한다. 지하세계에서도 짐은 분노한 적대자, 복수의 칼을 가는 메시나 왕국의 폭군으로 남아 있겠노라. 짐은 너의 왕위를 뒤흔들고, 부부의 잠자리, 너의 사랑과 만족을 불안에 빠뜨

---

82) Benjamin, "Schicksal und Charakter", 앞의 책, p.192 참조.

83) [William] Shakespeare, *Dramatische Werke* nach der Übers. von August Wilhelm Schlegel u. Ludwig Tiek, sorgfältig revidirt u. theilweise neu bearbeitet, mit Einleitungen u. Noten versehen, unter Redaction von H[ermann] Ulrici, hrsg. durch die Deutsche Shakespeare-Gesellschaft, 6, Bd. 2., aufs neue durchgesehene Aufl., Berlin, 1877, p.98(*Hamlet*, III, 2).

리겠으며, 왕국에 엄청난 손실을 입히겠노라."[84] 사람들은 올바르게도 영국의 셰익스피어 이전 비애극에는 "제대로 된 결말이 없으며, 사건은 강물처럼 계속 흘러간다"[85]라고 파악한 바 있다. 이것은 비애극 일반에 통용되는 말이다. 비애극이 결말을 맺는다고 해서 역사적이고 개인적인 의미에서 비극적인 영웅의 죽음에 주어져 있는 것과 같은 한 시대의 종결이 이루어지는 것은 아니다. 신화의 종말이라는 역사적인 의미가 부가되는 이러한 개인적인 의미는 비극적인 삶은 "모든 삶 중에서 오로지 완전히 현세적인 삶"이라는 말로 특징지을 수 있다. "따라서 비극적 삶의 경계는 항상 죽음과 섞인다. ……비극에서 경계 그 자체인 죽음은 언제나 내재적인 현실이며, 이 내적인 현실과 관련된 각각의 사건과 강고히 결합되어 있다."[86] 비극적인 삶의 형상으로서의 죽음은 개인적인 운명이다. 그런데 죽음은 마치 관계자 모두를 최고 심급의 법정 앞으로 소환하려는 듯이 드물지 않게 공동체적인 운명으로서 비애극 안으로 들어선다. "삼일 내에 그들은 법적인 절차를 받아야 하오. | 그들은 신의 왕좌 앞에 소환되어 있소. | 그들이 자신을 어떻게 변호해야 할지 생각해두라 하시오."[87] 비극적 영웅이 자신의 '불멸성'이라는 면에서 목숨이 아니라, 오직 이름만을 구제한다면, 비애극의 인물들은 죽음으로써 이름 붙여진 개인성만을 잃을 뿐이지 역할의 활력을 상실하지는 않는다. 이 활력은 유령의 세계에서 줄어들지 않은 채 다시 살아난다. "다른 작가에게 그 어떤 '햄릿' 이후에 그 어떤 '포틴브라스'(Fortinbras)* 를 쓸 착상이 떠오를 수 있다. 아무도 내가 인물 전체를 지옥이나 천상

84) Stranitzky, 앞의 책, p.322(*Die Gestürzte Tyrannay in der Person deß Messinischen Wüttrichs Pelifonte*, III, 12).
85) Ehrenberg, 앞의 책, Bd.2, p.46.
86) Lukács, 앞의 책, p.345.
87) Friedrich Schlegel, *Alarcos. Ein Trauerspiel*, Berlin, 1802, p.46(II, 1).

에서 서로 모이게 해서 서로간에 새로운 결말을 짓게 하는 것을 막을 수는 없다."[88] 이 언급을 한 저자가 간과한 것은 이러한 점이 언급된 작품의 소재는 말할 것도 없고 언급된 작품에 의해 조건지어져 있는 것이 결코 아니라 비애극의 법칙에 의해 조건지어져 있다는 점이다. 『햄릿』처럼 항상 새로이 비평적 관심의 대상이 되어왔던 위대한 비애극을 두고 볼 때, 비평이 이러한 비애극을 심판하기 위해 사용하는 비극이란 부적절한 개념은 이미 오래전에 처분되었어야 했다. 만약 햄릿의 죽음과 관련하여 "자연주의와 자연모방의" 마지막 "잔재", "비극작가가 죽음을 생리학적으로 근거지우는 것이 자신의 과제가 전혀 아니라는 점을 망각하게 만드는 이 잔재"의 출처가 셰익스피어라고 추정한다면 그 결과는 어떠하겠는가? 또 『햄릿』의 경우에 "죽음이 갈등과는 전적으로 관련이 없다"라고 주장한다면 어떻게 되겠는가. "삶을 부정하는 것 외에 달리 현존의 문제를 찾을 수 없었기에 내적으로 몰락하는 햄릿은 독이 묻은 펜싱용 칼에 찔려 죽는 것이다! 즉 전적으로 외적인 우연에 의해 죽는 것이다. ……엄밀하게 본다면 햄릿이 죽는 이런 소박한 장면은 드라마의 비극을 완전히 무효화시킨다."[89] 이러한 언급은 철학적 식견을 갖추고 있다는 거만함을 가지고 한 천재의 작품들에 침잠하지 않는 비평의 산물이다. 햄릿의 죽음은 햄릿이 아이아스(Ajax)와 공통점이 없는 만큼이나 비극적인 죽음과 관련이 없으며, 그 외관의 격렬함으로 말미암아 비애극에 특징적인 것이 된다. 그리고 이 죽음은 오스릭(Osrik)*과의 대화에서 알 수 있듯이, 햄릿이 숨 막히는 운명의 무거운

* 셰익스피어의 『햄릿』에 나오는 노르웨이의 왕자. 햄릿은 결국 모든 재앙을 끌고 온 숙부 클로디어스와 함께 최후를 맞게 되고, 햄릿이 죽은 뒤 포틴브라스가 그의 왕국을 넘겨받으며 새 질서가 세워질 것임이 암시되면서 비극은 막을 내린다.
88) Albert Ludwig, "Fortsetzungen. Eine Studie zur Psychologie der Literatur", in: *Germanisch-romanische Monatsschrift* 6 (1914), p.433.
89) Ziegler, 앞의 책, p.52.

공기를 깊이 들이마시려 한다는 오직 그 이유 때문에 이 죽음의 대가 (大家)에게 걸맞는 것이 된다. 햄릿은 우연적인 사건에 휘말려 죽는다. 마치 운명적인 소도구들이 그것들을 지배하고 그것들에 통달한 자인 햄릿 주위에 모이듯이 이 비애극의 종결부에서는 운명극이 비애극 속에 포함되어 있으면서도 물론 그 속에서 극복된 것으로서 번쩍인다.—아무리 불확실하더라도 비극은 그 어떤 결단과 함께 끝나지만, 비애극의 본질 특히 죽음의 장면의 본질에는 순교자들의 항소가 놓여 있다. 매우 적절하게도 사람들은 셰익스피어 이전 비애극의 언어를 "피비린내 나는 소송서류상의 대화"[90]라고 표현한 바 있다. 사람들은 법적인 것에 대한 부연설명을 계속할 수도 있을 것이며 중세 소송문학(Klageliteratur)의 의미에서 피조물로서의 인간의 소송에 대해 이야기할 수도 있을 것이다. 죽음에 대한 또는 그 밖의 누군가를 향한 피조물의 고소는 비애극의 종결부에서 단지 절반만 다루어진 채 서류에 기록된다. 재수용은 바로크 비극에 내재되어 있으며 때때로 잠재적인 상태에서 벗어나기도 한다. 물론 이것은 오직 스페인 드라마의 보다 풍부한 전개 속에서만 일어나는 일이다. 『인생은 꿈』에서는 근본상황의 반복이 중심에 놓여 있다.—17세기의 비애극은 항상 반복해서 동일한 대상들을 다루며 그것들이 반복될 수 있다는, 아니 반복될 수밖에 없다는 식으로 처리한다. 항상 똑같은 이론적 선입견에 사로잡힌 채 사람들은 이 점을 오해했으며 로엔슈타인이 비극적인 것에 대해 "기이한 오류들"을 범했음을 밝히려 했다. 예컨대 그 오류란 "행위의 비극적인 효과는 비슷한 사건들이 부가됨으로써 행위의 반경이 넓어질 때 강화된다고 생각하는 오류이

---

* 『햄릿』에 나오는 조신으로 덴마크의 왕 클로디어스가 레어티스와 햄릿의 검술시합에서 햄릿이 이기는 쪽으로 내기를 걸었으며 햄릿이 내기에 응한다면 곧 시합이 이루어질 것이라는 말을 햄릿에게 전한다.

90) Ehrenberg, 앞의 책, Bd.2, p.57.

다. 왜냐하면 새로운 중요한 사건들을 첨예화시켜 진행을 입체감 있게 만들어내는 대신 로엔슈타인은 자신의 드라마에 중심적인 요소들을 예전 것과 비슷하면서도 자의적으로 만든 당초무늬 같은 것으로 장식하기를 좋아한다! 마치 대리석으로 된 인물상에 극히 정교하게 만들어진 사지(四肢)를 더 만든다면 그 조각상이 더 아름다워진다는 듯이 말이다!"[91]——이러한 드라마들의 막의 수는 홀수가 아니어야 했다. 이는 그리스 드라마에 기대어 그렇게 된 것이다. 그것은 오히려 드라마에서 묘사되는 사건들이 반복 가능한 것이라는 의미에서 짝수가 알맞다. 적어도 『레오 아르메니우스』에서 행위는 4막으로 끝난다. 근대 드라마는 3막이나 5막의 도식에서 벗어남으로써 바로크 시대의 한 경향을 승리로 이끈다.[92]

91) Müller, 앞의 책, pp.82~83.
92) Conrad Höfer, *Die Rudolstädter Festspiele aus den Jahren 1665~67 und ihr Dichter. Eine literaturhistorische Studie*, Leipzig, 1904(*Probefahrten*, I), p.141.

나는 그 어디에서도 평안을 얻지 못하고 / 스스로와 다투어
야 하지 /
나는 앉아 있건 / 누워 있건 / 서 있건 간에 / 언제나 생각에
잠겨 있네.

• 안드레아스 체르닝,「멜랑콜리가 스스로 이야기하다」
(Melancholey Redet selber)[1]

의인론, 아파테이아, 멜랑콜리

바로크의 위대한 독일 극작가들은 루터주의자들이었다.* 수십 년간
의 반종교개혁적인 복고시기에 가톨릭이 자신의 원칙이 지니고 있는
모든 힘을 모아 세속적인 삶 속으로 침투해 들어갔다면, 애초부터 루터
교는 일상에 이율배반적인 입장을 취하고 있었다. 루터교가 '선행'으로

---

1) Andreas Tschering, *Vortrab Des Sommers Deutscher Getichte*, Rostock,
   1655. 〔쪽수표시 없음.〕
* 이 단락의 제목에서 의인(義認, Rechtfertigung, 정당화)은 기독교의 은총이론
   에서 핵심이 되는 개념으로서, 인간의 타락 이후 파괴된 인간과 하나님과의 관
   계를 복원하는 것을 의미한다. 이것은 바울의 신학적 관점을 대변하는 핵심어
   이다. 루터는 바울에 의거하여 이러한 복원은 오직 예수 그리스도에 의해 이루
   어진 것이며, 기독교인은 선업이 아니라 오직 믿음을 통해서만 하나님과의 원
   래적인 관계를 복원할 수 있다고 주장했다.

부터 등을 돌린 것은 그것이 가르친 시민적 삶의 엄격한 윤리성과 대조된다. 루터교는 선행을 통해 특별하고도 영적인 기적이 생길 수 있는 가능성을 부인하고 영혼을 믿음의 은총에 의존하게 하고 세속적인 국가영역을 종교적으로 볼 때 단지 부차적이며 시민적 덕을 입증해야 할 삶의 시험장으로 만든다. 이로써 그것은 일반 사람들에게 의무에 대한 엄격한 순종심을 주입시켰지만, 위대한 인물들의 마음속에는 우울함을 심어놓았다. 마지막 20년 동안 점점 더 무거워지는 영혼의 하중을 받으며 살았던 루터조차도 선행에 대한 맹렬한 비난에 반발했다. 물론 그는 '믿음'을 통해 이러한 난관을 넘어설 수 있었지만, 믿음은 삶이 공허해지는 것을 막지는 못했다. "만약 자신에게 주어진 시간을 사용해서 얻은 이익이, 또 자신의 최고 재산이 | 단지 잠자고 먹는 것에 불과하다면, | 인간이란 도대체 무엇이란 말인가? 한갓 짐승에 불과한 것이다. | 우리를 창조하실 때 | 전후를 잘 살펴볼 수 있는 사유능력을 함께 주신 신께서는 | 분명 묵혀두어 곰팡내나 나도록 하기 위해 | 우리에게 능력과 신적인 이성을 | 부여하신 것은 아닐 것이다."[2] 이러한 햄릿의 말은 비텐베르크의 철학*이자 그것에 대한 반란이다. 공덕을 쌓고 속죄를 한다는 선행의 의미뿐만 아니라 궁극에 가서는 선행 자체를 거부하는 이러한 과도한 반작용에서 독일적인 이교정신과 운명종속에 대한 어두운 믿음의 일단이 드러난다. 인간의 행동은 일체의 가치를 박탈당한 것이

---

2) Shakespeare, 앞의 책, pp.118~119(*Hamlet*, IV, 4).

* 루터는 1512년 비텐베르크 대학교에서 신학박사가 되었으며 그곳 대학교수로서 성서강의를 한다. 1517년 그는 비텐베르크의 성교회에서 면죄부의 효력을 반박하는 95개조의 테제를 공표한다. 바르트부르크에 피신해 있던 루터는 1522년 비텐베르크에서 종교개혁이 급진적으로 전개되자 그곳으로 돌아와 그 방향을 온건한 쪽으로 이끈다. 그는 말년에 이르기까지 비텐베르크 대학교에서 강의를 계속했다. 『햄릿』에서 덴마크의 왕자 햄릿은 비텐베르크에서 대학생활을 보냈다.

다. 따라서 새로운 것이 생겨났는데 그것이 바로 공허한 세계이다. 칼뱅주의는 그 음울한 성격에도 불구하고 세계가 그렇게 되는 것은 있을 수 없는 일이라는 점을 파악했으며 이 점을 그 어떤 것으로 변형시켰다. 루터주의적인 믿음은 의심스런 눈초리로 이러한 단순화를 바라보았으며 그것에 반대했다. 믿음이 칼뱅주의에서처럼 입증될 필요조차 없는 것이었다면 인간의 삶은 어떤 의미를 갖고 있었던 것일까?* 한편으로는 믿음이 적나라하고, 절대적이며 효력을 발휘하는 반면, 다른 한편으로는 인간의 행동들 간에 아무런 차이도 없다면? 그 대답은 당시 부흥하고 있었으며, 정신적으로 풍부함을 지닌 사람들의 삶의 혐오(taedium vitae)와 대조를 이루고 있었던 도덕, 즉 '작은 일에 대한 충실', '정직한 삶'과 같은 것에 몰두했던 평범한 사람들의 도덕을 빼놓고는 달리 찾아질 수 없었다. 왜냐하면 깊이 생각하는 자들은 자신이 불완전하고 거짓된 행동의 폐허더미라는 현존 속에 있음을 보기 때문이다. 삶은 스스로 이를 박차고 나온다. 삶은 자신이 믿음을 통해 단지 무가치한 것으로 되기 위해 존재하는 것이 아니라는 것을 깊이 느끼게 된다. 현존하는 것 모두가 그렇게 진행될 수 있을 것이라는 생각으로 인해 삶은 공포에 휩싸인다. 삶은 죽음에 대한 생각 앞에서 경악한다. 비애란 마음의 기본적인 태도인데, 그 속에서 감정은 공허한 세계를 가면처럼 굳은 모습으로 되살려내어 이 공허한 세계를 바라보는 것에서 불가사의한 만족을 얻으려 한다. 각각의 감정은 그 어떤 선험적인 대상과 결합되어 있으며 이 대상의 서술이 각 감정의 현상학이다. 비극의 이론에 대한 대응물로서 파악될 수 있도록 모습을 드러내는 비애의 이론은 따라서 오직 멜랑콜리적인 인간의 시선 아래 드러나는 세계의 묘사 속

---

* 칼뱅주의에 의하면 죄인으로서의 인간의 구원은 전적으로 신의 결정에 달려 있다. 신은 자신이 선택한 인간들에게만 믿음을 선사하고 죄를 사해주는 것이다.

에서만 펼쳐진다. 왜냐하면 감정은 그것이 아무리 자아에게 애매한 모습으로 나타난다 할지라도 운동성이 있는(motorisch) 반사적 태도로서 구체적으로 구조지어진 세계에 대답하기 때문이다. 비애극을 지배하는 법칙들이 일부는 전개된 채로 또 일부는 함축된 형태로 비애의 중심에서 발견된다면, 이러한 법칙들을 서술하는 것은 작가나 관중의 감정상태가 아니라 경험적인 주체에서 벗어나 풍부한 대상에 내적으로 결합되어 있는 감정에 전념하기 위해서이다. 운동성이 있는 태도는 의도의 위계 안에서 자신에게 적절한 자리를 차지하고 있으며 감정이라고 불리는데, 그 이유는 단지 감정이 이 위계 안에서 최고의 자리가 아니기 때문이다. 이 자리를 특징짓는 것은 놀랄 만한 의도의 집요함이다. 모든 감정들 가운데 비애감을 제외로 한다면 이러한 집요함은—이것은 유희적으로 하는 이야기가 아닌데—아마도 오직 사랑에만 고유할 것이다. 왜냐하면 격정의 영역에서는 의도와 대상 간의 관계가 드물지 않게 친근함과 낯섦 사이에서 변화하는 반면, 슬픔은 자신의 의도를 특별하게 상승시키고 지속적으로 침잠시킬 수 있는 능력이 있기 때문이다. 생각에 잠기는 일은 슬픈 사람에게 고유한 것이다. 이러한 의도는 대상으로 나아가는 거리에서, 아니 대상 자체 내에 나 있는 길에서 매우 천천히 그리고 권력자들의 행렬처럼 장엄하게 앞으로 나아간다. 경건한 가정생활의 제약으로부터 탈출하는 일이 그렇듯이, 국가대사극의 화려함에 대한 열렬한 관심도 장중함에 끌리는 심원한 명상의 경향에 기인한다. 그리고 이 경향 속에서 이러한 관심은 자신의 리듬을 다시금 인식한다. 바로크 시기 언어에서 찬란하게 드러나 있는 슬픔과 과시의 친화성은 그 근원 가운데 하나가 여기서 찾아질 수 있다. 침잠의 경우도 마찬가지이다. 그것 앞에서 연대기적 세계사의 거대한 상황들은 일종의 유희로서, 즉 신뢰할 만하게 해독될 수 있는 의미를 위해 주의를 기울일 가치가 있기는 하지만, 그 끊임없는 반복으로 인해 멜랑콜리적 삶의 혐오가 절망적으로 지배하는 것을 촉진하는 일종의 유희로서 모습을 드러낸다. 바로크 시기는 심지어 르네상스의 유산으로부터도 필연적으로 성찰의 경직성 경련을 심화시킬 수밖에 없었던 소재들을 찾아냈다. 물론 기독교라는 공간 내에서 비로소 가능한 것이었지만 스토아적인 아파테이아*에서 비애에 이르는 길은 한 걸음에 불과하다. 바로크 시기의 모든 고대적인 것이 그렇듯이 이 시기의 스토이즘도 의사(擬似)고대적이다. 바로크 시기의 스토이즘의 경우 합리적 비관주의의 수용보다 더 중요한 것은 스토아적인 실천에 의해 인간이 직면하게 된 황량함이다. 격정을 몸 안에서 일으키는 원천인 삶의 물결은 격정을 사멸시킴으로써 잠잠해진다. 이 사멸작업은 한 인간과 주위세계 사이의 거리를 극대화시킨 나머지 결국 그가 자기 몸으로부터도 소외되는 데까지 이르도록 할 수 있었다. 평범하기 그지없는 모든 사물과의 자연스럽고 창조적인 관계가 결여되어 있기 때문에 이러한 병적인 상태 속에서 사물들은 수수께끼 같은 지혜의 암호로 나타난다. 그리하여 자아감 상실의 증후가 심각할 정도로 슬픔에 빠진 상태로서 파악됨으로써 이 병적 상태에 대한 생각은 비교할 수 없을 정도로 풍부한 연관 속으로 들어간다. 이러한 연관에 부합되는 바는 뒤러**의 인물 "멜렌콜리아"(Melencholia)의 주변에 인간활동에 필요한 기구들이 골똘히 생각할 대상으로서 사용되지도 않은 채 바닥에 놓여 있다는 점이다. 이 동판화는 여러 가지 점에서 바로크를 선취하고 있다. 바로크 시대의 인간에서 그러하듯이 이 동판화에서도 생각에 잠긴 자의 지식과 박학한 자의 연구는 내적으로 융합되어 있다. 르네상스 시기는 우주를 탐구하며 바로크 시기는 도서관을 탐구한다. 바로크 시기의 명상은 책의 형태

---

* 스토아 철학의 중심개념으로서 격정에서 벗어난 무관심, 무감정의 상태를 말한다.
** Albrecht Dürer, 1471~1528: 르네상스 초기 독일의 화가 · 판화가 · 소묘가.

로 들어선다. "세상은 자기자신보다 더 방대한 책을 알지 못한다. 그러나 이 책의 가장 고귀한 부분은 인간이다. 신은 인간 앞에서 아름다운 겉표지 그림 대신에 자신과 동일한 형상을 인쇄했을 뿐 아니라 인간을 이렇게 세계란 위대한 책의 나머지 부분에 대한 개요로, 핵심으로 그리고 보석으로 만들었다."[3] '자연이라는 책'과 '시대라는 책'은 바로크적인 숙고의 대상이다. 바로크적인 숙고는 이러한 것들 안에 거주하고 있는 그 어떤 것을 소유하는 것이다. 그러나 여기에는 황제에 의해 월계관을 받았지만 이미 예전부터 페트라르카식의 위엄을 더 이상 지니고 있지 못하고, 자신이 '여가시간'을 즐기는 것을 고상한 태도로 낮추어 보는 작가들의 시민적 편견이 또한 숨겨져 있다. 특히 책은 문자로 풍부하게 표현된 자연무대(Naturschauplatz)에 세워진 영원한 기념비로 여겨졌다. 작가 아이러의 작품을 출판한 자는 작품서문에서 자신이 살던 시대의 멜랑콜리적인 분위기를 강조함으로써 눈길을 끈다. 그는 멜랑콜리의 도전에 대항할 수 있는 비결을 추천할 요량으로 책의 이러한 의미를 언급한다. "온갖 종류의 재료로 만들어진 피라미드들, 기둥들 그리고 조각상들은 시간이 지남에 따라 손상되거나 폭력에 의해 부서지거나 단순히 보잘것없는 것이 된다는 점을 생각해본다면, ……그리고 여러 도시 전체가 가라앉고 물로 뒤덮인다는 점을 생각해본다면, 글과 책은 이러한 몰락으로부터 자유롭다. 왜냐하면 한 나라 또는 한 장소에서 사라지고 파괴된 것을 사람들은 수많은 다른 곳에서 다시 발견할 수 있기 때문이다. 따라서 인간의 경험상 말할 수 있는 바는 책보다 더 오래가고 불변하는 것은 없다는 점이다."[4] "바로크 시기가 취한 인습에 대한 적대감이 질풍노도기의 혁명적인 의지 또는 국가와 공적인

---

3) Samuel von Butschky, "Parabeln und Aphorismen", in: *Monatsschrift von und für Schlesien*, hrsg. von Heinrich Hoffmann, Breslau, Jg.1829, Bd.1, p.330.

삶의 속물성에 대한 낭만주의의 맹공과도 같은 집중을 보이지도 않고",
"바로크 시대의 민족주의"*가 "정치적인 행동과 결합되지 않았다"[5]라
는 사실도 이와 동일한 만족감과 명상의 혼합에 원인이 있다. 음모꾼의
공허한 활동은, 바로크 시대에 오직 정치만을 의미했던 역사의 흉악한
올가미에서 지위가 높은 자를 벗어나게 하는 능력만을 지닌 열정적인
숙고에 대한 위엄 없는 대립물로 여겨졌다. 그러나 사유의 침잠은 너무
나도 쉽게 나락으로 떨어지곤 했다. 멜랑콜리적인 성향에 대한 이론은
이 점을 가르쳐준다.

군주의 우울

바로크가 르네상스로부터 물려받아 거의 200년에 걸쳐 모습이 변해
온 이러한 위엄 있는 유산 속에서, 후대는 시학들이 할 수 있었던 것보
다 더 정곡을 찌르는 비애극에 대한 논평을 소유하게 되었다. 비애극
주위에 비애극으로서의 역사의 서술에 근간이 되는 철학적 사상들과
철학적 신념들이 조화롭게 놓여 있다. 군주는 멜랑콜리적인 것의 범례
이다. 군주조차도 피조물의 상태에 종속되어 있다는 점 이외에 그 어떤
것도 피조물의 허약함을 그렇게 강렬하게 가르쳐주지는 못한다. 『팡세』

---

4) (Jakob) Ayrer, *Dramen*, hrsg. von Adelbert von Keller, Bd.1, Stuttgart,
1865(*Bibliothek des litterarischen Vereins in Stuttgart*, 76), p.4. Butschky,
Wohlbebauter Rosental, pp.410~411도 참조. 〔Jakob Ayrer, 1543~1605:
뉘른베르크 사육제극을 대표하는 마지막 작가. ─옮긴이〕

* 바로크 시기 작가들의 중요한 과제들 가운데 하나는 독일어를 다듬고 정화하
는 것이었다. 또한 영방국가적 절대주의라는 독특한 정치체제와 종파의 분열
그리고 30년 전쟁으로 인한 혼란으로 인해 당시 '독일'이라는 말이 애매모호함
을 지니고 있었지만 작가들은 분명한 민족의식을 지니고 있었다.

5) Hübscher, 앞의 책, p.552.

(*Pensées*)에서 대단한 힘이 실린 구절들 가운데 한 곳에서 파스칼은 이와 같은 확신을 가지고 자신의 시대의 감정에 목소리를 부여한다. "영혼은 자신 속에서 자신이 만족할 만한 그 어떤 것도 발견할 수가 없다. 영혼은 자신에 대해 생각할 경우 자기를 슬프게 하는 것만을 자신 속에서 보게 될 뿐이다. 이로 인해 영혼은 밖으로 퍼져 나가려 하고 외부 사물들을 사용하여 무언가 얻으려 애쓰고 자신의 진짜상태에 대한 기억을 지우려 한다. 영혼의 즐거움은 이러한 망각에 있다. 영혼을 비참하게 만들려면 영혼이 자기자신을 바라보고 자기자신과 함께 있도록 강제하는 것으로 충분하다."[6] "왕의 위엄은 자신이 누구인가를 생각하는 것만으로 이를 소유한 사람을 행복하게 할 정도로 그 자체로 충분히 위대한 것이 아닐까? 보통사람들과 마찬가지로 그도 이러한 생각에서 벗어나 기분전환을 해야 할 필요가 있지 않을까? 나는 한 인간을 행복하게 만드는 것은 그를 집안의 참담한 일로부터 눈을 돌리게 하여 춤을 잘 추는 것에 대한 생각으로 그의 마음을 채워줌으로써 즐겁게 해주는 것이라는 점을 잘 알고 있다. 그러나 왕의 경우에도 이 점은 마찬가지일까? 그는 자신의 위대함을 생각하는 것보다 이러한 덧없는 여흥을 즐김으로써 더 행복해질까? 사람들은 더 즐거운 어떤 일을 그의 마음에 제공할 수 있을까? 그가 편안하고 조용하게 자신을 둘러싸고 있는 왕의 영광을 음미하도록 하는 대신 음악의 리듬에 스텝을 맞추고, 공을 능숙하게 내려놓는 일을 생각하는 것에 그의 영혼이 쏠리게 하는 것은 그의 즐거움을 방해하는 것이 아닐까? 이 점을 시험해보라. 어떠한 감각의 만족도 주지 않고 어떠한 정신적인 배려도 하지 않은 채 또 교제할 사람도 없이 왕으로 하여금 혼자서 한가롭게 자기자신에 대해 생각하도

---

6) B(laise) Pascal, *Pensée*, 1670년 판. 〔(Avec une notice sur Blaise Pascal, (un) avant-propos et la préface d'Etienne Périer)〕, Paris, 연도표시 없음, 〔1905〕, (*Les meilleurs auteurs classiques*), pp.211~212.

록 해보라. 그러면 자기자신을 바라보는 왕은 비참함으로 가득 찬 사람이라는 것이, 그리고 다른 보통사람들처럼 이러한 비참함을 느낀다는 점이 밝혀질 것이다. 따라서 이 점은 매우 조심스럽게 피해진다. 그리고 반드시 많은 사람들을 왕들 주위에 두어 직무가 끝난 후에 오락이 이어지도록 지속적으로 살피게 하고, 그들에게 즐거움과 놀이를 제공할 수 있도록 그들의 모든 여가시간을 주시하게 하여 공허감이 생기지 않도록 한다. 말하자면 그들은 왕이 혼자 있거나 자신에 대해 생각하는 일이 없도록 감시하는 일에 놀라울 정도로 관심을 기울이는 사람들에게 둘러싸여 있다. 이 사람들은 왕이라 할지라도 자신에 대해 생각을 하게 될 경우 불행해진다는 것을 잘 알고 있는 것이다."[7] 독일 비애극은 이러한 사정에 다양한 방식으로 공명한다. 메아리가 울리자마자 그것은 다시 메아리친다. 레오 아르메니우스는 군주의 지위에 대해 다음과 같이 말한다. "그는 자신의 검을 보고도 움츠러들지. 그가 수라를 들 때, | 수정잔에 들어 있던 포도주는 | 독으로 변한다. 날이 지면 | 검은 무리, 불안의 군대가 기어 들어와 | 군주의 침대에서 눈을 부릅뜨고 있다. 마치 자신의 몸을 딱딱한 대지에 맡기고 있는 자들처럼 | 그는 상아로 된 장식을 하고 | 자포를 입고 있어도 편안할 수가 없도다. | 비록 그가 잠깐이나마 눈을 붙일 수 있다 할지라도 | 곧바로 잠의 신 모르페우스가 급습하여 낮에 그가 생각한 것을 밤에 | 끔찍한 그림으로 만들어놓고는 | 피와 몰락한 왕좌와 화재와 비탄과 죽음과 찬탈된 왕관으로 | 그를 경악하게 만드는구나."[8] 그리고 그는 경구형식으로 다음과 같이 말한다. "왕홀이 있는 곳에 두려움이 있도다!"[9] 또 다른 작품은 "슬픔 어린 멜랑콜리는 대부분 궁전에 거처하고 있다"[10]라고 말한다. 이러한

---

7) Pascal, 같은 책, pp.215~216.
8) Gryphius, 앞의 책, p.34(*Leo Armenius*, I, 385 ff.).
9) Gryphius, 같은 책, p.111(*Leo Armenius*, V, 53).

진술들은 군주가 처한 외적인 상황에 적중하는 만큼이나 그의 내적인 상태에 들어맞으며 정당하게 파스칼에 연결될 수 있다. 왜냐하면 멜랑콜리적인 인간은 "처음에는……미친개에 물린 자와 비슷하기 때문이다. 그는 끔찍한 꿈을 꾸며 이유 없이 두려움을 느낀다."[11] 이렇게 뮌헨의 교훈작가 알베르티누스는 『루시퍼의 왕국과 영혼사냥』에서 말한다. 이 작품은 새로운 사변적인 생각들의 영향을 받지 않았기 때문에 대중적인 이해면에서 특징적인 점들을 지니고 있다. 이 책은 또 다음과 같이 말한다. "궁궐은 대개 차고/언제나 겨울이다. 왜냐하면 정의의 태양이 그곳에서 멀리 떨어져 있기 때문이다. 그래서 조신들은 혹독한 추위와/두려움과 비애로 벌벌 떤다."[12] 이들은 알베르티누스가 번역했던 게바라(Guevara)가 서술한 바대로 오명을 뒤집어쓴 신하와도 같다. 그리고 이러한 신하의 모습에서 음모꾼을 생각해내고 또 폭군을 떠올려본다면 궁전의 모습은 영원한 비애의 장소라 불리는 지옥의 모습과 그리 다르지 않다. 추측컨대 하르스되르퍼의 작품에 나오는 "슬픔의 영"[13]도 바로 악마였을 듯 싶다. 공포의 전율을 느끼게 함으로써 인간을 지배하는 이와 같은 멜랑콜리에 당대의 박학한 학자들은 폭군의 필연적인 종말을 유도하는 현상들을 부여했다. 상황의 심각성이 광기 속으로 빠져 들어가는 일은 확실한 것으로 여겨졌다. 그리고 폭군은 자신

---

10) Filidor, *Ernelinde*, 앞의 책, p.138.
11) Aegidius Albertinus, *Lucifers Königreich und Seelengejaidt: Oder Narrenhatz*(루시퍼의 왕국과 영혼사냥 또는 바보사냥), Augspurg, 1617, p.390. 〔Aegidius Albertinus, 1560~1620: 저술가·번역가. 예수회 생도생활을 거쳐 뮌헨의 선제후 막시밀리안 시기에 궁정비서관으로 일함. 그의 저서 『루시퍼의 왕국과 영혼사냥』은 민중적인 언어로 된 교훈서로서 중세 이래 가톨릭교회에 의해 정해진 일곱 가지 대죄, 즉 교만, 인색함, 폭식, 음란, 질투, 분노, 태만을 다룬다.─옮긴이〕
12) Albertinus, 앞의 책, p.411.
13) Harsdörffer, *Poetischer Trichter*, 3. Teil, Nürnberg, 1653, p.116.

이 몰락하는 상황에 이를 때까지도 하나의 모델로 남아 있다. "즉 그는 몸이 살아 있는데도 감각을 잃어버린다. 왜냐하면 그는 자신 주위에서 살고 있고 움직이고 있는 세상을 더 이상 보지도 듣지도 못하기 때문이다. 그가 접하는 것이라고는 그가 미처 날뛰기 시작하고 절망 속에서 사라질 때까지 악마가 그의 머릿속에 칠하고 그의 귀에 불어넣는 거짓말뿐이다." 알베르티누스는 멜랑콜리에 빠진 자의 종말을 이와 같이 말한다. 『소포니스바』에서 비록 기이하기는 하지만 특징적인 점은 알레고리적인 인물인 "질투"를 논박하는 시도가 있다는 점이다. 이 논박은 "질투"의 행동을 멜랑콜리한 자가 광증을 일으키는 모습을 따라 묘사하는 식으로 행해진다. 마시니사에 대한 시팍스의 질투가 충분히 근거지어져 있기 때문에* 이 부분에서[14] "질투"에 대한 알레고리적인 논박이 특이하다는 느낌이 든다면, 확연하게 눈에 띄는 점은 우선 질투의 어리석음이 감각상의 착각을 특징으로 한다는 점이다. 질투는 딱정벌레, 메뚜기, 벼룩, 그림자 등을 사랑의 라이벌로 여긴다. 그런 후 질투는 [의인화된] 이성의 해명에도 불구하고 신화를 기억해가며 이러한 피조물들을 변신을 한 신성한 경쟁자라고 의심한다. 이 모든 것은 열정이 지닌 특성이 아니라 심각한 정신착란의 특징이다. 알베르티누스는 "이런 몽상가들이 난폭한 자 / 폭군 그리고 어린아이 살해범 또는 여인살해범으로 되지 않도록 하기 위해"[15] 멜랑콜리한 자를 사슬로 묶어두라고 분명하게 충고한다. 후놀트의 네부카드네자르도 역시 사슬에 묶인 채 등장한다.[16]

---

* 수도 시르타가 점령되자 소포니스바는 왕국을 위기에서 구하고자 남편 시팍스를 버리고 마시니사와 결혼한다.

14) Lohenstein, *Sophonisbe*, pp.52ff. 참조(III, 431ff.). 〔제3막 뒤에 있는 라이엔 부분을 말함.—옮긴이〕

15) Albertinus, 앞의 책, p.414.

육체와 영혼에 작용하는 멜랑콜리

이러한 증후군에 대한 성문화는 중세 전성기로 거슬러 올라간다. 그리고 콘스탄티누스 아프리카누스*가 지도자로 있던 살레르노 의학학교**가 12세기에 기질론에 부여한 형식은 르네상스 시기에 이르도록 힘을 잃지 않고 있었다. 이 이론에 의거해 멜랑콜리에 빠진 자는 "질투심이 있고, 슬퍼하고, 탐욕스럽고, 인색하고, 신뢰성 없고, 소심하고, 혈색이 나쁜"[17) 것으로 여겨졌으며 멜랑콜리를 일으키는 체액은 "가장 천박한 기질"[18)을 낳는 것으로 여겨졌다. 체액병리학에 따르면 이러한 현상의 원인은 인간의 몸속에 있는 메마르고 차가운 요소의 과잉에 있다. 이 요소는 자연스런 또는 밝은 색의 담즙과 대립되는 비자연적인 또는 검은 담즙, 즉 흑담즙***으로 여겨졌다. 마찬가지로 습기 차고 따뜻한 기질 즉 다혈질적인 기질은 피에 근거를 두고 있으며, 습기 차고 차가운 점액질적인 기질은 물에, 그리고 메마르고 따뜻한 즉 성마른 담즙질적인 기질은 황담즙에 근거를 두고 있다고 생각되었다. 더 나아가 이 이론에 따르면 비장은 해를 끼치는 검은 담즙의 형성에 결정적인 의미를

---

16) Hunold, 앞의 책, p.180(*Nebucadnezar*, III, 3) 참조. 〔『네부카드네자르』 (1704)는 후놀트가 쓴 오페라 대본이다.—옮긴이〕

  * Constantinus Africanus, 1010(?)~87: 베네딕트회의 평수사. 그리스와 아랍어로 된 의학서적들을 라틴어로 번역함.

 ** 이탈리아 살레르노 만에 위치한 유럽에서 가장 오래된 의학학교를 말한다.

17) Carl Giehlow, "Dürers Stich 'Melencolia I' und der maximilianische Humanistenkreis" (뒤러의 동판화 「멜렌콜리아 I」와 막시밀리안 시대의 인문주의자 집단), in: *Mitteilungen der Gesellschaft für vervielfältigende Kunst*: Beilage der 'Graphischen Künste', Wien, 26(1903), p.32(Nr.2).

18) Wiener Hofbibliothek, Codex 5486(1471년 의학원고 모음): Giehlow, 앞의 글, p.34에서 재인용.

*** 멜랑콜리는 검은색을 의미하는 그리스어 형용사 melas와 담즙을 의미하는 명사 cholê의 합성어이다.

지닌다. 그 속으로 흘러 내려가 그곳에서 위험수위까지 증가해가는 '끈적거리고 메마른' 피는 인간의 웃음을 줄어들게 만들고 우울증을 불러일으킨다. 멜랑콜리를 생리학적인 근거에서 설명하는 것은——"아니면 이것은 몸속에 자리 잡고는 자신의 근심을 사랑하는 | 이 피곤한 정신을 슬프게 만드는 망상에 불과하단 말이냐"[19]라고 그리피우스는 쓰고 있다——피조물의 상태에 있는 인간의 비참함이 분명하게 드러나는 바로크 시기에 매우 인상적인 것이었음이 틀림없었다. 시대의 사변적인 사유는 교회의 구속을 통해 스스로가 피조물의 영역의 심연에 묶여 있음을 본다. 그리고 이러한 심연으로부터 멜랑콜리가 드러난다면 그것은 멜랑콜리의 무한한 힘을 설명해준다. 실제로 멜랑콜리는 여러 명상적인 의도들 가운데 원래부터 피조물에 관련된 의도이다. 그리고 이미 사람들은 생각에 빠져 있는 천재의 태도에서보다 개의 시선에서 멜랑콜리의 힘이 더 적게 나타날 이유가 없다는 점을 깨달았다. "주인님, 비애는 금수가 아니라 사람을 위해 만들어진 것이긴 합니다만 인간이 도를 넘어 그것에 매달린다면 인간은 금수가 돼버리고 맙니다요."[20] 산초는 돈키호테에게 이렇게 말한다. 신학 쪽으로 생각의 방향을 잡아볼 때 신학에 고유한 연역적인 추론의 결과라고 볼 수는 거의 없지만 동일한 견해가 파라셀수스에게서 발견된다. "기쁨과 슬픔 / 또한 아담과 이브에게서 태어난 것이다. 기쁨은 이브 속에 있으며 / 슬픔은 아담 속에 있다. ……이브와 같은 / 즐거운 인간은 / 결코 태어나지 않을 것이다. 아담과 같은 슬픈 인간도 / 다시는 태어나지 않을 것이다. 왜냐하면 아담과 이

---

19) Gryphius, 앞의 책, p.91(*Leo Armenius*, III, 406~407).

20) [Miguel] Cervantes [de Saavedra], *Don Quixote*, [Vollst. deutsche Taschenausg. in 2 Bänden, unter Benutzung der anonymen Ausg. von 1837 besorgt von Konrad Thorer, eingel. von Felix Poppenberg,] Leipzig, 1914, Bd.2, p.106.

브의 두 요소가 서로 섞여/슬픔이 기쁨에 의해 완화되고/기쁨이 슬픔에 의해 경감되었기 때문이다. ……분노/폭정/그리고 광포함/부드러움/덕/그리고 겸손함도/또한 이 둘로부터 나온 것이다. 즉 하나는 이브에게서, 다른 하나는 아담에게서 나온 것이다. 이것들은 서로 섞여 모든 후손들에게 분배되었다."[21] 최초로 태어난 순수한 창조물인 아담은 피조물에 고유한 슬픔을 지니고 있다. 그를 기쁘게 하기 위해 창조된 이브는 기쁨을 지니고 있다. 멜랑콜리와 광기의 인습적인 결합은 주목되지 않고 있다. 이브는 원죄를 부추기는 자로 표현되어야 했다. 멜랑콜리에 대한 이러한 음울한 이해는 물론 근원적인 것이 아니다. 오히려 고대 그리스 세계가 이를 변증법적으로 관찰했다. 아리스토텔레스가 쓴 한 대표적인 대목에서는 멜랑콜리 개념 아래 천재성이 광기와 결합되어 있다. 아리스토텔레스의 『프로블레마타』(*Problemata*)의 제30장에서 전개된 것과 같은 멜랑콜리 증후에 관한 이론은 2,000년 이상 영향을 미쳐왔다. 헤르쿨레스 아이깁티아쿠스(Hercules Aegyptiacus)*는 광기에 빠져 몰락하기 전 지고한 행위를 향해 비상하는 천재의 원형이다. "열정적이고 지적인 활동과 그것의 끝없는 쇠락이라는 대립은"[22] 이 양자가 서로 이웃해 있을 경우 언제나 강렬한 공포감을 불러일으키며 관찰자를 끌어들인다. 여기에 덧붙여질 점은 멜랑콜리적인 천재성이 특히 예언적인 것과 관련하여 나타나곤 한다는 것이다. 아리

---

21) Theophrastus Paracelsus, *Erster Theil Der Bücher und Schrifften*, Basel, 1589, pp.363~364. 〔Paracelsus, 1493~1541: 스위스 태생의 의사·연금술사·신비주의자.—옮긴이〕

 * 헤라클레스는 그리스인들에 의해 영웅으로 받아들여지기 이전에 이미 이집트와 페니키아에서 신성을 지닌 존재로서 숭배의 대상이었다.

22) Giehlow, "Dürers Stich 'Melencolia I' und der maximilianische Humanistenkreis", in: *Mitteilungen der Gesellschaft für vervielfältigende Kunst*, 27 (1904), p.72(Nr.4).

스토텔레스의 논문 「꿈을 통한 예언에 관하여」(De divinatione somnium)*에 의거해볼 때 멜랑콜리가 예언적인 능력을 촉진시킨다는 견해는 고대적인 것이다. 이러한 고대적인 근본명제의 잔여물은 멜랑콜리적인 인간들이 꾸는 예언가적인 꿈에 대한 중세적인 전승 속에서 드러난다. 17세기에도 이러한 특징들이 항상 다시 음울한 것으로 변형되어 나타난다. "비애는 일반적으로 앞으로 다가올 모든 불행의 예언가이다." 그리고 체르닝의 아름다운 시 「멜랑콜리가 스스로 이야기하다」도 힘주어 다음과 같이 말한다. "나는 끈적끈적한 피의 어머니/이 세상의 썩어버린 짐. | 내가 누구인가/또 나를 통해 어떤 일이 생길 수 있는가/말해보련다. | 나는 검은 담즙으로/처음에는 라틴어에 속했지. | 이제는 독일어에 속하기도 하지만/나에 대해 알려진 바는 없어. | 나는 광기로 인해 | 모든 예술의 아버지 현명한 푀부스(Föbus)**가 부여한 영감을 받아들인 자처럼/ | 훌륭한 시를 쓰지. | 내가 두려워하는 것이라고는 | 내가 지옥의 영에 대해 무언가 알아내려 하는 것은 아닌가 하고 | 세상이 의심하는 것뿐이야. | 그 밖에 나는/아직 일어나지 않은 일을/예언할 수 있지. | 하지만 나는 언제나 시인이야/ | 내 신세를/내가 누구인지를 노래하지. | 이런 영예를 얻게 된 것은 고귀한 내 피 덕분. | 천상의 영이 내 마음을 움직이면/ | 나는 신처럼 재빨리 사람들의 가슴에 불을 붙인다. | 그러면 그들은 제정신을 잃고/세속적인 것을 초월하는 | 좁은 길을 찾아 나서지. 누군가 시빌(Sibylle)***들의 손에서/ | 무언가를 본다면 그건 내가 그렇게 만든 거야."[23] 분명 하찮게 볼 수 없는 이러한 보다 심오한 인간학적 분석이 오랫동안 영향을

---

* 우리에게는 'De divinatione per somnia'로 더 잘 알려져 있다.
** 태양의 신 아폴론의 별칭.
*** 고대 신화에 나오는 여자 예언가의 이름.
23) Tscherning, 앞의 책, ("Melancholey Redet Selber").

미쳤다는 사실은 놀라운 일이다. 칸트조차도 멜랑콜리한 자의 이미지를 이전 이론가들의 글에서 나타났던 특징들로 채색했다. 칸트의 『미적인 것과 숭고한 것의 감정에 대한 고찰』은 멜랑콜리한 자에게 "복수욕······영감, 환영, 유혹······의미심장한 꿈, 예감, 기적의 증표"[24] 등의 특성을 부여하고 있다.

사투르누스론

살레르노 의학학교에서 고대의 체액병리학은 아랍의 학문을 매개로 되살아났다. 이렇듯 아랍은 멜랑콜리적인 인간에 대한 이론에 자양분을 줄 또 다른 헬레니즘 학문의 보존자, 즉 점성술의 보존자였다. 고대 후기의 점성술에 의존하고 있던 아부 마자르*의 점성술은 별자리에 관한 중세적인 지혜의 근원으로서 제시되었다. 멜랑콜리의 이론은 별들의 영향에 대한 이론과 밀접하게 관련되어 있다. 별들이 미치는 영향들 가운데 최악의 불행을 가져다주는 사투르누스**의 영향만이 멜랑콜리적인 기질을 이끌 수 있었다. 멜랑콜리적인 기질이론에서 점성술적인 체계와 의학적인 체계는 분명 상이할 것이다. 그래서 파라셀수스는 후

---

24) Immanuel Kant, *Beobachtungen über das Gefühl des Schönen und Erhabenen*, Königsberg, 1764, pp.33~34.

 * Abû Ma'šar, ?~885: 이슬람의 의사 · 철학자 · 점성술가. 그의 저서들은 라틴어로 번역되어 중세 후기는 물론 르네상스 시기에도 계속 영향을 미쳤다. 체액에 따른 인간의 기질을 행성과 결합시키는 일은 9세기 아랍 저술가들의 글에서 비로소 분명히 나타난다. 『점성술 입문』에서 아부 마자르는 인간의 체액과 행성을 그 색채의 유사성에 따라 결합시켰다.

** 사투르누스(Saturnus)는 로마시대에 농업과 수확의 신이었다. 그리스 시대의 크로노스(Kronos)에 해당한다. 사투르누스는 수확을 관장하기 때문에 항상 낫을 들고 있는 노인의 모습으로 그려진다. 로마인들은 토성을 사투르누스의 행성으로 보았다.

자로부터 멜랑콜리를 떼어내 오직 전자 속에만 포섭시켰다.[25] 그리고 이 두 영역에서 발전되어 나온 조화로운 사변들이 우연하게 경험적인 특성과 관련을 맺고 있는 것처럼 보임이 틀림없을 텐데도 멜랑콜리에 관한 이론이 도달한 인간학적인 통찰들은 더욱 놀랍고 설명하기 어렵다. 먼 여행을 하고 싶어하는 멜랑콜리적인 인간의 성향 같은 특이한 개별적인 사항들이 등장한다. 따라서 뒤러의 「멜렌콜리아」(Melencolia)의 원경에는 바다가 있고, 로엔슈타인의 드라마에서는 열광적인 이국취미가 나타나며, 여행묘사에 대한 이 시대의 즐거움이 있다. 여기서 천문학에 관련된 추론이 차지하는 위치는 애매모호하다. 하지만 이 행성이 지구에서 멀리 떨어져 있고 이에 따라 공전주기가 길다는 점을 살레르노의 의사들이 생각하는 것처럼 부정적 의미에서 파악할 것이 아니라, 위협적인 별을 가장 먼 곳에 지정하는 신적인 이성에 의거해 은총이 가득한 긍정적 의미로 파악한다면 사정은 달라진다. 다른 한편으로 "가장 높게 떠 있고 일상생활과는 거리가 먼 행성으로서, 모든 심오한 명상의 주창자로서 영혼을 외부에서 내면으로 불러들이고 영혼을 계속해서 보다 높은 곳으로 고양시켜 결국에는 지고한 지식과 예언적인 재능을 부여하는"[26] 사투르누스에 의거해 슬픔에 젖은 자의 우울을 파악할 때도 그렇다. 멜랑콜리에 관련된 원칙들에 매력을 부여하는 이러한 식의 재해석에서 사투르누스에 대한 표상의 변증법적인 특징이 드러난다. 이러한 특징은 놀랍게도 고대 그리스 시기에 파악된 멜랑콜리 개념의 변증법과 관련을 맺는다. 이러한 사투르누스 이미지

---

25) Paracelsus, 앞의 책, pp.82~83, p.86; Paracelsus, *Ander Theil Der Bücher und Schrifften*, pp.206~207; *Vierdter Theil Der Bücher und Schrifften*, pp.157~158 참조. 다른 한편 I, p.44와 IV, pp.189~190도 참조.

26) Giehlow, "Dürers Stich 'Melencolia I' und der maximilianische Humanistenkreis", in: *Mitteilungen der Gesellschaft für vervielfältigende Kunst*, 27(1904), p.14(Nr.1/2).

의 대단히 생기 있는 기능을 밝혀냈다는 점에서 파노프스키와 작슬은 자신들의 훌륭한 연구 『뒤러의 멜렌콜리아 I』(*Dürers Melencholia I*)에서 그들의 모범이 되었던 앞선 연구자가 이루어놓은 발견, 즉 길로가 「뒤러의 '멜렌콜리아 I'와 막시밀리안 시대의 인문주의자 집단」에서 이루어놓은 연구성과들을 완성한 것이다. 이들은 자신들의 저서에서 다음과 같이 말한다. "이 '극한적 상황'으로 말미암아 다른 세 가지 '기질'에 비해 멜랑콜리는 이후 이어지는 세기마다 매우 의미심장하고 문제적이고 부러워할 만하고 섬뜩한 것이 되었다. ……이 상황은 또한 멜랑콜리와 사투르누스 간의 심오하고도 결정적인 상응관계를 근거짓는다. ……멜랑콜리와 마찬가지로 대립의 영, 사투르누스는 영혼에 한편으로는 나태함과 둔감함을 다른 한편으로는 지성과 명상을 부여한다. 멜랑콜리와 마찬가지로 사투르누스도 자신에게 복속되어 있는 자들을 그들이 저명한 자들이라 할지라도 우울함과 광적인 황홀감으로 항상 위협한다.—피치노*를 인용하자면 사투르누스는 '드물게만 평범한 성격이나 운명을 일컬으며 대개는 남다른 사람들, 신성하거나 동물 같은, 더 없이 행복하거나 비참함에 굴복당한 자들을 일컫는다.'"[27] 사투르누스의 변증법에 관해 말한다면 그것은 "오직 크로노스에 대한 신화적인 표상의 내재적인 구조 그 자체에서 찾아질 수 있는 설명"을 요구

---

* Marsilio Ficino, 1433~99: 이탈리아의 의사·인문주의자. 플라톤의 저서를 처음으로 라틴어로 완역했으며, 르네상스 시기 멜랑콜리 이론을 새롭게 하고 체계화했다. 그는 멜랑콜리에 사물의 신비를 인식하도록 인도해주는 신적인 능력을 부여했다.

27) Erwin Panofsky [und] Fritz Saxl, *Dürers 'Melencholia I'. Eine quellen- und typengeschichtliche Untersuchung*, Leipzig, Berlin, 1923(*Studien der Bibliothek Warburg*, 2), pp.18~19. [Erwin Panofsky, 1892~68: 독일의 미술사가. 미국으로 망명하여 1935년부터 프린스턴 대학교에서 강의. 20세기의 대표적인 미술사가로서 도상학의 발전에 큰 기여를 했다. Fritz Saxl, 1890~1948: 빈 출신의 미술사가. 바르부르크의 제자.—옮긴이]

한다. "크로노스에 대한 표상은 외부로 향한 신의 작용에 관련해서 뿐만 아니라 신 자신의 고유한 개인적인 운명에 관련해서도 이중적이다. 이 표상은 그 범위와 강도에서 이중적이기 때문에 크로노스는 바로 극단적인 대립의 신으로 불렸다. 한편으로 그는 황금시대의 지배자이며……다른 한편으로 그는 슬픔에 젖고, 왕위를 잃고 모욕당한 신이다. ……한편으로 그는 수많은 아이들을 만들어내고 (집어삼키며), 다른 한편으로 영원히 아이를 가질 수 없도록 저주를 받는다. 그는 서투른 책략에 속아 넘어가는 흉물이자, 대단히 영리한 자, 미리 생각하는 자, 예언가로 숭상받는 늙고 현명한 신이다. ……사투르누스에 대한 점성술적인 표상의 특수성은 크로노스란 개념에 내재해 있는 양극성에서 그 궁극적인 면이 드러난다. 이 특수성은 결국 유별나게 뚜렷하고 근본적인 이중성에 의해 규정된다."[28] "예를 들어 단테 주석가인 야코포 델라 라나(Jacopo della Lana)는 땅처럼 무겁고, 차갑고, 메마른 별인 사투르누스가 자신의 특성에 의거해 전적으로 세속적인 인간, 힘든 농사일에만 적합한 인간들을 만들어낸다는 것, 또 이와 정반대로 위치상 행성들 가운데 가장 높이 떠 있는 행성으로서 지극히 영적이고 일체의 세속적인 삶에는 등을 돌린 '종교적 명상가'들을 만들어낸다는 것을 언급했다. 이로써 그는 이러한 내재적인 대립을 다시금 매우 명료하게 보여주었으며, 통찰력 있게 이 대립의 근거를 대었다."[29] 이러한 변증법의 공간 내에서 멜랑콜리 문제의 역사가 펼쳐지며, 그것은 르네상스의 마법에서 극점을 이룬다. 멜랑콜리적인 심성의 이중성에 대한 아리스토텔레스의 통찰 그리고 사투르누스의 전통이 불러온 상호대립적인 측면은 중세에 들어와 기독교적인 사변에 순응하여 전적으로 악마적인

---

28) Panofsky u. Saxl, 같은 책, p.10.
29) Panofsky u. Saxl, 같은 책, p.14.

표현을 얻는다. 반면 르네상스 시기에는 원전을 통해 고대에 이루어진 사색의 풍부한 전 결과물들이 새롭게 되살아났다. 길로의 논문의 훌륭한 성과와 그보다 더욱 빛나는 아름다움은 이 논문이 이러한 전환점을 발견하고 극적 반전의 힘을 뿜으며 이 점을 서술한 데 있다. 바르부르크에 따르면, 천재에 관한 이론에 입각하여 고대 사유에서는 결코 이루어진 바 없는 단호함을 가지고 사투르누스적인 멜랑콜리를 재해석한 르네상스에서는 "사투르누스에 대한 두려움이…… 점성술적인 신앙의 중심"[30]에 있다. 이미 중세는 사투르누스적인 관념을 다양하게 변형시켜 자기 것으로 만들었다. 일 년 열두 달의 지배자이자, "시간을 다스리는 그리스의 신이자 수확을 주관하는 로마의 영"[31]은 더 이상 곡식이 아니라 인간을 거둬들이는 데 필요한 낫을 갖고 죽음을 수확을 하는 자가 되었다. 마찬가지로 시간을 지배하는 것은 더 이상 파종, 수확, 겨울철 휴경을 반복하는 계절의 순환이 아니라 모든 생명이 가차 없이 죽음을 향해 나아가는 과정이다. 그러나 신비한 자연에 대한 통찰을 어떻게든 해명하기 위해 노력한 시대에 멜랑콜리의 이미지는 어떻게 하면 사투르누스의 영적인 힘을 캐내고 광기를 피할 수 있는가 하는 문제를 만들어냈다. 중요한 것은 피키누스〔피치노〕와 멜란히톤[32]이 파악한 숭고

---

30) A〔by〕 Warburg, *Heidnisch-antike Weissagung in Wort und Bild zu Luthers Zeiten*(루터 시대 글과 그림에서 나타난 이교적이고 고대적인 예언), Heidelberg, 1920(*Sitzungsberichte der Heidelberger Akademie der Wissenschaften. Philosophisch-historische Klasse*, Jg.1920〔i.e. 1919〕, 26. Abhandlung), p.24. 〔Aby M. Warburg, 1866~1929: 함부르크 출생의 미술사가. 그는 함부르크에 자신의 미술학 도서관을 갖고 있었으며, 이곳을 중심으로 파노프스키와 작슬 등 여러 미술사가들과 학파를 형성한다.—옮긴이〕

31) Warburg, 같은 책, p.25.

32) Philippus Melanchthon, *De anima*(영혼에 관하여), Vitebergae, 1548, 82번째 장의 앞면; Warburg. 앞의 책, p.61에서 재인용. 〔Philipp Melanchthon, 1497~1560: 종교개혁가 · 인문주의자 · 루터의 협력자.—옮긴이〕

한 멜랑콜리, "영웅적인" 멜랑콜리를 일상적이고 해로운 멜랑콜리로부터 분리해내는 것이었다. 몸과 영혼의 정확한 섭생(Diätetik)을 위해 점성술적인 마법이 들어선다. 멜랑콜리를 고상하게 하는 일은 피키누스의 저서 『세 겹의 생에 관하여』(De vita triplici)의 중심 테마이다. 뒤러의 「멜렌콜리아」의 머리 윗부분 평판(平板)에 적혀 있는 마방진*은 사투르누스의 음울한 힘들에 대항하는 주피터〔목성〕를 나타내는 행성표시이다. 이 평판과 더불어 주피터를 지시하는 것으로서 저울이 걸려 있다. "아우구스투스의 멜랑콜리가 그랬던 것처럼 보이듯이, 멜랑콜리는 저울자리에서 토성과 목성이 만나 그 기질이 완화될 때 보다 고결하게 된다."33) 쾌활함을 주는 목성의 영향 아래 해로운 영감은 은총이 가득한 것으로 바뀐다. 사투르누스는 가장 숭고한 연구의 보호자가 된다. 점성술 자체가 사투르누스의 영향 아래 있었다. 그래서 뒤러는 "사투르누스적인 얼굴표정에 또한 예언자적인 정신의 집중을 표현"34)하려는 생각에 도달할 수 있었던 것이다.

의미상징: 개, 구체, 돌덩이

멜랑콜리의 이론은 일단의 고대의 의미상징을 중심으로 명확한 윤곽을 드러낸다. 전례 없는 천재적인 해석을 통해 멜랑콜리와 관련된 도그

---

* 뒤러의 동판화 「멜렌콜리아 I」에 있는 마법의 사각형, 즉 마방진(das magische Quadrat)은 가로와 세로가 사등분되어 16개의 정사각형으로 이루어져 있다. 16개의 정사각형 안에는 1부터 16까지의 숫자가 배열되어 있는데 가로와 세로, 그리고 대각선에 있는 숫자의 합이 34로 전부 같다.

33) Melanchton, 같은 책, 76번째 장의 뒷면; Warburg, 앞의 책, p.62에서 재인용.

34) Giehlow, "Dürers Stich 'Melencolia I' und der maximilianische Humanistenkreis", in: Mitteilungen der Gesellschaft für vervielfältigende Kunst, 27(1904), p.78(Nr.4).

마들의 의미심장한 변증법을 이 의미상징 속에 투사한 것은 물론 르네 상스에 이르러서이다. 뒤러의 멜랑콜리 주위에 모이는 소품들 가운데 개가 있다. 멜랑콜리에 빠진 자의 감정상태에 대한 알베르티누스의 서술은 의식적으로 광견병을 떠올리게 한다. 고대 전통에 따르면 "비장은 개의 몸을 지배한다."[35] 이 점에서 개는 멜랑콜리에 빠진 자와 공통점이 있다. 유달리 부드러운 장기로 알려진 비장이 나빠지면 개는 활력을 잃어버리고 광견병에 걸린다고 한다. 이런 점에서 개는 멜랑콜리적인 기질의 어두운 측면을 상징한다. 다른 한편으로 사람들은 개의 예민한 감각과 지구력에 의거해 이 동물에게서 지칠 줄 모르는 연구가와 사색가의 이미지를 얻으려 했다. "발레리아노*는 이러한 상형문자에 대한 자신의 주석에서 '멜랑콜리한 얼굴을 한' 개가 무언가 감지하여 발견하고 달리는 데는 최고라고 분명히 말한다."[36] 특히 뒤러의 동판화에는 이 동물이 잠을 자고 있는 모습이 묘사되어 있는데 이로써 이 의미상징의 양면성이 풍부해진다. 나쁜 꿈이 비장에서 연원하는 것이라면 예언적인 꿈들 또한 멜랑콜리적인 인간의 특권이다. 이러한 꿈들은 군주와 순교자의 공통된 자산으로서 비애극에 자주 나오는 요소이다. 그러나 이 예언적 꿈조차도 창조의 사원에서 꾸는 땅점(Geomantie)**과도 같은 꿈으로서 숭고하거나 신성한 속삭임으로 이해되어서는 안 된다. 왜냐하면 멜랑콜리적인 인간의 모든 지혜는 심연에 종속되어 있기 때문이다. 그것은 피조물의 삶 속에 침잠함으로써 얻어지며 계시의 목소리는 전혀 듣지 못한다. 사투르누스적인 모든 것은 땅속 깊은 곳을 지시하며

---

35) Giehlow, 같은 글, p.72. 〔고대 그리스 시기부터 멜랑콜리의 원인이 되는 흑담즙은 비장에서 분비되는 것으로 여겨졌다.─옮긴이〕

 * Pierio Valeriano, 1477~1588: 이탈리아의 인문주의자·신학자.

36) Giehlow, 같은 글, p.72.

** '땅의 예언'이라는 뜻으로 모래에 나타난 모양 또는 지질학적인 현상에 입각해 미래를 예언하는 점을 말한다.

그 안에 늙은 씨앗의 신이 지닌 본성이 담겨 있다. 아그리파 폰 네테스하임*에 따르면 사투르누스는 "심연의 씨앗과……숨겨진 보물들"[37)]을 준다. 지반을 두 눈으로 뚫고 들어가는 사투루누스 인간의 특징은 시야를 아래에 두는 것이다. 체르닝도 다음과 같이 말한다. "내가 누군지 모르는 자라도 / 거동을 보고는 나를 알아보지. | 나는 눈을 항상 땅쪽으로 돌린다네 / | 왜냐하면 나는 땅에서 싹터 나왔기 때문이지. | 그래서 나는 어머니 외엔 그 어디도 더 이상 바라보지 않는다네."[38)] 어머니 지구가 주는 영감은 마치 보물이 땅속으로부터 빛을 발하듯이 명상의 밤으로부터 멜랑콜리적인 인간에게 밝아온다. 섬광처럼 번쩍이는 직관은 그에게는 낯선 것이다. 이전에는 단지 차갑고 건조한 요소로서만 중요한 의미를 지니고 있던 대지는 피치노의 학문적인 사고의 전환을 통해 풍부한 비교적(秘敎的)인 의미를 얻는다. 중력과 사유의 집중 사이의 새로운 유사성을 통해 고대의 의미상징은 르네상스 철학자들의 위대한 해석과정 속으로 편입된다. "심오한 지식들을 얻기 위해선 정신이 밖에서 안으로, 즉 주변에서 중심으로 다시 향해야 하며 스스로가 관찰의 대상이 되고 있는 동안에는 말하자면 인간의 중심에 확고하게 머물러 있어야 한다는 점은 자연스런 원칙인 것처럼 보인다. 그러나 주변부에서 끌어 내려져 중심에 고정되는 일은 멜랑콜리와 유사한 정신의 영역에 특징적인 것이다. 따라서 멜랑콜리는 마음이 스스로를 한곳에 모으

---

 * Agrippa von Nettesheim, 1468~1535: 독일의 인문주의자. 신플라톤주의 · 영지주의 · 카발라에 의존해 자연의 신비를 추구했다. 괴테가 파우스트 형상을 만드는 데 자극을 준 인물이다.

37) Franz Boll, *Sternglaube und Sterndeutung. Die Geschichte und das Wesen der Astrologie*(별에 대한 신앙과 별자리의 해석. 점성술의 역사와 본질), Unter Mitwirkung von Carl Bezold dargestellt von Franz Boll, Leipzig, Berlin, 1918(*Aus Natur und Geisteswelt*, 638), p.46에서 재인용.

38) Tscherning, 앞의 책("Melancholey Redet selber").

고, 그곳에 머물러 숙고하도록 지속적으로 요청을 한다. 멜랑콜리는 그 자체로 세상의 중심과 같아서 그것은 모든 개별 대상의 중심에 다다르기 위해 연구대상을 모으고 가장 심원한 인식에 이르게 된다."[39] 파노프스키와 작슬이 길로와는 반대로 피키누스가 멜랑콜리적인 인간에게 집중을 '권했다'고는 볼 수 없다고 지적한다면,[40] 이는 올바른 지적이다. 그러나 이러한 주장은 사유-집중-지구-담즙을 포괄하는 일련의 유사성에 비하면 별 중요한 것이 아니다. 더욱이 이 일련의 유사성은 오직 첫 번째 마디에서 마지막 마디를 연결시키기 위해서만 있는 것이 아니라 기질론에 대한 고대적 지혜의 테두리 내에서 지구에 대한 새로운 해석을 명백하게 암시하고 있기도 하다. 고대의 견해에 따르면 지구가 구체(球體)인 것, 프톨로메우스가 발견한 것처럼 우주의 중심에서 완성된 상태로 있는 것은 집중의 구심력 때문이다. 따라서 뒤러의 동판화에 있는 구체가 골몰하는 자의 사유상징이라는 길로의 추측은 단순히 부인되어서는 안 될 것이다.[41] 그리고 바르부르크가 "막시밀리안 황제 시기 우주론적인 문화의 가장 성숙하고 가장 비밀스런 결실"[42]이라고 명한 이 동판화는, 그 속에서 바로크의 풍성한 알레고리들이 아직 천재의 힘에 의해 제어되어 있기는 하지만 폭발적으로 전개될 준비를 하고 있는 맹아로 충분히 간주될 수 있을 것이다. 이 동판화와 동시대의 사변들에서 구체화된 바와 같이 멜랑콜리의 비교적 오래된 상징들을 구제하는 일은 한 가지를 지나쳐버린 것 같다. 그것은 길로와 다른 연구가들의 관심에서도 벗어나 있었던 것처럼 보인다. 그것은 돌덩이

---

39) Marsilius Ficinus, *De vita triplici*, I, (1482), 4(*Marsilii Ficini opera*, Basileae, 1576, p.496); Panofsky u. Saxl, 앞의 책, p.51(각주 2)에서 재인용.

40) Panofsky u. Saxl, 앞의 책, p.51(각주 2) 참조.

41) Panofsky u. Saxl, 같은 책, p.64(각주 3) 참조.

42) Warburg, 앞의 책, p.54.

이다. 이것이 분명 의미상징의 목록에서 확고히 자리를 잡고 있었다는 것은 분명하다. 알베르티누스는 멜랑콜리적 인간에 대해 다음과 같이 쓰고 있다. "평소에 마음을 부드럽게 만들어 겸허하게 하는 비애는 그가 그릇된 생각을 지녔을 때는 그를 점점 더 완고하게 만든다. 왜냐하면 그의 눈물은 마음속으로 스며들지 못하는지라 굳어진 마음을 부드럽게 하질 못하고, 날씨가 축축할 때 단지 바깥쪽만 젖는 돌과 같기 때문이다."[43] 만약 사람들이 이러한 글을 읽는다면 그 속에서 특별한 의미를 규명해보고 싶은 마음을 좀처럼 억제하지 못할 법도 하다. 그러나 부츠키(Samuel von Butschky)를 위한 할만의 추도사를 보면 돌의 이미지가 변한다. "그는 천성적으로 생각에 잘 잠기며 매사에 끊임없이 고민하고 / 행동을 할 때면 언제나 조심스러운 멜랑콜리적인 기질을 지니고 있었다. 머리에 뱀이 가득한 메두사도 / 아프리카의 괴물도, 이 세상의 울고 있는 악어도 그의 사지를 아무 쓸모없는 돌덩이로 만들 수 없었음은 물론 / 그의 시선을 유혹할 수도 없었다."[44] 세 번째 예에서 돌은 필리도어가 쓴 멜랑콜리와 기쁨 사이의 아름다운 대화에서 등장한다. "멜랑콜리. 환희. 전자는 나이든 여인이다. 하찮은 누더기 옷을 입고 / 머리를 천으로 가린 채(!) / 메마른 나무 아래에 있는 돌덩이 위에 앉아 있다. 머리를 품속에 파묻고 있으며 / 그녀 옆에는 올빼미가 있다. ······멜랑콜리: 단단한 돌덩이 / 죽어 메말라버린 사이프러스*가 / 나의 우울을 보장해주고 / 질투심을 잊게 해주는구나. ······환희: 가지에 몸을 웅크리고 있는 | 이 마멋**은 무엇이냐? | 푹 꺼진 붉은 눈은 | 파멸과 경악을 주려고 미광을 발하는 | 핏빛 혜성처럼 / 빛난다. ······이

---

43) Albertinus, 앞의 책, p.406 참조.
44) Hallmann, *Leichreden*, p.137.
  * 측백나무과의 교목으로 애도의 상징이다.
 ** 다람쥣과의 짐승.

제 나는 너를 알아보겠다. 너는 내 즐거움의 적대자/│지하세계의 심
연에서│머리 셋 달린 개가 낳은/ 멜랑콜리이다. 아! 내가 너 때문에
내 영역에서 고통을 겪어야 한단 말이냐?│안 돼/ 절대로/안 돼지!│
차가운 돌덩이││이파리도 없는 덤불은/│뽑아버려야 해.│그리고 너
같은/괴물도 말이다."[45]

나태와 불충

　의미상징으로서의 돌은 오직 차고 메마른 지구를 나타내는 가장 명
백한 형상으로 볼 수 있을 것이다. 그러나 용서받지 못할 대죄 속에 자
리 잡고 있는 개념, 즉 멜랑콜리적 인간에 대한 진정 신학적인 개념이
나태한 무리집단 속에 암시되어 있다는 점은 상당히 믿을 만하며, 알베
르티누스가 쓴 대목과 관련하여 볼 때 있을 법한 일이다. 그것은 아케
디아(Acedia), 나태한 마음이다. 희미한 빛을 발하는 토성의 느린 운행
은 이 나태함이 멜랑콜리적 인간과 관련을 맺도록 해준다. 그것이 점성
술적인 토대에 근거를 둔 것이든, 또는 다른 그 어떤 것에 기초한 것이
든지 간에 13세기의 한 필사본은 이러한 관련을 이미 입증하고 있다.
"나태함에 관하여. 네 번째 주요 죄는 신을 섬길 때 생기는 게으름이다.
그것은 내가 힘들고 어려운 선행으로부터 손을 떼고 할 일 없이 쉬고
있을 때 생긴다. 선행이 힘들 때 내가 그것으로부터 몸을 돌린다면, 마
음은 쓰려 온다."[46] 단테의 경우 게으름은 대죄의 질서에서 다섯 번
째 연결고리를 이룬다. 그 지옥의 원에는 얼음장 같은 추위가 지배하며
이 점은 다시 체액병리학의 자료들, 즉 차고 메마른 지구의 상태와 연

45) Filidor, *Ernelinde*, 앞의 책, pp.135~136.
46) *Schauspiele des Mittelalters*, p.329에서 재인용.

결된다. 폭군의 멜랑콜리가 나태함으로 여겨질 때 그것은 새롭고 명료한 조명을 받는다. 알베르티누스는 분명하게 멜랑콜리적인 여러 증후가 나태함의 영역에 속하는 것으로 보고 있다. "아케디아 또는 나태함은 그 특성상 미친개가 물어대는 것과 비교된다. 왜냐하면 누군가 그것에 물리기만 하면 / 곧바로 끔찍한 꿈들이 그를 엄습하기 때문이다. 그는 무서운 꿈을 꾸고 / 분노하고 / 제정신이 아니고 / 일체의 음료를 거부하고 / 물을 무서워한다. 그는 개처럼 짖어대고 / 두려움에 쓰러질 정도로 / 덜덜 떤다. 어떤 도움도 없다면 / 이러한 자들은 곧 사망한다."[47] 게다가 군주의 우유부단함은 사투르누스적인 나태함과 다름없다. 사투르누스는 "냉담하고, 우유부단하고, 느리게"[48] 만든다. 폭군의 몰락은 나태한 심정에 그 원인이 있다. 이 점에서 폭군의 형상이 규정되듯이, 사투르누스적인 인간의 또 다른 특징인 불충(不忠)은 조신을 특징짓는다. 비애극이 채색하는 조신의 마음보다 더 불안정한 것을 생각해낼 수는 없다. 배반은 그의 본령이다. 비애극에서 아첨하는 신하들이 위기의 순간에 생각할 시간을 가진 지 얼마 되지 않아 통치자를 떠나 반대파쪽으로 넘어간다고 할 때, 그것은 작가가 피상적으로 사태를 파악했다거나 서투른 성격묘사를 했다는 것을 말하지는 않는다. 그들의 행동은 일종의 무정견을 보여주는데, 그것은 일부는 마키아벨리즘적인 의식적인 제스처이며, 또 다른 일부는 불길한 상황이 몰고 와 헤아릴 수 없을 것으로 여겨진 질서에, 그러면서도 진정 사물과도 같은 특성을 취하고 있는 질서에 절망적으로 또 우울한 마음으로 귀속됨을 의미한다. 왕관, 자포, 왕홀은 운명극의 관점에서 볼 때 궁극적으로 소도구들이며 그것

---

47) Albertinus, 앞의 책, p.390.

48) A[nton] Hauber, *Planetenkinderbilder und Sternbilder. Zur Geschichte des menschlichen Glaubens und Irrens*, Straßburg, 1916(*Studien zur deutschen Kunstgeschichte*, 194), p.126.

들은 그 자체로 운명을 지니고 있다. 조신은 이 운명의 예언가로서 가장 먼저 이 운명에 예속된다. 인간에 대한 그의 배반은 이러한 사물들에 관조적으로 몰입해 바로 그 속에 빠져들 정도의 충실함(Treue)과 상응한다. 이러한 태도 배후에 있는 관념은 피조물적인 것과 그것의 삶을 지배하는 죄의 법칙에 대한 이와 같은 아무 희망 없는 충실함을 통해 비로소 적절하게 완성된다. 다시 말해 인간을 두고 하는 모든 중요한 결단들은 이와 같은 충실함에 위배될 수 있다. 그것들은 보다 상위의 법칙들의 지배를 받는다. 충실함은 오직 사물세계에 대한 인간의 관계에서만 더할 나위 없이 적절하다. 사물세계는 보다 상위의 법칙을 알지 못하며, 충실함은 사물세계보다 더 완전하게 자신이 속하는 영역을 알지 못한다. 사물세계는 충실함을 자신의 주위에 불러들인다. 그리고 충실함에서 나온 모든 맹세와 기억들은 자신에게 가장 고유한 대상이자 자신에게 무리한 요구를 하지 않는 대상인 사물세계의 파편들로 둘러싸인다. 서투르게, 실로 부당하게 충실함은 자신의 방식으로 어떤 진실을 표명하는데, 물론 그것은 이 진실을 위해 세상을 배신한다. 멜랑콜리는 지식을 위해 세상을 배반한다. 집요하게 침잠하는 멜랑콜리는 죽은 사물을 구제하기 위해 그것을 자신의 명상 속으로 받아들인다. 다음과 같이 전하는 작가는 우울의 정신에 입각하여 말하고 있는 것이다. "페기는 사물의 구제 불가능성에 관해, 영웅들과 성자들의 노력으로부터 결국 한 줌의 재만이 계속해서 남아 있게끔 하는 사물들, 존재물들 자체의 저항과 무게에 관해 말하곤 했다."[49] 비애의 의도에서 드러나는 집요함은 사물세계에 대한 이 비애의 충실함에서 나온 것이다. 천문달력*이 사투르누스적인 인간에게 부여한 불충실이 이런 식으로 이해되

---

49) Daniel Halévy, *Charle Péguy et les Cahiers de la Quinzaine*, Paris, 1919, p.230. 〔Charle Péguy, 1873~1914: 프랑스의 작가.—옮긴이〕

 * 점성술에 따르면 사투르누스의 영향권에 있는 사람은 산양자리(12월 21일부터

어야 하듯이, 전적으로 개별적인 변증법적인 대립, 아부 마자르가 사투르누스적인 인간이 지니고 있다고 생각한 "사랑의 충실함"[50]도 이런 식으로 재해석되어야 한다. 충실함은 하향으로 유출되는 의도의 단계들이 지니는 리듬이다. 이런 의도의 단계에서 신플라톤주의적 신지학(Theosophie)의 상승하는 의도의 단계들이 변형된 채 반영된다.

햄릿

독일 비애극에서 전형들이 형성되는 과정은 반종교개혁적 반작용으로 특징지어지는 태도로 인해 도처에서 멜랑콜리의 중세적 전범을 따른다. 그러나 이런 전형들과는 근본적으로 다른 드라마의 전체형식, 다시 말해 스타일과 언어는 르네상스의 사변에서 일어난 대담한 전환 없이는 생각할 수 없다. 즉 르네상스의 사변[51]은 눈물을 흘리는 관찰이라는 특성을 지닌 채 멀리 침잠의 심연으로부터 희미하게 되비치는 빛의 반영을 감지했다. 이 시대는 적어도 한 번은 신고대풍의 조명과 중세적인 조명 사이의 분열, 바로크가 그 속에서 멜랑콜리적 인간을 보았던 그 분열에 상응하는 인물을 불러내는 데 성공하는데, 햄릿이 바로 그 인물이다. 독일은 이런 일을 해낼 수 없었다. 햄릿이라는 인물이 지닌 운명의 비밀이 그의 관점에서 볼 때는 전적으로 동질적인 사건 속에 담겨 있듯이, 개인으로서의 그의 비밀은 의도를 담고 있는 공간의 모든 국면을 통과해가는 유희적이며 그렇기 때문에 잘 계산된 과정 속에 담겨 있다. 비애극에서는 오직 햄릿만이 신의 은총의 구경꾼이다. 그러나 은총이

1월 19일까지)와 물병자리(1월 20일부터 2월 18일까지)에 태어난다.

50) Abû Ma'šar, übers. nach dem Cod. Leid. Or.47, p.255; Panofsky und Saxl, 앞의 책, p.5에서 재인용.

51) Boll, 앞의 책, p.46 참조.

그에게 유희적으로 행하는 바가 아니라 오직 자신의 고유한 운명만이 그를 만족시킬 수 있다. 그의 삶은 본보기로 놓인 비애의 대상으로서 사멸되기 전에 기독교적인 섭리를 지시한다. 이 품 안에서 그의 슬픈 이미지들은 은총을 받은 존재로 변한다. 이 군주적인 삶과 같은 삶에서만 멜랑콜리는 자신을 만남으로써 자신을 되찾는다. 나머지는 침묵이다.* 왜냐하면 살아본 적이 없는 모든 것은 구원받지 못한 채 지혜의 말이 오직 기만적으로 유령처럼 떠도는 공간 속에서 쇠퇴해가기 때문이다. 오직 셰익스피어만이 멜랑콜리적인 인간의 바로크적인, 비(非)스토이즘적이며 비기독교적인, 유사 고대풍이면서 유사 경건주의적인 뻣뻣함으로부터 기독교적인 불꽃을 일으킬 수 있었다. 로후스 폰 릴리엔크론은 심오한 통찰력을 가지고 햄릿에게서 사투르누스의 지배력과 나태함의 특징들을 읽어냈다.[52] 그런데 이러한 통찰은 스스로 자신의 최고의 대상을 빼앗기지 않으려면, 이 드라마를 그러한 특징들을 기독교 정신 속에서 극복한 유일한 드라마로 파악할 것이다. 오직 이 왕자의 모습 속에서 멜랑콜리적인 침잠이 기독교 정신을 향해 간다. 독일 비애극은 결코 자기자신에게 생기를 불어 넣을 수 없었으며 자신의 내면에서 자기숙고의 밝은 광채를 결코 깨울 수 없었다. 독일 비애극은 그 자체로 놀라울 정도로 어두운〔애매한〕 상태로 남아 있었으며 기질론을 다룬 중세 서적이 지닌 때론 요란하고 때론 빛바랜 색으로 멜랑콜리적인 인간을 채색할 수 있었다. 이런 부연설명을 하는 이유는? 독일 비애극이 자신이 설정한 무대장면들과 인물들을 뒤러의 날개 달린 멜랑콜리라는 수호신〔창조적 정신〕에게 바치고 있기 때문이다. 독일 바로크 비애극의 거친 무대는 이러한 수호신 앞에서 자신의 내적인 삶을 시작한다.

---

* 이 구절은 『햄릿』에서 햄릿이 죽기 전에 마지막으로 남긴 말이다.

52) Rochus Freiherr von Liliencron, *Wie man in Amwald Musik macht. Die siebente Todsünde. Zwei Novellen*, Leipzig, 1903 참조.

알레고리와 비애극

> 비참함이 구석구석을 장식하고 있는/이런 무너지기 쉬운 오두막을/합리적으로 잘 요약된 글로 빛나게 하려는 자가/세계를 그 속에서 인간은 유통되는 상품이고/죽음은 경탄할 만한 상인이며/신은 가장 확실한 부기(簿記)계원이며/무덤은 봉인된 포목점이라 할 수 있는/잡화점/죽음의 세관이라고 명한다면/부적절한 언급을 한 것도/근거 있는 진실의 경계를 넘어선 것도 아닐 것이다.
>
> • 크리스토프 맨링, 「죽음의 무대 또는 조사(弔詞)」[1]

의고전주의에서 상징과 알레고리

100년 이상 예술철학은 낭만주의의 혼란 속에서 권력을 얻은 한 찬탈자의 압제를 받아왔다. 낭만주의 미학자들은 절대적인 것에 대한 현란하면서도 결국에는 아무 구속력도 없는 인식을 얻으려 애썼다. 그 결과 그들은 진정한 상징개념과는 명칭 이외에는 아무런 공통점도 없는 어떤 상징개념을 가장 단순한 예술이론적 논쟁에까지도 끌어들였다. 즉 진정한 상징개념은 신학의 영역에 속하는 개념인데, 이 개념은 아름다움의 철학에서는 초기 낭만주의가 끝나갈 무렵부터 점점 더 짙게 깔렸던 정감 있는 희미한 빛을 결코 확산시킬 수 없을 것이다. 하지만 바로 상징적인 것에 대한 이러한 논의를 끌고 들어와 사용하게 된 관행은

---

1) Männling, *Schaubühne des Todes/oder Leich-Reden*, pp.86~87.

모든 예술형상을 '깊이 있게' 논구하는 것을 가능케 했고 안락하게 예술학적 연구들을 펼치는 데 기여했다. 이처럼 상징개념을 통속적으로 사용하는 관행에서 가장 두드러지게 눈에 띄는 점은 다음과 같다. 즉 마치 명령하는 듯한 태도로 형식과 내용이 분리할 수 없게 결합되어 있는 상태를 가리키는 이 상징개념이, 변증법적 단련이 부족한 탓에 형식분석에서는 내용을 내용분석에서는 형식을 놓치는 무능함을 철학적으로 미화시키는 데 이용되고 있다는 점이다. 왜냐하면 이러한 남용은 예술작품에서 어떤 '이념'의 '현상적 나타남'이 '상징'으로 언급되는 곳이라면 어디서나 일어나고 있기 때문이다. 감각적 대상과 초감각적 대상의 통일, 이 신학적 상징의 역설이 현상과 본질의 관계로 왜곡되는 것이다. 이런 식으로 왜곡된 상징개념이 미학에 도입된 것은 낭만적이면서 삶을 거스르는 낭비현상으로서 근대에 예술비평이 황폐화된 현상의 전(前)단계를 이룬다. 여기서 아름다운 것은 상징적 구성물로서 신적인 것으로 단절 없이 넘어간다. 아름다움의 세계에 윤리적 세계가 무제한적으로 내재해 있다는 점은 낭만주의자들의 신지학적(神智學的, theosophisch) 미학이 개발한 생각이다. 그러나 그 기초는 오래전에 이미 놓여졌다. 고전주의(Klassik)는 단지 윤리적 완성차원을 넘어선 완성된 개인의 현존을 신격화(Apotheose, 찬미)하는 경향을 분명하게 띠고 있었다. 전형적으로 낭만적인 점이라면 이제 이처럼 완성된 개인이, 무한하지만 구원사적인 진행과정, 아니 신성한 진행과정 속에 편입된 점이다.[2] 그러나 윤리적 주체가 개인 속에 일단 잠겨버리면 어떠한 엄숙주의도—그것이 칸트적 엄숙주의라 할지라도—그 주체를 구제할 수 없고 그 남성적 윤곽을 유지할 수 없다. 그 주체는 아름다운 영혼

---

2) Walter Benjamin, *Der Begriff der Kunstkritik in der deutschen Romantik*, Bern, 1920, pp.6~7(각주 3), 80~81 참조.

에 마음을 뺏겨버린다. 그리고 그처럼 완성된 개인, 아름다운 개인의 행동반경, 아니 그 개인의 교양의 반경만이 '상징적인 것'의 영역을 기술하게 된다. 그에 비해 바로크에서 이루어지는 신격화는 변증법적이다. 바로크의 신격화는 극단들의 전복 속에서 이루어진다. 이러한 기이하고 변증법적인 운동 속에서는 의고전주의(Klassizismus)*의 무(無) 대립적 내면성은 아무런 역할도 하지 못한다. 그 이유는 우선 바로크의 현실적 문제들은 종교정치적 문제들로서 개인과 개인의 윤리가 아니라 그 개인이 속한 교회공동체와 관련을 맺기 때문이다. 의고전주의의 세속적 상징개념과 함께 그것의 사변적인 짝인 알레고리의 개념이 동시에 형성되기 시작한다. 알레고리에 관한 본래적 이론은 그 당시 생겨나지 않았고 이전에 존재하지도 않았다. 그러나 알레고리적인 것의 새로운 개념을 사변적이라고 칭하는 것은 정당화되는데, 왜냐하면 그 알레고리 개념이 실제로 상징의 세계가 그와 대조하여 밝게 나타날 어두운 배경으로 조성되어 있었기 때문이다. 알레고리는 여타의 표현형식들도 그렇듯이 '노화'됨으로써 의미를 잃어버린 것이 결코 아니었다. 오히려 여기서는 흔히 그렇듯이 예전의 의미와 새로운 의미 사이의 대립이 작용하고 있으며, 이러한 대립은 무개념적이면서 깊고 격렬했기에 그만큼 더 은밀하게 벌어진 경향이 있었다. 1800년경 상징적 사유방식이 독창적인 알레고리적 표현형식과 매우 낯설게 맞서 있었기에, 이론적으로 논구하려던 아주 개별적인 시도들은 알레고리를 규명하는 데 쓸모가 없으며, 그만큼 더 둘 사이의 적대적 관계를 특징적으로 드러내준다. 이후에 이루어진 알레고리의 부정적 규정으로서 괴테의 다음과 같은 단편적 언급을 들 수 있다. "시인이 보편적인 것을 위해 특수한 것을

---

* 의고전주의는 넓게는 르네상스 이래로, 특수한 의미로는 18세기 후반에서 19세기 초반 고대의 예술을 모범으로 삼는 예술(미술)양식을 말한다. 의고전주의의 기초는 고고학자이자 미술학자인 빙켈만에 의해 세워졌다.

찾는지 아니면 특수한 것 속에서 보편적인 것을 보는지에는 큰 차이가 있다. 전자의 방식에서 알레고리가 생겨나며, 여기서 특수한 것은 단지 보편적인 것의 예, 그것의 모범으로서만 여겨진다. 그러나 후자의 방식은 본래 시문학의 본성이다. 후자의 방식에서 특수한 것은 보편적인 것을 생각하거나 지시함이 없이 표현된다. 이제 이 특수한 것을 살아 있는 채로 파악하는 사람은 보편적인 것도 부지불식간에 동시에 얻게 되거나 나중에야 얻게 된다."[3] 괴테는 실러의 편지에 답하면서 이렇게 알레고리에 대해 입장을 밝혔다. 그는 알레고리 속에서 주목할 만한 아무 대상도 찾아내지 못했던 것 같다. 나중에 쇼펜하우어도 이와 똑같은 입장을 좀더 상세하게 개진하게 된다. "모든 예술의 목적이 어떤 파악된 이념을 전달하는 일이라면, ……더 나아가 예술에서 개념으로부터 출발하는 것이 지탄받을 일이라면, 사람들이 예술작품을 의도적이면서 명백히 어떤 개념의 표현이 되게 할 때 그것을 칭찬해서는 안 될 것이다. 알레고리가 바로 그 경우이다. ……따라서 알레고리적 이미지가 예술적 가치도 지닌다면, 이 예술적 가치는 그 이미지가 알레고리로서 수행하는 것에서 완전히 분리된 것이고 독립된 것이다. 그와 같은 예술작품은 동시에 두 가지 목적에 쓰이는데, 즉 그것은 어떤 개념의 표현이자 어떤 이념의 표현이다. 후자, 곧 이념의 표현만이 예술적 목적이 될 수 있다. 전자, 곧 개념의 표현은 이질적인 목적으로서 한 이미지를 동시에 어떤 제명(題銘, Inschrift)으로, 상형문자로 쓰이게 하는 유희적인 즐거움이다. ……물론 알레고리적 이미지는 바로 이러한 특성 때문에 정서에 생동감 있는 인상을 불러일으킬 수 있다. 그렇지만 그러한 인상은 똑같은 상황에서 그 어떤 제명을 통해서도 불러일으켜질 수 있

---

3) Goethe, *Sämtliche Werke*, Jubiläums-Ausgabe, 앞의 책, Bd.38: *Schriften zur Literatur*, 3, p.261(*Maximen und Reflexionen*).

다. 이를테면 한 사람의 정서 속에 명예에 대한 소망이 지속적이면서 확고하게 뿌리를 내리고 있다면……그리고 이 사람이 이제 월계관을 쓴 명성의 수호신 앞으로 나간다면, 그의 온 정서는 그로 인해 자극을 받게 되고 그의 활동력이 불러내어질 것이다. 그러나 이와 똑같은 일은 그 사람이 돌연 '명성'이라는 단어가 크고 분명하게 벽에 쓰여져 있는 것을 보게 될 때에도 일어날 것이다."[4] 이 마지막 언급은 알레고리의 본질을 참으로 가까이 스치고 있다. 그런데도 '개념의 표현과 이념의 표현'을 구별함으로써 알레고리와 상징에 대한 근거 없는 현대판 담론을 수용하는 서술방식의 논리주의적 기본특성 때문에 쇼펜하우어의 이 설명은──그 자신이 상징개념을 다른 식으로 도입하고 있는 것과는 상관없이──알레고리 표현형식을 짤막하고 간명하게 처리해버리는 일련의 설명들에서 어떻게든 벗어나지 못하고 있다. 이와 같은 설명은 최근까지 표준적으로 작용해왔다. 심지어 예이츠처럼 위대한 예술가들, 비상한 이론가들도 알레고리란 기표적 이미지와 그 의미 사이의 관습적 관계라는 가정 속에 머물고 있다.[5] 작가들은 근대의 알레고리적 관찰방식의 진정한 기록들, 바로크의 문학적이고 그래픽적인 엠블럼 작품들에 대해 모호하게만 알고 있는 경우가 태반이다. 나중에 나오게 된, 보다 널리 확산된 18세기의 후예들에게서 엠블럼 작품들의 정신은 너무 취약하게 표현되고 있기에, 보다 원초적인 작품들을 읽는 독자만이 알레고리적 의도의 불굴의 힘을 만날 수 있다. 그러나 엠블럼 작품들의 후예들에게 평결을 내리는 태도로 의고전주의적 선입견이 나섰다. 그것은 한마디로 알레고리가 나타내는 것과 같은 표현형식을 단순한 지

---

4) Schopenhauer, *Sämtliche Werke*, 앞의 책, Bd.1: *Die Welt als Wille und Vorstellung* 1, 2. Abdr., Leipzig, 1892, p.314ff.

5) William Butler Yeats, *Erzählungen und Essays*, übertr. und eingel. von Friedrich Eckstein, Leipzig, 1916. p.114.

칭방식으로 폄하하는 일이다. 앞으로 증명을 시도하겠지만 알레고리는 유희적인 이미지 기법이 아니라 표현이다. 그것은 언어가, 아니 문자가 표현인 것과 같다. 바로 여기에 결정적 실험(experimentum crucis)*이 놓여 있다. 문자야말로 다른 모든 것보다 관습적 기호체계로 나타났다. 쇼펜하우어는 알레고리가 본질적으로 문자와 구별되지 않는다고 지적하는데, 그는 알레고리를 이미 처리된 문제로 여겼던 유일한 인물은 아니다. 이러한 이의(異義)에는 궁극적으로 바로크 문헌학의 모든 큼직한 대상들에 대한 관계가 걸려 있다. 바로크 문헌학의 철학적 기초를 놓는 일은 지난하고 광범위한 작업으로 보일지 모르지만 불가결한 작업이다. 그리고 그 중심에 알레고리에 대한 토론이 들어선다. 치자르츠가 『독일 바로크 문학』에서 그 포문을 열었음은 명백하다. 그렇지만 바로크 문학의 엔텔레키로서 고전주의 양식의 우위가 주장됨으로써 바로크 문학의 본질에 대한 통찰 전체만이 아니라 특히 알레고리의 규명 작업이 좌절되어 그런지, 아니면 바로크 문학에 대한 끈질긴 선입견이 의고전주의를 자신의 선조로서 일관되게 전면에 내세워서 그런지 간에, 알레고리가 "특히 바로크 전성기의 지배적 양식법칙"[6]이라는 새로운 인식은 그와 나란히 표어로서 다음과 같은 언술을 등장시키려는 시도로 인해 가치를 잃는다. 즉 고전주의와는 반대로 "상징의 예술보다는 알레고리의 기법"[7]이 바로크에 특유한 점이었다는 것이다. 또한 기호적 성격도 이러한 새로운 전환과 함께 알레고리에 귀속된다는 것이다. 이로써 치자르츠도 크로이처가 "기호 알레고리(Zeichenallegorie)"[8]라는 용어를

---

* 베이컨(Francis Bacon, 1561~1626)이 만들어낸 개념으로서 가설을 확인하거나 부정하는 것을 가능하게 하여 새로운 발견을 이끄는 실험을 말하는데, 주로 해답으로 전제된 것만을 확인하게 된다.

6) Cysarz, *Deutsche Barockdichtung. Renaissance, Barock, Rokoko*, p.40.

7) Cysarz, 같은 책, p.296.

8) Friedrich Creuzer, *Symbolik und Mythologie der alten Völker, besonders*

통해 고유한 언어적 특징을 부여한 옛 선입견에 머물고 있다.

낭만주의에서 상징과 알레고리

그렇긴 해도 크로이처가 『신화』(*Mythologie*)의 제1권에서 상징에 대해 장대하게 이론적으로 상술한 부분이야말로 간접적으로 알레고리적인 것을 인식하는 데 매우 소중하다. 그가 한 설명들은 예전의 진부한 이론을 답습하고 있다. 하지만 이 설명들은 그 인식론적 구조가 크로이처로 하여금 그가 도달한 지점보다 더 멀리 나아가게 할 수도 있었을 관찰들을 내포하고 있다. 그리하여 그는 상징들의 본질을, 즉 자신이 알레고리적인 것과 등급상의 차이와 거리를 유지시키고자 한 그러한 상징들의 본질을 다음의 네 요인에서 찾는다. 그것은 곧 "순간적인 것, 총체적인 것, 그 원천을 규명할 수 없는 것, 필연적인 것"[9]이다. 그리고 다른 구절에서 그는 첫 번째 요소에 대해 다음과 같이 탁월한 해설을 덧붙인다. "그처럼 일깨우고 때로 뒤흔드는 것은 또 다른 특성인 간명함(Kürze)과 연관된다. 그것은 갑자기 출현한 정신 또는 돌연 어두운 밤을 밝히는 섬광과 같다. 그것은 우리의 존재 전체를 사로잡는 순간이다. ……그러한 생산적 간명함 때문에 그들〔고대인들〕은 그것을 특히 간결법(Lakonismus)에 비유했다. ……따라서 모든 순간이 심대한 영향을 미치는 미래를 숨기고 있고 영혼을 긴장상태에 두는 삶의 중요한 층들, 그 숙명적인 순간들에 고대인들도 신적인 표지들을 예기(豫期)했으며, 이 표지들을 그들은……상징(Symbola)이라 불렀다."[10] 그에

---

der Griechen, 1. Theil. 2., völlig umgearb. Ausg., Leipzig, Darmstadt, 1819. p.118.
9) Creuzer, 같은 책, p.64.
10) Creuzer, 같은 책, p.59ff.

반해 "상징에 대한 요구들은······명징함······간명함······사랑스러움 및 아름다움"[11]이라고 한다. 그런데 첫 번째 요구와 마지막 두 요구들에서 크로이처가 의고전주의의 상징이론과 공유하는 견해가 명백히 드러난다. 그것은 예술상징(Kunstsymbol)의 이론으로서, 어떤 지고한 것으로서 이 예술상징은 편협한 종교적 상징 또는 신비한 상징과 구별되어야 한다는 것이다. 이러한 맥락에서 그리스 조각의 신상들에서 예증되고 있듯이, 그리스 조각에 대한 빙켈만의 숭배가 여기서 크로이처에게 표준적으로 작용했음은 의심의 여지가 없다. 예술상징은 조형적이다. 크로이처가 조형적 상징과 신비한 상징을 대립시킨 데서 빙켈만의 정신이 표현되고 있다. "신비한 상징에서는 형언할 수 없는 무엇이 지배하는데, 그것은 표현을 찾는 가운데 결국 너무 취약한 그릇으로서의 지상의 형식을 자신의 본질의 무한한 힘으로써 폭파해버릴 것이다. 그러나 그와 함께 바로 직관의 명징함 자체가 파괴되며, 남는 것은 단지 무언의 놀라움뿐이다." 조형적 상징에서는 "본질이 어떤 충일된 것을 지향하는 것이 아니라 자연에 귀를 기울이면서 그 자연의 형식에 순응하고 그 형식을 관통하며 그 형식에 생명을 불어넣는다. 따라서 무한한 것과 유한한 것 사이의 이러한 대립은 무한한 것이 자기자신을 제한하면서 인간적인 것이 됨으로써 해소된다. 한편으로 이미지적인 것의 이러한 정화로부터, 다른 한편 측량 불가능한 것을 자발적으로 포기함으로써 모든 상징적인 것의 가장 아름다운 열매가 피어난다. 형식의 아름다움을 본질의 충만함과 놀랍게 합치시키는 것이 신들의 상징이다. 그리고 그리스 조각에서 그 신들의 상징이 가장 완벽하게 표현되었기 때문에 조형적 상징이라 불릴 수 있다."[12] 의고전주의는 '인간적인 것'을

---

11) Creuzer, 같은 책, pp.66~67.
12) Creuzer, 같은 책, pp.63~64.

최고조에 달한 '본질의 충만함'으로서 추구했고, 알레고리를 폄하할 수밖에 없었던 이러한 갈망 속에서 단지 상징적인 것의 허상만을 붙잡았을 뿐이다. 그에 따라 크로이처에게서 오늘날의 이론들과 동떨어지지 않은 비교작업, 즉 상징을 "일상적인 언어관습으로 인해 그것과 종종 혼동되는 알레고리와"[13] 비교하는 작업이 이루어지고 있다. 즉 "상징적 서술과 알레고리적 서술의 차이"는 다음과 같다. "알레고리적 서술은 단지 어떤 보편개념 또는 그 서술 자체와는 상이한 어떤 이념이다. 상징적 서술은 감각화된, 체현된 이념 자체이다. 알레고리적 서술에서는 대리(代理)현상이 일어난다. ……상징적 서술에서는 이 개념 자체가 물질계로 내려온 상태이고, 이미지 속에서 우리는 그 개념 자체를 직접적으로 보게 된다." 그러나 이로써 크로이처는 그의 원초적 구상으로 되돌아간다. "따라서 두 방식의 차이는 순간적인 것에 둘 수 있다. 알레고리에는 그것이 빠져 있다. ……상징에서는 순간적 총체성이, 알레고리에서는 일련의 순간들 속에서의 전진이 있다. 그래서 신화를 포괄하는 것은 알레고리이지 상징이 아니다. ……신화의 본질은 전진해가는 서사시가 가장 완전하게 표현해준다."[14] 하지만 이러한 통찰이 알레고리적 표현방식에 대한 새로운 평가로 귀결되지는 않는다. 그러기는커녕 이 문장들에 근거를 두고 다른 구절에서 이오니아 자연철학자들에 대해 다음과 같은 언급이 나온다. "그들은 수다스러운 전설에 밀려난 상징을 복권시켰다. 원래 조형성이 낳은 아이, 그 스스로 아직 담화(Rede)에 동화되어 있는 그 상징은 자신의 의미심장한 간명함 때문에, 자신의 본질의 총체성과 고도의 충만함 때문에, 종교의 일자(一者)와 형언할 수 없는 것을 암시하는 데 전설보다 훨씬 더 적합하다."[15] 이러

---

13) Creuzer, 같은 책, p.68.
14) Creuzer, 같은 책, pp.70~71.

한 설명과 이와 유사한 설명들에 대해 괴레스*는 짤막하게 다음과 같이 탁월하게 논평한다. "상징을 존재로, 그리고 알레고리를 의미작용(Bedeuten)으로 상정하는 이러한 논술을 나는 받아들일 수 없습니다. ……우리는 상징을 이념들의 표지(Zeichen), 그 자체로 완결되고 압축되어 있으며 언제나 자체 속에 머무는 표지로 여기고, 알레고리는 같은 이념들에 대한 모사(模寫, Abbild), 연속적으로 진행해 나가고 시간이 경과하면서 스스로 물줄기를 이루고 드라마틱하게 움직이며 흘러가는 모사로 인정하는 설명으로 온전히 만족할 수 있습니다. 그 둘의 관계는 마치 말 없이 거대하고 육중한 산이나 식물의 자연 대 살아서 전진해가는 인간사의 관계와 같습니다."[16] 이로써 많은 것이 제자리를 찾았다. 왜냐하면 성장한 모습의 상징 속에 들어 있는 산이나 식물과 같은 자연물에 비중을 두는 상징이론과 그 속에서 크로이처가 강조한 순간적인 것 사이의 대립은 진정한 사정을 아주 분명하게 지시해주기 때문이다. 상징의 경험을 지배하는 시간의 척도는 신비로운 순간(das mystische Nu)이다. 이 순간 속에서 상징은 의미를 자신의 숨겨진 내면, 어쩌면 숲과 같은 그 내면으로 수용한다. 다른 한편 알레고리에는 그에 상응하는 변증법이 작용한다. 알레고리가 이미지적 존재와 의미 사이의 심연으로 침잠할 때 보이는 정관적 침착함은 겉보기에 그와 유사한 기호의 의도에 들어 있는 무관심한 자만심을 하나도 지니고 있지 않다. 이 알레고리의 심연 속에 변증법적 움직임이 얼마나 격하게 들끓고 있는지는 다른 무엇보다도 비애극의 형식을 연구하는 가운데 분명

15) Creuzer, 같은 책, p.199.
  * Johann Joseph von Görres, 1776~1848: 독일의 학자·사상가·고대 사학자.
16) Creuzer, 같은 책, pp.147~148. 〔크로이처는 그의 친구 괴레스가 자신의 원고를 읽고 보내온 글을 이 책의 말미에 실었는데 이 부분은 그곳에 실린 괴레스의 글의 일부이다.―옮긴이〕

하게 드러나지 않으면 안 된다. 괴레스와 크로이처가 알레고리적 의도에 부여했던 세속적, 역사적 넓이는 의미작용 또는 의도의 자연사, 그것의 원사(Urgeschichte)로서 변증법적인 성격을 띤다. 시간이라는 결정적 범주 아래에서——이 시간의 범주를 이러한 기호학의 영역에 가져온 것은 위에 언급한 사상가들의 위대한 낭만주의적 통찰이었는데——상징과 알레고리의 관계를 강렬하게 도식화하여 규정할 수 있다. 상징에서는 몰락이 이상화되는 가운데 자연의 변용된 얼굴이 구원의 빛 속에서 순간적으로 계시되는 반면, 알레고리 속에는 역사의 죽어가는 얼굴표정(facies hippocratica)*이 굳어진 원초적 풍경으로서 관찰자 앞에 모습을 드러낸다.** 역사란 그것이 처음부터 지녔던 시대에 맞지 않는 것, 고통스러운 것, 실패한 것 모두를 두고 볼 때 하나의 얼굴에서, 아니 사자(死者)의 얼굴에서 특징적으로 드러나는 법이다. 그리고 표현의 모든 '상징적' 자유, 형상의 모든 고전적 조화, 모든 인간적인 것이 그러한 사자의 얼굴에 들어 있지 않은 것이 진실인 것처럼, 이렇듯 자연적으로 몰락한 형상 속에는 인간존재의 자연뿐만 아니라 개개인의 전기적 역사성이 의미심장하게 수수께끼적인 물음으로 표현되고 있다. 이것이 역사의 세속적 전개를 세상의 수난사(Leidensgeschichte)로 보는 바로크적, 알레고리적 관찰의 핵심이다. 역사는 그것이 몰락하는

---

* 히포크라테스에 의해 처음으로 기술된 것으로서 죽어가는 사람의 얼굴표정을 말한다.
** 상징과 알레고리의 특징을 대비하는 이 문장의 원문은 다음과 같다. "Während im Symbol mit der Verklärung des Unterganges das transfigurierte Antlitz der Natur im Lichte der Erlösung flüchtig sich offenbart, liegt in der Allegorie die facies hippocratica der Geschichte als erstarrte Urlandschaft dem Betrachter vor Augen." 이 책에서는 Verklärung을 '이상화'로, transfiguriert를 '변용된'으로 옮겼다. Verklärung 의 어원은 그리스도의 변용(Verklärung Christi)이다(「마태복음」, 17장 1절 ~9절 참조). '변용'은 변모, 이상화(理想化), 미화(美化)로 전용되어 쓰인다.

단계들에서만 의미를 띤다. 의미가 많은 그만큼 죽음에의 몰락이 있다. 왜냐하면 죽음은 자연(Physis)과 의미 사이에 들쭉날쭉한 경계선을 가장 깊숙이 파내기 때문이다. 그러나 자연이 예전부터 죽어 몰락해 있다면, 자연 역시 예전부터 알레고리적이다. 의미와 죽음은, 그것들이 피조물들의 은총 없는 죄악의 상태에서 맹아들로서 밀접히 맞물려 있듯이, 역사적 전개 속에서 만들어진다. 크로이처에서 나름의 역할을 수행하는 시각으로서, 풀어져 나온 신화를 알레고리로 보는 시각은 결국 그와 똑같은 바로크적 관점에서 볼 때 온건하고 보다 현대적인 시각으로 드러난다. 이러한 시각에 포스*는 특이하게 반대의 입장을 취한다. "모든 분별 있는 사람들과 함께 아리스타르코스는 세계와 신에 대한 호머의 전설들을 네스토르의 영웅시대의 소박한 믿음으로 여겼다. 그러나 크라테스는 그 전설들을 오르페우스의 밀교, 특히 이집트에서 온 밀교들의 원초적 의미상징들(Sinnbilder)로 봤고, 지리학자 스트라본과 나중에 문법학자들도 그런 견해에 동조했다. 호머 이후의 시대의 경험들과 종교교리들을 자의적으로 태고로 소급시키는 그러한 의미상징들은 수도승들의 시대인 중세를 내내 지배했고 대부분 알레고리라고 불렸다."[17] 저자는 바로 이렇게 신화를 알레고리와 연관시키는 데 찬성하지 않았다. 그렇지만 그렇게 생각할 수 있는 가능성은 인정했고 그러한 가능성은 크로이처가 전개한 것과 같은 전설이론에 바탕을 둔다. 알레고리가 의미하는 자연의 역사를 드러내는 바로크적 형식인 것처럼 실제로 서사시는 그러한 역사를 드러내는 고전적 형식이다. 자연이 두 정신

---

* Johann Heinrich Voß, 1775~1826: 독일의 작가 · 번역가.

17) Johann Heinrich Voss, *Antisymbolik*, Bd.2, Stuttgart, 1826, p.223. [Aristarchus von Samothrake, B.C. 217~145: 그리스의 문헌학자. Nestor: 호메로스의 『일리아스』에 나오는 슬기로운 노장군. Kratēs, B.C. 336?~286?: 고대 그리스 키니코스 학파(Kynikos)의 철학자. Strabon, B.C. 64?~A.D. 23?: 그리스 역사가 · 지리학자.─옮긴이]

사조에서 그랬던 것과 유사하게 낭만주의는 서사시와 알레고리를 서로 근접시킬 수밖에 없었다. 그리하여 셸링은 서사시에 대한 알레고리적 해석을 계획한 프로그램을, 오디세이는 인간정신의 역사이고 일리아드는 자연의 역사라고 하는 유명한 말로 표현했다.

근대 알레고리의 원천

자연과 역사의 특이한 결합과 함께 알레고리적 표현 자체가 세상에 등장한다. 이 알레고리적 표현의 원천을 밝혀내는 것이 카를 길로 필생의 작업이었다. 길로의 기념비적 연구인 『르네상스 시기 알레고리에 나타난 인문주의의 상형문자학. 막시밀리안 1세의 개선문을 중심으로』 (*Die Hieroglyphenkunde des Humanismus in der Allegorie der Renaissance, besonders der Ehrenpforte Kaisers Maximilian I.*)* 가 나온 이후에야 비로소 16세기에 생겨난 근대 알레고리가 중세의 그것과 어떻게 구별되는지를 역사적으로 규명할 수 있게 되었다. 본 연구가 진행되면서 매우 중요한 것으로 나타날 테지만, 그 두 알레고리는 물론 엄밀하게 그리고 본질적으로 연관되어 있다. 하지만 그 연관이 상수(常數)로서 역사적 변수들로부터 분리되는 곳에서만 그 연관은 내용적으로 인식될 수 있으며, 그러한 분리작업은 길로의 발견 이후에야 가능하게 되었다. 그 이전의 연구자들 가운데는 오직 크로이처와 괴레스,

---

* 「막시밀리안 1세의 개선문」은 합스부르크 왕가의 위엄과 막시밀리안 황제 (1459~1519)의 치적을 기리기 위해 뒤러가 막시밀리안 황제의 위임을 받아 완성한 목판화(371×331.5cm)이다. 192개의 블록으로 이루어져 있으며 건축물은 장식과 신화적 형상, 왕의 권위를 나타내는 표징들과 상징들로 입혀져 있다. 이러한 코드들의 성립에는 1419년에 발견된 호라폴론의 『상형문자집』이 결정적 영향을 미쳤다. 이 목판화는 서양 예술사에서 가장 훌륭한 콜라주 작품 가운데 하나로 꼽힌다.

특히 헤르더가 이 표현형식의 수수께끼를 볼 줄 아는 눈을 가졌던 것 같다. 헤르더는 문제가 되는 그 시대들에 대해 이렇게 언급한다. "이 시대와 이런 취미의 역사는 아직 어둠의 베일에 싸여 있다."[18] 헤르더 자신의 추측은 다음과 같다. "사람들은 옛 수도사의 그림들을 모방했지만 사물에 대한 더 많은 이해력과 직관력을 가지고 그렇게 했다. 그래서 나는 이 시대를 거의 엠블럼의 시대라고 부르고 싶다."[19] 이러한 추측은 역사적인 면에서 맞지 않지만, 이 시대 문학의 내용에 대한 예감에서 나온 것이고, 그 점에서 헤르더는 낭만주의 시대 신화학자들보다 낫다. 크로이처는 새 엠블럼에 대해 상술할 때 헤르더를 끌어들인다. "나중에도 사람들은 알레고리적인 것에 대한 이러한 애착에 계속 빠졌으며, 17세기에 들어서 그러한 애착이 다시 살아나는 듯이 보였다. …… 같은 시기에 알레고리는 독일인들 사이에, 그들의 민족성의 진지함에 따라 더 윤리적인 방향으로 발전했다. 종교개혁이 진전되면서 종교적 비밀들의 표현으로서의 상징적인 것이 점점 더 사라질 수밖에 없었다. ……직관적인 것에 대한 오래된 애착이……도덕적이고 정치적인 종류의 의미상징적 서술들에서 표현되었다. 그도 그럴 것이 알레고리는 이제 새로 인식된 진리까지도 감각적으로 표현해야만 했던 것이다. 이러한 독일적 힘의 표현을 유치하거나 미성숙하다고 보지 않고 오히려 품위 있고 관찰할 만한 가치가 있는 것으로 본 우리 민족의 한 위대한 작가, 박학다식한 정신을 지녔던 그 작가[헤르더]는 당시 그러한 서술방식이 널리 퍼져 있던 현상을 보고 그 종교개혁의 시대를 엠블럼적 시대라 불렀다. 그리고 그는 그 시대에 각별한 눈짓을 보냈다."[20] 그 당시의

---

18) J[ohann] G[ottfried] Herder, *Vermischte Schriften*, Bd.5: *Zerstreute Blätter*, Zweytes, neu durchgesehene Ausgabe, Wien, 1801, p.58.
19) Herder, 같은 책, p.194.
20) Creuzer, 앞의 책, pp.227~228.

확고하지 못했던 지식상태에 비추어볼 때 크로이처 역시 알레고리에 대한 가치평가만을 교정할 수 있었을 뿐 알레고리에 대한 인식은 교정할 능력이 없었다. 길로의 작품이 비로소 역사적 연구서로서 이 알레고리 형식의 역사적·철학적 논구의 가능성을 열었다. 길로는 이 알레고리 형식이 자라나게 된 자극을 상형문자를 해독하려는 인문주의 학자들의 노력 속에서 발견했다. 인문주의 학자들은 자신들이 시도한 그 방법을 2세기 말, 아니면 4세기 말 집필된 호라폴론(Horapollon)의 『상형문자집』(Hieroglyphica)이라는 위서(僞書)자료에서 취했다. 이 『상형문자집』은 오로지 이른바 상징적 상형문자나 수수께끼적 상형문자들만 다루고 있으며—이 점이 이 책의 특징이며 또한 이 책이 근본적으로 인문주의자들에게 미친 영향을 결정짓고 있다—, 그 문자들은 항간의 음성기호들의 외부에서 그리고 종교적인 가르침의 틀 내에서 어떤 신비적 자연철학의 마지막 단계로서 상형문자 해석자에게 제시되었던 단순한 그림기호들이다. 이런 책을 읽은 것을 회상하면서 사람들은 오벨리스크에 접근했는데, 이때 생긴 상형문자에 대한 어떤 오해가 풍부하고 끝없이 확산된 표현형식의 토대가 되었다. 왜냐하면 이집트 상형문자들을 알레고리적으로 해석할 때 역사적이고 제의적인 자료들의 자리에 자연철학적·도덕적·신비주의적 상투어들이 들어섰는데, 이러한 해석에서 출발하여 문인들은 이러한 새로운 문자형태를 구축하는 데로 나아갔기 때문이다. 이렇게 해서 상징도상학(象徵圖像學, Ikonologie)이 생겨났고, 이 상징도상학은 새 문자형태로 이루어진 관용구들을 개발하고 문장 전체를 "낱말 하나하나 특수한 그림기호들로"[21] 번역하기만 한 것이 아니라 드물지 않게 사전(辭典)의 형태로 등장하

---

21) Karl Giehlow, *Die Hieroglyphenkunde des Humanismus in der Allegorie der Renaissance, besonders der Ehrenpforte Kaisers Maximilian I*, 시론, Arpad Weixlgärtner의 후기, Wien, Leipzig, 1915, (*Jahrbuch der*

기도 했다.[22] "그리하여 예술가이자 학자인 알베르티*의 주도 아래 인문주의자들은 철자들 대신 사물 이미지들(rebus)을 가지고 쓰기 시작했으며, 그렇게 해서 수수께끼 같은 상형문자의 바탕 위에서 '수수께끼 그림'(Rebus)이라는 말이 생겨났고 르네상스 시대의 메달, 기둥, 개선문 및 모든 가능한 예술품들이 그와 같은 수수께끼 글자들로 채워졌다."[23] "예술적 직관의 자유에 관한 그리스의 이론과 더불어 르네상스는 고대에서 예술적 속박이라는 이집트적 교리를 아울러 취했다. 이 두 예술관은 천재적 예술가들에 의해 우선 억눌려진 싸움 속에 공존해야 했으며, 성직자의 정신이 세계를 지배하자마자 후자가 승리를 거두게 된다."[24] 바로크 시대가 무르익어갈 때 생산된 작품들을 보면 100년 전의 초기 엠블럼들과의 거리는 더욱더 분명해졌고, 상징과의 유사성은 더욱더 피상적이 되었으며, 성직자적 장식은 더욱 강렬해졌다. 그리하여 문자의 자연적 신학과 같은 것이 알베르티의 『건축술에 관한 10권의 책』(Libri de re aedificatoria decem)에서 이미 그 역할을 하고 있다. "묘비에 붙여질 제명, 기호 및 조각들에 대해 연구하던 차에 그는 알파벳 문자와 이집트 문자를 대응시켜볼 기회를 얻었다. 그는 알파벳 문자는 그 시대에만 알려질 뿐 나중에는 잊혀질 수밖에 없다는 점이 결함이라고 강조한다. ……그에 반해 그는 예컨대 눈으로 신을, 독수리로 자연을, 원으로 시간을, 소로 평화를 표시했던 이집트인들의 문자체계를

Kunsthistorischen Sammlungen des allerhöchsten Kaiserhauses, Bd.32, Heft 1), p.36.

22) Cesare Ripa, Iconologia, Roma, 1609 참조.

* Leon Battista Alberti, 1404~72: 이탈리아 초기 르네상스 시대 인문학자·수학자·건축이론가.

23) Giehlow, Die Hieroglyphenkunde des Humanismus in der Allegorie der Renaissance, p.34.

24) Giehlow, 같은 책, p.12.

부각시킨다."[25] 그러나 그와 동시에 길로의 사변적 관심은 엠블럼에 대한 비교적 덜 합리주의적인 변호로, 더욱 단호하게 그 형식의 고대 성직자적 요소를 드러내는 그 변호로 쏠린다. 플로티노스(Plotinos)의 『엔네아데스』(Enneades)에 대한 주석에서 피키누스가 상형문자에 대해 언급한 바에 따르면 이집트 사제들은 상형문자를 통해, "신적인 사유에 상응하는 무엇인가를 만들어내고자 했다고 한다. 왜냐하면 신성은 모든 사물에 대한 지식을 변화하는 표상으로서가 아니라, 말하자면 사실의 단순하고 확고한 형태로 지니고 있기 때문이라는 것이다. 다시 말해 상형문자는 신적인 이념들의 모사이다! 그가 예로 드는 것은 시간 개념에 사용된, 꼬리 끝을 물고 있는 날개가 달린 뱀의 상형문자이다. 왜냐하면 시간에 대한 인간의 표상이 지닌 다양함과 역동성, 즉 빠른 순환 속에 처음과 끝을 연결시켜주고 영리함을 가르쳐주며 또 사물들을 생겨나게 하고 거두어가는 시간의 모습, 이 일련의 생각들 전체를 원형의 뱀이라는 특수하고 확고한 상이 담고 있기 때문이라는 것이다."[26] 발레리아노*의 다음 문장도 이집트인들의 상형문자들이 자연의 어두움을 밝히는, 전승된 지혜를 담고 있다는 신학적 신념과 다른 무엇을 표현하고 있지 않다. "그 이후로 상형문자적으로 말하는 것은 인간적이고 신적인 것들의 본성을 드러내는 것을 의미한다."[27] 같은 『상형문자집』에 들어 있는 「헌사」(Epistola nuncupatoria)에서 그는 이렇게 쓰고 있다. "더구나 온전한 감성을 지닌 사람들에게 이 사안을 우리의 종교에 들어맞는 방식으로 설명하고 탐구할 기회가 없지는 않을 것이다. 나무

---

25) Giehlow, 같은 책, p.31.
26) Giehlow, 같은 책, p.23.
  * Pierio Valeriano, 1477~1588: 이탈리아의 인문주의자 · 신학자.
27) *Hieroglyphica sive de sacris aegy ptiorum literis commentarii*, Ioannis Pierii Valeriani Bolzanii Belluensis, Basileae, 1556, 표지.

들이나 식물에 대한 생각조차 우리의 목적 속에서 이유 없이 일어나는 게 아니다. 성 바울과 그 이전에 다윗은 신의 위대함과 두려움이 신이 창조한 우주에 대한 지식을 수단으로 해서 이해되었다고 기록하지 않았던가. 사정이 이러할진대, 우리 가운데 그 누구가, 신이 그의 주위를—게다가 그가 사람으로서 자신이 피조물임을 인식한다면—무한한 은총으로 둘러싸고 있고 또한 하늘과 공중과 물과 땅 위에 있는 만물이 인간을 위해 만들어졌음을 고백하지 못할 정도로, 게으른 마음에 사로잡히거나 소멸하여 시들어버릴 사물들에 탐닉해 있겠는가."[28] 인간의 행복이 최상의 자연목적이었던 계몽주의 목적론, 바로크의 것과는 전혀 다른 그런 목적론이 이 '인간을 위한'(hominis causa)다는 말 속에서 생각될 수는 없다. 피조물들의 지상에서의 행복이나 윤리적 행복에 바쳐지지 않은 채, 바로크의 목적론은 오로지 비밀스러운 가르침을 지향하고 있다. 왜냐하면 바로크에게 자연은 그 자연의 의미를 표현하는 데에, 그 의미를 엠블럼적으로 재현하는 데 합목적적인 것으로 여겨지며, 이러한 엠블럼적 재현은 알레고리적 재현으로서 그 의미의 역사적·실현과는 완전히 상이한 것이었다. 역사는 도덕적 예형(例形, Exemplum)*에서든 파국에서든 단지 엠블럼의 소재적 요소로 여겨졌을 뿐이다. 의미하는 자연의 경직된 얼굴이 승리하며, 역사는 소도구 속에 영원히 유폐된 채로 있어야 했다. 중세의 알레고리가 기독교적이고 교훈적이었다면, 바로크는 신비주의적이고 자연사적 의미에서 고대로 회귀한다. 그것은 고대 이집트가 되기도 하고 때로는 고대 그리스가 되기도 한다. 루도비코 다 펠트레(Ludovico da Feltre)는 고대에 고안된 그 비밀스런 보화들의 발굴자로 알려져 있으며, "그의 지하세계적이

---

28) Pierio Valeriano, 앞의 책, 〔별도의 쪽수를 매긴〕 넷째 장.

* '예화'라고도 하며 중세에 유행하던 도덕적·교훈적 내용의 일화나 설교 등을 가리킨다.

고 '그로테스크'한 발견활동 때문에 '사자'(il Morto)로 불린다. 또한 사람들이 장식미술에 관한 플리니우스*의 유명한 구절을 들어 그로테스크 풍 장식**의 대가로 부각시켰던 고대 화가, 즉 '발코니 화가' 세라피온(Serapion)도 한 동명의 은둔수사(修士)를 매개로 하여 마침내 문학에서 (즉 E.T.A. 호프만의 『세라피온의 형제들』에서) 지하세계적이면서 환상적인 것, 비밀스러우면서 유령적인 것을 체화한 인물로 형상화되었다. 왜냐하면 당시에 이미 그로테스크의 작용이 지니는 수수께끼 같고 비밀스러운 측면은 그로테스크가 파묻힌 폐허와 지하납골당에서 유래한다는 점에서 지하세계와도 같고 비밀스러운 측면과 어울리는 것처럼 보였기 때문이다. 그로테스크란 단어는 철자 그대로의 의미에서 'grotta'(작은 동굴)에서 유래하는 것이 아니라 동굴(Höhle)과 작은 동굴(Grotte)이란 말이 표현하는 '감춰진 것'—은폐된 것—에서 유래한 것일 수 있다. ……18세기에만 해도 이 점을 나타내는 것으로…… '숨어들어 간 것'(das Verkrochene)이라는 표현이 있었다. 따라서 이 표현에서는 '수수께끼적인 것'이 처음부터 작용했다."[29] 이로부터 멀지 않은 곳에 빙켈만이 있다. 그가 바로크 알레고리의 양식원칙들을 날카롭게 공격할지라도 그의 이론은 이전의 작가들과 아주 밀접한 관계에 있다. 보린스키는 빙켈만의 『알레고리 시론(試論)』(*Versuch einer Allegorie*)에서 이 점을 아주 분명하게 간파했다. "바로 이 점에서 빙켈만 역시 '고대인들의 지혜'(sapientia veterum)에 대한 르네상스 시대의 믿음과 똑같은 전통에 서 있다. 그 믿음이란 곧 근원적 진리

---

* Gauis Plinius Secundus, 23~79: 고대 로마의 정치가 · 군인 · 학자.
** 그로테스크(Groteske)는 식물이나 (상상의) 동물 등의 모양으로 이루어진 장식무늬를 뜻한다. 이미 고대에 예술적 형상화의 수단으로 사용되었으며, 르네상스 전성기에 라파엘로에 의해 완성된 바티칸 로지아의 장식이 대표적인 예로 꼽힌다.
29) Borinski, *Die Antike in Poetik und Kunsttheorie*, Bd.1, p.189.

와 예술, 지적 과학과 고고학이 정신적으로 연결되어 있다는 믿음이다. ……그[빙켈만]는 근대인의 예술에서 고문과 신화의 장면들이 영원히 되풀이되는 '불모성'을 치유할 '영적인' 만병통치약을 바로 진정한 알레고리, 호머적인 풍부한 영감에서 '고취된' '고대인들의 알레고리'에서 찾았다. ……이러한 알레고리만이 예술가들로 하여금 자신을 작가와 동렬에 올려놓는 것을 '고안해내도록' 가르쳐준다."[30] 이렇게 해서 단순히 교화적인 요소가 어쩌면 바로크 시대 그랬던 것보다 더 과격하게 알레고리적인 것에서 떨어져 나간다.

예와 전거들

엠블럼이 다종다양하게 발전해가면 갈수록 이 표현은 그만큼 더 꿰뚫어볼 수 없게 되었다. 이집트, 그리스, 기독교의 상형언어들이 서로 침투했다. 이러한 현상에 신학도 부응하려고 노력했는데, 그 가운데 예수회 교도 카우시누스가 쓴 『상징 백과사전』[31]이 특징적이며, 그가 쓴 『펠리시타스』(*Felicitas*)*를 그리피우스는 라틴어에서 독일어로 번역하기도 했다. 또한 다른 어떤 것보다도 그 책처럼 지식인들만 이해할 수 있는 수수께끼 문자야말로 진정한 삶의 지혜를 담은 고도로 정치적인 잠언들을 숨기는 데 적합했다. 헤르더는 요한 발렌틴 안드레에(Johann Valentin Andreä)에 관한 논문에서 그러한 수수께끼 문자는 사람들이 제후들 앞에서 명확하게 거명하고 싶어하지 않는 많은 생각들에게 도

---

30) Borinski, *Die Antike in Poetik und Kunsttheorie*, Bd.2, pp.208~209.

31) Nicolaus Caussinus, *Polyhistor symbolicus, electorum symbolorum, et parabolarum historicarum stromata*, XII, libris complectens, Coloniae Agrippinae, 1623 참조.

* 프랑스의 예수회 교도 카우시누스(Nicolaus Caussinus, 1583~1651)가 쓴 순교자극.

피처의 역할을 했을 것이라고 추측하기도 했다. 오피츠의 경우는 더 역설적으로 들린다. 왜냐하면 그는 한편으로 이러한 표현형식의 신학적 비의성(秘義性)을 시문학의 고귀한 내력을 입증해주는 증거로 파악하면서, 다른 한편 그것이 일반인이 이해하기 쉽도록 하기 위해 도입되었다고 말하기도 하기 때문이다. 오피츠의 『독일 시학서』(*Deutsche Poeterey*) 제2장에 나오는 다음의 유명한 표현은 델벤(Delbene)의 『시예술』(*Art poétique*)에 나오는 "시문학은 애초에는 알레고리적 신학이었을 것이다"라는 문장을 원용한 것이다. "시문학은 처음에는 숨겨진 신학과 다름없었다." 그러나 다른 한편 "태초의 황량한 세계는 그들이 지혜와 천상의 것들에 관한 가르침을 제대로 파악하고 이해할 수 있기에는 / 거칠고 조야했기 때문에 / 현자들은 신에 대한 외경심과 좋은 풍습과 변화를 가르치기 위해 자신들이 고안한 것을 / 특히 세인들이 듣고 싶어하는 / 운율과 우화 속에 / 숨기고 감추어야만 했다."[32] 이러한 견해는 표준적 견해로 남았으며, 어쩌면 가장 철저한 알레고리 작가라고 할 하르스되르퍼에게서도 이러한 [엠블럼적인] 표현형식의 이론적 토대가 되었다. 이 표현형식이 가장 넓은 정신영역이나 가장 제한된 정신영역이나 모든 곳에, 즉 신학, 자연의 관찰, 도덕에서 문장(紋章), 축시, 사랑이야기에 이르기까지 곳곳에 침투해 들어갔던 것처럼, 그것의 가시적 소품들의 터전은 무제한적이었다. 착상이 생겨날 때면 언제나 표현의 순간은 진정한 이미지의 분출과 만났으며, 그러한 이미지의 분출이 낳은 결실로서 숱한 은유가 혼란스럽게 흩어져 있었다. 이렇게 해서 이러한 양식에서 숭고한 것이 나타난다. "사물들의 보편적 성질은 이러한 유의 철학적 물음(즉 이미지의 문제)에 무게를 실어준다. 그 어

---

32) Opitz, *Prosodia Germanica, Oder Buch von der Deudschen Poeterey*, p.2.

떤 사물들이 이 점을 드러낼 경우 그것은 언제나 엠블럼을 통해 전달되었다. 그 엠블럼을 보면서 개인들은 각자 일상생활에서 덕에 대한 유용한 지식을 이끌어낼 수 있을 것이다. 그리하여 역사의 경우 동전들을 연구하여 해명을 얻을 수 있듯이 도덕철학의 경우 그러한 해명이 엠블럼에서 올 수 있다."[33] 이러한 비유는 특히 적절하다. 여기서 역사적으로 각인된 자연, 즉 무대가 된 자연에 화폐학적(貨幣學的)인 성격을 띤 무언가가 점착되어 있기 때문이다. 같은 저자, 즉 잡지 『학자들의 연구보고』의 이 보고자는 또 다른 구절에서 이렇게 쓰고 있다. "그러나 사물은 그것의 자연적 성격을 상징과 엠블럼을 통해 보여준다는 점, 작년에 출간된 『이미지의 철학』의 제1권에서 우리가 설명한 것처럼 그와 같은 적절한 재현을 제공할 수 없는 어떠한 사물도 이 우주 전체에 존재하지 않는다는 점은 위의 연구보고에서 지적한 바와 같다. 이 주장을 뒷받침하기 위해 금년에 나온 이 책[34]의 제2권은 상징들 및 이것들과 적절하게 관련된 주제들을 만들어내면서 훌륭한 증거들을 제시하고 있다. 그것들은 자연적이거나 인공적 물질에서, 원소들, 불, 불을 내뿜는 산들, 먼지 쌓인 기계들이나 여타의 전쟁무기들, 연금술에 쓰는 도구들, 지하의 터널들, 연기, 램프, 성화, 청동화폐들, 그 밖의 여러 종류의 새들에서 추출된 것들이다."[35] 사람들이 이러한 방향으로 얼마나 나아갔는지

---

33) [Menestrier, *La philosophie des images*에 대한 익명의 논평, in:] *Acta eruditorum*, Anno MDCLXXXIII publicata, Lipsiae, 1683, p.17. [*Acta eruditorum*(1682~1782)는 독일에서 출간된 최초의 학술잡지로서 주로 자연과학과 수학 관련 논문들이 실렸다.─옮긴이]

34) C(laude) F(rançois) Menestrier, *La philosophie des images*, Paris, 1682 및 Menestrier, *Devices des princes, cavaliers, dames, scavans, et autres personnages illustres de l'Europe*, Paris, 1683 참조.

35) [Menestrier, *Devices des princes*에 대한 익명의 논평, in:] *Acta eruditorum*. 1683, p.344.

를 증명하는 데는 단 하나만의 전거로 충분할지 모른다. 뵈클러(G.A. Böckler)의 『문장(紋章)의 기법』에는 이렇게 씌어져 있다. "잎사귀들에 관하여. 문장에서 잎사귀들은 흔히 볼 수 없다. 그러나 잎사귀들이 발견되면/그것들은 혀와 심장의 몇몇 덩어리와 같기 때문에/진리를 해석하는 데로 이끈다."[36] "구름에 관하여. 구름이 높은 곳으로(!) 상승하여/나중에 풍성한 비를 뿌리며 들판의 열매들과 사람들을 적셔주고 원기를 북돋는 것처럼/귀족의 성정을 지닌 자도 덕을 베푸는 일에서/말하자면 높은 곳으로 상승한 뒤/자신의 재능을 가지고 조국에 봉사하도록/힘써야 할 것이다."[37] "현명한(!) 말(馬)들은/전쟁이 끝난 뒤/지배하는 평화를 뜻하는/동시에 민첩함을 뜻한다."[38] 가장 놀라운 것은 이 책이 각각 두 가지 색을 조합하여 지시하는 완벽한 색(色)상형문자학(Farbenhieroglyphik)이다. 몇 가지만 예를 들자면, "은색에 대한 빨강/복수하려는 욕망"[39] "빨강에 대한……파랑/불손함"[40], "보라에 대한……검정/지속적인 예배"[41] 등이 그것이다. "의미와 기호의 연관관계가 지닌 여러 모호한 면들은……서술대상이 지닌 더욱더 멀리 떨어져 있는 속성들을 의미상징들로 이용하는 일을 저지하는 것이 아니라 오히려 촉발했다. 이는 새롭게 생각을 짜냄으로써 이집트인들을 능가하기 위해서였다. 여기에 고대인들에게서 전승된 의미들이 지닌 교리와 같은 힘이 덧붙여짐으로써 똑같은 하나의 사태가 미덕을 표상하기도 하고 악덕을 표상하기도 하며, 결국 모든 것을 표상할 수 있었다."[42]

---

36) Georg Andreas Böckler, *Ars heraldica, Das ist: Die Hoch-Edle Teutsche Adels-Kunst*, Nürnberg, 1688. p.131.
37) Böckler, 같은 책, p.140.
38) Böckler, 같은 책, p.109.
39) Böckler, 같은 책, p.81.
40) Böckler, 같은 책, p.82.
41) Böckler, 같은 책, p.83.

알레고리적 해석의 이율배반

이러한 사정은 우리가 알레고리적인 것의 이율배반에 주목하게끔 만들며, 비애극의 이미지를 불러내고자 한다면 그러한 이율배반을 변증법적으로 다루는 작업을 피할 수 없다. 모든 인물, 모든 사물, 모든 관계는 임의의 다른 것을 의미할 수 있다. 이러한 가능성은 속세에 혹독하면서도 정당한 판결을 내린다. 즉 속세는 세부내용이 그렇게 엄격하게 중요하지 않은 세계로 특징지어진다. 하지만 분명해지는 점, 특히 알레고리적 문서해석에 익숙한 사람에게 분명해지는 점은 다음과 같다. 즉 의미작용을 일으키는 저 소품들은 모두 그것이 다른 어떤 것을 지시하는 속성 때문에 범속한 사물들에 비교될 수 없게 보이게끔 하는 어떤 권위와 한 단계 더 높은 차원으로 자신을 상승시키고, 심지어 성화(聖化)시킬 수 있는 권위를 획득한다는 점이다. 그에 따라 속세는 알레고리적으로 바라볼 때 그 위계가 상승하면서 폄하된다. 내용에서의 이러한 종교적 변증법에 대해 관습과 표현의 변증법이 형식면에서 상응한다. 왜냐하면 알레고리는 관습과 표현 둘 다이기 때문이다. 그리고 그 둘은 원래부터 상충한다. 그렇지만 바로크의 이론이 본래 역사를 어떤 창조된 사건으로 파악했던 것처럼, 특히 알레고리는 모든 문자가 그렇듯이 관습으로 간주됨에도 불구하고, 성스러운 문자처럼 창조된 것으로 여겨진다. 17세기의 알레고리는 표현의 관습이 아니라 관습의 표현이다. 그에 따라 그것은 권위의 표현이며, 그 원천의 위엄을 두고 볼 때 비밀스럽고, 그 효력의 범위를 두고 볼 때 공적(公的)이다. 그리고 다시금 알레고리적 해석(Allegorese)의 차갑고 민첩한 기법과 그것의 폭발적인 표

---

42) Giehlow, *Die Hieroglyphenkunde des Humanismus in der Allegorie der Renaissance*, p.127.

현 사이의 갈등에서 확연하게 볼 수 있는 것도 똑같은 이율배반성이다. 여기서도 변증법적 해법이 있다. 그것은 문자의 본질 자체에 놓여 있다. 즉 계시된 언어의 경우에는 그 언어를 위엄을 하나도 잃지 않은 채 생생하고 자유롭게 사용한다는 것은 모순 없이 생각할 수 있다. 하지만 알레고리가 표방하려고 하는 문자의 경우는 다르다. 문자의 신성함은 그것의 엄격한 성문화(Kodifikation)에 대한 생각과 분리할 수 없다. 왜냐하면 모든 신성한 문자는 복합체들 속에 고착되는데, 이 복합체들은 결국 단 하나의 불변하는 복합체를 이루거나 이루려고 노력하기 때문이다. 그렇기 때문에 알파벳 문자는 문자원자들의 조합으로서, 신성한 복합체들의 문자와는 가장 동떨어져 있다. 이러한 신성한 복합체들은 상형문자에서 특징적으로 나타난다. 문자가 자신의 신성한 성격을 보증받고자 한다면—문자는 항상 신성한 효력과 세속적 이해가능성 사이에서 갈등을 겪을 수밖에 없을 텐데—문자는 복합체가 되고 상형문자가 되려고 한다. 이것이 바로크에서 일어나는 일이다. 겉으로든 문체적으로든—글꼴의 대담한 형태에서나 과장된 은유에서나—글로 씌어진 것은 이미지로 응축된다. 알레고리적 문자 이미지(Schriftbild)는 이러한 무정형의 파편으로 드러나는데, 이러한 파편보다 예술상징, 조형적 상징, 유기적 총체성의 상과 더 극단적으로 반대되는 것을 상상할 수 없다. 이 파편 속에서 바로크는 고전주의의 탁월한 대척자임이, 사람들이 지금껏 낭만주의에서만 인정하려 했던 그런 대척자임이 입증된다. 그리고 그 둘에서 상수를 규명하고자 하는 유혹을 뿌리칠 수는 없다. 이 둘에서, 즉 낭만주의와 바로크에서 일어나는 일은 고전주의의 교정이 아니라 예술 자체의 교정이다. 그리고 고전주의에 대조되는 서곡인 저 바로크에서 이러한 교정이 보다 더 구체적으로 나타났음을, 아니 더 나은 권위와 더 지속적인 타당성을 지녔음을 부인할 수 없다. 낭만주의가 무한성, 형식 및 이념의 이름으로 완성된 구성물을 비판적으로 강화시키는 곳에서,[43] 알레고리적인 깊은 시선은 사물과 작품들을 자극적인 문자로 단번에 변형시킨다. 그와 같은 시선은 빙켈만의 「로마 벨베데르의 헤라클레스 토르소에 관한 기술」(Beschreibung des Torso des Hercules im Belvedere zu Rom)에서도 인상적으로 나타나 있다.[44] 빙켈만은 조각 하나하나 사지(四肢) 하나하나를 두고 비고전적 의미에서 그 토르소를 살피고 있다. 그것이 토르소에서 이루어지는 데는 이유가 있다. 알레고리적 직관의 영역에서 이미지는 파편이고 룬(Rune) 문자이다. 그 이미지의 상징적 아름다움은 신학의 빛이 그 위에 닿을 때 증발해버린다. 총체성의 거짓가상이 사라지는 것이다. 왜냐하면 그 안에 든 형상(Eidos)은 꺼져버리고, 비유는 시들며, 우주는 말라버리기 때문이다. 남는 것은 건조한 수수께끼 문자들이고, 그 속에 혼란된 상태에 있는 사색자가 아직은 포착할 수 있는 통찰이 들어 있다. 감각적인 신체, 아름다운 신체에서 부자유, 미완성, 쇠약함을 보는 것은 의고전주의가 본질상 할 수 없는 일이었다. 그러나 바로 그러한 것들을 바로크의 알레고리가 자신의 광적인 현란함 속에 감춘 채, 이전에 예상치 못했던 강세를 주며 표현한다. 예술의 문제성에 대한 근본적인 예감——그러한 문제와 씨름하는 일을 '여분의 시간'에 할당한 것은 신분상의 겉치레 때문만이 아니라 종교적 의혹 때문이다——이 르네상스적 예술의 자만성에 대한 반격으로 등장한다. 의고전주의의 예술가와 사상들이 그들에게 찡그린 상으로 보였던 것을 다루지 않은 반면,

---

43) Benjamin, *Der Begriff der Kunstkritik in der deutschen Romantik*, p.105 참조.

44) Johann 〔Joachim〕 Winckelmann, *Versuch einer Allegorie besonders für die Kunst*, Säcularausgabe. 빙켈만 자신의 많은 가필, 아직 편집되지 않은 그의 편지들 및 그의 마지막 시간에 대한 동시적 묘사들을 곁들인 저자의 수고본. 드레셀(Albert Dressel) 편, 티셴도르프(Constantin Tischendorf)의 서문, Leipzig, 1866, p.143ff.

신칸트 학파의 미학에 나오는 구절들이 이 논쟁의 신랄함을 전해준다. [이 구절들에서] 이러한 [알레고리적] 표현의 변증법이 오해되고 이의성으로 의심받고 있다. "그러나 이의성, 다의성은 알레고리의 기본특성이다. 의미의 풍부함을 알레고리는, 바로크는 자랑스럽게 여겼다. 그에 반해 자연이란, 역학의 오래된 규칙들뿐만 아니라 형이상학의 오래된 규칙들에 따라 우선 절제의 법칙에 묶여 있는 법이다. 따라서 이의성은 어디서나 의미의 순수성과 통일성에 대한 반박이다."[45] 헤르만 코엔의 제자 가운데 한 사람인 카를 호르스트의 논의도 그에 못지않게 독단적인데, 그는 "바로크의 문제들"이라는 주제를 거쳐 보다 구체적인 관찰에 이르기도 한다. 그런데도 알레고리에 대해 그는 이렇게 말한다. 알레고리는 "항상 '다른 종류의 경계를 넘어서기', 조형예술이 '담화하는' 예술의 재현영역[문학]으로 침범하기라는 점을 드러낸다. 그리고 그와 같은 경계위반은 '담화하는' 예술보다는 순수하게 지켜진 '조형예술'에 더 해당하는 순수한 감정문화에서, 그리고 그 조형예술을 음악에 가깝게 만드는 그러한 감정문화에서 가장 무자비한 보복을 당한다. ……여러 상이한 종류의 인간의 표현방식들을 거만한 생각들과 냉혹하게 섞어버림으로써……예술감정과 예술이해가 굴절되고 유린된다. 이것을 '조형'예술의 분야에서 알레고리가 저지른다. 그렇기 때문에 사람들은 알레고리의 침입을 예술적 법칙성의 고요함과 질서에 대한 무단침범이라 부를 수 있다. 그렇지만 알레고리는 예술의 왕국에서 없었던 적이 한 번도 없으며 가장 위대한 조각가들도 알레고리에 위대한 작품들을 헌정했다."[46] 하지만 이러한 사실은 물론 알레고리에 대한 또 다른 관찰방식을 유발했어야 했다. 신칸트 학파의 비변증법적 사유방식

---

45) Hermann Cohen, *Ästhetik des reinen Gefühls*, Bd.2(*System der Philosophie*, 3), Berlin, 1912, p.305.

46) Carl Horst, *Barockprobleme*, München, 1912. p.39f. 아울러 p.41도 참조.

은 알레고리적 문자에서 신학적 의도와 예술적 의도 사이의 투쟁으로 부터 생겨나는 종합을, 서로 대립하는 견해들 사이의 평화라는 의미에 서라기보다 신의 휴전(treuga dei)*이라는 의미에서 생겨나는 그 종합을 파악하기에는 역부족이었다.

폐허

비애극에서 역사가 무대 속으로 이동해간다면, 이때 역사는 문자로서 그렇게 된다. 자연의 얼굴 위에 '역사'는 무상함의 기호문자로 씌어져 있다. 무대 위에 비애극이 연출하는 자연-사(Natur-Geschichte)의 알레고리적 모습은 현실에서 폐허(Ruine, 잔해)의 형태로 주어져 있다. 폐허와 함께 역사는 감각화되어 무대 속으로 이동해간다. 게다가 역사는 이러한 모습을 띠면서 어떤 영원한 생명의 과정으로서가 아니라 오히려 저지할 수 없는 몰락의 과정으로 부각된다. 이로써 알레고리는 아름다움을 넘어서 자신을 드러낸다. 사물의 세계에서 폐허가 의미하는 것을 알레고리는 사상의 세계에서 의미한다. 그렇기 때문에 바로크는 폐허를 숭배했다. 이 점을 보린스키는 알고 있었는데, 여기서 그는 근거를 남김 없이 제시하는 태도보다는 실제 사실을 적확하게 보고하는 태도를 취한다. "깨어진 박공, 무너진 기둥들은 그 성스러운 건축물이 심지어 가장 근원적인 자연의 파괴력들, 벼락, 지진까지도 견뎌냈다는 기적을 입증해야만 한다. 여기서 황폐한 인공물의 풍경은 그림 같은 폐허의 모습으로서 단지 사실 그대로 현대의 땅 위에 보이는 고대의 마지막 유산으로 나타난다."[47] 보린스키는 한 주석에서 이렇게 말한다.

---

* 교회의 축일 및 사순절에 분쟁 및 결투를 금지하는 중세 가톨릭교회의 법령을 말한다.

47) Borinski, *Die Antike in Poetik und Kunsttheorie*, Bd.1, pp.193~194

"우리는 이러한 경향이 점증하는 모습을 르네상스 예술가들의 의미심장한 관습에서 추적할 수 있다. 즉 그들은 그리스도의 탄생과 그에 대한 경배의 모습을 중세의 마구간에서 고대 신전의 폐허들 속으로 옮겨놓곤 했다. 기를란다요*의 작품(피렌체, 아카데미아)을 보면 전혀 흠잡을 데 없이 보존된 화려한 장식들로 이루어진 이 폐허들은 이제 그 자체의 목적을, 즉 배경그림으로 쓰여 무상한 화려함을 나타내는 데 기여하고자 하는 목적을 조형적이고 화려한 예수 탄생장면의 묘사를 통해 달성하고 있다."[48] 고대풍의 회상을 훨씬 넘어 가장 현실적인 양식감정이 여기서 관철되고 있다. 잔해더미에 무너져 있는 것, 의미심장한 단편, 그 파편은 바로크적 창조의 가장 고귀한 재료이다. 왜냐하면 이 시대의 문학에서는 어떤 목표에 대한 엄격한 관념도 없이 파편들을 쉬지않고 쌓아올리고 기적에 대한 부단한 기대 속에서 고양(高揚, Steigerung, 상승)을 위해 천편일률적인 표현들을 취한다는 점이 공통된 특징이기 때문이다. 바로크 문인들은 예술작품을 이런 의미에서의 기적으로 바라보았음이 틀림없다. 그리고 그 기적이 다른 한편 그렇게 쌓아올린 것이 불러올 예측 가능한 결과로서 그들에게 눈짓을 보냈다면, 그 둘, 즉 기적과 예술작품은 연금술사의 의식 속에서 섬세한 이론적 처방들과 열망하던 놀라운 '작품'이 합치하는 것처럼 서로 합치될 수 있다. 연금술사들이 행했던 일과 유사한 것이 바로 바로크 작가들의 실험이다. 고대가 뒤에 남긴 조각조각이 그들에게는 새로운 전체가 빚어져 나올, 아니 지어져 나올 요소들이다. 왜냐하면 이 새로운 것에 대한 완성된 비전은 폐허였기 때문이다. 한 구조물에서 고대의 요소들을 과도하게 이용하기 위해 세부적인 점에서 사실자료들, 풍성하게 꾸민

---

* Domenico Ghirlandajo, 1449~94: 이탈리아 초기 르네상스 화가.
48) Borinski, 같은 책, pp.305~306(각주).

말들, 규칙들을 과시하듯이 끌어들이는 기법이 사용된다. 그 구조물은 그 고대의 요소들을 전체로 통합시키지 않은 채 파괴된 모습에서도 고대의 조화들보다 우월할 것이다. 문학은 '발명술'(Ars inveniendi)로 불려야 한다. 발명술의 대가인 천재적 인간에 대한 표상은 능숙하게 표본들을 다룰 줄 아는 사람에 대한 표상이다. 현대인의 의미에서 창조적 능력인 '상상력'은 정신들의 서열을 정하는 척도로 알려져 있지 않았다. "지금껏 독일 문학에서 우리의 오피츠에 필적하거나 능가할 수 있는 사람은 아무도 없었다(그리고 앞으로도 그런 일은 일어날 수 없을 것이다). 그것은 그가 내면에 탁월한 천성의 특이한 능숙함을 지니고 있을 뿐 아니라 그가 라틴어나 그리스어 문헌들에 해박할 뿐만 아니라 (!) 또 스스로 훌륭하게 표현하고 발명할 줄 안다는 고매한 이유 때문이다."⁴⁹⁾ 그런데 독일어는 이 시대의 문법학자들이 여겼듯이 이런 의미에서 고대의 모범과 병존하는 또 다른 '자연[천성]'일 뿐이다. 한카머는 그들의 견해를 이렇게 해설한다. "언어적 자연[언어의 본성]은 물질적 자연과 마찬가지로 이미 모든 비밀을 내포한다." 시인은 "그 언어적 자연에 어떠한 힘들도 주입하지 않으며, 자신을 표현하는 자기창조적인 영혼으로부터 어떤 새로운 진리도 만들어내지 않는다."⁵⁰⁾ 단순한 전체 자체가 아니라 그 전체의 공공연한 구성작업이 모든 의도된 효과들의 중심이었다면, 시인 역시 자신의 조립행위를 위장해서는 안 된다. 그렇기 때문에 특히 칼데론의 경우, 회칠이 벗겨진 건물에서 벽돌로 쌓아올려 만든 벽의 모습이 두드러지게 눈에 띄듯이 제작물이 과시되고 있음

---

49) A[ugust] Buchner, *Wegweiser zur deutschen Tichtkunst*, Jena, 연도표시 없음[1663], p.80ff.; Borcherdt, *Augustus Buchner*, p.81에서 재인용.

50) Paul Hankamer, *Die Sprache. Ihr Begriff und ihre Deutung im sechzehnten und siebzehnten Jahrhundert. Ein Beitrag zur Frage der literarhistorischen Gliederung des Zeitraums*, Bonn, 1927, p.135.

을 이해할 수 있다. 그리하여 자연은 말하자면 이 시대 작가들에게 위대한 스승으로 남아 있었다. 그러나 그들에게 자연은 꽃봉오리와 만개한 꽃에서가 아니라 그 피조물들의 과숙(過熟, Überreife)과 몰락에서 나타난다. 자연은 그들에게 영원한 무상성으로 표상되었으며, 그 세대의 사투르누스적 시각은 오로지 그러한 무상성 속에서만 역사를 인식했다. 아그리파 폰 네테스하임에 따르면 그 세대의 기념비인 폐허들 속에 사투르누스의 영향을 받은 동물들이 서식한다. 몰락과 함께, 그리고 오로지 그 몰락과 함께, 역사적 사건은 왜소하게 축소되어 무대로 들어간다. 그처럼 몰락한 사물들의 총괄개념은 르네상스 초기가 알고 있던 신성하게 이상화된 자연(verklärte Natur)의 개념에 대한 극단적 대립이다. 부르다흐는 신성하게 이상화된 이러한 자연개념이 "결코 우리의 자연개념"이 아님을 보여줬다. "그 자연개념은 '자연'이라는 말과 관념이 눈에 띄게 평가절상되었다 할지라도 여전히 중세의 언어와 사유에 종속된 채로 있었다. 어쨌든 14세기에서 16세기까지의 예술이론은 자연의 모방이라는 말을 신이 형상화한 자연의 모방으로 이해했다."[51] 그러나 역사진행의 이미지가 새겨진 자연은 몰락한 자연이다. 바로크가 신격화에 경도된 것은 바로크 자신이 사물들을 보던 방식에 대한 대항작용이다. 사물들은 그것들을 알레고리적 의미로 이용하는 전권자의 눈으로 보면 지극히 지상적인 것의 인장(印章)을 지니고 있다. 사물들은 내부로부터 신성하게 변용되는 법이 없다. 따라서 사물들은 신격화의 각광을 받고 빛을 발한다. 일찍이 어떠한 문학의 노련한 환상주의도 이보다 더 철저하게 작품들에서 광채(Schein, 가상)*를 몰아낸 적이 없었을 것이다. 그 광채란 신성화된 것으로서, 사람들은 마땅히 그것을

---

51) Burdach, 앞의 책, p.178.

* 여기서 광채(빛남, 광휘)는 미학의 중심개념인 미적 '가상'(schöner Schein)에서의 Schein이다. '가상'에는 거짓이란 의미가 들어 있으나 여기서는 이런

통해 한때 예술교육의 본질을 규정하려고 한 바 있다. 모든 바로크 서정시의 광채 없음[Scheinlosigkeit, 무(無)가상성]은 그것의 가장 엄밀한 특성들 가운데 하나라고 말할 수 있다. 드라마에서도 그와 다를 바 없다. "그러니 사람들은 죽음을 통해 그 삶 속으로 들어가야 한다. | 이 집트의 밤을 고센(Gosen)*의 낮으로 바꾸어놓는/ | 진주로 장식된 영원의 의복을 주는 그 삶 속으로!"52) 그렇게 할만은 연극소도구들의 입장에서 영원한 삶을 그리고 있다. 소도구들에 완고하게 매달림으로써 사랑에 대한 묘사가 좌절된다. 세상과 동떨어진 욕정, 관념 속에 파묻힌 욕정이 발언권을 얻는다. "수많은 장식으로 치장된 아름다운 여인이야말로, | 많은 사람들을 배부르게 하고도 없어지지 않는 음식이고 | 언제나 물이 있는 마르지 않는 샘물, | 아니 달콤한 사랑의 젖입니다. 백개의 관(管) 속으로 | 부드럽고 달콤한 물이 흘러간다고 할지라도 | 원기를 북돋아주면서도 없어지지 않는 이 음식을 | 다른 이들에게 주지 않는다면, 그것은 악인의 가르침이며 | 일종의 곁눈질하는 시기심의 발로인 것입니다."53) 내용면에서의 모든 충분한 은폐(Verhüllung, 껍질로 감싸기)가 전형적인 바로크 작품들에서는 결해 있다. 바로크 작품들의 요구는 하찮은 문학형식들에서도 답답한 느낌을 준다. 그리고 결국에는 미세한 것이나 비밀을 지향하는 특성이 결해 있다. 사람들은 그러

부정적인 의미로 쓰인 것 같지 않기에 '광채'로 옮겼다. 영어판과 프랑스어판에서도 Schein이 각각 radiance와 éclat로 되어 있다. 하지만 미적 범주로서의 가상개념에 '빛남'의 뜻이 들어있기에 '가상'이라고 옮겨도 큰 차이는 없을 것이다. 한편 벤야민은 '폐허'를 '가상없는 미'(scheinlose Schönheit)를 보여주는 예로 든다.

* 고센은 이집트의 동쪽에 위치한 비옥한 지역이었다. 요셉의 공로로 파라오는 야곱과 그의 아들들이 그곳에 정착하게 한다.

52) Hallmann, *Mariamne*, in: *Trauer-, Freuden- und Schäferspiele*, p.90(V, 472ff.).

53) Lohenstein, *Agrippina*, pp.33~34(II, 380 ff.).

한 미세하고 비밀스러운 것을 수수께끼 같은 것과 감춰진 것으로써 대체하려고 다채롭게 시도했지만 역부족이었다. 쾌락은 진정한 예술작품에서는 잠깐 동안 나타나고 순간에 살며 사라지다가 새로워지는 법이다. 바로크 예술작품은 지속하려고만 하고 모든 기관(器官)을 동원하여 영원한 것에 매달리고자 한다. 그리하여 세기가 바뀌면서 〔18세기에〕 등장한 최초의 '희롱'조(調)의 시들이 얼마나 해방적인 달콤함으로 독자들을 유혹했는지, 그리고 어떻게 해서 로코코에 유행한 중국풍의 공예가 사제중심의 비잔틴과 정반대의 상이 되었는지가 이런 맥락에서 이해된다. 바로크 시대 비평가가 그 시대의 미학적 서열의 정점으로서, 그리고 비애극 자체의 이상으로서 종합예술작품에 대해 말한다면[54], 그는 이 무거움의 정신을 새로운 방식으로 확인하고 있는 셈이다. 노련한 알레고리 작가로서 하르스되르퍼는 많은 이론가들 가운데 가장 철저하게 예술들 전체를 엮을 것을 주창했다. 왜냐하면 바로 이런 일이야말로 알레고리적 관찰의 지배를 지시해주기 때문이다. 빙켈만은 이 맥락을 과장된 논쟁을 통해 분명하게 해줄 뿐이다. 왜냐하면 그는 이렇게 언급하기 때문이다. "심지어 송가(頌歌)를 그림으로 그릴 수 있을 정도로까지 알레고리를 밀고 갈 수 있다고 믿는 사람들의 희망은……부질없는 희망이다."[55] 더 낯설게도 또 다른 것이 덧붙여진다. 이 세기의 문학들은 어떻게 소개되고 있는가. 헌사, 서언과 후기, 자신이나 타인의 소견서, 장인들 앞에 보내는 추천서 등이 관례였다. 이것들은 요란하게 장식된 틀로서 큰 규모의 판본이나 전집 판을 예외 없이 감싸고 있다. 왜냐하면 사안 자체에 만족할 줄 아는 시선은 드물었기 때문이다. 사람들은 예술작품들을 그것들을 둘러싼 광범위한 관계들 한가운데서 전유

---

54) Kolitz, 앞의 책, pp.166~167 참조.
55) Winckelmann, 앞의 책, p.19.

하려고 생각했으며, 예술작품을 다루는 일이 해명이 불필요한 개인적 사안인 경우는 이후보다 훨씬 더 드물었다. 책 읽기는 의무였고 교육적인 일이었다. 만들어진 작품들이 지니는 계산된 육중함, 비밀 없음, 넓은 폭이 독자층 사이에 퍼진 그러한 상태의 상관물로 이해된다. 그 작품들은 시간이 흐르면서 성장하여 확산될 것처럼 느껴지기보다 현세에서 바로 지금 그들의 자리를 채우고 있다는 느낌을 준다. 그 작품들은 여러 의미에서 그 대가를 이미 받은 셈이다. 하지만 바로 그렇기 때문에 그 작품들이 스스로 오랜 세월 지속되는 가운데 비평이 보기 드물 정도로 분명하게 전개되어 있다. 그것들은 처음부터 시간의 흐름이 가하는 비판적 해체에 적합한 성격을 띠고 있다. 아름다움은 무지한 사람을 위해 아무런 고유한 것도 지니지 않는다. 무지한 사람에게 독일 비애극은 거칠기 이를 데 없다. 비애극의 가상은 가장 조야하기 때문에 사멸해버렸다. 지속적으로 남는 것은 알레고리적 지시들의 기이한 세부내용이다. 그것은 지식의 대상으로서 심사숙고하여 고안된 폐허들 속에 깃들어 있다. 비평은 작품의 무효선언(Mortifikation)이다. 이 점에는 다른 어떤 산물보다 그[바로크] 산물의 본질이 잘 부응한다. 작품의 무효선언이란 다시 말해 살아 있는 작품들 속에서 낭만주의적으로 의식을 일깨우는 일[56]이 아니라, 그것들, 즉 사멸한 작품들 속에 지식을 정주시키는 일이다. 지속되는 아름다움은 지식의 대상이다. 그리고 지속되는 아름다움이 아름답다고 칭해질 수 있는지 의문스럽다면, 분명한 것은 내부에 알 만한 가치가 없는 아름다움이란 없다는 점이다. 철학은 자신이 작품의 아름다움을 일깨운다는 점을 부인하려 해서는 안 된다. "과학은 사람들이 소박하게 예술을 향유하게끔 이끌 수 없다. 그것은 지

---

56) Benjamin, *Der Begriff der Kunstkritik in der deutschen Romantik*, p.53ff. 참조.

질학자나 식물학자가 아름다운 풍경에 대한 감각을 일깨울 수 없는 것과 마찬가지이다."[57] 이 주장은 그것을 뒷받침하기 위해 동원된 비유가 잘못된 것처럼 지극히 맞지 않는 주장이다. 지질학자나 식물학자는 그러한 감각을 아주 잘 일깨울 수 있다. 아니 구조를 통해 세부내용의 생명을 예감하듯 포착함이 없이 아름다움에 경도된다는 것은 한낱 몽상에 불과하다. 구조와 세부내용에는 궁극적으로 항상 역사의 부하(負荷)가 걸려 있다. 예술형식의 기능은 바로 모든 중요한 저작의 근저에 놓인 역사적 사실내용을 철학적 진리내용으로 만드는 데 있다는 점을 입증하는 것이 철학적 비평의 대상이다. 사실내용을 진리내용으로 변형시키는 일은 영향의 퇴조과정을, 즉 그 속에서 10년 20년이 지나면서 이전의 매력들이 주던 감동이 감퇴되는 그 퇴조의 과정을, 모든 일시적 아름다움이 마침내 사라지고 작품이 폐허로 우뚝 서는 재탄생의 토대로 만든다. 바로크 비애극의 알레고리적 구성 속에 그처럼 구제된 예술작품의 파편적 형식들이 예전부터 분명하게 드러나 있다.

알레고리적 탈영혼화

알레고리적인 것의 토대를 이루는, 역사의 자연으로의 전환에는 구세사(救世史, Heilsgeschichte)조차도 널리 부응했다. 구세사가 제아무리 세속적이면서 시간을 지체하며 미루는 방식으로 해석되었다 하더라도 지그문트 폰 비르켄에서처럼 과장되어 표현된 경우는 거의 없었다. 그의 시학은 "탄생축시, 결혼축시, 장례식장의 추모시, 찬가, 승리를 축원하는 시 등에 대한 예를 들 때 그리스도의 탄생과 죽음에 대한 노래들, 그의 영혼과의 성스러운 결혼, 그의 위대함과 승리에 대한 노

---

57) Petersen, 앞의 책, p.12.

래들을 예거한다."[58] 신비로운 '순간'(Nu)이 현실적인 '지금'이 되는 것이다. 상징적인 것은 알레고리적인 것으로 일그러진다. 구세사적인 사건에서 사람들은 영원한 것을 떨어내는데, 거기서 남는 것은 연출상의 모든 교정이 가능한 살아 있는 이미지이다. 이것은 끝없이 준비하고, 장황하며, 관능적으로 지체하는 식의 바로크적 형식부여와 그 깊은 내면에서 상응한다. 하우젠슈타인(W. Hausenstein)이 적확하게 지적했듯이, 회화적인 신격화 작업에서는 전경이 과장되게 사실주의적으로 다루어지곤 하는데, 그것은 더 멀리 떨어진 비전의 대상들이 그만큼 더 믿을 만하게 나타나도록 하기 위해서이다. 노골적으로 표현된 전경은 자체 안에 모든 세상사를 그러모으려 한다. 그것은 내재성과 초월성 간의 긴장된 거리를 넓히기 위해서만이 아니라 초월성이 상상할 수 있는 한 최대한의 엄격함과 배타성과 무자비함을 얻도록 하기 위해서이기도 하다. 그런 방식으로 그리스도 역시 임시적이고 일상적이며 신뢰할 수 없는 것 속으로 밀쳐진다면 그것은 더 이상 능가할 수 없을 정도로 두드러지게 눈에 띄는 제스처이다. 여기에 질풍노도가 정곡을 찌르며 침입해오는데, 메르크*는 이렇게 쓰고 있다. "사람들이 그 위대한 사람이 마구간에서 태어났고 소와 당나귀 사이에서 기저귀에 싸여 누워 있다는 것을 안다면 그에게서 앗아갈 것이 하나도 없다."[59] 그리고 이 제스처에서 무엇보다 눈에 거슬리는 것, 이목을 끄는 것이 바로크적 특성이다. 상징이 사람을 자신 속으로 끌어당긴다면, 알레고리적인 것은 존재의 토대로부터 나와 의도의 진행에 반격을 가하고 그렇게 해서 그 의도

---

58) Strich, 앞의 책, p.26.

  * Johann Heinrich Merck, 1741~91: 질풍노도 시대 독일의 소설가 · 비평가.

59) Johann Heinrich Merck, *Ausgewählte Schriften zur schönen Literatur und Kunst*, Ein Denkmal, hrsg. von Adolf Stahr, Oldenburg, 1840, p.308.

를 제압한다. 바로크 서정시에도 이와 똑같은 운동이 특징적으로 나타 난다. 바로크의 시들에는 "앞으로 진행하는 운동이 없고 내부로부터 부 풀어 오르는 일이 일어난다."[60] 침잠에 대항하기 위해 알레고리적인 것 은 끊임없이 새롭고 지속적으로 사람들을 놀라게 하면서 전개되지 않 으면 안 된다. 그에 비해 상징은 낭만주의 신화연구가들이 통찰한 대로 끈기 있게 동일한 것으로 머문다. 한편으로 엠블럼집(集)들에서 볼 수 있는 단조로운 시구인 '허무로다. 허무들 중의 허무로다'와 다른 한편 으로 그 세기[17세기] 중엽부터 하나가 다른 것을 쫓아내는 유행을 따 르는 작업 사이에 얼마나 현격한 대조가 일어나고 있는가! 알레고리는 그 본성에 당혹스럽게 하는 것이 들어 있기 때문에 노쇠해진다. 대상이 멜랑콜리의 시선 아래에서 알레고리적인 것이 되고, 멜랑콜리가 그 대 상에서 생명이 흘러 나가도록 하면, 그리하여 그 대상이 죽어버렸으면 서도 영원히 확보된 대상이 되어 잔류하면, 그 대상은 알레고리 작가 앞에서 그의 처분에 절대적으로 맡겨진 채 놓여 있게 된다. 다시 말해 그 대상은 이제부터 어떤 의미를 발산하는 일을 하지 못한다. 이제 그 대상은 알레고리 작가가 그것에 부여한 것만 갖게 된다. 작가는 그 의 미를 대상에 집어넣고 또 그 안으로 손을 뻗쳐 움켜쥔다. 여기서 사정 은 심리학적인 것이 아니며 존재론적이다. 그의 손아귀에서 사물은 뭔 가 다른 것이 되고, 이를 통해 그는 뭔가 다른 것을 이야기하게 된다. 그리고 그것은 그에게 숨겨진 지식의 영역으로 들어가는 열쇠가 되며, 그는 그것을 이러한 지식의 엠블럼으로서 경배한다. 이것이 알레고리 의 문자적 성격을 이룬다. 알레고리는 하나의 도식이며, 이 도식으로서 지식의 대상이다. 알레고리는 고정된 도식, 즉 고정된 이미지이자, 동 시에 고정시키는 기호가 될 때 비로소 지식의 대상으로서 잃어버릴 수

---

60) Strich, 앞의 책, p.39.

없는 것이 된다. 바로크적 지식의 이상은 자료보관이고, 거대한 도서실들이 그러한 자료보관의 기념비이다. 그리고 그 이상은 문자 이미지에서 충족된다. 중국에서와 거의 똑같이 이 문자 이미지는 그 모습 그대로 볼 때 알아야 할 어떤 것의 기호이기만 한 것이 아니라 알 만한 가치가 있는 대상 자체이다. 낭만주의자들은 이러한 특성을 파악함으로써 알레고리가 자기각성을 하기 시작하게끔 해주었다. 이 점은 특히 프란츠 폰 바더에게서 볼 수 있다. 그는 『생각들의 기호가 생각들의 생성과 형상화에 미치는 영향에 관하여』(*Über den Einfluß der Zeichen der Gedanken auf deren Erzeugung und Gestaltung*)에서 이렇게 쓰고 있다. "주지하다시피 어떤 자연대상을, 상징적인 문자나 상형문자에서 볼 수 있는 것과 같은 관습적인 사유기호로 사용하는 일은 오로지 우리 자신에게 달려 있다. 그리고 이러한 대상은 오로지 우리가 그 대상의 자연적 특성들이 아니라 그 대상에 부여한 특성들을 그 대상을 통해 알리려고 함으로써만 새로운 성격을 띠게 된다."[61] 이 구절에 대한 각주에서 그는 이렇게 쓰고 있다. "우리가 외적 자연에서 보는 모든 것이 이미 우리에게 향해져 있는 문자, 그에 따라 일종의 기호언어라는 점에는 정당한 이유가 있다. 하지만 거기에는 가장 본질적인 요소로서 음성이 빠져 있으며, 그 음성은 전혀 다른 어떤 곳에서 와서 인간에게 주어졌음이 틀림없을 것이다."[62] 알레고리 작가야말로 그 음성을 '다른 어떤

61) Franz von Baader, *Sämtliche Werke*, hrsg. durch einen Verein von Freunden des Verewigten: Franz Hoffmann [u.a.]. 1. Hauptabt., Bd.2, Leipzig, 1851, p.129. [Benedikt Franz Xaver von Baader, 1765~1841: 독일의 사상가로 뮌헨 대학교 철학과 교수를 지냈다. 그의 자연철학은 노발리스와 셸링의 주목을 받았다. J. 뵈메와 J. 타울러 등의 신비사상 전통을 받아들여 시대의 문제를 해결하려 했고 사회문제에서는 프롤레타리아의 권리옹호를 호소했다. 가톨릭을 신봉했으나 개신교나 동방정교와 협력하려 했다.─옮긴이]
62) Baader, 같은 책, p.129.

곳에서' 집어오며 이때 지식의 권위를 노골적으로 드러내는 작업이라 할 수 있는 자의(恣意)를 전혀 회피하지 않는다. 알레고리 작가가 역사적으로 깊이 각인된 피조물의 세계에 놓여 있는 것으로 발견한 풍부한 암호들은 '무절제'(Verschwendung)에 대한 코엔의 지탄을 정당화시킨다. 이러한 무절제는 자연의 섭리에 어쩌면 맞지 않을지 모른다. 의미가 사악한 술탄이 되어 사물들의 규방(Harem)을 지배할 때 발휘하는 관능은 그러한 무절제를 비할 데 없이 잘 표현해준다. 자신의 대상을 유린하고 그런 다음 또는 그로써 만족을 얻는 것은 사디스트에게 고유한 일이다. 지어낸 끔찍함이나 실제로 경험한 끔찍함으로 취해 있던 그 시대에 알레고리 작가 역시 바로 그러한 일을 행한다. 이러한 경향은 종교적 회화에까지 작용한다. 바로크 회화가 "일시적인 소재에서 조건지어진 상황과 전혀 무관한 일종의 도식으로" 발전시킨 "눈을 크게 뜬 모습"[63]은 사물들을 형언할 수 없는 방식으로 폭로하고 평가절하시킨다. 감각적 사물의 외피를 벗겨내어 〔그 안에 숨겨진 본질을〕 드러내는 것이 아니라 그 사물을 발가벗겨 그 몸통을 보여주는 것이 바로크 그림문자의 기능이다. 엠블럼 작가는 "이미지 뒤에 있는"[64] 본질을 보여주는 것이 아니다. 엠블럼 작가는 재현된 것의 본질을 문자로서, 즉 엠블럼집에서 볼 수 있듯이 재현된 이미지와 내적으로 연관되는 설명문으로서, 이미지 앞에 끌어다 놓는다. 근본적으로 비애극은 알레고리적인 것의 영역에서 자라났고, 그 형식을 두고 볼 때 독서용 드라마이다. 이러한 인식은 그 드라마 공연의 가치와 가능성에 대해 아무것도 말해주는 게 없다. 그러나 그 인식은 그 비애극들을 관람하는 선택받은 관객이 골똘히 생각하면서, 그리고 적어도 독자와 똑같아지면서 그 비

---

63) Hübscher, 앞의 책, p.560.
64) Hübscher, 같은 책, p.555.

애극들에 침잠했음을 말해준다. 그 인식은 또한 너무 자주 일어나는 일은 아니지만 상황들이 마치 책장을 넘길 때 인쇄면의 모습이 변하는 것처럼 이내 번개처럼 바뀌었음을 말해준다. 그리고 어떻게 해서 예전의 연구자들이 이 드라마들의 법칙에 대한 비록 낯설고 내키지 않은 예감 속에서나마 그 드라마들이 한 번도 공연된 적이 없었다고 우겼는지를 알게 해준다.

알레고리적 파편화

물론 이런 견해는 정당하지 않다. 알레고리는 멜랑콜리에 빠진 자에게 제공되는 유일하고 강력한 여흥이다. 물론 진부한 대상이 알레고리의 심연에서 튀어나오는 것처럼 보일 때 나타나는 거만한 과시는 이내 그 대상의 위안 없는 일상적 얼굴에 자리를 내준다. 그리고 환자가 그렇게 하듯이 세세하고 사소한 것에 침잠하는 일은 이내 공허해진 엠블럼을 실망한 듯 포기하는 일로 이어진다. 아마도 사변적 재능이 있는 관찰자는 원숭이들의 거동에서 그렇게 포기하는 리듬이 의미 깊게 반복되는 것을 발견할 수 있을 것이다. 그러나 거듭 새로이 그 무정형의 세부내용, 오로지 알레고리적으로 드러나는 그 세부내용이 밀려온다. 왜냐하면 "모든 사물은 그 자체로 관찰되어야 하고, 그래야만 지능이 성장하고 취미의 섬세함이 펼쳐진다"[65]라는 것이 기본규정이라면, 그러한 의도에 적합한 대상은 어느 시대에나 현존하기 때문이다. 하르스 되르퍼는 『대화놀이』*에서 "『구약성서』의 「사사기」 9장 8절부터 이솝

---

65) Cohn, 앞의 책, p.23.
 * 하르스되르퍼는 여성을 포함한 시민들의 교양과 언어 수준을 높이려는 의도로 대화체로 이루어진 『여인들의 대화놀이』(*Frauwen-Zimmer Gespräch-Spiele*)를 썼다.

우화의 동물세계 대신 숲, 나무, 돌과 같이 생명 없는 대상들이 말하고 행동하면서 등장하며, 반면 낱말들, 음절, 철자들이 인물로 등장함으로써 또 다른 종류가 생겨나기조차 한다"[66]라고 말하면서 그것을 새로운 장르의 근거로 제시한다. 후자의 방향에서 안드레아스 그리피우스의 아들 크리스티안 그리피우스가 『독일어의 여러 시대』(*Der deutschen Sprache unterschiedene Alter*)라는 교훈적 연극을 통해 걸출하게 부상했다. 게다가 그래픽에서 보이는 이러한 파편화는 알레고리적 관찰의 한 원칙으로서 분명히 드러난다. 특히 바로크에서는 대개 황량하고 슬프게 흩어진 모습으로 시야에 들어오는 엠블럼들에 비해 알레고리적 인물이 뒤로 물러나 있는 것을 볼 수 있다. 빙켈만의 『알레고리 시론』 가운데 많은 부분을 이러한 양식에 대한 반란으로 이해할 수 있다. "단순함은 그처럼 가능한 한 적은 기호를 가지고서 의미될 사태를 표현하는 이미지를 구상하는 데 있다. 그리고 이러한 이미지가 황금시대 고대인들에게서 볼 수 있는 알레고리의 특성이다. 이후의 시대에 사람들은 많은 개념들을 같은 수효의 기호들로 표현하면서 단 하나의 형상 속에 통합시키기 시작했다. 이것은 모든 신들의 속성을 부여받은, 제신(諸神, Panthei)이라고 불린 신들이 그런 것과 같다. ……한 개념이나 여러 개념에 대한 최상의 완전한 알레고리는 단 하나의 형상 속에 파악되거나 표상된다."[67] 이런 식으로 인문주의가 인간의 상에서 숭배했던 상징적 총체성에 대한 의지가 표현되고 있다. 그러나 알레고리적 구성물에서는 사물들이 파편이 되어 우뚝 솟아 나와 있다. 이 분야의 원래의 이론가들은 낭만주의자들도 포함하여 이 사물들을 대수롭게 여기지 않았다. 그것들은 상징에 대비해서 고찰되었으며 너무 가벼운 것으로 판

---

66) Tittmann, 앞의 책, p.94.
67) Winckelmann, 앞의 책, p.27. Creuzer, 앞의 책, pp.67, 109~110도 참조.

단되었다. "독일의 의미상징에는……저 의미심장한 품위가 전적으로 결여되어 있다. 그래서 그것은 하급영역에……제한되어 있었고 상징적 표현들로부터 전적으로 배제되어야만 했다."[68] 크로이처의 이 문장에 대해 괴레스는 이렇게 말한다. "귀하는 신비적 상징을 그 속에서 정신이 형식을 지양하고 신체를 파괴하려고 노력하는 형식적 상징으로 설명하시는 반면, 조형적 상징을 정신과 자연의 순수한 중간 선으로 설명하십니다. 따라서 전자의 상징의 반대, 즉 신체적 형식이 영혼을 집어삼키는 실제적 상징이 빠진 셈인데, 그렇다면 그 자리에는 엠블럼이나 보다 더 고루한 의미의 독일적 의미상징이 아주 잘 들어맞습니다."[69] 이 두 작가의 낭만주의적 입지는, 그러한 형식[신체적 형식, 엠블럼]이 지니고 있다고 의심이 되는 합리적 교훈성이 그들에게 적대감을 불러일으키지 않기에는 너무 불안정한 상태였다. 하지만 다른 한편 그러한 형식의 산물들에 고유한 우직한 것, 괴팍한 것, 민중적인 것이 적어도 괴레스에게는 좋은 느낌을 주었음이 틀림없다. 그는 분명한 입장을 갖지 못했다. 그리고 오늘날에도 사물적인 것이 인격적인 것에 대해, 파편적인 것이 총체적인 것에 대해 갖는 우위성 속에 알레고리가 상징의 반대 극에 있고 그렇기 때문에 똑같이 막강하게 맞선다는 점은 자명하게 받아들여지지 않고 있다. 알레고리적 의인화 작업은, 사물적인 것을 의인화하기보다 오히려 인물로 꾸미는 일을 통해 사물적인 것을 더욱 더 당당하게 형상화하는 것이 그 과제라는 점을 늘 기만해왔다. 바로 이 지점에서 치자르츠는 매우 날카롭게 통찰하고 있다. "바로크는 고대의 신화를 통속화시키는데, 그것은 모든 것에 (영혼이 아니라) 형상을 집어넣기 위해서이다. 그것은 오비디우스가 성스러운 신앙내용을 심미

---

68) Creuzer, 앞의 책, p.64.
69) Creuzer, 같은 책, p.147.

화하고 근세 라틴어가 그것을 세속화한 이후 이루어진 마지막 단계의 외면화 작업이다. 육체적인 것을 정신화한 흔적은 손톱만큼도 찾아볼 수 없다. 자연 전체가 의인화되는데, 그것은 내면화되기 위해서가 아니라 그와는 정반대로 탈(脫)영혼화되기 위해서이다."[70] 사람들이 재능 없는 예술가나 통찰력 없는 주문자의 탓으로 돌렸던 당황스러운 육중함은 알레고리에 필수적이다. 그렇기에 이후의 어느 낭만주의자들보다 더 고전주의적 이상들과 엄밀하게 거리를 둘 줄 알았던 노발리스가 이 대상에 대해 잠깐 언급한 몇몇 구절들이 알레고리의 본질에 대해 깊은 이해를 보여준다는 점은 그만큼 더 특기할 만하다. 다음의 기록을 주의 깊게 읽는 독자에게는 높은 관직에 있고 비밀스러운 국사에 정통해 있으며 처리해야 할 임무가 산적했던 16세기 작가의 내면풍경이 단번에 되살아난다. "여러 업무도 시적으로 다루어질 수 있다. ……스타일에서의 일종의 고풍스러움, 엄청나게 많은 물건들의 올바른 배치와 정돈, 알레고리에 대한 은밀한 암시, 글 쓰는 방식에서 비쳐져 나오는 모종의 특이함과 경배와 경탄, 이런 것들이 이 예술의 본질적 특성들에 속한다."[71] 이러한 정신 속에서 실제로 바로크적 실천은 사실자료를 다룬다. 낭만주의적 천재가 바로 알레고리적인 것의 공간에서 바로크적 정신과 소통한다는 점을 다음의 또 다른 단편이 명백하게 입증해준다. "단순히 듣기에만 좋고 현란한 말들로 가득 차 있으면서 아무 의미나 맥락이 없으며 어쩌다 몇몇 시연(詩聯)들만 알아들을 수 있을 뿐인 시들, 즉 마치 여러 종류의 사물들로 이루어진 파편더미와 같은 시들. 진정한 시문학은 기껏해야 전체적으로 하나의 알레고리적 의미만 가질 뿐이며 음악이나 여타의 것이 그런 것처럼 간접적 영향만을 행사할 수

---

70) Cysarz, 앞의 책, p.31.
71) Novalis, *Schriften*, Bd.3, p.5.

있다. 따라서 자연은 순수하게 시적이며, 마법사와 물리학자의 방, 어린아이의 방, 잡동사니를 넣어두는 창고도 그러하다."[72] 알레고리적인 것이 마법사의 방이나 연금술사의 실험실들의 파편적인 것, 어지럽게 널려 있고 쌓여 있는 것에 대해 갖는 이러한 관계는 바로 바로크가 정통해 있던 것으로서 결코 우연한 것으로 여겨서는 안 된다. 독일 작가들 가운데 가장 위대한 알레고리 작가라고 할 수 있는 장 파울의 작품들이 그와 같은 어린아이와 유령들의 방이 아닌가? 그렇다. 낭만주의적 표현수단의 진정한 역사는 단편(斷片)과 심지어 아이러니조차도 알레고리적인 것이 변형된 것이라는 점을 장 파울보다 더 잘 입증할 수 있는 작가를 찾지 못할 것이다. 요컨대 낭만주의의 기법은 여러 측면에서 엠블럼과 알레고리의 영역으로 들어선다. 엠블럼과 알레고리의 관계를 표현하자면 알레고리는 자신의 완숙한 형태인 바로크적 형태에 이르러 하나의 궁정을 형성하여 등장한다. 원래 알레고리는 개념을 달리 표현하는 일과는 반대로 중심에 형상이 빠지는 법이 없으며, 이 형상을 중심으로 엠블럼들이 무성하게 포진해 있다. 엠블럼들은 자의적으로 배치된 듯이 보인다. 스페인 비애극의 제목인『혼란스런 궁정』은 알레고리의 도식으로 내세울 수 있을 것이다. '흩어짐'과 '모음'이 이 궁정의 법칙이다. 사물들은 그것들의 의미에 따라 집합된다. 그 사물들의 존재에 대한 무관심이 그것들을 다시 흐트러뜨린다. 여기서 알레고리적 장면의 무질서는 화려하게 꾸민 규방과 짝을 이룬다. 이 표현형식의 변증법에 걸맞게 광적으로 그러모으는 태도는 배치하는 데서의 느슨한 태도와 균형을 이룬다. 특히 역설적인 것은 속죄나 폭력의 도구들이 풍부하게 널려 있다는 점이다. 보린스키가 바로크 건축형식에 대해 탁월하게 지적한 것처럼 "이 양식이 그것의 구성상의 과도한 요구들을 장식을

---

72) Novalis, *Schriften*, Bd.2, 앞의 책, p.308.

통해, 그 양식의 언어로 말하자면 '화려하게'(galant) 보상한다"[73])라는 점은 그 양식이 알레고리와 동시대의 산물임을 입증해준다. 이러한 맥락에서 바로크 시학도 양식비판적으로 읽을 필요가 있다. 바로크의 '비극'이론은 고대 비극의 법칙들을 생명이 없는 구성요소들로서 개별적으로 수용하며 그 법칙들을 비극적 뮤즈를 나타내는 알레고리적 형상 주위에 쌓아올린다. 오로지 바로크가 스스로 오인하면서 행했던 잘못된 해석, 즉 비애극에 대한 의고전주의적인 잘못된 해석 덕택에 고대 비극의 '규칙들'이 무정형의 규칙들, 의무적이고 엠블럼적인 규칙들이 될 수 있었고, 이 규칙들에 의거해서 새로운 형식이 형성되기 시작했다. 그러한 알레고리적 균열과 붕괴 속에서 그리스 비극의 이미지는 '비극적' 문학 일반의 유일하게 가능한 징표, 자연적인 징표로 나타났다. 그리스 비극의 법칙들은 비애극에 대한 의미심장한 암시들이 되었고, 그 텍스트들은 비애극의 텍스트들로 읽혔다. 어디까지 그것이 가능했고 또 계속해서 가능했는지는 헬링라트*가 나름대로 이유를 갖고 '바로크적'이라고 부른 후기 횔덜린(Fr. Hölderlin)의 소포클레스 번역이 파악하게 해준다.

---

73) Borinski, *Die Antike in Poetik und Kunsttheorie*, Bd.1, p.192.

 * Norbert von Hellingrath, 1888~1916: 독일의 문예학자. 횔덜린의 작품을 해독하고 편집한 것으로 잘 알려져 있다.

너희는 힘을 빼앗긴 말, 부서진 파편.

홀로 있으면 너희 옅은 그림자는 물러나고 만다.

숨겨진 것을 파악하는 데 심오한 우의화가 도와준다면

그림과 결합함으로써[혼인을 맺음으로써] 너희는 인정받을 것이다.

• 프란츠 율리우스 폰 템 크네제벡, 「세 부분으로 나뉜 우의화」.[1]

알레고리적 인물

오로지 알레고리의 철학적 인식, 특히 그 한계형식에 대한 변증법적 인식만이 그 위에서 비애극의 이미지가 살아 숨쉬는—그리고 이렇게 말할 수 있다면 아름다운—색깔을 띠고 부각되는 토대이며, 회색빛 덧칠이 가해지지 않은 유일한 토대이다. 코러스와 막간극에서 비애극의 알레고리적 구조가 강렬하게 드러나기 때문에, 그 구조는 관찰자의 시각에서 전혀 벗어날 수 없었다. 그러나 바로 그렇기 때문에 코러스와

---

1) *Dreyständige Sinnbilder zu fruchtbringendem Nutzen und beliebender ergetzlichkeit ausgefertigt durch den Geheimen*[내실 있는 유익함과 흡족한 즐거움을 위한 세 부분으로 나뉜 우의화. 익명의 저자(Franz Julius von dem Knesebeck)가 씀], Braunschweig, 1643. Tafel s. [이 시 위에는 3개의 우의화가 가로로 나란히 그려져 있다.─옮긴이]

막간극은 사람들이 그리스 신전처럼 오만하게 등장하고자 했던 그 구조물을 파괴할 요량으로 그 구조물 속으로 침투해 들어갈 수 있는 비판적 장소로 남아 있었다. 그리하여 바커나겔은 이렇게 쓰고 있다. "코러스는 그리스 무대의 유산이자 특성이다. 코러스는 그리스 무대에서만 역사적 전제조건들의 유기적 결과이기도 하다. 우리에게는 그러한 코러스가 형성될 수 있을 만한 계기가 전혀 없었고, 그리하여 16세기와 17세기의 독일 드라마 작가들에 의해……행해진 시도, 즉 코러스를 독일 무대로 도입하고자 한 시도들은 실패할 수밖에 없었다."[2] 그리스 코러스 드라마가 민족적으로 조건지어져 있음은 의심의 여지가 없다. 그러나 17세기에 겉보기에 그리스극의 모방처럼 보였던 드라마에서도 똑같은 민족적 조건이 작용했음도 의심의 여지가 없다. 바로크 드라마에서 코러스는 전혀 외적인 것이 아니다. 그 코러스는, 성서이야기가 그려진, 열려진 여닫이 문짝 뒤로 한 제단의 고딕식 목각이 내부로서 드러나는 것과 똑같은 의미에서, 바로크 드라마의 내부이다. 코러스 내지 막간극에서 알레고리는 더 이상 화려하고 이야기와 연관된 모습이 아니라 순수하고 엄격한 모습을 띤다. 로엔슈타인의 『소포니스바』제4막 종결부분에서 육욕과 미덕이 싸움을 벌이며 등장한다. 마침내 육욕의 마각이 벗겨지고 미덕이 말한다. "좋다! 곧 천사의 아름다움을 보자꾸나! | 나는 너의 그 빌린 옷을 벗겨봐야 겠다. | 거지가 이보다 더 사악한 것 속에 자신을 넣은 다음 봉합해버릴 수 있을까? | 어느 누가 이 노예를 보고 도망치지 않을까? | 거지 같은 외투도 던져버려라. | 보라 / 이보다 더 더러운 돼지를 볼 수가 있을까? | 이것은 종양이고, 또 이것은 나병의 자국이다. | 너 스스로도 네 몸에 있는 화농을 징그러워하지 않을까? | 육욕으로 가득 찬 머리는 백조이지만 | 몸은 돼지로구나. |

---

2) Wackernagel, 앞의 책, p.11.

네 얼굴의 화장도 지워보자. | 여기 살이 썩고 있고 / 저기에선 이가 파먹고 있구나 / | 육욕의 백합은 이처럼 오물로 변해버린다. | 이것으로도 아직 충분하지 않다! 누더기 옷도 벗겨라. | 이게 무엇이냐? 송장 / 과 해골이다. | 이제 또 육욕의 집 안을 들여다보라. | 쾌락을 박피장(剝皮場) 구덩이 속으로 처넣을지어다!"[3] 이것이 세상이라는 여인에 대한 오래된 알레고리적 모티프이다. 이와 같은 두드러지게 눈에 띄는 구절들을 읽고 지난 19세기의 작가들은 때때로 여기서 문제 되는 것에 대한 한 가지 표상을 떠올렸다. 콘라트 뮐러(Conrad Müller)는 이렇게 말한다. "라이엔들에서는 로엔슈타인의 뻐딱한 천성이 그의 언어적 천재성에 미친 압박이 더 적어진다. 그 까닭은 비극의 풍부한 양식의 신전에서 희한한 작용을 하는 그의 장식적 말들이 알레고리의 요술 같은 치장과 독특하게 어울리기 때문이다."[4] 그리고 알레고리적인 것은 말에서와 마찬가지로 인물 및 장면과 관련된 것에서도 드러난다. 이러한 점은 의인화된 특성들, 즉 육화되어버린 미덕과 악덕들이 가득한 막간극들에서 정점에 달하는데, 물론 이 점이 그러한 막간극들에 국한되어 나타나는 것은 아니다. 왜냐하면 왕, 궁정신하, 광대와 같은 인물이 형성하는 일련의 유형들이 알레고리적 의미를 갖는다는 점은 분명하기 때문이다. 여기서 노발리스의 예언들이 다시 적중한다. "본래의 시각적 장면들, 오직 그런 장면들만이 연극에 적합하다. 알레고리적 인물들, 이들이 사람들이 가장 많이 보는 인물들이다. 아이들은 희망이고, 여자아이들은 소원과 간청이다."[5] 이 말은 본래의 의미에서 시각적으로 보여주는 일이 알레고리와 갖는 맥락을 통찰력 있게 지적하고 있다. 물론 알레고리적인 인물들은 바로크 시대에는 다른 인물들이었고 노발리스가

---

3) Lohenstein, *Sophonisbe*, pp.75~76(IV, 563 ff.).
4) Müller, 앞의 책, p.94.
5) Novalis, *Schriften*, 3. Bd.3, p.71.

그려 보이는 것보다 더 기독교적으로 그리고 궁정적으로 규정된 인물들이었다. 줄거리가 그 인물들의 독특한 도덕성에 얼마나 드물게 그리고 얼마나 확고부동하지 못하게 결부되어 있는지 보면 그 인물들이 알레고리적이라는 점이 드러난다. 『레오 아르메니우스』에서 발부스(Ballbus)*가 죄인을 내치는지 아니면 결백한 자를 내치는지 완전히 모호한 채로 있다. 내쳐진 자가 왕이라는 사실로 족한 것이다. 또한 거의 아무 인물이나 알레고리적 찬양의 생동하는 이미지로 변모할 수 있다는 점도 달리 이해될 수 없다. "미덕"은 가련한 사기꾼인 마시니사(Masinissa)를 칭송한다.[6] 독일 비애극은 인물의 특성들을 칼데론이 그랬던 것처럼 은밀하게 알레고리적 의상의 수많은 주름들로 분할하는 데 성공하지 못했다. 또한 새로운 독특한 역할들을 맡은 알레고리적 형상에 대한 셰익스피어의 위대한 해석도 독일 비애극은 더 잘 해내지 못했다. "셰익스피어의 특정한 인물들은 도덕극(Moral-Play) 알레고리의 인상학적 특성을 지니고 있다. 하지만 그 특성은 노련한 안목을 지닌 자에게만 식별 가능하다. 그 인물들은 이러한 특성과 관련해서 볼 때 마치 알레고리적 마법의 외투를 걸친 듯이 돌아다닌다. 그와 같은 인물들이 로젠크란츠와 길던스턴이다."[7] 독일 비애극은 진지함에 매몰된 나머지 알레고리적인 것이 눈에 띄지 않게 작용하는 데 실패했다. 세속적 드라마에서 알레고리적인 것에 시민권을 부여하는 것은 희극성뿐인데, 희극성이 진지함으로 진입하게 되면 그 결과는 예기치 못하게 치명적이 된다.

---

* 발부스는 비잔틴의 황제 레오(813~820)를 암살하려는 그룹의 지도자이다. 이 작품에서 레오는 폭군이자 순교자의 모습으로 등장한다.

6) Lohenstein, *Sophonisbe*, p.76(IV, 585ff.) 참조.

7) J[ulius] L[eopold] Klein, *Geschichte des englischen Drama's*, Bd.2, Leipzig, 1876, p.57.

알레고리적 막간극

이미 중기 그리피우스에서 나타나는 바, 드라마틱한 파국 전에 코러스의 위치를 차지하는 막간극의 의미가 점증하는 것은[8] 그 막간극이 점점 더 강렬하게 알레고리적으로 화려하게 전개되는 양상과 합치한다. 이러한 양상은 할만에서 정점에 달한다. "언설이 지니는 장식적인 요소가 구성적인 요소와 논리적 의미를 무성하게 뒤덮고……비유의 남용(Katachrese)을 낳을 정도로 일그러지는 것처럼, 언설의 문체에서 빌려온 장식적인 것이 꾸며낸 예형, 꾸며낸 안티테제, 꾸며낸 은유가 되어 드라마 전체의 구조를 덮어버린다."[9] 이 막간극들은 우리가 앞서의 논의에서 파악하려고 애썼던 알레고리적 관찰의 전제들로부터 얻어낸 소득을 명료하게 보여준다. 예수회의 학교 드라마의 예에 따라 고대의 이야기로부터 알레고리적으로, 그리고 '영적으로' 적절한 예형이 다루어지든 — 할만의 『아도니스와 로시벨라』(*Adonis und Rosibella*)에 나오는 디도(Dido)의 라이엔, 『카타리나』에 나오는 칼리스토(Callisto) 라이엔[10] — , 아니면 로엔슈타인이 선호했듯이 코러스들이 열정들의 교훈적인 심리학을 전개하든, 아니면 그리피우스의 경우처럼 코러스들 속에 종교적 성찰이 지배하든, 정도의 차이가 있지만 이 모든 유형들에서 드라마의 사건은 일회적인 사건이 아니라 오히려 세상의 흐름 속에 놓여 있는, 자연의 필연성에서 연유한 파국으로 파악된다. 그러나 알레고리의 활용조차도 드라마 진행을 첨예화시키는 일이 아니라 폭이 넓은 해석적인 막간극으로 볼 수 있다. 막들은 하나의 막에서 다른 막으

---

8) Hans Steinberg, *Die Reyen in den Trauerspielen des Andreas Gryphius*, 박사학위 논문, Göttingen, 1914, p.107 참조.
9) Kolitz, 앞의 책, p.182.
10) Kolitz, 앞의 책, pp.102, 168 참조.

로 급격히 솟아 나오는 것이 아니라 오히려 계단식으로 겹겹이 쌓인다. 동시에 조망할 수 있는 널따란 평면 층들에 드라마의 구조가 놓여 있는데, 이 경우 막간극의 계단식 구조가 우뚝 솟아오른 조상(彫像)의 입지가 되었다. "말로 예형을 언급하는 일이 그 예형을 살아 있는 이미지로 무대에서 재현하는 일과 나란히 벌어진다(아도니스). 그와 같은 예형들이 심지어 세 개, 네 개, 일곱 개가 중첩되어 무대 위에서 나란히 나타난다(아도니스). 예언적인 유령의 언설에서의 '보라, 얼마나……'와 같은 수사학의 돈호법(頓呼法) 역시 마찬가지로 장면으로 연출되었다."[11] 강력한 힘으로 '무언극'* 속에서 알레고리를 향한 의지가, 점차 사라지는 말을 공간으로 되불러 와서 상상력이 빈약한 장면으로 펼쳐 보인다. 비전을 보는(visionär) 드라마 인물의 지각의 공간과 관객의 세속적 지각의 공간 사이에 이루어진 말하자면 분위기적인 균형은—이는 셰익스피어조차 일찍이 시도한 적이 없는 연극적 모험이다—그것이 이 빈약한 작가들에게서 성공적으로 이루어지지 못할수록 그만큼 그 경향을 분명하게 드러낸다. 생생한 이미지를 비전을 예시하는 현상으로 기술하는 일**은 바로크의 노골성(Drastik)과 바로크적 대립성(Antithetik)의 승리이다. "줄거리와 막간극은 서로 다른 두 개의 세계이고, 그들은 꿈과 현실처럼 구별된다."[12] "안드레아스 그리피우스의 드라마 기법이 그와 같아서 줄거리와 막간극에서 사물과 사건들의 실제 세계는 의미와 원인들의 이상적 세계와 아주 날카롭게 구별되었다."[13] 이 두 진술을 두 전제로 이용할 수 있다면, 막간극에서 인지할 수 있는

---

11) Kolitz, 앞의 책, p.168.
  * 할만의 비애극에는 무언극 장면이 나온다.
 ** 바로크 드라마에서 곧잘 나타나거나 인물의 말을 통해 묘사되는 꿈의 이미지 또는 환영은 흔히 닥쳐올 운명을 예시한다.
12) Steinberg, 앞의 책, p.76.
13) Hübscher, 앞의 책, p.557.

세계는 꿈과 의미들의 세계라는 추론을 어렵지 않게 할 수 있다. 이 두 세계의 통일성에 대한 경험이 멜랑콜리에 빠진 자의 고유한 소유물이다. 하지만 줄거리와 막간극의 과격한 분리 역시 그 막간극을 바라보는 뛰어난 관객의 눈앞에서는 성립하지 못한다. 여기저기 드라마의 사건 자체에서 연결고리가 드러난다. 가령 막간극에서 아그리피나가 인어들에 의해 구조된 자신을 발견할 때 그러하다. 『파피니아누스』의 제4막 뒤에 나오는 막간극에서 황제 바시아누스를 통해서보다 이 점이 더 아름답고 강렬하게 드러나는 장면은 없다.* 그가 졸고 있는 동안 막간극이 중요한 연기를 선보인다. "황제는 깨어나서 슬픔에 잠겨 퇴장한다."[14] "유령들을 현실로 여겼던 작가가 대체 현실과 알레고리와의 결합을 어떻게 생각했는지 묻는 것은 쓸모없는 일이다"[15]라고 한 슈타인베르크의 말은 부당하다. 유령이나 깊은 의미를 담은 알레고리들은 둘 다 슬픔의 왕국에서 온 현상들이다. 이것들은 슬픔에 잠긴 자, 징표와 미래에 대해 골똘하게 생각하는 자에게 이끌린다. 살아 있는 자들의 유령들이 독특하게 등장하는 현상에 대한 맥락은 곧바로 명확하게 드러나지 않는다. "소포니스바의 영혼"은 로엔슈타인 비극의 제1막간극에서 그녀의 열정들에 대면하지만,[16] 『리베라타』(Liberata)[17]에 대한 할만의 대본과 『아도니스와 로시벨라』[18]에서는 유령으로 변장하는 장면이 있을 뿐이다. 그리피우스가 유령을 올림포스 신의 형상으로 등장하게 한다면,[19] 그것

---

　* 제4막에 이어지는 막간극에서는 저주의 여신들과 바시아누스의 아버지 세르베루스가 잠자고 있는 바시아누스를 저주한다.

14) Gryphius, 앞의 책, p.599(*Ämilius Paulus Papinianus*, Ⅳ, 장면지문).

15) Steinberg, 앞의 책, p.76.

16) Lohenstein, *Sophonisbe*, p.17ff.(Ⅰ, 513 f.) 참조.

17) Kolitz, 앞의 책, p.133 참조.

18) Kolitz, 앞의 책, p.111 참조.

19) Gryphius, 앞의 책, p.310ff.(*Cardenio und Celinde*, Ⅳ, 1ff.) 참조.

은 모티프의 새로운 전환이다. 이 모든 것은 물론 케르크호프스가 말했
던 것처럼 순전히 "난센스"[20]를 의미하지는 않으며, 오히려 전적으로
특수한 것, 즉 인물까지도 알레고리적인 것 속에서 복제하는 광적인 열
정을 보여주는 특이한 증거물이다. 할만의 『소피아』에 나오는 한 연기
지시는 훨씬 더 엽기적인 알레고리화를 보여준다. 거기서 "두 사자(死
者)가 화살을 들고……잔인한 동작을 보이면서 소피아 앞에서 지극히
슬픈 발레를 추고"[21] 있다면, 그것은 흔히 사람들이 추측하듯이 두 사
자가 아니라 죽음의 환영들이다. 그와 같은 것은 엠블럼적인 서술들과
유사하다. 『엠블럼 선집』을 보면 반쯤 피어나면서 동시에 반쯤은 시든
장미꽃, 그리고 똑같은 풍경 속에서 떠오르면서 지는 해를 보여주는 화
판이 나온다.[22] "바로크의 본질은 그 줄거리들의 동시성이다"[23]라고 하
우젠슈타인은 쓰고 있는데, 그것은 꽤 조야한 언급이긴 하지만 상황을
직감하고 내리는 판단이다. 왜냐하면 시간을 공간 속에서 현재화하는
데에는 사건을 동시적으로 일어나게 하는 것이 가장 철저한 방식이기
때문이다. 시간을 세속화하는 일이란 그 시간을 빈틈없이 현재로 변환
시키는 일이 아니고 무엇이겠는가? 의미와 현실의 이원화가 무대의 배
치에 반영되었다. 중간에 쳐진 막이 전면 무대의 연기를 무대 안쪽 깊
숙이 뻗어 있는 장면들과 교체시켰다.* 그리고 "사람들이 주저하지 않

20) Au[gust] Kerckhoffs, *Daniel Casper von Lobenstein's Trauerspiele mit
    besonderer Berücksichtigung der Cleopatra. Ein Beitrag zur Geschichte
    des Dramas im XVII. Jahrbundert*(다니엘 카스파르 로엔슈타인의 비극들:
    특히 『클레오파트라』를 중심으로. 17세기 드라마의 역사에 대한 기고),
    Paderborn, 1877, p.52.
21) Hallmann, *Die himmlische Liebe oder die beständige Märterin
    Sophia*(천상의 사랑 또는 여일한 순교자 소피아), in: *Trauer-, Freuden-
    und Schäferspiele*, p.69, (장면지문).
22) *Emblemata selectiora*, Amstelaedami, 1704, 15번째 화판 참조.
23) Hausenstein, 앞의 책, p.9.

고 펼쳐 보인 화려함은……후면 무대에서만 제대로 공연될 수 있었다."[24] 그런데 상황의 해소가 결말부분에서의 찬미 없이 가능하지 않았기에 전면 무대에서 벌어지는 분규들은 첨예화될 수 있을 뿐이었고, 해결은 풍부한 알레고리 속에서 이루어졌다. 이와 똑같은 분할이 전체의 건축학적 구조를 관통한다. 이 드라마들에서 의고전주의적인 틀이 표현양식에 대해 대조적인 형태를 취한다는 점은 이미 암시했다. 하우젠슈타인은 이에 상응하는 사실에 맞닥뜨렸는데 그는 수학적인 것이 성과 집의 경우, 어느 정도까지는 교회까지도, 외부 구조의 형태를 규정하고 있으며, 내부 양식은 무성하게 펼쳐지는 상상력의 영역이라고 주장한다.[25] 이들 드라마의 구조가 지닌 의외성, 아니 착종이 무언가를 표현하고, 또 그것이 줄거리 진행의 의고전주의적인 투명성에 반하여 강조되어야 한다면, 소재선택에서의 이국주의는 낯선 것이 아니다. 비애극은 비극보다 더 강하게 문학적인 줄거리를 고안하도록 추동한다. 여기서 시민비극이 지적되었다면, 사람들은 이런 의미에서 더 나아가 클링거**의 드라마 『질풍노도』(Sturm und Drang)에 붙여진 애초의 제목을 상기하고자 할 수 있겠다. 클링거는 이 드라마를 『뒤죽박죽』(Der Wirrwarr)이라 칭했다. 바로크 비애극도 이미 사건의 반전들과 음모들을 통해 사건의 분규를 추구했다. 바로 여기서 얼마나 정확하게 알레고리가 그런 경향을 실현하고 있는지가 분명해진다. 사건의 복잡한 배치구도 속에서 의미가, 마치 모노그램*** 속의 철자들처럼, 줄

---

* 당시 무대는 전면 무대와 후면 무대로 나뉘어 있었으며 두 무대 앞에는 각각 막이 설치되어 있었다

24) Flemming, *Andreas Gryphius und die Bühne*, p.131.

25) Hausenstein, 앞의 책, p.71.

** Friedrich Maximilian von Klinger, 1752~1831: 질풍노도 시대의 극작가·소설가. '질풍노도'라는 개념은 그의 같은 제목의 드라마(1776)에서 유래한다.

*** 수공업자나 예술가들이 자신의 작품 속에 표시해놓은 기호로서 대개 성과 이

거리로 점철된다. 비르켄은 일종의 징슈필(Singspiel)*을 발레라고 부르는데, 그때 그는 "인물들의 위치와 배치, 그리고 이때 겉으로 보이는 옷차림의 화려함이 가장 중요한 요소라는 점을 암시한다. 그와 같은 발레는 장면이 바뀌면서 살아 있는 인물들이 펼쳐 보이는 일종의 알레고리적 그림 이상의 아무것도 아니다. 말해진 것은 결코 대화의 외양을 띠지 않는다. 그것은 그림들 스스로 말하는, 그 그림들에 대한 설명일 따름이다."[26]

제목과 경구들

이러한 설명들은, 그것들이 너무 엄격하게 적용되지 않는다면, 비애극에도 해당한다. 비애극에서 중요한 것이 알레고리적 유형을 보여주기 위한 것이라는 점은 이중제목을 관례적으로 쓴 점만 보아도 알 수 있다. 왜 로엔슈타인만 그러한 관례를 모르는지는 한번 연구해볼 만한 일이다. 그와 같은 이중제목들 가운데 하나는 사태를 지시하고, 다른 하나는 그 사태의 알레고리적인 것을 지시한다.** 중세의 언어관습에 기대어 알레고리적 구조물은 승승장구하는 모습으로 나타난다. "카타리나가 성스러운 사랑이 죽음에 대해 거둔 승리를 앞에서 보여주었다면, 이 인물들은 죽음이 지상의 사랑을 누르며 올리는 개가 또는 화려

름의 첫 알파벳의 조합으로 이루어진다.
* 구어체의 대화를 사용한 일종의 희극 오페라.
26) Tittmann, 앞의 책, p.184.
** 예를 들어 그리피우스의 『그루지야의 카타리나』의 원제는 『그루지야의 카타리나 또는 입증된 항심(恒心)』(*Catharina von Georgien oder Bewehrete Beständigkeit*)이며, 『파피니아누스』의 원제는 『고결한 법학자 또는 죽음을 맞이하는 아이밀리우스 파울루스 파피니아누스』(*Großmütiger Rechtsgelehrter oder Sterbender Aemilius Paulus Papinianus*)이다.

한 승리를 보여준다"라고 『카르데니오와 첼린데』의 내용설명은 적고 있다.[27] 할만은 『아도니스와 로시벨라』에 대해, "이 목가극의 주목적은 의미 깊은 사랑, 죽음에 대해 승리하는 사랑이다"[28]라고 언급했다. 하우크비츠는 『졸리만』(Soliman)이라는 작품에 "승리를 거두는 덕"이라는 제목을 같이 붙였다. 이러한 표현형식의 새로운 유행은 행진할 때 트리온피가 지배했던 이탈리아에서 왔다. 1643년 쾨텐에서 출간된 페트라르카의 「트리온피」[29]의 인상 깊은 번역이 이 도식의 유행을 촉진시켰을지 모른다. 예전부터 이탈리아는 엠블럼의 본고장으로서 이 사안들에서 주도권을 쥐고 있었다.* 할만은 이렇게 말한다. "이탈리아 사람들은 모든 발명에서 뛰어났듯이 엠블럼을 통해 인간을 그 불행의 그늘에서 벗어나게 하는 데서도……이에 못지않게 그들의 기술을 입증했다."[30] 대화에서 주고받는 말이 인물들이 서로 그 속에 위치하는 알레고리적 배치구도에서 불러내어진 설명문(Unterschrift)**인 경우가 드물지 않다. 요컨대 경구는 장면의 설명문이 되어 그 장면을 알레고리적이라고 선언한다. 이런 의미에서 경구들은 클라이가 헤롯 드라마의 서문에서 칭했듯이 "〔장면 속에〕 섞어 넣은 멋진 격언들"이라고 불릴 수 있는데 그것은 지극히 적절하다.[31] 스칼리거에게서 유래한 특정 지침들이

---

27) Gryphius, 앞의 책, p.269(*Cardenio und Celinde*, 내용설명). 〔독일 바로크 비애극 작가들은 통상 책의 맨 앞에 간단한 내용설명을 한다.―옮긴이〕

28) Hallmann, *Trauer-, Freuden- und Schäferspiele*, p.3〔쪽수를 매기지 않은 서문〕.

29) Petrarca, *Sechs Triumphi oder Siegesprachten*, In Deütsche Reime übergesetzt, Cöthen, 1643 참조.

 * 엠블럼에 대한 상세한 설명은 해제 19쪽 참조.

30) Hallmann, *Leichreden*, 앞의 책, p.124.

** 여기서 '설명문'은 엠블럼에서 이미지를 해석해주는 교훈적인 글귀(subscriptio, Unterschrift)를 지칭한다.

31) *Herodes der Kindermörder*, Nach Art eines Trauerspiels ausgebildet und

여전히 그 경구들을 배치하는 데 널리 쓰인다. "말하자면 격언과 경구들은 비애극의 기본이 되는 기둥들이다. 그러나 이것들은 하인들이나 비천한 사람들이 아니라 가장 고귀하고 가장 나이 많은 인물들이……말해야 한다."[32] 그러나 원래 엠블럼적인 격언들만이 아니라[33] 언설들 전체가 종종 원래 어떤 알레고리적 동판화 아래 씌어 있는 듯이 들린다. 『파피니아누스』에서 주인공이 모두(冒頭)에 하는 말이 그러하다. "모든 사람들 위로 올라가 훌륭한 명예의 드높은 고고함을 지니고서 | 백성들이 얼마나 힘들게 살아가고 있는가를 내려다보는 자, | 자신의 발 아래 한 제국이 화염에 휩싸이고, | 어떤 곳에서는 파도거품이 평야를 덮치고, | 또 어떤 곳에서는 천둥과 번개를 동반한 하늘의 분노가 | 탑과 사원을 내리치며, 밤기운에 원기를 되찾은 것을 | 뜨거운 낮의 열기가 태워버리는 것을 본 자, 또 자신의 승리의 징표들이 | 수많은 시체와 얽혀 있는 것을 본 자는 | 아마도 (나도 인정하지만) 평민보다는 우월한 점을 많이 갖고 있긴 할 것이다. | 아! 그러나 그는 얼마나 쉽게 현기증에 휩쓸리는가."[34] 바로크 회화에서 빛의 효과가 발휘하는 것을 여기서는 경구가 발휘한다. 경구는 얽히고설킨 알레고리의 어둠 속에서 번개처럼 번득인다. 다시금 옛 표현법과 연결되는 다리가 놓이는 것이다. 빌켄이 『종교극에 대한 비판적 논고』라는 저술에서 종교극들의 역할을 "옛날 그림들에서 인물들의 상에 첨부되어 그들의 입에서 흘러나오는……"[35] 말의 띠들(Spruchbänder)*에 비유했다면, 그와 똑같은

In Nürnberg Einer Teutschliebenden Gemeine vorgestellet durch Johan Klaj, Nürnberg, 1645; Tittmann, 앞의 책, p.156에서 재인용.

32) Harsdörffer, *Poetische Trichter*, 2. Teil, p.81.

33) Hallmann, *Leichreden*, p.7 참조.

34) Gryphius, 앞의 책, p.512(*Ämilius Paulus Papinianus*, I, 1ff.).

35) E[rnst] Wilken, *Über die kritische Behandlung der geistlichen Spiele*, Halle, 1873, p.10.

것이 비애극 텍스트들의 많은 구절들에도 해당한다. 25년 전에 마이어는 아직 이렇게 쓸 수 있었다. "옛 거장들의 그림에서 인물들 입에 말의 띠들이 매달려 있는 모습을 보노라면 우리는 마음이 편하지 않다. ……그리고 예술가의 손으로 제작된 형상들 각각이 그와 같은 말의 띠, 즉 관찰자가 마치 전달자가 누구인지는 곧 잊어버리게 될 편지를 읽듯이 읽어야 하는 말의 띠를 입에 달고 있었다고 생각하면 거의 몸서리가 쳐질 정도이다. 그럼에도 우리는……세부적인 것에 대한 이처럼 거의 어린애 같은 견해 밑에 원대한 종합적 견해가 깔려 있었다는 점을 간과해서는 안 된다."[36] 물론 이러한 견해를 [이렇듯] 즉흥적으로 비판적으로 고찰하게 되면 우리는 그러한 견해를 건성으로 미화하게 되는 것만이 아니다. 심지어 저자[마이어]가 "모든 것이 생생하게 살아 있던" "태곳적"에 그러한 관찰방식이 유래했다고 설명하는 데서 알 수 있듯이 그러한 견해에 대한 이해에서 멀리 떨어져 있을 수밖에 없게 되는 것이다. 앞으로 서술될 것이지만, 오히려 상징과 비교해볼 때 서구의 알레고리는 아주 의미심장한 문화적 갈등들에서 연유하는, 뒤늦게 나타난 형상물이다. 알레고리적 경구는 말의 띠에 비유할 수 있다. 또 달리 보자면 알레고리적 경구는 그 속으로 줄거리가 늘 변화하면서 단속적으로 밀고 들어가 엠블럼적 소재로서 자기모습을 드러내기 위한 틀, 필수적인 부분이라고 칭할 수 있을 것이다. 즉 비애극을 특징짓는 것은 결코 사건진행의 부동성도 아니고 심지어 그것의 느림도 아니며—비소키는 "사람들은 움직임 대신에 부동성을 만난다"[37]라고 말한다—, 오히려 지속적으로 중단되고 순간순간 전복되다가 또다시 경직됨으로써

---

* 주로 중세의 그림에서 인물이나 사물에 첨부되어 있는 띠 내지 두루마리로서 여기에 그림을 설명하는 말이나 인물이 하는 말이 적혀 있다.
36) Meyer, 앞의 책, p.367.
37) Wysocki, 앞의 책, p.61.

생기는 단속적인 리듬이다.

은유

한 시구가 경구로 강하게 부각되고자 하면 할수록, 작가는 의미된 것의 엠블럼적 묘사에 걸맞는 사물들의 이름으로 그 시구를 그만큼 더 풍부하게 장식하곤 한다. 운명극의 권능을 가지고 자신의 의미가 명백하게 드러나기 이전에 이미 바로크 비애극에서 중요한 기능을 했던 소도구는 엠블럼적 은유의 형식 속에서 17세기에 이미 활성화되기 시작했다. 에리히 슈미트가 계획은 했지만 실현하지 못한[38] 이 시대의 양식사 기술은 그러한 이미지 기법의 전거들로 한 장을 훌륭하게 채울 수 있을 것이다. 이 모든 전거들 가운데 넘쳐나는 은유, 즉 언술형태의 "전적으로 감각적인 특성"[39]은 알레고리적 표현방식을 선호하는 경향에 기인하는 것이지 항간에서 많이 이야기하듯 '시적인 감성'에 기인하는 것이 아니다. 왜냐하면 시적인 언어까지 포함하여 발전된 언어는 그 언어의 기초에 놓여 있는 어떤 은유적인 것을 부단히 강조하는 일을 기피하기 때문이다. 하지만 다른 한편 "언어에서 감각적 성격의 일부를 벗겨내어 언어를 보다 더 추상적으로 형상화하려는……원칙"을 "언어를 보다 더 고상한 사교적인 소통에 쓸모 있게 만들려는 노력에서 항상 드러나는"[40] 것으로 보고 그 원칙을 '유행에 맞게' 이야기하는 태도에서 찾으려 한다면, 이 또한 전도된 것이다. 그러한 작업은 '당시 유행하던 프랑스풍의' 멋쟁이 언어의 원칙을 당시의 위대한 시문학의 '유행' 언어로 잘못

---

38) Erich Schmidt, 앞의 책, p.414 참조.
39) Kerckhoffs, 앞의 책, p.89.
40) Fritz Schramm, *Schlagworte der Alamodezeit*, Straßburg, 1914(*Zeitschrift für deutsche Wortforschung*. 제15권 부록), p.2; pp.31~32도 참조.

일반화시키는 일이다. 왜냐하면 당시의 위대한 문학, 나아가 바로크적 표현방식 일반의 인위적인 멋은 대부분 구체적인 것들을 표현하는 말들로 극단적으로 회귀하는 경향에 있기 때문이다. 그리고 그러한 말들을 사용하려는 열정과 더불어 다른 한편으로는 우아한 대조를 보이려는 열정이 너무 강했기에 불가피하게 추상명사가 사용되어야 할 것 같은 상황에서 아주 특이하게도 그 추상명사에 종종 구체명사가 덧붙여져 새로운 단어들이 생겨났다. 예를 들어 "비방의 번개"(Verleumb-dungs-Blitz)[41], "오만의 독"(Hoffahrts-Gifft)[42], "순결의 백향목"(Unschulds-Zedern)[43], "우정의 피"(Freundschaffts-Blut)[44]가 그것들이다. 또는 다음과 같은 예도 있다. "왜냐하면 마리암네 역시 독사처럼 물기 때문이며 | 평화의 설탕보다는 반목의 담즙을 더 좋아하기 때문입니다."[45] 그와 같은 관찰방식과 짝을 이루는 것이 승리를 구가하는데, 곧 살아 있는 것을 알레고리의 흩어진 사지(四肢, disiecta membra)로 의미심장하게 분할하는 일이 이루어지는 경우가 그것이다. 할만에서 궁중생활을 보여주는 다음의 이미지가 그 한 예이다. "테오도리크도 바다에 배를 띄웠는데/ | 바다에는 파도 대신에 / 얼음이; 소금 대신에 / 은밀하게 숨겨든 독이 / | 노 대신에 / 검과 도끼가; 돛 대신 / 거미줄이; | 닻 대신 / 엉뚱한 납덩어리가 / 조각배 대신에 유리가 있었습니다."[46] "떠오르는 모든 착상은 그것이 제아무리 추상적일지라

---

41) Hallmann, *Mariamne*, in: *Trauer-, Freuden- und Schäferspiele*, p.41(III, 103).
42) Hallmann, *Mariamne*, 같은 책, p.42(III, 155).
43) Hallmann, *Mariamne*, 같은 책, p.44(III, 207). [백향목은 침엽수로서 성경에 여러 번 언급되며, 늠름하고 높게 자라기 때문에 문학에서 종종 칭송된다.—옮긴이]
44) Hallmann, *Mariamne*, 같은 책, p.45(III, 226).
45) Hallmann, *Mariamne*, 같은 책, p.5(I, 126~127).

도 이미지로 납작하게 눌리고, 이 이미지는 그것이 제아무리 구체적일 지라도 말로 찍어내어진다"라고 치자르트는 적확하게 쓰고 있다. 드라마 작가들 가운데 이 방식에 할만처럼 예속된 작가도 없다. 그 방식은 그의 대화의 구상을 망쳐놓았다. 왜냐하면 어떤 언쟁이 생겨나면, 그 언쟁은 순식간에 한 대화상대에 의해 비유로 변환되고, 그 비유는 많은 대꾸를 통해, 다소 변형되어, 무성하게 자라나기 때문이다. "덕의 궁전은 어떠한 쾌락도 허용하지 않습니다"라고 말하면서 소헤무스 (Sohemus)*는 헤롯을 심하게 모욕한다. 그러자 헤롯은 이 욕설을 견책하는 대신 "고귀한 장미 옆에도 마편초 꽃이 피어나곤 하지"라고 응수하면서 벌써 알레고리에 침잠해버린다.[47] 이처럼 생각들이 다양하게 이미지로 증발하곤 한다.[48] '재치 있는 언어유희들'(concetti)을 사냥하는 일이 특히 이 작가[할만]로 하여금 엄청난 언어형상물을 만들어내게 했으며, 여러 문학사가들이 그러한 언어형상물들 가운데 몇 가지를 지적해왔다.[49] "입과 마음이 거짓맹세의 궤 속에 들어 있더니 | 흥분이 북받치니까 이제 빗장이 열리는구나."[50] "보라 / 독배를 들게 하여 / 어떻게 페로라스에게 수의가 주어지는지를."[51] "마리암네의 입이 티리다테스의 가슴에서 불순한 젖을 빨아댔다는 / | 끔찍한 일을 진리가 밝혀

---

46) Hallmann, *Theodoricus Veronensis*, 같은 책, p.102(V, 285ff.).
 * 소헤무스는 마리암네를 시중들던 환관이다.
47) Hallmann, *Mariamne*, 같은 책, p.65(IV, 397~398).
48) Hallmann, *Mariamne*, 같은 책, p.57(IV, 132ff.) 참조.
49) Stachel, 앞의 책, p.336ff. 참조.
50) Hallmann, *Mariamne*, in: *Trauer-, Freuden- und Schäferspiele*, p.42(III, 160, 161). [헤롯이 왕비 마리암네의 어머니인 알렉산드라 (Alexandra)와 알렉산드라의 아버지 히르카누스(Hyrcanus)를 심문하면서 하는 말이다.―옮긴이]
51) Hallmann, *Mariamne*, 같은 책, p.101(V, 826~827). [죽은 히르카누스의 영 (靈)이 헤롯의 형제인 페로라스(Pheroras)를 저주하며 하는 말이다.―옮긴이]

낼 수 있다면 / | 신과 정의가 명령하고 / 평의회와 왕이 결정한 바가 / | 즉시 실행될 것입니다."[52] 어떤 단어들은, 할만의 경우 특히 "혜성"과 같은 단어는, 그로테스크한 알레고리적 용법으로 쓰인다. 예루살렘의 성에서 일어나는 불길한 일을 특징짓기 위해 안티파터(Antipater)는 "혜성들이 예루살렘의 성(城)에서 교접을 하고 있습니다"라고 말한다.[53] 몇몇 구절에서는 이미지가 더 이상 통제되지 못하고 창작이 사유의 비약으로 퇴락하는 것처럼 보인다. 이러한 유의 모범적인 예를 할만이 보여준다. "여자의 교활함: 나의 뱀이 고상한 장미 속에 똬리를 틀고 / | 혀를 날름거리며 지혜의 즙을 한껏 빨아대면 / | 삼손도 데릴라한테 압도되고 / | 금세 초인적인 힘을 뺏기고 만다. | 요셉이 주노(Juno)의 기(旗)를 들고 있었고 / | 헤롯이 전차(戰車)에서 그에게 입맞춤을 했다지만 / | 보아라 / 도롱뇽〔(Molch), 단검(Dolch)의 오기인 듯하다〕이 어떻게 놀이카드를 갈가리 찢어버리는지 / | 그것은 그의 결혼예물인 부인 스스로가 교활하게 그의 관대(棺臺)를 깎아 만들고 있기 때문."[54] 하우크비츠의 『메리 스튜어트』에서 한 궁녀가—신에 대해 말하면서—여왕에게 말한다. "그가 우리 마음의 바다를 출렁이게 했기에 / | 그 도도

---

52) Hallmann, *Mariamne*, 같은 책, p.76(V, 78). 〔마리암네를 사모하는 티리다테스는 페르시아 파르티아 왕국의 왕이다. 이 부분은 헤롯을 죽이려 했다는 누명을 쓴 마리암네에 대한 처벌을 랍비들이 논의하던 중 그 가운데 한 명인 에체히아스(Ezechias)가 한 말이다.—옮긴이〕

53) Hallmann, *Mariamne*, 같은 책, p.62(IV, 296.); *Mariamne*, pp.12(I, 351), 38~39(III, 32, 59), 76(V, 83), 91(V, 516); *Sophia*, p.9(I, 260); Hallmann, *Leichreden*, p.497 참조.

54) Hallmann, *Mariamne*, 같은 책, p.16(I, 449ff.). 〔이 장면은 "여자의 교활함"이 의인화되어 스스로 말을 하는 장면이다. 여기서 요셉은 헤롯의 누이인 살로메의 남편이다. 그는 살로메의 음모에 빠진 헤롯에 의해 처형당한다. 탄생과 결혼의 여신 주노(Juno)는 주피터의 아내로 그리스의 신 헤라와 동일시되었다.—옮긴이〕

한 격랑은 | 우리에게 종종 뜨거운 고통을 불러일으킵니다. | 그러나 그것
은 사실은 기적의 흐름일 뿐/ | 그 흐름에서 나오는, 우리가 이해할 수 없
는 비를 통해/ | 우리의 불행의 병은 누그러집니다."[55] 이 구절은 쿨만*
의 「시편」(Psalmdichtung)처럼 어둡고 또 암시로 가득 차 있다. 이러한
시들을 매도하는 합리주의적 비평은 그 시들의 언어가 담은 알레고리적
해석에 혹평을 가한다. 브라이팅거는 『비유의 본성과 의도와 사용법에
대한 비판적 논고』(Critischer Abhandlung von der Natur, den
Absichten und dem Gebrauche der Gleichnisse)에서 로엔슈타인의
『클레오파트라』에 나오는 한 구절을 두고 "얼마나 상형문자적이고 수수
께끼 같은 어두움이 그런 표현 전체 위에 감돌고 있는가"[56]라고 쓰고 있
다. 보드머**는 호프만스발다우***를 겨냥하여 이렇게 말한다. "그는
개념들을 비유와 형상 속에, 마치 감옥에 넣듯이, 감싸 넣는다."[57]

바로크 시대의 언어이론적 측면

실제로 이 문학은 이와 같이 의미하는 문자 이미지 속으로 추방된 심오
한 의미를 영혼이 살아 있는 소리로 풀어내는 데 무력했다. 그 문학의 언

---

55) Haugwitz, *Maria Stuarda*, 앞의 책, p.35(II, 125 ff.).

  * Quirinus Kuhlmann, 1651~89: 독일의 작가 · 신비주의자. 야콥 뵈메의 영
    향을 받아 신비주의적인 시를 썼다.

56) Breitinger, 앞의 책, p.224; p.462 및 Johann Jacob Bodmer, *Critische
    Betrachtungen über die Poetischen Gemählde Der Dichter*, Zürich,
    Leipzig, 1741, p.107, pp.425ff. 참조.

 ** Johann Jakob Bodmer, 1698~1783: 스위스의 문학 비평가 · 작가.

*** Christian Hofmann von Hofmannswaldau, 1617~79: 폴란드 출신의 독
    일 시인. 독일 바로크를 대표하는 작가.

57) J[ohann] J[acob] Bodmer, *Gedichte in gereimten Versen*, Zweyte
    Auflage, Zürich, 1754, p.32.

어는 물질적 장식으로 가득하다. 그처럼 경쾌하지 않게(unbeschwingt, 무겁게) 창작된 적은 일찍이 없었다. 고대 비극을 재해석하는 일은 핀 다로스의—어쨌거나 어둡고 바로크적인—활기에 버금가고자 했던 새로운 찬가형식만큼이나 낯설었다. 바더를 빌려 이야기하자면, 이 세기의 독일 비애극은 자신의 상형문자적인 것을 소리 내어 표현할 줄 몰랐다. 왜냐하면 그 비애극의 문자는 소리 속에서 초월적으로 변용되지 않았기 때문이다. 오히려 비애극의 세계는 자신의 무게를 펼쳐 보이고자 하는 데 자족적으로 머물러 있었다. 문자와 소리는 고도로 긴장된 양극성 속에 서로 대립해 있다. 그들의 관계는 변증법적인데, 이 변증법에 비추어보면 '과장된 장식'(Schwulst)은 철저하게 계획되고 구성된 언어 제스처로서 정당화된다. 진실을 말하자면, 사태에 대한 이러한 견해는 가장 풍부하고 성공적인 견해들 가운데 하나로서, 원전들을 열린 자세로 연구하는 자의 품에 떨어진다. 이러한 견해의 심연의 깊이 앞에서 느껴지는 현기증이, 연구하는 사유의 힘을 능가하는 곳에서만 그 과장은 아류적인 양식의 허깨비로 비쳐진다. 의미하는 문자 이미지와 도취하게 만드는 언어의 소리 사이에 벌어진 간극에서 단어의미의 단단한 덩어리가 파열하며 드러나는 것처럼, 이러한 간극은 언어의 심연을 들여다보도록 강요한다. 그리고 바로크가 이러한 관계에 대한 철학적 성찰을 몰랐다 하더라도, 야콥 뵈메*의 저술들은 의심할 여지없는 암시들을 보여준다. 위대한 알레고리 작가들 가운데 하나였던 뵈메는 언어에 대해 이야기를 할 때에는 소리의 가치를 무언의 심오한 의미에 대비하여 중시했다. 그는 '감각적'인 언어나 자연언어(Natur-Sprache)에 대한 이론을 발전시켰다. 게다가 자연언어라는 것은 알레고리적 세계가 소리로 발성된 형태를 뜻하지 않았는데, 이것이 결정적인

---

* Jacob Böhme, 1574~1624: 독일의 신비주의 철학자.

점이다. 알레고리적 세계는 오히려 침묵 속에 갇혀 있다. 치자르츠가 칭했듯이 '말의 바로크'(Wortbarock)와 '이미지의 바로크'(Bildbarock)는 양극에 서서 서로에게 근거를 두고 있다. 바로크에서 말과 문자 사이의 긴장은 엄청나다. 우리는 말이라는 것이 피조물의 환희이고, 드러냄이며, 외람됨이고, 신 앞에서의 무력함이라고 말할 수 있다. 반면에 문자는 그 피조물의 집약이고 위엄이고 우월함이며 세상의 사물들에 대한 전능함이다. 적어도 비애극의 세계는 그러하다. 반면에 뵈메의 보다 친절한 직관에서는 발성언어(Lautsprache)에 대한 보다 더 긍정적인 이미지가 드러난다. "영원한 말씀이나 신적인 반향(Hall) / 또는 정신을 나타내는 / 목소리는 발성된 말이나 반향과 같은 형태로, 거창한 신비를 태동하며 등장했다. 그리고 환희의 유희가 영원한 수태의 정신 속에서 자신 속에 거하듯이 / 살아 있는 반향이 이끄는 도구 역시 / 발성된 형식으로서 자신 속에 거하고 있으며 / 자기자신의 영원한 의지의 정신으로 점철되어 있다. 그리하여 발성된 말은 많은 소리를 내는 오르간이 단 한 숨의 공기를 가지고 연주되는 것과 꼭 마찬가지로 / 발음되고 반향하며 / 각각의 목소리는 / 각각의 파이프처럼 자신의 음을 낸다."[58] "신에 대해 말하고 쓰고 가르치는 모든 것은 / 표지(Signatur)에 대한 지식이 없을 경우 소리가 나지 않으며 이해되지도 않는다. 왜냐하면 이 모든 것은 단지 역사적인 억측에 근거해서 / 다른 사람들의 입을 통해서 / 전달될 뿐이기 때문이다. 이런 점에서 지식이 결여된 정신은 말이 없다. 그러나 정신이 지식이 결여되어 있는 정신에 표지를 개방해준다면 / 이 표지를 이해하게 된 정신은 타자의 말을 이해하게 되고 / 더 나아가 / 어떻게 정신이 목소리가 있는 음향 속에서 현현(顯現, 계시)하는지를 이해하게 된다. ……왜냐하면 모든 피조물들의 외적인 형태에서 / 그것

---

58) Jacob Böhme, *De signatura rerum*, Amsterdam, 1682, p.208.

들의 충동과 욕구에서 / 더 나아가 그것들의 울림 / 목소리 또는 언어에서 / 사람들은 숨겨진 정신을 알게 되기 때문이다. ……각각의 사물은 현현을 위한 입을 가지고 있다. 그리고 이것이 자연언어이며 / 이 언어로부터 각각의 사물은 자신의 특성에 따라 말을 하고 / 항상 스스로 현현한다."[59] 그에 따라 발성언어는 피조물의 자유롭고 원초적인 언표의 영역인 것이고, 그에 비해 알레고리적 문자 이미지는 사물들을 의미의 기이한 결합 속에서 노예화시킨다. 이러한 언어는 뵈메에게는 축복받은 피조물들의 언어이고 비애극의 시구에서는 몰락한 피조물들의 언어로서 그것의 표현뿐만 아니라 오히려 그것의 발생 자체를 두고 볼 때에 자연적인 것으로 설정된다. "단어들에 관련하여 오래된 논쟁 / 즉 단어들이(!) / 우리 내면에 있는 의미의 외적인 표지들로서 / 자연에서 온 것인지 임의적 선택에 의한 것인지 / 자연적인 것인지 자의적인 것인지 / 퓌세이〔자연에 의한 것〕인지 테세이〔관습에 의한 것〕인지 하는 논쟁이 있어왔다. 또한 주요언어들에서의 단어들을 두고 볼 때 / 학자들은 이러한 것이 특이한 자연적 영향에서 온 것이라고 말한다."[60] 피샤르트의 『마구 쓴 이야기』(Geschichtklitterung, 1575)*가 처음으로 언급하고 있듯이 물론 "주요 언어들" 가운데 "독일인의 주요 언어와 영웅적 언어"가 제일 선두에 있었다. 독일어가 히브리어에서 직접적으로 유래했

---

59) Böhme, 같은 책, pp.5, 8~9. 〔뵈메에 따르면 Signatur는 사물의 외적인 표지(標識, Bezeichnung)로서 정신을 담는 일종의 용기(用器)이다.—옮긴이〕

60) Knesebeck, "Kurzer Vorbericht An den Teuschliebenden und geneigten Leser"(독일어를 사랑하고 좋아하는 독자들에게 드리는 짤막한 보고), 앞의 책, aa/bb.

* 독일의 초기 인문주의 작가 요한 밥티스트 피샤르트(Johann Baptist Fischart, 1547~91)의 이 작품은 프랑스 작가 라블레(François Rabelais, 1483~1553)의 『가르강튀아와 팡타그뤼엘』(Gargantua et Pantagruel)을 언어실험적으로 자유롭게 각색한 것이다. 오늘날 'Geschichtsklitterung'은 '파편화되고 왜곡된 역사서술'이란 뜻으로 쓰인다.

다는 설은 널리 퍼져 있던 이론이었으며 또한 급진적인 이론도 아니었다. 여타 이론들은 히브리어, 그리스어, 라틴어가 독일어에서 유래한다고 설명하기도 했다. 보린스키에 따르면 사람들은 "독일에서 역사적으로 성서에 의거해 고대 세계를 포함한 세계 전체가 원래는 독일적이었음을⋯⋯증명했다."[61] 그리하여 사람들은 한편으로는 멀리 떨어져 있는 교양적 지식까지 전유하려고 하면서, 다른 한편으로 이러한 태도의 인위적 측면을 은폐하면서 역사적 시각을 다급하게 축소시키려고 애썼다. 이와 똑같이 분위기가 황량한 공간 속에 모든 것이 제시되었다. 그러나 모든 소리현상들을 언어의 원초적 상태에 완전히 접목시키는 일을 두고 보자면, 그것은 어떤 때는 유심론적으로, 또 어떤 때는 자연주의적으로 이루어졌다. 뵈메의 이론과 뉘른베르크 작가들의 활동은 두 극단을 보여준다. 두 입장에 대해 스칼리거는 동일한 출발점 —물론 구체적 예를 통해서이긴 하지만— 을 제시한다. 그의 『시학』에서 논란이 될 만한 다음 구절은 더할 나위 없이 특이하다. "A는 폭을 표현하고, I는 길이, E는 깊이, O는 집중을 표현한다. ⋯⋯[I는] 기도를 한다거나 종교적 영역에서 나타나는 것 같은 상승하는 감정을 잘 나타낼 수 있다. 이 점은 dij[dii, 신들]처럼 I가 장음일 때 특히 잘 나타난다. 그러나 Pij[Pii, 경건한 자들]의 예에서 보듯이 단음일 때도 상황은 마찬가지이다. 결국 그것은 Littora[litora, 해변], Lites[분쟁], Lituus[예언가의 지팡이, 전쟁 때 쓰이는 굽은 모양의 신호나팔], It[그/그녀는 간다], Ira[분노], Mitis[부드러운, 온화한], Diues[부유한, 화려한], Ciere[움직이게 하다, 자극하다], Dicere[말하다], Diripiunt[그들은 약탈한다] 등과 같이 뻗어 나가고 확대되는 모든 것을 표현한다. ⋯⋯Dij, Pij, Iit[그/그녀는 갔다]는 숨을 분명하게 내쉴 때만 발음할 수 있다. Lituus

---

61) Borinski, *Die Antike in Poetik und Kunsttheorie*, Bd.2, p.18.

는 자신이 나타내는 소리와 일정한 유사성을 지니고 있다. ……그러나 P는 그 어떤 확고함을 추구한다. 즉 나는 Piget〔불쾌하게 하다〕, pudet〔창피하다〕, poenitet〔후회한다〕, pax〔평화〕, pugna〔투쟁〕, pes〔발, 가구를 받치는 다리〕, paruus〔작은, 가치가 적은, 의기소침한〕, pono〔나는 내려놓는다/세운다〕, pauor〔두려움〕, piger〔나태한〕 같은 단어에서 p가 지닌 음에 관련된 특정한 형태를 인지하게 된다. parce metu〔두려워 말라〕라는 말은 강인한 인상을 심어준다. 그리고 Pastor〔목동〕이란 말은 Castor*라는 말보다 더 꽉 찬(plenius) 느낌을 준다. Plenum〔가득한〕이란 말 자체, Purum〔순수한〕, Posco〔나는 요구한다〕 같은 말들, 그리고 다른 예들이 이런 경우에 속한다. T는 자신의 특징을 가장 많이 드러낸다. 즉 이것은 소리를 표현하는 알파벳이다. 왜냐하면 소리는 S나 R이나 T에 의해 생기기 때문이다. Tuba〔튜바〕, tonitru〔천둥〕, tundo〔나는 두드린다, 친다〕가 T의 경우에 해당하는 예들이다. 비록 라틴어에서 동사가 T로 끝나는 경우가 가장 많지만 이 T는 소리에 대한 표상을 전달하는 동사들에서도 적지 않게 소리에 기여한다. 즉 Rupit〔그는/그녀는 부쉈다〕는 Rumpo〔나는 부순다〕보다 더 부순다는 느낌을 준다.”[62] 이와 유사하게, 물론 스칼리거와는 무관하게, 뵈메는 자신의 소리에 대한 사변을 진행시켰다. “낱말들의 왕국으로서가 아니라……그 낱말들의 소리와 음향으로 해체되어”[63] 피조물들의 언어는 그〔뵈메〕의 마음에 자리 잡고 있다. “A는 그〔뵈메〕에게 가슴에서 솟아나오는 첫 철자였고, i는 지고한 사랑의 중심이며, r는 그것이 ‘그르렁거리고 탁탁 소리 내고 쩔그렁 소리를 내기 때문에’

---

* 폴룩스(Pollux)와 함께 쌍둥이좌를 형성한다. 전투에서의 조력자이자 조난당한 자들의 구원자이다.

62) Scaliger, 앞의 책, pp.478, 481(IV, 47).
63) Hankamer, 앞의 책, p.159.

불이 피어오르는 곳의 특성을 띤다. s는 그에게 신성한 불이었다."[64] 우리는 그와 같은 묘사가 그 당시 지녔던 명증성은 부분적으로는 아직 도처에 번성했던 방언들의 생명력 덕분이라고 추정할 수 있다. 왜냐하면 당시 언어학회들의 표준화 노력들은 문어체 독일어(Schriftdeutsch)에 국한되었기 때문이다. 다른 한편 피조물의 언어는 자연주의적으로 파악되어 의성어적(onomatopoetisch) 형상물로 기술되었다. 부흐너의 시학은 그 점을 특징적으로 보여주는데, 거기서는 그의 스승인 오피츠의 견해만이 관철되고 있다.[65] 의성어는 부흐너에 따르면 원래 비애극들에서 적합하지 않다.[66] 하지만 그 격정(Pathos)은 어느 정도는 비애극의 당당한 자연적 발음이다. 가장 멀리 나아간 것은 뉘른베르크의 작가들이다. 클라유스(Klajus)*는 "독일어에는 자신이 의미하는 것을 '독특한 비유'를 통해 표현하지 못하는 단어가 없다"라고 주장한다.[67] 반대로 하르스되르퍼는 이 문장을 뒤집는다. "자연은 / 스스로 소리를 내는 모든 사물들을 통해 / 우리의 독일어를 말한다. / 그래서 어떤 이들은 / 최초의 인간인 아담이 지상의 모든 새들과 짐승들의 이름을 다른 언어가 아닌 바로 우리말로 부를 수 있었다고 / 믿고 싶어했다. / 그 이유는 아담이 각각의 생래적이고 스스로 소리 내는 특성을 자연스럽게 표

---

64) Josef Nadler, *Literaturgeschichte der Deutschen Stämme und Landschaften*, Bd.2: *Die Neustämme von 1300, die Altstämme von 1600~1780*, Regensburg, 1913, p.78.

65) "Schutzschrift / für Die Deutsche Spracharbeit / und Derselben Beflissene." (독일어 작업과 그 작업에 열성을 쏟는 사람을 변호하는 글). 대화놀이에 참여한 한 사람[하르스되르퍼]에 의해 추가됨. In: *Frauenzimmer Gesprechspiele*(여인들의 대화놀이), Erster Theil, Nürnberg, 1644, p.12도 참조.

66) Borcherdt, *Augustus Buchner*, pp.84~85, 77(각주 2).

 * 독일의 바로크 시대 시인 요한 클라이(Johann Klaj)를 가리킨다.

67) Tittmann, 앞의 책, p.228.

현하기 때문이다. / 그렇기 때문에 우리말의 어근들이 대부분 신성한 언어와 동일한 소리를 갖고 있다는 점은 / 놀라운 일이 아니다."[68] 그는 이로부터 독일 서정시의 과제를 도출해내는데, 그것은 "이러한 자연의 언어를 말하자면 낱말과 리듬으로 붙드는 일이다. 비르켄에게서와 마찬가지로 그[하르스되르퍼]에게 그와 같은 서정시는 심지어 종교적 요구이기도 했다. 왜냐하면 숲들이 살랑거리는 소리와……폭풍이 일어나는 소리에서 계시되는 것이 신의 존재이기 때문이다."[69] 이와 비슷한 것이 질풍노도기에 다시 나타난다. "민족들의 보편적인 언어는 눈물과 탄식이다. 나는 무력한 미개인의 말도 알아들을 수 있으며, 내가 타란토 출신이라 할지라도 신의 말을 못 알아듣는 귀머거리는 아닐 것이다! ……티끌도 의지를 갖고 있다는 사실, 이것이 창조주에 대한 나의 가장 숭고한 생각이며, 자유를 향한 억누를 수 없는 충동을 나는 저항하는 파리에서도 감지한다."[70] 이것이 바로 알레고리적인 것의 맥락에서 풀려나온, 피조물과 피조물의 언어에 대한 철학이다.

알렉산더 시행

바로크 비애극의 시행형식인 알렉산더 시행(der Alexandriner)*을 종종 대립관계로 치닫는 시행 전반부와 후반부 사이의 엄격한 차이에

---

68) Harsdörffer, "Schutzschrift für die deutsche Spracharbeit", 앞의 책, p.14.
69) Strich, 앞의 책, pp.45~46.
70) Leisewitz, 앞의 책, pp.45~46(*Julius von Tarent*, II, 5). 〔타란토는 이탈리아 남부 항구도시이다.―옮긴이〕
 * 로만어 시문학의 운문시행. 오피츠에 의해 약강격 운보, 중간휴지부, 여섯 개의 강음을 갖는 시행으로 독일 문학에 도입되었다. 17세기 독일 비애극과 소네트는 알렉산더 시행으로 이루어져 있다. 시행 가운데 있는 휴지부를 통해 대립적인 진술을 표현하는 경우가 많다. 예를 들면, "이 자가 오늘 축성한 것 / 저 자가 내일 무너뜨리는구나." (그리피우스)

서 나온 것으로 보는 것은 충분치 않다. 논리적으로 그리고—이렇게 표현해도 된다면—의고전주의적으로 전면을 형상화하는 일이 내부에서 보이는 음성상의 거친 성격과 이루는 대조도 그에 못지않게 특징적이다. 오마이스가 지적했듯이 "비극적 양식은……화려하고 울림이 긴 단어들로 채워져" 있다.[71] 사람들이 바로크 건축술과 바로크 회화가 드러내는 거대한 비율을 마주했을 때 그 둘에서 "공간 채우기를 그럴싸하게 보여주는 특성"[72]을 부각시킬 수 있었다면, 알렉산더 시행에서 회화적으로 돌출한 비애극의 언어도 똑같은 역할을 하고 있다. 경구는 그 경구가 관련된 줄거리가 일시적으로 정체되어 있을지라도 움직임을 적어도 짐짓 지어보여야 한다. 여기에 격정의 기술적 필연성이 놓여 있었다. 무릇 운문에 그렇듯이 경구들에도 고유하게 들어 있는 위력을 하르스되르퍼는 분명하게 구체적으로 보여준다. "왜 그러한 연극들이 대부분 운문으로 씌어질까? 대답은 이렇다. 심정들이 격정적으로 동요해야 하기 때문에 / 비애극과 목가극들에서 운율구조가 애용되는 것이다. 그 운율구조는 마치 트럼펫처럼 말과 / 목소리를 혼합함으로써 / 이 둘은 더욱 강조된다."[73] 그리고 사용된 이미지에 종종 부자유스럽게 부착된 그 경구가 사고를 곧잘 낡은 궤도로 밀어 넣기 때문에 소리의 요소가 그만큼 더 주목할 만한 것으로 나타난다. 알렉산더 시행에 대한 양식비판적 고찰도 예전 문헌학의 일반화된 오류에 어쩔 수 없이 빠졌다. 그 오류란 형식을 부여하는 일에서 고대에서 영향을 받은 점이나 고대를 구실로 삼는 점을 그 형식부여의 본질을 입증하는 증거들로 받아들인 점이다. 다음의 『1630년 사랑다툼과 1670년 무대』라는 리히터의 연구

---

71) Magnus Daniel Omeis, *Gründliche Anleitung zur Teutschen accuraten Reim- und Dichtkunst*, Nürnberg, 1704; Popp, 앞의 책, p.45에서 재인용.

72) Borinski, *Die Antike in Poetik und Kunsttheorie*, Bd.1, p.190.

73) Harsdörffer, *Poetischer Trichter*, 2. Teil, pp.78~79.

서에 나오는 주석도 첫 부분은 아주 적확하게 기술하고 있지만 위와 같
은 오류를 전형적으로 보여준다. "17세기의 위대한 드라마 작가들이 지
니는 예술적 가치는 그들의 언어양식이 지니는 창조적인 특성과 아주
밀접하게 연관된다. 그 성격이나 심지어 구성보다도 더 중요한 것
은……17세기의 위대한 비극이 궁극적으로 항상 고대로 소급하는 수
사학적 예술수단들을 가지고 그 독자적인 입지를 구축했다는 점이다.
그러나 육중한 이미지들로 다져진 모습과 문장들 및 양식적 인물들의
단단한 구성은 배우들의 기억력에 배치(背馳)된다. 또한 그것들은 이
처럼 완전히 이질적인 고대의 형식세계에 뿌리를 두고 있었기 때문에
민중언어와의 간극이 무한히 벌어졌다. ……우리에게 그 시대 선남선
녀가 그런 비극의 세계를 어떻게 받아들였을지에 대해 아무런 기록도
전해진 게 없다는 점이……유감스럽다."[74] 오로지 지식인들만이 이 드
라마의 언어를 알아들을 수 있었다 하더라도 배우지 못한 사람들도 어
쨌거나 무대에서 펼쳐지는 장면을 구경하는 데서 즐거움을 느꼈을 것
이다. 그렇지만 과장된 장식은 이 시대의 표현충동들에 상응한다. 그리
고 이러한 충동들은 세부적인 내용에 이르기까지 투명한 줄거리를 이
해하며 따라가려는 관심보다 훨씬 더 강력하곤 했다. 능란하게 관중들
을 다룰 줄 안 그 예수회 교도들은 공연을 할 때 라틴어를 할 줄 아는
청중만 둔 적이 거의 없었다.[75] 그들은 한 언술의 권위는 그것의 이해
가능성에 달려 있기보다 오히려 모호함을 통해 더 상승할 수 있다는 옛
진리를 신봉할 수 있었다.

---

74) Werner Richter, *Liebeskampf 1630 und Schaubühne 1670. Ein Beitrag
zur deutschen Theatergeschichte des siebzehnten Jahrhunderts*, Berlin,
1910(*Palaestra*, 78), pp.170~171.
75) Flemming, *Geschichte des Jesuitentheaters in den Landen deutscher
Zunge*, p.270ff. 참조.

언어의 파편화

이 작가들의 언어이론적 원칙들과 관행들은 알레고리적 직관의 한 기본 모티프를 아주 놀라운 장소에서 분명하게 보여준다. 어구의 철자 바꾸기 놀이(Anagramm), 의성어적 표현들, 그리고 여타 종류의 많은 인위적 언어조작들 속에서 단어와 음절과 소리는 전승된 모든 의미연관에서 해방되어 알레고리적으로 맘껏 이용될 수 있는 사물로서 으스대며 등장한다. 바로크의 언어는 언제든지 그 언어의 요소들이 일으키는 반란으로 뒤흔들려 있었다. 그리하여 칼데론의 헤롯 드라마에 나오는 다음의 구절은, 그 기법 덕택에 생생함이라는 면에서 비견될 수 있을 구절, 특히 그리피우스의 구절들보다 월등하게 나타난다. 우연한 기회에 헤롯의 부인 마리암네는 어떤 편지조각들을 보게 되는데, 거기에는 그의 남편 헤롯이 자신이 죽게 될 경우, 위협받고 있는 자신의 명예를 지키기 위해 그녀를 죽일 것을 명하는 내용이 씌어져 있다. 이 편지조각들을 그녀는 바닥에서 집어들고서 그 내용을 매우 함축성 있는 시구로 해명한다. "이 종잇조각들에는 대체 뭐가 씌어 있는 거지? | 내가 본 첫 번째 단어는 '죽음'. | 여기에는 '명예'란 말이 있군. | 또 저기에는 '마리암네'라고 씌어져 있네. | 이게 뭘 뜻하는 걸까? 하나님 맙소사! | '마라암네', '죽음' 그리고 '명예'. | 이 세 단어는 많은 걸 얘기해주고 있잖은가. | 여기에는 '비밀리에'라는 말이, 여기에는 '위엄', 여기에는 '명하노니' 또 여기에는 '대망'이라는 말이 | 그리고 또 여기에는 '짐이 죽으면'이라고 이어지네. | 무얼 더 의심한단 말인가? | 벌써 가르쳐주고 있지 않은가, | 이런 사악한 짓을 펼쳐내면서 | 서로 연관되어 있는 종이의 접힌 자국들이 말이다. | 벌판이여, 네 푸르른 양탄자 위에서 | 그 종잇조각들을 이어 맞춰보자꾸나!"[76] 단어들은 그것들이 개별적으로 흩어져 있을 때에도 불길함을 드러낸다. 심지어 우리는 그

렇게 조각난 단어들이 뭔가를 의미한다는 사실이 이미 그 단어들에 남아 있던 나머지 의미에 대해 뭔가 위협적인 면을 부여하고 있다고 말하고 싶을 정도이다. 그처럼 언어는 깨어져 그 파편의 형태로 어떤 변화되고 상승된 표현에 기여한다. 바로크는 독일어 정서법에 대문자를 도입했다. 화려하게 보이려는 요구만이 아니라 알레고리적 직관의 분쇄하고 분열시키는 원칙이 거기서 관철되고 있다. 의심의 여지없이 우선 대문자로 씌어진 단어들 가운데 많은 것들이 독자에게 알레고리적인 특성을 띤다. 분쇄된 언어는 그 파편화된 형태로 단순한 의사소통에 기여하기를 중단한 채 새로 태어난 대상이 되어 신들, 강들, 미덕들 또는 그 밖에 알레고리적인 것이 되어 다채롭게 아롱거리는 자연형상들 곁에서 그것들과 똑같이 자신의 품위를 드러낸다. 앞서 언급했듯이 이러한 모습은 특히 초기 그리피우스에서 현저하게 나타난다. 위에 인용한 칼데론의 비할 데 없이 탁월한 구절에 비견할 만한 것을 그리피우스의 작품 어디에서도 찾을 수는 없을 것이다. 그렇다 할지라도 칼데론의 섬세함 곁에 그리피우스의 중후함을 올려놓아도 손색이 없다. 왜냐하면 그리피우스는 인물들이 걷잡을 수 없이 토해내는 말들을 사용하며 논쟁에서 서로 맞붙게끔 하는 기법을 참으로 놀라울 정도로 구사하기 때문이다. 그것은 예를 들어 『레오 아르메니우스』의 제2막에서 볼 수 있다. "레오: 적들이 몰락한다면 이 왕가는 지속될 것이오. | 테오도시아: 그들의 몰락으로 인해 왕가를 에워싸고 있는 사람들이 다치지 않는다면 그렇겠지요. | 레오: 칼을 가지고 에워싸고 있는 게지. | 테오도시아: 그 칼로 그들은 우리를 보호해주었어요. | 레오: 그들이 우리에게 들이댔던 칼이지. | 테오도시아: 우리의 옥좌를 지탱해주던 자들이죠."[77]

76) Calderon, *Schauspiele*, übers. von Gries, Bd.3, 앞의 책, p.316(*Eifersucht das größte Scheusal*, II).

말싸움이 험악하고 격렬해지는 곳에서는 파편화된 대화들이 겹겹이 쌓이는 법이다. 그러한 대화들은 이후의 작가들[78]에서보다 그리피우스에게서 더 많이 볼 수 있으며, 갑작스레 나타나는 간결한 표현들과 더불어 그의 드라마 전체가 띠는 양식상의 이미지에 잘 어울린다. 왜냐하면 이 두 가지는 파편화되고 혼란스러운 인상을 불러일으키기 때문이다. 이처럼 이러한 기법이 연극무대 위에서의 격앙된 감정들을 재현하는 데 성공적으로 작용한다 할지라도, 그 기법은 드라마에 의존하지 않는다. 그것은 다음의 시벨(Johann Georg Schiebel)의 언급에서는 목회(牧會)와 관련된 기법으로 이해되었다. "오늘날에도 독실한 기독교인은 때때로 한 방울의 위안을/(그것이 찬송가나 교화적인 설교에서 나온/말 하나라 할지라도/) 얻곤 한다. 그는 그것을 (말하자면) 맛있게 삼키기 때문에/그것은 그의 몸을 이롭게 하고/내적으로 자극을 준다. 또 그것은 원기를 북돋아주기에/그는 그것이 신성한 것을 지니고 있다는 점을/고백할 수밖에 없다."[79] 이와 같은 표현법에서 말들의 수용이 그야말로 취미감각에 맡겨지는 데는 이유가 있다. 바로크 시대에 음성적인 것은 순수하게 감각적인 것이었으며, 그런 상태로 계속 남아 있었다. 반면에 의미는 문자에 고유한 것이다. 그리고 발성된 말은 마치 벗어날 수 없는 병에 걸리는 것처럼 그 의미에 시달린다. 발성된 소리가 사라지는 가운데 그 말은 끊기고, 쏟아질 준비가 되어 있던 감정의 정체(停滯)가 슬픔을 일깨운다. 의미가 여기서 나타나며 또한 더 나아가 슬픔의 근원으로 나타날 것이다. 음성과 의미의 대립관계는 그 둘을 하

---

77) Gryphius, 앞의 책, p.62(*Leo Armenius*, II, 455ff.). 〔이 장면은 비잔틴의 황제 레오 아르메니우스를 살해하려는 신하무리들, 즉 미하엘 발부스와 그의 추종자들을 놓고 레오와 왕비 테오도시아가 논쟁을 벌이는 장면이다.—옮긴이〕
78) Stachel, 앞의 책, p.261 참조.
79) Schiebel, 앞의 책, p.358.

나로—하지만 유기적인 언어구조의 의미에서 그 둘이 합치하는 일이 없이—표현할 수 있을 때, 가장 첨예한 형태를 띨 것임이 틀림없다. 이 연역 가능한 과제는 보통은 아무 흥미도 끌지 못하는 빈의 한 국가대사극에 나오는 화려하게 빛나는 한 명장면에서 해결되고 있다. 『요한네스 폰 네포무크의 영예로운 수난』 제1막 14번 째 장면은 음모꾼 가운데 한 명(치토)이 그의 희생자(키도)의 신화적인 언설들에서 에코의 역할을 하는 모습을 보여준다. 그 음모꾼은 죽음을 기약하는 의미들을 가지고 그 언설들에 답한다.[80] 피조물의 언어가 지닌 순수하게 음성적인 것이 의미를 잉태한 아이러니로, 즉 음모꾼의 입에서 울려 나오는 그런 아이러니로 급전하는 것은 이 음모꾼의 역할이 언어에 대해 갖는 관계를 아주 잘 특징짓는다. 음모꾼은 의미의 주인이다. 의성어적 자연언어를 무해하게 쏟아내는 가운데 의미들은 슬픔을 막아내는 일을 하는 동시에 그 슬픔의 원천이 된다. 그리고 이 슬픔에는 이 의미들과 더불어 음모꾼의 책임이 있다. 그런데 바로 자유로운 음성놀이의 본래적인 영역인 에코가 말하자면 의미의 엄습을 받게 되면, 결국 이러한 일은 바로크 시대가 느꼈던 것처럼 언어적인 것의 현현일 수밖에 없었다. 그것을 위

---

80) *Die Glorreiche Marter Joannes von Nepomuck* 참조: Weiß, 앞의 책, 148ff. 에서 재인용. 〔벤야민이 지적한 부분을 일부만 소개하자면 다음과 같다.

"키도: 사람들에게 사랑받는 에코야, 몇 마디 말을 하겠다. 이 조용한 곳에서 네게 말을 걸 수 있게 해다오. 말해다오, 내 가슴이 스스로를 행복해 하며 찬미할 수 있을까(preisen)? 아우구스타의 마음이 내게 호의를 보일까(erweisen)?

치토: 도검(Eisen).

키도: 뭐라고? 도검이라고? 아니야! 그것은 내 마음을 즐겁게 하는 것이 아니야(vergnügt). 내 영혼이 안식하고 있는 그 장소 말이야(liegt).

치토: 죽게 되는(erliegt).

키도: 죽다니, 아니야!"(Karl Weiß, *Die Wiener Haupt- und Staatsactionen*, Wien, 1854, p.148ff.)―옮긴이〕

해 한 형식이 또한 주어졌다. "한 시행의 마지막 두 세 음절을 반복하는 에코, 그것도 종종 한 철자를 생략함으로써 대답, 경고 또는 예언처럼 들리게 되는 에코라는 산의 요정은 뭔가 아주 '귀엽고' 사랑받는 존재이다."* 그러니까 이러한 에코의 놀이는 사람들이 쉽사리 어리석은 짓으로 치부했던 여타의 유사한 놀이와 마찬가지로 사태 자체를 지적하는 셈이다. 그러한 놀이들에서 과장된 장식의 언어 제스처는 스스로를 부인하지 않기에 그 놀이들은 그런 과장된 장식의 공식을 아주 잘 보여줄 수 있을 것이다. 한편으로 피조물로서 풍부한 음향에서 자신의 권리를 주장하려고 하는 언어는 다른 한편 알렉산드리아 시행이 펼쳐지면서 부단히 어떤 강화된 논리성에 묶인다. 이것이 과장된 장식의 양식적 법칙이고 비애극들의 "아시아적 말들"[81]의 공식이다. 그처럼 의미를 체현하고자 하는 제스처는 역사를 폭력적으로 변형시키는 일과 하나가 된다. 삶에서와 마찬가지로 언어에서 오로지 피조물에 고유한 움직임의 형태만을 취하면서도 고대부터 기독교적 유럽에 이르기까지의 문화 세계 전체를 표현하는 일, 이것이야말로 비애극에서도 결코 부인되지 않는 독특한 신념이다. 그리하여 엄청나게 인위적으로 꾸며낸 비애극의 표현방식에는 목가극들에서와 마찬가지로 자연에 대한 극단적인 동경이 바탕에 깔려 있다. 다른 한편 바로 이러한 표현방식, 즉 단지 재현만 할 뿐─즉 언어의 본성을 재현할 뿐─세속적인 의미전달을 가능하면 우회하는 그런 표현방식은 궁정적이고 고상하다. 바로크를 진정으로 극복하는 일, 음성과 의미를 화해시키는 일은 클롭슈토크(F.G. Klopstock) 이전에는 이루어질 수 없었다. 그것이 가능했던 것은 그의 송가들이 아우구스트 슐레겔이 칭했듯이 말하자면 '문법적'이라고 할

---

* 원문에 이 인용문의 출처가 명시되어 있지 않다.
81) Hallmann, *Trauer-, Freuden- und Schäferspiele*, 〔쪽수표시 없는 서문의〕 p.1.

수 있는 경향을 띤 덕택이다. 클롭슈토크의 과장된 장식은 음향과 이미지에 기인하기보다 단어의 조합과 어순에 기인한다.

오페라

17세기의 언어에 내재한 음운상의 긴장은 의미의 부하로 인해 무거워진 언설의 반대편에 있는 음악으로 곧장 인도된다. 비애극의 모든 뿌리가 목가적인 것의 뿌리와 얽히듯이, 음악 역시 마찬가지이다. 처음부터 무용이 있는 '라이엔'의 모습으로, 또 오라토리오적인 코러스로 시간이 흐르면서 점점 더 비애극에 정착하게 된 것이 목가극에서는 곧바로 오페라적인 것으로 등장한다. 사람들이 바로크 회화에서 일찍이 이야기하곤 했던 "유기적인 것을 향한 열정"[82]은 문학분야에서는 그다지 쉽게 확인되지 않는다. 그리하여 이 경우에는 유기적인 것의 외적 형상보다는 그것의 비밀스러운 내부 공간을 상기해야 한다는 점이 늘 지적될 수 있겠다. 이 내부 공간으로부터 목소리가 나오며, 잘 관찰해보면 그러한 목소리의 지배 속에 실제로 사람들이 말하는 유기적인 요인이 들어 있다. 이 점은 특히 할만의 경우 오라토리오적인 막간극에서 연구해볼 수 있는데, 그는 다음과 같이 쓰고 있다. "팔라디우스: 설탕처럼 달콤한 춤은 신들 자신에게 바쳐진 것이라네! | 안토니우스: 설탕처럼 달콤한 춤은 모든 고통을 감미롭게 하지! | 수에토니우스: 설탕처럼 달콤한 춤은 돌과 쇠도 움직이지! | 율리아니우스: 설탕처럼 달콤한 춤은 플라톤조차도 칭송한다네! | 셉티우스: 설탕처럼 달콤한 춤은 모든 쾌락 중에 으뜸이라네! | 호노리우스: 설탕처럼 달콤한 춤은 영혼과 가슴을 상쾌하게 해준다네!"[83] 우리는 양식적인 이유에서 그와 같은 구절

---

82) Hausenstein, 앞의 책, p.14.

들이 코러스로 말해졌다고 가정할 수 있을 것이다.[84] 플레밍도 그리피우스의 경우를 두고 그렇게 말한다. "조역들에게 너무 많은 것을 기대하는 건 적절치 않았다. 그래서 그는 조역들이 거의 말하지 않게 하고, 오히려 그들이 코러스를 이루도록 모았으며, 이런 식으로 개개인의 자연주의적 발화를 통해서는 결코 도달될 수 없었을 중요한 예술적 효과들을 달성하게 된다. 이 예술가는 재료들이 주는 압박을 예술적 효과를 거두는 데 이용한다."[85] 우리는『레오 아르메니우스』에 나오는 재판관, 공모자들, 수행원들, 카타리나의 궁정대신들, 율리아의 처녀들을 떠올릴 수 있다. 더 나아가 예수회 교도와 신교도들의 연극에 선행했던 음악적 서곡도 오페라로 치달아갔다. 또한 안무가 있는 막간극 및 보다 깊은 의미에서 음모가 지니는 안무법적 양식도 이 세기[17세기]의 말엽에 비애극이 오페라로 해체되어가는 발전과정에 낯선 것이 아니다.―이러한 기억들이 겨냥하는 맥락을 니체는『비극의 탄생』(*Geburt der Tragödie*)에서 전개시켰다. 니체에게는 바그너의 '비극적' 종합예술 작품을 바로크에서 준비되었던 유희적 오페라에 비교해서 온당하게 부각시키는 것이 중요했다. 그는 서창(敍唱, Rezitativ)을 비난하면서 이 오페라에 도전한다. 그로써 니체는 모든 피조물의 근원적 소리를 새로 활성화하려는 유행의 흐름에 아주 잘 들어맞는 형식을 고수했다. "사람들은……이제 다시 인류가 시작된 낙원으로 내려갔다는 꿈에 젖을 수 있었다. 그곳에서는 시인들이 목가극들에서 매우 감동적으로 이

---

83) Hallmann, *Sophia*, in: *Trauer-, Freuden- und Schäferspiele*, p.70. (V, 185ff.); p.4(I, 108 ff.) 참조.
84) Richard Maria Werner, "Johann Christian Hallmann als Dramatiker", in: *Zeitschrift für die österreichischen Gymnasien* 50(1899), p.691 참조. 그에 반해 Horst Steger, *Johann Christian Hallmann. Sein Leben und seine Werke*, 박사학위 논문, Leipzig, 1999, p.89.
85) Flemming, *Andreas Gryphius und die Bühne*, p.401.

야기할 줄 알았던 지고한 순수함과 권력과 무구함을 음악 역시 지녔음이 틀림없을 것이라 생각했다. ……서창은 재발견된 그 원(原)인간의 언어로 여겨졌고 오페라는 다시 찾은 전원적이거나 영웅적인 선한 존재의 나라로 여겨졌다. 그 존재는 행동을 할 때는 언제나 어떤 자연적인 예술충동을 좇으며, 자신이 말하고자 하는 것이 있으면 항상 적어도 뭔가를 노래 부른다. 그런데 그것은 조금만 감정이 동요해도 곧장 꽉 찬 목소리로 노래하기 위해서이다. ……예술에 무능한 그 인간은 일종의 예술을 만들어내는데, 이는 바로 그 자신이 비예술적인 인간 자체라는 점에 의해 가능한 것이다. 음악의 디오니소스적 깊이를 모르기 때문에 그는 음악의 향유를 라프레젠타티보(rappresentativo) 양식 속에서 열정을 표현하는 오성적 말과 음의 수사학으로 바꿔버리고 성악기법들이 주는 쾌감으로 변화시켜버린다. 그는 어떤 비전도 직관할 능력이 없기 때문에 도구담당자와 장식예술가들을 부린다. 그는 예술가의 진정한 본질을 파악할 줄 모르기 때문에 자기자신 앞에 '예술적인 원인간', 다시 말해 열정을 갖고 노래하고 시구를 읊는 인간을 자기의 취향에 맞게 만들어놓는다."[86] 음악적 비극과의 비교는 말할 것도 없고 비극과의 모든 비교가 오페라에 대한 인식을 위해서는 불충분할지라도, 문학, 특히 비애극의 관점에서 볼 때 오페라는 퇴락의 산물로 나타날 수밖에 없다는 사실은 분명하다. 의미나 음모의 발현이 억눌리는 현상은 그 무게를 잃어버리고, 오페라 줄거리와 오페라 언어의 흐름은 거침없이 굴러

---

86) Nietzsche, 앞의 책, p.132ff. 〔라프레젠타티보 양식: 17세기 초의 오페라 작곡가들인 페리(Jacopo Peri)나 카치니(Giulio Caccini)등에 의해 사용된 극적인 표현양식으로 말의 리듬, 악센트, 억양 등 말의 데클러메이션(declamation, 언어에 음악이 종속되는 것처럼 보이는 선율의 움직임, 낭독법)의 철저한 존중을 특징으로 한다. 이것은 극적 효과를 가졌으나 아무래도 음악적 매력이 부족하여 점차 쇠퇴했다. 이후 레치타티보와 아리아로 해소되어 갔으며 카메라타의 작품에서만 볼 수 있다.—옮긴이〕

가서 진부한 것이 된다. 막힘이 사라지면서 그와 더불어 작품의 영혼이 었던 슬픔도 사라진다. 그리고 드라마 구성이 텅 비게 되듯이 장면의 구성도 그렇게 된다. 알레고리는 그것이 떨어져 나가지 않을 경우 눈먼 [생명 없는] 전시물이 되기 때문에, 장면의 구성은 이제 또 다른 정당화 를 찾아 나서야 한다.

문자에 대한 리터의 성찰

단순한 음향에 대한 탐닉은 비애극의 몰락에 한몫한다. 그런데도 음 악은 작가들의 선호도가 아니라 그것의 고유한 본질을 두고 볼 때 알레 고리적 드라마와 내적으로 친숙한 관계에 있다. 적어도 바로크와 친화 적 관계에 있는 낭만주의자들의 음악철학이 이를 가르쳐주고 있는데, 그들의 목소리에 귀를 기울여볼 필요가 있다. 적어도 그 음악철학에서, 아니 오로지 그 음악철학에서, 바로크가 사려 깊게 파헤친 대립관계를 종합하는 작업이 이루어지고, 또한 그러한 종합과 함께 비로소 대립관 계의 권리가 생겨날 것이다. 비애극에 그처럼 낭만적인 고찰방식을 적 용할 때 우리는 셰익스피어와 칼데론의 경우에 음악이 순수한 연극적 차원과는 다른 어떤 방식으로 비애극과 어울리고 있는지 물음을 제기 할 수 있을 것이다. 왜냐하면 바로 음악이 그 작가들의 경우 그렇게 나 타나고 있기 때문이다. 그리하여 천재적인 요한 빌헬름 리터(Johann Wilhelm Ritter)의 다음과 같은 서술에서 하나의 시각이 열릴 것을 기 대해도 좋을 텐데, 이 시각의 내부로 파고 들어가는 것은 현재의 서술 로서는 무책임한 즉흥적 시도로서 실패하지 않을 수 없다. 이러한 작업 은 언어, 음악, 문자에 대한 어떤 근본적인 역사철학적 토론을 통해서 만 가능할 것이다. 저자는 어쩌면 독백을 하고 있다고 말할 수 있는 긴 논문에서 클라드니* 음향도형(Chladnische Klangfiguren)에 대한 편지 하나를 써 내려가면서 거의 의도하지 않은 상태에서 힘차게 밀고 나가거나 조심스레 탐색하며 많은 것을 포괄하는 사상을 전개하는데, 거기에는 다음과 같은 구절이 나온다. 모래를 올려놓은 유리판 위에서 여러 가지 음이 날 때마다 다양하게 나타나는 선들을 두고 그는 이렇게 언급한다. "어떻게 해서 여기서 외적으로 분명하게 나타날 모양이 바로 그 음향모형이 우리에게 내적으로 의미하는 것, 즉 빛의 형상, 불의 문자가 되기도 하는지를 살펴보는 것은 멋진 일일 것이다. ……각각의 음은 따라서 자신의 철자를 직접 지닌다. ……이와 같은 말과 문자의 내적인 결합, 우리가 말을 할 때 우리가 쓰고 있다는 것은……오랫동안 나를 사로잡았던 생각이다. 말해다오, 어떻게 해서 사고와 이념이 말로 변하는지를. 또한 우리가 하나의 사고 또는 이념을 그것의 상형문자, 그것의 철자, 그것의 문자 없이 일찍이 가져본 적이 있을까?—참으로 그렇다. 그러나 우리는 보통 그런 것을 생각하지 않는다. 하지만 일찍이 인간이, 그의 본성이 더욱 강력했을 때, 실제로 그런 점을 더 많이 생각했다는 사실은 말과 문자의 현존이 증명해준다. 그 둘의 최초의, 그리고 절대적인 동시성은 바로 언어기관 자체가 말을 하기 위해 글을 쓴다는 점에 있다. 철자만이 말을 한다. 보다 올바르게 표현하자면, 말과 문자는 그것들의 원천에서는 하나이며, 둘 가운데 하나는 다른 하나

---

* Ernst Florens Friedrich Chladni, 1756~1827: 비텐베르크 출생의 독일 물리학자. 현과 막대의 종(縱)진동에 대한 연구를 비롯하여 판자의 진동을 연구했으며, '클라드니 도형'을 발견했다(1787). 클라드니 도형이란 판의 진동에 의해 판 위의 모래가 그리는 도형을 말한다. 유리 또는 금속판 위에 마른 모래를 뿌리고 판의 한 점을 고정한 후, 한곳에 가볍게 손가락을 대면서 가장자리를 바이올린의 활로 문지르면, 판의 진동이 심한 점(진동의 중앙 부분)에 있는 모래가 진동하지 않는 점(진동의 모서리)에 모여서 도형이 생긴다. 판의 고정점, 손가락이 닿은 점, 활로 문지른 점의 각각의 차이로 여러 가지 도형이 생기는 것이다.

없이 가능하지 않다. ……각각의 음향도형은 전기도형이고, 각각의 전기도형은 음향도형이다."[87] "나는……그래서 원(原)문자 또는 자연문자를 전기를 이용해 다시 찾아내거나 찾으려 했다."[88] "실로 삼라만상은 언어이며, 문자 그대로 말을 통해 창조되었고, 창조된 말이자 창조하는 말 자체이다. ……그러나 이 말에는 세세한 부분에서와 마찬가지로 보편적인 부분에서도 철자가 불가분하게 결합되어 있다."[89] "그와 같은 문자(Schrift), 이 문자의 발전형태(Nachschrift) 그리고 파생형태(Abschrift)에 특히 건축, 조각, 회화 등과 같은 모든 조형예술이 속한다."[90] 이러한 상술과 함께 알레고리에 대한 잠재적인 낭만주의 이론은 물음을 제기하면서 종결된다. 그리고 이에 대한 모든 답변은 이러한 리터의 예언을 그에 걸맞은 개념들로 표현해야 할 것이다. 그것은 바로 음성언어와 문자언어 둘을 어떻게 서로 근접시키든 간에 그 둘은 정립과 종합으로서 변증법적 방식으로밖에는 달리 인식할 수 없다는 것, 바벨탑 이후 모든 인간의 마지막 언어인 음악이라는 반립적(反立的) 중간고리에 그것에 마땅한 반정립으로서의 중심적 위치를 부여하는 일이다. 또한 그것은 어떻게 해서 직접 음성으로부터가 아니라 그 음악으로부터 문자가 자라 나오는지를 연구하는 일이다. 이것은 낭만적 직관의 영역에서뿐만 아니라 비신학적인 철학의 영역에서도 멀리 벗어나 있는 과제들이다.* 그렇지만 알레고리적인 것에 대한 이러한 낭만주의 이론

---

87) J[ohann] W[ilhelm] Ritter, *Fragmente aus dem Nachlasse eines jungen Physikers. Ein Taschenbuch für Freunde der Natur*, hrsg. von J. W. Ritter[편집은 지어낸 것임!]. Zweytes Bändchen, Heidelberg, 1810, p.227ff. [Johann Wilhelm Ritter, 1776~1810: 독일의 물리학자. 마찰전기와 갈바니 전지의 동일성을 증명했으며, 자외선을 발견했다. 그는 "문자, 말, 빛 그리고 의식"이 근본적으로 동일한 것임을 강조한다. —옮긴이]

88) Ritter, 같은 책, p.230.

89) Ritter, 같은 책, p.242.

90) Ritter, 같은 책, p.246.

은 잠재적으로 바로크와 낭만주의의 친화성을 보여주는 명백한 기념비로 남아 있다. 「시문학에 대한 대화」(Gespräch über die Poesie)[91]에서 프리드리히 슐레겔이 전개한 알레고리에 대한 본래의 논의들이 리터적인 서술의 깊이에 다다르지 못한다는 점을 첨언할 필요는 없겠다. 아니 슐레겔의 느슨한 표현법에 따라 모든 아름다움은 알레고리라는 문장을 가지고서는 모든 아름다움이 상징이라는 의고전주의적 상투어 이상 아무것도 제시하지 못한다는 사실도 말이다. 리터는 이와는 다르다. 리터는 모든 이미지는 문자 이미지일 뿐이라는 그의 이론을 가지고 알레고리적 직관의 핵심을 꿰뚫는다. 이미지는 알레고리의 맥락에서는 본질의 표지, 본질의 모노그램일 뿐이지 껍질 속의 본질이 아니다. 그런데도 문자는 그 자체로는 아무것에도 기여하고 있지 않으며, 읽을 때 찌꺼기처럼 떨어져 나가지 않는다. 문자는 읽힌 것 속으로 그 읽힌 것의 '형상'(Figur)으로서 들어간다. 바로크의 인쇄업자, 그리고 진실로 작가들은 문자형상(글꼴)을 고도의 주의력을 가지고 고찰했다. 로엔슈타인은 "동판화에 각인된 문구, 즉 '순결한 사랑은 백조가 표현해주고, 천한 비너스는 까마귀가 표현해준다'를 순수 최상의 인쇄형태로 종이에"[92] 옮겨 적었다고 알려져 있다. 오늘날에도 유효한 말이지만 헤르더는 바로크 문학을 "인쇄와 장식에서……능가할 상대가 거의 없다"라고 적고 있다.[93] 그리하여 언어와 문자의 광범위한 맥락들, 알레고리적인 것의 철학적 토대를 마련하고 그 둘의 진정한 긴장에 대한 해답을 자체 속에 포

---

* 벤야민에 따르면 음악은 "구원하는 신비"이며 "초감각적인 자연 속에서 이루어지는 제반 감정들의 부활"이다(Gesammelte Schriften, II/1, p.139).

91) Friedrich Schlegel, *Seine prosaischen Jugendschriften*, hrsg. von J[akob] Minor, 2. Bd.: *Zur deutschen Literatur und Philosophie*, 2. Aufl., Wien, 1906, p.364.

92) Müller, 앞의 책, p.71(각주).

93) Herder, *Vermischte Schriften*, pp.193~194.

괄하는 그러한 맥락들에 대한 예감이 그 시대에 전적으로 결여된 것은 아니었다. 이를테면 그림 시(Bildergedicht)*들에 대한 슈트리히의 재치 있고 명석한 추측이 정곡을 찌르는데, 그에 따르면 그 그림 시들의 경우, "변화하는 시구들의 길이가 어떤 유기적 형식을 모방한다면 그것은 유기적으로 부풀어 오르고 가라앉곤 하는 리듬도 산출함이 틀림없다는 생각이 바탕에 깔려 있을지 모른다."[94] 비르켄이 『단네베르크 영웅들의 포획물』(*Dannebergische Helden-Beut*)에서 플로리단(Floridan)의 입을 빌어 하는 다음 말도 이러한 방향에서 한 말이다. 그에 따르면 "이 세상의 모든 자연적 사건은 어떤 우주적 소리나 음향의 결과 또는 체현일지도 모르며, 심지어 천체의 운행조차 그럴지 모른다."[95] 이것이야말로 말의 바로크와 이미지의 바로크의 언어이론적 통일을 이룬다.

---

* 형상 시(Figurengedicht)라고도 하며, 길고 짧은 시행의 배열과 결합으로 어떤 대상의 모양을 모방한 시를 가리킨다. 이미 그리스 시대에도 쓰였으며, 바로크 시대에 특히 선호되었다.

94) Strich, 앞의 책, p.42.
95) Cysarz, 앞의 책, p.114.

그렇다. / 하나님이 교회묘지에서 수확물을 거두어들이신다
면 / 나 이 해골은 천사의 얼굴이 되리라.
　　• 다니엘 카스퍼 폰 로엔슈타인, 「마테우스 마흐너 씨의 말
하는 해골」[1]

엠블럼으로서의 시체

　가장 광범위한 맥락에서 여기저기서 어쩌면 아직은 모호하고 문화사
적인 느낌을 주는 방법을 통해 끌어올 수 있는 것들은 그것들이 무엇이
든 알레고리적 시각 아래서 서로 접근하고 이념으로서의 비애극으로
모여든다. 오로지 알레고리적 구조 덕택에 비애극이 시대사적 조건으
로부터 자라 나오는 소재들을 내용으로서 동화시킨다는 바로 그 이유
때문에 본 논고는 이 비애극 형식의 알레고리적 구조를 집요하게 파고
들 수 있는 것이고, 또 파고들지 않을 수 없다. 결국 이 동화된 내용은
그 내용이 해명되기 위해 없어서는 안 되었던 신학적 개념들을 벗어나
서는 발전시킬 수 없다. 본 연구가 종결부에 이르러 단도직입적으로 그

---

1) Lohenstein, "Hyachinthen", in: *Blumen*, p.50.

신학적 개념들을 가지고 말하고 있다면, 그것은 '다른 영역으로의 이행'(μετάβασις εἰς ἄλλο γένος)*이 아니다. 왜냐하면 순수하게 미학적인 고찰에서는 역설이 마지막 말이 될 수밖에 없는 반면, 비애극의 알레고리적 한계형식은 오로지 보다 상위의 영역인 신학적 영역으로부터만 비판적으로 해소될 수 있기 때문이다. 항상 어떤 세속적인 것이 신성한 것으로 해소되는 것처럼, 그러한 해소작업을 역사와 역사신학의 의미에서, 그리고 보증된 구원의 전체 질서라는 의미에서 정태적으로가 아니라 역동적으로만 수행할 수 있다는 것은 분명할 것이다. 그것은 바로크의 비애극이 질풍노도나 낭만주의와 보다 분명하게 관련을 맺지 못하더라도 그러하며, 비애극의 최상의 부분을 구제하는 일을 가장 최신의 드라마 시도들에서 절박하게 기대하는 것이 어렵더라도, 아니 어쩌면 헛된 일이라 할지라도 그러하다.——이제 이루어져야 할 비애극 내용의 구성작업은——자명한 일이지만——특히 소재상의 확인들 이외의 여타 것들은 얻어낼 수 없을 것처럼 보이는 까다로운 모티프들을 진지하게 다루어야 할 것이다. 무엇보다도 바로크 드라마들에서 넘쳐나는 잔혹한 장면과 고문장면들에는 대체 어떤 종류의 사정이 있는 것일까? 바로크 예술비평의 거리낌 없고 성찰이 결여된 태도에 걸맞게 사료들은 이에 대해 직접적 답변을 거의 주지 못한다. 숨겨져 있지만 가치가 있는 답변은 이렇다. "인간의 몸 전체는 상징적인 상(像) 속으로 들어설 수 없다. 그러나 몸의 일부는 그러한 상을 만드는 데 부적절하지 않다."[2] 엠블럼의 규범들을 두고 벌어진 한 논쟁을 서술한 글에 그렇게

---

* 논증의 과정에서 당연히 문제로 삼아야 할 개념이나 대상을 취급하지 않고, 다른 유나 다른 영역에 속하는 개념을 다루는 논리학적 오류를 가리키는 말로서 아리스토텔레스에게서 유래한다.

2) [Anonymes Referat über Menestrier, *La philosophie des images*, in:] *Acta eruditorum*, 1683, pp.17~18.

씌어져 있다. 정통 엠블럼 작가의 생각 역시 그와 다르지 않다. 즉 인간의 신체는 유기적인 것을 부수어 그 파편들에서 진정한 의미를, 고정되고 문자에 걸맞은 의미를 읽어낼 것을 명하는 계율에서 예외적으로 벗어날 수 없다. 그렇다. 이 법칙이 인간에게서 말고 그 어디에서 더 의기양양하게 제시될 수 있었을까. 인간은 자신의 관습적이며 의식을 갖추고 있는 신체를 위험에 빠뜨리고는 그것을 다양한 의미의 영역에 배분한다. 언제나 엠블럼과 문장학(紋章學)*이 거리낌 없이 그러한 행태를 추구한 것은 아니었다. 앞서 언급했던 『문장의 기술』은 인간에 대해 단지 이렇게 적고 있다. "머리카락은 수많은 생각을 의미한다."[3] 반면 "문장관들"은 사자를 규칙에 맞게 둘로 나눈다. "머리 / 가슴 / 그리고 앞부분 전체는 대담함과 용기를 의미하지만 / 뒷부분은 / 포효에 뒤따라오는 / 강인함 / 화와 분노를 의미한다."[4] 어쨌거나 신체에 해당하는 특성에 적용된 이와 같은 엠블럼적 분할에 자극받아 오피츠는 『순결의 관리』(*Handhabung der Keuschheit*)[5]라는 가치 있는 말을 하는데, 그는 이것을 유디트(Judith)라는 인물의 예에서 배우게 되었다고 말한다. 이와 유사하게 할만도 이 순결이라는 덕을 정숙한 에귀타(Ägytha)의 예에서 보여준다. 그녀의 "탄생의 기관[자궁]"은 장례를 치르고 여러 해가 지난 뒤에도 무덤에서 썩지 않은 채 발견됐다고 한다.[6] 순교가 살

---

* 문장은 약 13세기 이래 세대를 거쳐 내려오는 가문의 이름을 특징짓는 상징적인 그림을 가리킨다. 오늘날에는 개인, 가족, 정치적 공동체 등을 나타내는 표식으로도 사용된다. 문장은 처음에는 기사들이 적과 동지를 쉽게 구분할 수 있도록 방패에 그려졌다. 문장의 기술(ars heraldica)은 보다 정확히 말해 '문장관(紋章官)들의 기술'(Kunst der Herolden)을 의미한다.

3) Böckler, 앞의 책, p.102.

4) Böckler, 앞의 책, p.104.

5) Martin Opitzen, *Judith*, Breßlaw, 1635, Bl. Aij, v°. [『유디트』는 오피츠가 1636년에 완성한 오페라 텍스트이다. ─옮긴이]

아 있는 자의 신체를 그와 같이 엠블럼적인 방식으로 요리한다면, 그와 더불어 드라마 작가에게 신체적 고통이 행동의 모티프로서 항상 주어져 있었다는 사실도 하찮은 점이 아니다. 데카르트의 이원론만이 바로크적이었던 것은 아니다. 정신 신체학적 영향에 관한 학설의 결과로서 격정에 관한 이론이 최고도로 집중조명된다. 즉 정신은 그 자체가 순수하고 자신에게 충실한 이성이고 오로지 신체적 영향들만이 그 정신을 외부 세계와 접촉할 수 있게 하기 때문에, 이른바 비극적 갈등들이 아니라 정신이 겪는 고통스런 폭력이 보다 더 분명하게 격정의 토대라고 생각된다. 그러다가 죽음 속에서 정신이 유령 같은 모습으로 자유롭게 되면, 이제 육체도 비로소 최고의 권리를 누리게 된다. 왜냐하면 신체의 알레고리화는 시체에서만 힘차게 관철될 수 있다는 점이 명약관화하기 때문이다. 비애극의 인물들이 죽는 이유는 그들이 오직 그렇게 해서만 시체로서 알레고리적 고향에 들어가기 때문이다. 불멸을 위해서가 아니라 시체를 위하여 인물들은 몰락한다. "그분은 우리에게 자신의 시체를 마지막 호의의 보증으로서 남긴다"[7]라고 찰스 1세의 딸이 아버지에 대해 말하는데, 그 아버지는 아버지대로 자신의 시체를 향유처리해달라는 부탁을 잊지 않았다. 시체를 생산한다는 것은 죽음의 입장에서 보면 삶이다. 사지를 잃어버릴 때나 늙어가는 몸이 변화하는 가운데서만 아니라 배설과 정화의 모든 과정들에서 시체적인 것이 한 조각 한 조각 육체에서 떨어져 나온다. 그리하여 바로 살아 있는 사람에게서 마치 죽은 사물처럼 잘려 나가는 손톱과 머리카락들이 시체에게서 다시 자라는 것은 우연이 아니다. '메멘토 모리'(Memento Mori)*가 신체 속에, 기억 자체에 들어 있는 것이다. 중세와 바로크 시대 사람들이 죽

---

6) Hallmann, *Leichreden*, p.377 참조.
7) Gryphius, 앞의 책, p.390(*Carolus Stuardus*, II, 389~390).
* 네가 죽는다는 것을 기억하라, 또는 죽음을 기억하라는 뜻.

음에 대한 표상으로 휩싸여 있던 현상은, 그들의 삶의 종말에 대한 생각만이 그들에게 깊은 인상을 주었다고 한다면, 전혀 상상할 수 없을 것이다. 로엔슈타인과 같은 작가의 조시(弔詩, Leichenpoesie)들은 그 본질을 두고 볼 때 상투적인 것이 아니었다. 그것은 우리가 그러한 상투성을 그 시들 속에서 엿볼 수 있다 하더라도 그러하다. 이 서정시의 주제에 대한 특이한 실험들이 이미 로엔슈타인의 최초의 작품들에서도 나타난다. 학창시절에도 그는 "그리스도의 수난을, 라틴어와 독일어 시들을 서로 대응시켜 신체의 사지에 따라 배열"[8]함으로써 표현하고 옛 도식에 따라 칭송한 적이 있었다. 그가 자신의 죽은 모친을 위해 지은 「기념과 감사의 제단」(Denck- und Danck-Altar)도 그와 똑같은 유형을 보여준다. 9개의 연(聯)이 부패상태에 있는 시체의 사지들을 무자비하게 묘사하고 있다. 그와 같은 것이 그리피우스에게도 유사하게 현실적인 것으로 여겨졌음이 틀림없다. 또한 자연과학적 관심 이외에 이러한 특이한 엠블럼에 관련된 관심이 그가 늘 성실하게 수행했던 해부학 연구에 영향을 미쳤음이 분명하다. 드라마 작품에서 그에 상응하는 서술의 전범들은 특히 세네카의 『오이테산의 헤라클레스』(Hercules Ötäus)에서 찾아볼 수 있으며, 『페드라』(Phädra)와 『트로이의 여인들』(Troades)과 그 밖의 작품들에서도 볼 수 있다. "해부학적으로 절개하면서, 잔인성에 대한 의심의 여지가 없는 즐거움을 가지고서 개개의 신체조각들이 열거된다."[9] 잘 알려져 있다시피 세네카는 그렇지 않아도 잔혹극 분야에서 추앙을 받던 권위 있는 작가였다. 그 당시 영향력 있던 그의 드라마 모티프들에 얼마만큼 이와 유사한 전제조건들이 토대를 이루고 있는지를 연구해보는 것은 가치가 있을 것이다.——17세

---

8) Müller, 앞의 책, p.15.
9) Stachel, 앞의 책, p.25.

기의 비애극에서는 시체가 최고의 엠블럼적 소도구가 된다. 시체 없이는 찬미라는 것도 거의 상상할 수 없다. 찬미는 "창백한 시체들과 함께 화려하게 펼쳐지며"[10], 폭군들의 과제는 비애극에 그런 시체들을 제공하는 일이었다. 그리하여 유랑극단 연극이 후기 그리피우스에게 미친 영향의 흔적을 보여주는 『파피니아누스』의 결말부는 바시아누스 카라칼라(Bassianus Caracalla)가 파피니아누스의 가족에게 저지른 일을 펼쳐 보인다. 아버지와 두 아들은 살해되었다.* "두 구의 시체가 파피니아누스의 시종들에 의해 무대로 들려나와 마주보게끔 놓인다. 플라우티아(Plautia)**는 더 이상 아무 말도 하지 않고 극도의 슬픔에 잠긴 채 한 시신에서 다른 시신 쪽으로 가서 때때로 머리와 손에 입맞춤을 하더니 마침내 파피니아누스의 시신 위에 기절하여 쓰러진다. 상궁들은 그녀를 시체들에 뒤이어 들고 나간다."[11] 할만의 『소피아』의 결말부에서는 의연한 기독교 여인과 그녀의 딸들에게 온갖 고문이 자행된 연후에 내부의 무대가 열리고, "이 무대에서는 사자(死者)를 위한 연회장면/즉 피가 담긴 잔 세 개와 함께 아이들 머리 세 개가 있는 장면이 나온다."[12] '사자를 위한 연회'는 큰 주목을 끌었다. 그리피우스의 경우 그 식사장면은 재현되지 않고 오히려 보고되고 있다. "증오에 눈이 멀고 수많은 고난 속에서 완고해진 제후 모이랍(Meurab)은 | 죽은 무리들의 창백한 머리를 베라고 지시했습니다. | 그에게 그렇게도 많은 해를 입혔던 자들의 머리들이 일렬로 | 눈요깃감으로 그의 식탁에 놓였을 때, | 그는 거의 정신이 나간 채 자기에게 건네진 잔을 들고는 | 소리쳤

---

10) Hallmann, *Trauer-, Freuden- und Schäferspiele*, p.73(*Sophia*, V, 280).
 * 벤야민의 설명과는 달리 실제 작품에서 파피니아누스의 아들은 한 명뿐이다. 즉 두 구의 시체는 아버지 파피니아누스와 그의 아들의 시체이다.
** 파피니아누스의 부인.
11) Gryphius, 앞의 책, p.614.(*Ämilius Paulus Papinianus*, V, 장면지문).
12) Hallmann, *Trauer-, Freuden- und Schäferspiele*, p.68(*Sophia*, 장면지문).

습니다. '이 잔은 더 이상 노예가 아니라 | 내 가족들에 대해 복수하는
자인 내가 든 잔이로다!'[13] 나중에 그와 같은 장면은 무대에서도 펼쳐
진다. 이때 사람들은 하르스되르퍼와 비르켄이 추천하는 이탈리아적인
트릭을 썼다. 바닥까지 닿을 정도로 늘어진 식탁보로 식탁이 덮여 있고
이 식탁보에 난 구멍을 통해 한 배우의 머리가 나타난다. 때때로 이처
럼 죽은 자의 신체를 비애극이 시작할 때 보여주기도 한다. 『그루지야
의 카타리나』가 시작할 때의 무대지문[14]이나 할만의 『헤라클레스』 제1
막에 나오는 희한한 장면도 이 경우에 속한다. "광활한 평야는 패배한
황제 마우리투스의 병사들의 시체들로 뒤덮여 있고, 근처에는 산에서
흘러내리는 개울들이 있다."[15]

기독교에서 신들의 몸

다른 어디에서보다 이 지점에서 분명하게 중세로 소급하는 흔적들을
추적하게 만드는 것은 어떤 고서 애호가적인 관심이 아니다. 왜냐하면
알레고리적 세계관이 갖는 기독교적 시원이 바로크에 대해 갖는 의미
에 대한 인식은 아무리 강조해도 충분치 않기 때문이다. 이 흔적들이
수많은 다양한 정신들에 의해 각인되어 있다 하더라도 그것들은 알레
고리적 관찰의 천재 스스로 자신의 의도들이 변화를 겪는 동안 접어들
게 된 어떤 길의 표지들이라고 할 수 있다. 종종 17세기의 작가들은 이
흔적을 스스로 되돌아보면서 확인하곤 했다. 자신의 "수난받는 그리스

---

13) Gryphius, 앞의 책, p.172(*Catharina von Georgien*, I, 649ff.).
14) Gryphius, 앞의 책, p.149(*Catharina von Georgien*, 장면지문) 참조.
15) Hallmann, *Trauer-, Freuden- und Schäferspiele*. p.10(*Die listige Rache
    oder der tapfere Heraklius*(간교한 복수 또는 용감한 헤라클레스), 장면지
    문).

도"와 관련하여 하르스되르퍼는 그의 제자 클라이에게 그레고르 폰 나치안츠의 수난시를 읽어보라고 권했다.[16] 그리피우스도 "거의 스무 편의 중세 초기의 찬가들을······이처럼 장중하게 끓어오르는 문체에 잘 어울리는 언어로 번역했는데, 역대 찬가작가들 가운데 가장 위대한 작가인 프루덴티우스를 그는 각별히 좋아했다."[17] 세 가지 점에서 바로크의 기독교와 중세의 기독교가 객관적인 유사성을 보여준다. 이교도 신들에 대해 벌이는 투쟁, 알레고리의 승리, 신체성의 수난이 그 둘에 똑같이 필수적인 요소이다. 이 모티프들은 서로 밀접하게 연관된다. 그것들은 앞으로 드러나겠지만 종교사적 관점에서 볼 때 동일한 것이다. 그리고 알레고리의 원천은 오로지 그 관점 아래서만 밝힐 수 있다. 고대의 판테온이 해체된 것이 이 원천에서 결정적 역할을 한다면, 그 판테온이 인문주의에서 부활한 사실이 17세기가 그에 반발하도록 자극했다는 점은 시사하는 바가 매우 많다. 리스트, 모셰로쉬(Moscherosch), 체젠(Zesen), 하르스되르퍼, 비르켄은 고대 기독교 라틴어 학자들이 그랬던 것처럼 신화적으로 장식된 저술들을 헐뜯었으며, 프루덴티우스, 유벤쿠스(Juvencus), 베난티우스 포르투나투스(Venatius Fortunatus)가 정숙한 뮤즈(Muse)의 훌륭한 모범들로 꼽혔다. 비르켄은 이교도의 신들을 "진정한 악마들"[18]이라고 불렀고, 할만의 작품 한 구절에서는 1,000년을 거슬러 올라가는 과거의 사고방식이 그야말로

---

16) Tittmann, 앞의 책, p.175 참조. 〔Gregor von Nazianz, 329~90: 콘스탄티노플 공의회(381)의 신학적 결정들을 가능하게 한 지도적 신학자들 가운데 한 명이다. -옮긴이〕

17) Manheimer, 앞의 책, p.139. 〔Aurelius Clemens Prudentius, 348~405?: 기독교 로마 시대의 대표적인 시인. 작품으로는 찬송가집 『나날의 찬가』, 성자의 순교를 노래한 14편의 서정시 『영관』(榮冠), 덕과 악덕의 투쟁을 알레고리적으로 그린 교훈시 『영혼의 투쟁』등이 있다. -옮긴이〕

18) Tittmann, 앞의 책, p.46 참조.

놀랍게 울려 나온다. 분명 이 구절은 역사적으로 윤색하려고 애쓴 결과로 볼 수 없다. 그 구절에서 소피아와 황제 호노리우스가 종교를 두고 논쟁을 벌인다. "주피터는 황제의 옥좌를 보호하지 않는가?" "주피터보다 오히려 하나님의 진정한 아들이 훨씬 더 전능하시지요!"[19]라고 소피아가 응수한다. 바로크적 태도에서 곧바로 이러한 고대풍의 재치가 나온다. 왜냐하면 고대는 새로운 교설에 대해 온 힘을 끌어 모아 자신을 강요하고자 했던, 그리하여 성과가 없지 않았던, 그러한 형태로 또다시 나타나 기독교에 위협적으로 근접했기 때문이다. 그 형태는 그노시스(Gnosis)였다. 르네상스와 함께, 그리고 신플라톤주의적 연구들에 힘입어 신비주의적 조류들이 득세했던 것이다. 장미십자회* 운동과 연금술이 오리엔트 이교도 문화의 옛 서양잔재인 점성술과 함께 등장했다. 유럽의 고대는 분열되어 있었고, 인문주의 시대에 등장한 그 고대의 눈부신 잔영에서 중세에 남아 있던 고대의 어두운 영향이 다시 되살아났다. 바르부르크는 이와 비슷한 분위기에서, 어떻게 르네상스 시대가 "천체의 현상들을 인간적으로 포착하여 그것들이 지닌 마적인 힘을 적어도 이미지를 통해 제한할 수 있었는지"[20] 탁월하게 서술했다. 르네상스는 이미지의 기억을 활성화시켰다. 그것이 어느 정도로 이루어졌는지는 비애극들에서 유령을 불러내는 장면들도 보여준다. 하지만 그와 동시에 이미지에 대한 사변도 잠에서 깨어나는데, 이 사변이 양식구성적 측면에서 더 결정적인 역할을 했다. 그리고 이러한 사변에서 나온 엠블럼은 중세의 세계와 결합한다. 알레고리적 상상들의 어떠한 산물도, 그리고 그 산물이 바로크적인 것이라 할지라도, 그 짝을 중세의 세

---

19) Hallmann, *Trauer-, Freuden- und Schäferspiele*, p.8(*Sophia*, I, 229~230).
 * 17세기에서 18세기에 걸쳐 유럽에서 활동한 비밀조직으로서 신비주의적이고 접신론적인 특징을 지녔다.
20) Warburg, 앞의 책, p.70.

계에서 찾을 수 없는 것은 없다. 이미 초기 기독교의 변호가(辯護家)들의 관심을 끌었던 신화수집가들 가운데 알레고리 작가들이 다시 부활했다. 16년에 걸쳐 그로티우스는 마르티아누스 카펠라의 저작을 편찬한다.* 전적으로 고대 기독교적 의미에서 비애극의 코러스에서 고대의 신들은 알레고리와 동일한 단계에 있다. 그리고 악마들(Dämonen)에 대한 불안으로 말미암아 의심스러운 신체성이 아주 옥죄는 모습으로 나타날 수밖에 없기 때문에, 사람들은 이미 중세에 그 신체성을 엠블럼과 같은 방식으로 제압하는 일에 과격하게 뛰어들었다. '엠블럼으로서의 나체'—다음의 베촐트의 서술에 우리는 그렇게 제목을 달 수 있을 것이다. "피안에서 비로소 축복받은 자들은 부패하지 않은 육체를 갖게 되고 그 육체의 아름다움을 순수한 모습으로 서로 향유할 수 있게 된다(아우구스티누스, 『신국론』, XXII, 24). 그러기 전까지 나체는 불순한 것의 징표로 남았고 기껏해야 그리스 신들, 즉 지옥의 악마들에나 어울렸다. 그에 따라 중세의 과학도 옷을 입지 않은 형상들에 맞닥뜨렸을 때에는 이 온당치 못한 것들을 종종 멀리서 끌어온, 대부분 불쾌감을 주는 상징성을 통해 해석하려고 했다. 왜 비너스, 큐피드, 바쿠스가 벌거벗은 모습으로 그려졌는지 풀겐티우스(Fulgentius)와 그의 후예들의 설명을 읽어보라. 예를 들어 비너스의 경우에는 그녀가 자신의 숭배자들을 벌거벗은 상태로 집에 돌려보내기 때문이거나 육욕의 죄악은 감출 수 없기 때문이며, 주신 바쿠스의 경우에는 술 마시는 자들이 자신의 소유물을 단념하기 때문이거나 술 취한 자는 자신의 가장 내밀한 생각들을 간직할 줄 모르기 때문이다. ……카롤링거 왕조 시대의 시인

---

* Hugo Grotius, 1583~1645: 네덜란드의 법률학자로서 고전적 국제법의 기본 사상을 발전시켰다. Martianus Capella: 5세기경 후기 로마의 백과사전 집필자이자 변호사. 『문헌해석과 수성의 결혼에 관하여』(*De Nuptiis philologiae et Mercurii*)라는 알레고리적 백과사전을 저술했다.

들 가운데 한 사람인 슈트라보(Walahfrid Strabo)가 어떤 벌거벗은 조
각물을 지극히 불명확하게 묘사할 때 발견하려고 노력한 맥락들은 거
의 진저리가 날 정도로 머리에서 쥐어 짜낸 것들이다. 그 조각물은 금
으로 입힌 테오데리히(Theoderich)의 기마상과 함께 등장하는 인물이
다. ……금으로 입혀지지 않은 그 검은 '동행인'이 자신의 맨살을 드러
냈다는 사실은 그 시인으로 하여금 그 벌거벗은 자는 또 다른 벌거벗은
자, 즉 아무 덕도 갖추지 못한 그 아리우스파의 폭군을 특별히 모욕하
는 역할을 하게 된다는 상상까지 하게 한다."[21] 여기서 엿볼 수 있듯이
알레고리적 해석은 무엇보다 두 방향을 지시했다. 즉 알레고리적 해석
은 고대 신들의 진정한 다이몬적(魔的, dämonisch) 본성을 기독교적
으로 확정하기로 되어 있었고, 또한 육신을 신성하게 사멸시키는 데 쓰
였다. 그렇기 때문에 중세와 바로크가 곧잘 우상들을 사자(死者)들의
뼈와 의미심장하게 엮곤 한 데에는 이유가 있었다. 에우세비우스*는
『콘스탄티누스의 생애』(Vita Constatini)에서 신들의 조상(彫像)에 있
는 해골과 뼈들에 대해 보고할 수 있었으며, 맨링은 "이집트인들"이
"나무로 만든 성상(聖像)들 속에 시신을 파묻었다"라고 주장했다.

---

21) Friedrich von Bezold, *Das Fortleben der antiken Götter im mittel-
    alterlichen Humanismus*, Bonn, Leipzig, 1922, pp.31~32. Vinzenz von
    Beauvais, 앞의 책, pp.295~296 참조(Fulgentius에서 인용한 글들).
    〔Arius, ?~336: 알렉산드리아의 성직자로서 예수를 하나님과 동등한 영원한
    존재로 보지 않고 신의 최고의 창조물로 이해했다. 그의 교리는 325년 니케아
    종교회의와 381년 콘스탄티노플 공의회에서 이단으로 규정되었다.—옮긴이〕
  * Eusebius, 263~339: 초기 그리스도교 교부로서 교회사의 아버지로 불린다.
    주저로 『교회사』(Ekklesiastike Historia)가 있다.

알레고리의 원천 속에 있는 슬픔

알레고리적인 것이라는 개념은 오로지 그 개념이 신학적 상징으로부터만 아니라 마찬가지로 단순한 장식어로부터도 뚜렷하게 변별되는 규정 속에서만 비애극에 부합할 수 있다. 알레고리는 고대 신들의 표상에 대한 스콜라 철학적인 아라베스크 장식으로서 생겨난 것이 아니다. 사람들이 가장 늦게 나타난 알레고리의 산물들을 고려하여 알레고리에 부여하곤 했던 유희성, 초연함, 우월함이라는 특성 가운데 어느 것도 알레고리에 고유한 것이 아니었다. 오히려 그 정반대의 것이 들어맞는다. 교회가 신들을 자신의 신도들의 기억에서 간단히 추방시킬 수 있었더라면, 알레고리적 해석은 결코 생겨나지 않았을 것이다. 왜냐하면 알레고리적 해석은 어떤 승리에 대한 아류적 기념비가 아니기 때문이다. 알레고리적 해석은 오히려 꺾이지 않고 살아남은 고대의 삶의 잔재를 제어해야만 하는 주문과도 같은 말이라 하겠다. 물론 기독교 시대의 처음 몇 세기 동안 신들 자신은 자주 추상적인 특성을 띠곤 했다. "고전시기의 신들에 대한 믿음이 그 힘을 상실해가는 정도에 따라 문학과 예술이 형상화했던 신들에 대한 표상들은 문학적 서술의 편리한 수단으로 자유롭게 이용되는 대상이 되었다. 네로 시대의 시인들부터, 아니 호라티우스와 오비디우스 시대부터 우리는 이러한 과정을 추적할 수 있다. 이 과정은 새로이 형성된 알렉산드리아 학파에서 그 정점에 달했다. 즉 가장 중요하면서 이후의 시대에 전범이 된 이 학파의 대표자는 논노스*이고, 라틴 문학의 경우에는 알렉산드리아에서 태어난 클라우디아누스(Claudius Claudianus)이다. 그들에게는 모든 것, 모든 줄거리, 모든

---

* Nonnos von Panopolis: 이집트의 파노폴리스에서 태어난 서사시인으로서 4세기말에서 5세기에 걸쳐 살았던 것으로 추정된다. 디오니소스의 인도 원정과 귀환을 다룬 『디오니소스 이야기』(*Dionysiaca*)를 썼다.

사건이 신적인 힘들의 게임으로 변형된다. 이 작가들의 경우 추상적 개념들에도 넓은 공간이 허용되었다는 것은 놀라운 일이 아니다. 그들에게 인격화된 신들은 그 추상적 개념들보다 더 심오한 의미를 지니지 않으며, 그 둘은 똑같이 문학적 상상력의 변화무쌍한 표상형식들이 되었다.”[22] 이렇게 우제너는 말하고 있다. 이 모든 것은 물론 알레고리를 집중적으로 준비하게 된다. 그러나 알레고리 자체가 여하한 종류의 신학적 본질들의 추상적 증발에 머무르지 않고 그 이상을 의미한다면, 다시 말해 그 신학적 본질들이 자신들에 걸맞지 않은, 심지어 적대적인 환경속에서 계속 살아남았음을 의미한다면, 이 로마 후기의 견해는 알레고리에 대한 본래적인 견해가 아니다. 그와 같은 문학이 계속해서 나오는 동안 고대 신들의 세계는 사멸해야 했는데도 바로 알레고리가 그 신들의 세계를 구제한 것이다. 사물들의 무상함(Vergänglichkeit)에 대한 통찰과 그 사물들을 영원 속으로 끌어들여 구제하려는 배려가 알레고리적인 것 속에서 작용하는 가장 강력한 모티프들 가운데 하나이다. 중세초기에 예술이나 학문, 국가의 모든 영역에서 고대가 남겨놓았던 잔해들에 필적할 수 있는 것은 이 영역들에서는 아무것도 없었다. 그 당시무상함에 대한 지식은 어떤 불가피한 직관에서 생겨났는데, 그것은 몇세기가 흐른 뒤 30년 전쟁 시기에 그와 똑같은 것이 유럽 사람들의 눈앞에 나타난 것과 유사하다. 여기서 유의해야 할 점은, 어쩌면 제아무리 현저하게 눈에 띄는 황폐화라도 이 시대전환기들에 특히 가시적으로 이루어졌던 변화, 즉 영원성에 대한 요구를 갖고 있는 법규범들의변화보다 더 그러한 [무상함의] 경험을 사람들에게 가차 없이 강요하지않았을 것이라는 점이다. 알레고리는 무상성과 영원성이 가장 가까이

---

22) Usener, *Götternamen. Versuch einer Lehre von der religiösen Begriffsbildung*, p.366.

마주치는 곳에서 가장 영속적으로 자리 잡는다. 우제너 자신은 『신들의 이름』(Götternamen)에서 특정한 고대의 신들이 지닌 단지 "겉보기에만 추상적인" 본성과 알레고리적 추상화 사이에 놓인 역사철학적 경계선을 정확하게 그려낼 수 있는 가능성을 제시해주었다. "따라서 우리는 고대의 예민한 종교적 감정이 추상적 개념들도 곧바로 신성한 지위로 격상시킬 줄 알았다는 사실을 받아들여야 한다. 그 추상적 개념들이 거의 시종일관 그늘에 묻힌 채 마치 아무 생명도 없는 것으로 남아 있었던 것은 다름 아닌 특별한 신들도 인격신들 앞에서 빛이 바랠 수밖에 없었다는 데 원인이 있었다. 즉 그것은 말의 투명성 때문이다."[23] 이러한 즉흥적인 종교적 사고들을 통해 아마도 고대의 토양은 알레고리를 받아들일 수 있도록 개간되었을 것이다. 그러나 이 알레고리 자체는 기독교적 씨앗이다. 왜냐하면 이러한 사고방식이 틀을 갖추는 데 결정적으로 작용했던 것은, 우상과 육신의 영역에서는 무상함만이 아니라 죄가 현저하게 자리 잡고 있는 것으로 비쳐져야만 했다는 점이다. 알레고리적으로 의미하는 것은 죄로 인하여 자신의 의미충족을 자기자신 안에서 발견할 수 없었다. 죄는 지식을 위해 세상을 배반하는 알레고리적 관찰자에게만 내재해 있는 것이 아니고, 그 관찰자의 관조의 대상에도 내재해 있다. 이러한 견해는 자연을 자신과 함께 끌어내린 피조물의 몰락에 대한 이론에 뿌리를 두고 있으며, 서양의 심오한 알레고리적 해석, 같은 표현을 쓰는 동양적 수사학과 구별되는 그 알레고리적 해석의 효소를 이룬다. 몰락한 자연은 말이 없기 때문에 슬픔에 잠겨 있다. 하지만 이 문장을 뒤집으면 자연의 본질에 대한 더 깊은 통찰에 이르게 된다. 즉 몰락한 자연의 슬픔이 그 자연을 침묵케 한다. 모든 슬픔에는

---

23) Usener, 앞의 책, pp.368~396; 또한 pp.316~317도 참조. 〔우제너는 이 책에서 신격을 부여받은 추상적 개념들로 '후회', '배고픔', '공포와 경악', '죽음' 등을 예로 들고 있다.―옮긴이〕

침묵에의 경향이 내재하며, 이 점은 전달의 무능함이나 전달의욕의 부재보다 훨씬 더 많은 것을 함축한다. 슬픈 것은 인식할 수 없는 것에 의해 철저하게 인식되고 있다고 느낀다. 이름이 불린다는 것은, 이름 부르는 자가 신과 같은 존재이고 신의 축복을 받은 자일 경우조차도, 어쩌면 늘 어떤 슬픔에 대한 예감으로 남아 있는지도 모른다. 하물며 이름이 불리지 않고 단지 읽힌다는 것, 알레고리 작가에 의해 불확실하게 읽히고 그 작가를 통해서만 지고한 의미를 갖게 되었다는 점이 얼마나 더 큰 슬픔을 불러일으킬 것인가는 더 말할 나위도 없을 것이다. 다른 한편 자연이 고대처럼 죄를 짊어지고 있는 것으로 느껴지면 느껴질수록, 그것을 알레고리적으로 해석하는 일은 유일하게 아직 기대할 수 있는 구제의 길로서 그만큼 더 필수적인 일이 되었다. 왜냐하면 그처럼 고의적으로 대상을 격하시키는 가운데서 멜랑콜리적 의도는 비할 데 없는 방식으로 그 대상의 사물성에 대한 충실함을 지키기 때문이다. 하지만 다음의 프루덴티우스의 예언, 즉 "모든 피로부터 정화된 모습으로 마침내 대리석이 빛을 발할 것이며, 지금은 우상으로 여겨지고 있는 청동상들은 아무 죄 없이 서 있게 될 것이다"[24]라는 예언은 1,200년이 지난 뒤에도 진실이 되지 못했다. 고대의 대리석과 청동들은 바로크 시대, 아니 르네상스 시대에도 여전히, 아우구스티누스가 "말하자면 신들의 육신"을 그것들[대리석과 청동] 속에서 인지했을 때 느낀 전율을 지니고 있었다. "그것들의 내부에는 불러내어질 정령들, 또한 그것들을 숭배하고 기도하는 자들을 해치거나 그들의 소원을 충족시켜줄 능력이 있을 정령들이 깃들어 있었다."[25] 또는 바르부르크는 르네상스에 대해

---

24) Aurelius P. Clemens Prudentius, *Contra Symmachum*, I, pp.501~502: Bezold, 앞의 책, p.30에서 재인용.

25) *Des heiligen Augustisnus zwey und zwanzig Bücher von der Stadt Gottes*, 마우린(Maurin) 판의 라틴어에서 질베르트(J.P.Silbert) 옮김, 1.Bd,

다음과 같이 말한다. "사람들은 신상들의 형식미, 그리고 기독교 신앙과 이교적 신앙 사이의 고상한 조화를 이야기한다. 그러나 우리가 직시해야 할 점은, 고대는 가장 자유롭고 창조적인 예술활동이 펼쳐진 1520년경 이탈리아에서조차도 말하자면 서로 반대쪽을 바라보고 뒷부분은 붙어 있는 두 얼굴이 얹혀 있는 기둥(Doppelherme)의 모습으로 숭배되었다는 사실이다. 이 기둥은 한편으로는 미신적인 제의를 요구하는 마적이고 어두운 얼굴을, 다른 한편으로 심미적 숭배를 요구하는 올림포스 신들의 명랑한 얼굴 얹고 있었다."[26] 그에 따라 서양의 알레고리적 해석의 원천에 세 가지 가장 중요한 요인들은 비(非)고대적이고, 반(反)고대적이다. 즉 그 신들은 낯선 세계 속으로 들어와 그 모습을 분명히 드러냈으며, 사악해지고 또 피조물이 되었다. 올림포스적인 것의 의상이 남게 되는데, 이 의상 주위로 시간이 흐르면서 엠블럼들이 모여들게 된다. 그리고 이 의상은 악마의 육신처럼 피조물적 특성을 띤다. 이런 의미에서 에우헤메로스*의 계몽된 헬레니즘 신학은 희한하게도 부분적으로는 생성되어가는 민중신앙의 요소를 보여준다. 왜냐하면 "그렇게 해서 신들을 단순한 인간들로 격하시키는 일이 그 신들에 대한 숭배의 잔재들 속에, 무엇보다 그 신들의 상들 속에 사악한 종류의 마법적 힘들이 계속 작용한다는 생각과 밀접하게 결합했기 때문이다. 그 신들이 완전히 무력해졌다는 증명은 악마적인 대리자들이 그 신들에게

Wien, 1826, p.508(VIII, 23).

26) Warburg, 앞의 책, p.34.

* Euhemeros: 기원전 4세기경 시칠리아의 메시나에서 출생한 그리스 철학자·신화작가. 그는 철학적이고 유토피아적인 여행소설 『성스런 글』(Hiera anagraphe)을 집필했는데, 여기서 그는 그리스의 신들이 원래는 백성들에 의해 숭상되던 왕이나 영웅, 정복자들이었다는 주장을 편다. 이러한 그의 견해는 초기 기독교 교부들에 의해 수용되었으며, 특히 계몽주의의 종교비판이 시작된 이래 광범위하게 받아들여졌다.

서 박탈한 권능들을 전유하면서 다시 약화되었다."[27] 다른 한편 엠블럼과 의상들 이외에 낱말들과 이름들이 남았으며, 이것들은 자신들이 유래한 삶의 맥락들이 사라져가는 만큼, 그 속에서 이 말들이 새로운 내용, 알레고리적 서술이 되도록 예정된 내용을 획득하는 개념들의 원천이 된다. 이를테면 포르투나*, 비너스(세상을 의미하는 여인), 또는 여타의 개념들이 그런 것들이다. 따라서 형상들의 사멸과 개념들의 추상성은 판테온이 마법적 개념물들의 세계로 알레고리적으로 변화하기 위한 전제조건이 된다. 아모르(Amor)를 "조토(Giotto)가 박쥐의 날개와 발톱을 가진 부정(不淨)한 악마"로 표상한 것이 그러한 전제에 바탕을 둔다. 판(Faun)**, 켄타우로스***, 사이렌****, 하르피아(Harpyie)*****와 같은 상상의 존재들이 알레고리적 형상들로서 기독교 지옥의 영역에 거하며 계속 살아남게 된 것도 같은 전제에 바탕을 둔다. "고전적이고 고귀하게 만들어진 고대 신들의 세계는 빙켈만 이래로 고대 전체의 상징으로서 우리에게 너무 강하게 각인되어 우리는 그 세계가 인문

---

27) Bezold, 앞의 책, p.5.
  * 운명을 의미하는 여신.
 ** 그리스 신화에 나오는 목신(牧神). 헤르메스의 아들이라고도 하고, 목인(牧人)과 암염소 사이에서 태어났다고도 한다. 상반신은 사람의 모습이고 다리와 꼬리는 염소모양이며 이마에 뿔이 있다. 산과 들에 살면서 가축을 지킨다고 생각되었다. 춤과 음악을 좋아하는 명랑한 성격의 소유자인 동시에 잠들어 있는 인간에게 악몽을 불어넣기도 하고 나그네에게 갑자기 공포를 주기도 한다고 여겨졌다.
 *** 그리스 신화에 나오는 반인반마(半人半馬)의 괴물.
 **** 그리스 신화에 나오는, 상반신은 여자, 하반신은 새의 모습을 한 바다 괴물. 이들은 지중해의 한 섬에 살면서 감미로운 노래로 지나는 배의 선원들을 섬으로 유혹하여 잡아먹기도 했다. 그러나 오디세우스는 마녀 키르케의 조언을 받아들여 밀랍으로 선원들의 귀를 막고 자신은 몸을 배에 묶은 상태였기에 그 섬을 무사히 지날 수 있었다.
 ***** '약탈하는 여자'라는 뜻을 지닌 폭풍을 일으키는 이 괴물은 새의 날개가 달린 처녀의 형상을 하고 있다.

주의 지식인들의 문화 속에서 새로이 창조된 세계라는 사실을 완전히 잊어버린다. 이 고대의 '올림포스적' 측면은 우선 예부터 전승되어온 '다이몬적' 측면에서 탈취해내야 할 어떤 것이었다. 왜냐하면 우주적 다이몬들로서 고대의 신들은 고대 말기부터 줄곧 기독교적 유럽의 종교적 힘들에 귀속되어 왔으며 또한 그 유럽의 실제적 삶이 형성되는 데 결정적 조건이 되었기 때문이다. 그리하여 우리는 기독교회에 의해 암묵적으로 용인된 이교적 우주론의 부대영역, 특히 점성술이라는 부대영역의 존재를 부인할 수 없다."[28] 사멸해버린 사물성의 형태로 남은 고대의 신들에는 알레고리가 상응한다. 그리하여 "신들이 가까이 있다는 것은 원래 알레고리적 해석이 강력하게 발전하는 데 가장 중요한 활력소가 되었다"[29]라는 말은 그것이 일반적으로 의미하는 것보다 더 심오한 차원에서 들어맞는다.

사탄의 공포와 약속들

알레고리적 관점은 기독교가 설정한 죄를 짊어진 육신과 판테온에서 체현된 보다 더 순수한 신들의 자연(natura deorum) 사이의 대결에서 발원했다. 르네상스에 이르러 이교적인 것이, 반종교개혁 시대에 들어 기독교적인 것이 새로이 활성화되면서 알레고리 역시 그 둘의 대결형식으로서 새로워질 수밖에 없었다. 비애극을 두고 볼 때 여기서 다음의 사실이 중요해진다. 즉 중세는 사탄의 형상 속에서 물질적인 것과 악마적인 것 사이의 매듭을 단단히 조이게 되었다. 무엇보다 다양한 이교적 심급들이 신학적으로 엄격히 윤곽이 잡힌 적그리스도 하나로 집약되면서

---

28) Warburg, 앞의 책, p.5.
29) Horst, 앞의 책, p.42.

다이몬들 속에보다 더 분명하게 물질 속에, 어둡고 특출한 현상이 들어 있다고 상정되었다. 그리고 중세는 그런 방식으로만 자연에 대한 연구를 좁은 한계에 묶어둔 것이 아니다. 물질의 악마적 본질은 심지어 수학자들에까지 혐의를 두게 만들었다. 스콜라 철학자 하인리히 폰 겐트는 다음과 같이 설명한다. "그들이 무엇을 생각하든 간에 그것은 뭔가 공간적인 것(양 Quantum)이거나 점과 같이 공간 속에서 한 장소를 점유한다. 그렇기 때문에 그러한 사람들은 멜랑콜리에 젖어 있으며, 최상의 수학자들이 되지만 가장 열악한 형이상학자들이 된다."[30]——알레고리적 의도가 피조물의 사물세계, 사멸해버린 것, 기껏해야 반쯤 살아 있는 것을 지향한다면, 인간은 그 의도의 시야에 들어오지 않는다. 알레고리적 의도가 오로지 엠블럼에 매달린다면, 반전, 구제는 생각할 수 없는 것이 아니다. 그러나 의기양양한 활력과 적나라함 속에서 모든 엠블럼적 위장을 조롱하면서 대지의 품 안으로부터 악마의 흉측한 얼굴이 원래 모습 그대로 알레고리 작가의 시선 앞에 떠오를 수 있다. 이 사탄의 뾰족하고 날카로운 용모는 중세에 이르러 비로소 원래 그보다 더 고상했던 고대의 다이몬들의 얼굴에 새겨 넣어진 것이다. 그노시스적이고 마니교적인 교리에 따르면 물질은 세상의 '탈(脫)지옥화'(Detartarisation)를 위해 창조된 것으로서, 악마적인 것을 자신 속에 흡수하도록 되어 있다. 이는 물질을 제거하여 세상이 정화된 모습으로 나타나도록 하기 위해서이다. 그러나 이 물질은 악마 속에서 자신 속에 있는 지옥의 본성을 자각하게 되고, 자신의 알레고리적 '의미'를 조롱하며, 자신의 깊은 내부를 아무 벌도 받지 않고 추적할 수 있다고 믿는 모든 사람을 비웃는다. 따라서 지상의 슬픔이 알레고리적 해석의 일부를 이루듯이, 지옥 같은 환희는

---

30) *Quodlibet Magistri Henrici Goethals a Gandavo* [*Heinrich von Gent*], Parisiis, 1518, Fol. XXXIV r °, (Quodl. II, Quaest. 9); Panofsky u. Saxl, 앞의 책, p.72에서 재인용.

알레고리적 해석이 품고 있었으나 물질이 승리하는 가운데 좌절된 〔깊은 의미에 대한〕 동경의 일부이다. 그렇기 때문에 음모꾼의 사악한 즐거움이 있는 것이고, 그렇기 때문에 그의 지략이 있고, 의미에 대한 그의 지식이 있다. 말 없는 피조물은 의미된 것을 통해 구제되기를 희망할 수 있다. 인간의 영리한 변덕은 스스로를 표현하고, 극악무도한 계산 속에서 자신의 물질적 특성을 자의식 속에서 인간과 유사한 것으로 만듦으로써 알레고리 작가가 지옥의 비웃음에 맞닥뜨리게끔 한다. 그 비웃음 소리 속에서 물질의 침묵은 물론 극복되었다. 물질은 바로 웃음 속에서 지극히 기이하게 변형되면서 열광적으로 정신을 취한다. 물질은 정신적이 된 나머지 언어를 훨씬 넘어서버린다. 물질은 더 높이 나아가려 하고, 결국 날카로운 웃음 속에서 종말을 맞는다. 이 웃음은, 밖에서 볼 때 동물적으로 비칠지라도, 내부의 광기에게는 단지 정신성으로만 의식된다. "루시퍼(Lucifer)/어둠의 군주/깊은 슬픔의 통치자/오물구덩이 지옥의 제왕/유황천(硫黃川)의 대공/심연의 왕"[31]은 자기자신을 조롱하게 내버려두지 않는다. 클라인(Julius Leopold Klein)은 정당하게도 그 루시퍼를 "알레고리 형상의 원조"라고 부른다. 이 문학사가가 탁월한 해설을 통해 암시했듯이 바로 가장 강력한 셰익스피어의 인물들 가운데 한 명은 그렇게 해서만, 즉 알레고리와 사탄과 관련해서만 이해할 수 있다. "셰익스피어의 리처드 3세는……악덕의 사악한 역할을 표방한다. 그는 역사적인 익살꾼-악마로 등극한 악덕으로서, 자신이 연극사적으로 볼 때 종교극의 악마와 '도덕극'에서 두 개의 혀로 '도덕을 설교하는' 악덕에서 유래했다는 사실, 악마와 악덕 둘이 역사의 살과 피로 체현되어 나타난 적자(嫡子)임을 매우 특이하게 드러낸다." 저자는 한

---

31) 〔Anonymer Luziferbrief von 1410 gegen Johann XXIII.〕 Paul Lehmann, *Die Parodie im Mittelalter*, München, 1922, p.97에서 재인용.

각주에서 이 점을 입증하고 있다. "'글로스터(방백으로): 이렇게 나는 한 마디 말에서 두 가지 견해를 해석해내지. | 마치 사육제극에 나오는 사악함처럼 말이야.' 리처드 3세에서 악마와 악덕은 그 자신의 방백에 따르면 역사적 혈통과 전사(戰士)적인 면모를 갖춘 비극의 주인공으로 융화되어 나타난다."[32] 하지만 비극의 주인공이 되는 것은 아니다. 오히려 이 짤막한 각주는 다음과 같은 점을 거듭 지적하는 데서 그 정당성을 찾을지 모른다. 즉 햄릿, 아니 셰익스피어 '비극' 전체의 경우와 마찬가지로, 리처드 3세의 경우에 비애극의 이론이 작품해석의 입문서를 담고 있도록 예정되어 있다는 점이 그것이다. 왜냐하면 셰익스피어의 경우 알레고리적인 것은 은유의 형식들을 넘어 더 깊은 곳에 이르기 때문이다. 이 점은 괴테의 눈에도 띈 바 있다. "셰익스피어의 작품은 놀라운 비유들로 넘쳐흐르는데, 그 비유들은 의인화된 개념들에서 생겨나며 우리 시대에는 전혀 어울리지 않을 테지만 그의 작품에는 아주 적절하다. 왜냐하면 그의 시대에는 알레고리가 모든 예술을 지배했기 때문이다."[33] 노발리스는 이보다 더 단호하게 말한다. "어떤 셰익스피어의 연극에서든 자의적인 이념, 알레고리 등을 찾는 것은 가능하다."[34] 그러나 질풍노도의 시기는 독일을 위해 셰익스피어를 발굴했지만 그에게서 원초적 자연력(das Elementarische)만을 보았을 뿐 알레고리적인 것은 보지 못했다. 그렇지만 셰익스피어를 특징짓는 것은 바로 그 두 측면이 그에게 똑

---

32) Klein, 앞의 책, pp.3~4. [셰익스피어의 초기작품들 중 하나인 역사극 『리처드 3세』에서 곱추이자 절름발이인 글로스터의 공작 리처드는 왕위를 차지하기 위해, 그리고 왕(리차드 3세)이 된 후 왕위를 굳건하게 하기 위해 형과 조카들을 비롯해 여러 사람들을 살해한다. 결국 그는 비참한 최후를 맞이한다.―옮긴이]

33) Goethe, *Sämtliche Werke*, Jubiläums-Ausgabe, Bd.38: *Schriften zur Literatur*, 3, p.258(*Maximen und Reflexionen*).

34) Novalis, *Schriften*, 3. Bd, p.13.

같이 본질적이라는 점이다. 피조물의 모든 원초적인 표현은 그것이 알레고리적으로 존재함으로써 의미심장하게 되며, 모든 알레고리적인 것은 감각세계의 자연력을 통해 강화된다. 알레고리적인 요소가 사멸하면서 원초적 자연력도 드라마에서 사라지다가 질풍노도 시대에 와서 새롭게, 그것도 비애극의 형태로 활성화된다. 그 뒤 낭만주의는 다시 알레고리적인 것을 예감했다. 하지만 낭만주의가 셰익스피어에 매달리고 있는 한 그러한 예감 이상의 것이 이루어지지는 않았다. 왜냐하면 셰익스피어에서는 원초적 자연력이 우세하고, 칼데론에서는 알레고리적인 것이 우위를 차지하기 때문이다.—사탄은 슬픔 속에서 경악을 불러일으키기 전에 유혹한다. 사탄은 주동자로서 우리를 처벌받을 만한 태도의 근저에 놓여 있는 지식으로 이끈다. 선에 대한 지식이 선한 행동을 이끈다고 한 소크라테스의 교훈이 틀렸을지도 모른다면, 그 점은 악에 대한 지식의 경우에는 훨씬 더 잘 들어맞는다[즉 악에 대한 지식은 악한 행동으로 이끈다]. 그리고 슬픔의 밤에 이러한 지식이 되어 우리에게 드러나는 것은 내적인 빛, 자연광(lumen naturale)이 아니다. 오히려 지하의 광채가 대지의 품에서 희미하게 비쳐 나온다. 사탄의 반항적이고 꿰뚫는 듯한 시선은 골똘히 생각에 잠긴 자 안에서 작용하여 그 지하의 광채와 만나 점화된다. 다시금 바로크적 박학다식함이 비애극 문학에 대해 갖는 의미가 확인된다. 왜냐하면 오로지 지식을 갖춘 자에게만 무언가가 알레고리적으로 서술될 수 있기 때문이다. 그러나 다른 한편 사색이 끈기 있게 진리를 추구하기보다 직접적으로 골똘히 숙고하면서 무조건적이고 강압적으로 절대적 지식을 얻는 데 열중한다면, 사물들은 자신의 단순한 본질에 따라 사색에서 벗어나 수수께끼 같은 알레고리적 지시들로서, 더 나아가 먼지가 되어, 그 사색 앞에 놓이게 된다. 알레고리의 의도는 진리를 향한 의도[지향]와 상충하며, 그 결과 단순한 지식을 노리는 순수한 호기심과 오만한 인간의 고립의 통일이 그 어느 곳에서보다도 이 알레고리의 의도 속에서 분명하게 드러난다. "끔찍한 연금술사, 가공할 죽음"[35]——할만의 이 심오한 은유는 부패과정에만 그 근거를 두는 것이 아니다. 연금술을 포함한 마법적 지식은 고립과 정신적 죽음을 가지고 연금술사를 위협한다. 연금술, 장미십자회의 지식, 비애극들에서 유령을 불러내는 장면들이 증명하듯이 이 시대는 르네상스 못지않게 마법에 심취한 시대였다. 마법이 붙드는 것이 무엇이든 간에 마법의 미다스의 손은 그것을 어떤 의미를 지닌 것으로 변화시킨다. 모든 종류의 변형, 그것이 마법의 요소였고, 그 변형의 도식이 알레고리였다. 이러한 열정이 바로크의 시대에만 국한되어 있지 않으면 않을수록, 그만큼 더 그 열정은 이후의 시대에서 뚜렷하게 바로크적인 것을 드러내기에 적합하다. 그 열정은 후기 괴테와 후기 횔덜린에서 바로크적 제스처를 인식할 수 있다고 주장하는 비교적 최근의 언어사용을 정당화한다.——행동이 아니라 지식이 악의 가장 고유한 존재형식이다. 따라서 육욕, 탐식, 태만과 같이 감각적으로 파악되기만 할 뿐인 신체적 유혹은 악의 유일한 존재근거도 아니며, 심지어 엄밀하게 볼 때 최종적이고 정확한 존재근거도 아니다. 이 존재근거는 오히려 절대적 정신성, 즉 신을 모르는 정신성의 왕국의 신기루와 함께 열린다. 이 정신성의 왕국은 자신의 짝인 물질적인 것과 결합하여 악을 비로소 구체적으로 경험하게 해준다. 정신성의 왕국을 지배하는 정서상태는 슬픔, 알레고리의 어머니이자 그 알레고리의 내용인 슬픔이다. 그리고 정신성의 왕국에서 세 가지 근원적인 사탄적 약속들이 유래한다. 그것들은 정신적인 종류의 것이다. 때로는 폭군의 형상, 때로는 음모꾼의 형상 속에서 비애극은 줄곧 그 약속들을 효과적으로 보여준다. 유혹하는 것은 금지된 것에 대한 근거를 찾는 데서 약속되는 자유라는 가상, 경건한 사람들의 공동체에서 분리되

---

35) Hallmann, *Leichreden*, p.45.

어 나오는 데서 약속되는 자립의 가상, 악의 공허한 심연에서 나타나는 무한성의 가상이다. 왜냐하면 모든 덕은 그것이 어떤 끝을 앞에 두고 있다는 점을—즉 신 안에서 자신의 범례를 갖고 있다는 점을—그 특징으로 하고 있기 때문이다. 반면에 모든 사악함은 심연 속으로의 무한한 진행을 열어 보인다. 따라서 우리는 악의 신학을, 교회의 교리가 영혼을 미혹하는 자(Seelenfänger)를 서술하곤 할 때 쓰는 경고들에서보다 위에서 열거한 모티프들이 확인되는 사탄의 추락에서 훨씬 더 잘 이끌어낼 수 있다. 사탄이 의미하는 절대적 정신성은 성스러운 것으로부터 해방되는 가운데 생명을 잃는다. 여기에서는 오로지 탈영혼화된 물질성만이 그 정신성의 고향이다. 순전히 물질적인 것과 그러한 절대적 정신성은 사탄적인 영역의 양극이다. 그리고 의식은 그 둘의 기만적인 종합이며, 이 기만적 종합을 가지고서 절대적 정신성은 진정한 종합, 삶의 종합을 흉내낸다. 그러나 엠블럼들의 사물세계에 달라붙어 삶에 낯설어진 의식의 사변은 결국 악마들의 지식에 맞닥뜨린다. 아우구스티누스의 『신국론』에 따르면 "이 악마들은 다이모네스(Δαίμονες)라 불리는데, 왜냐하면 이 그리스 단어는 그들이 지식을 소유하고 있다는 것을 표현하기 때문이다."[36] 그리고 아시시의 프란체스코(Franciscus von Assisi)는 지극히 종교적인 관점에서 광신적인 정신성에 대한 평결을 내린다. 그 평결은 그의 제자들 가운데 너무 깊은 연구에 매몰된 제자에게 올바른 길을 제시해주고 있다. "단 한 명의 악마가 자네보다는 더 많이 안다네."

---

36) Augustinus, 앞의 책, p.564(IX, 20).

깊은 사색의 한계

지식으로서 충동은 악의 공허한 심연으로 내려가는데, 그것은 그곳에서 무한성을 확보하기 위해서이다. 그러나 그것은 바닥 없는 깊은 사색(Tiefsinn)의 심연이기도 하다. 이러한 사색의 자료들은 철학적 성좌구조들 안으로 진입하기에는 역부족이다. 그리하여 그 자료들은 어두운 현란함을 펼치는 단순한 보고(寶庫)로서 바로크의 엠블럼집들 속에 놓여 있다. 다른 어떤 형식들보다 비애극이 이 보고를 가지고 작업한다. 지칠 줄 모르게 변화시키고 해석하고 심화시키면서 비애극은 자신의 이미지들을 서로 뒤바꾼다. 이때 무엇보다 대립이 지배한다. 알현실은 감옥으로, 환락의 방이 지하납골당으로, 왕관이 피에 젖은 실측백나무로 만들어진 화환으로 시각적으로 또는 언어적으로만 변한다. 그렇지만 이런 것들을 통해 추구하는 수많은 효과들을 단순한 대립관계에 대한 욕구에서 연원하는 것으로 본다면 그것은 사태를 제대로 보지 못한 것이거나 적어도 피상적으로 본 것이다. 가상과 존재의 대립마저도 이 은유와 찬미의 기법을 정확하게 꿰뚫지 못한다. 바탕에 놓인 것은 엠블럼의 도식으로서, 늘 새롭게 압도하는 방식으로 작용해야 했던 기법을 통해 이 도식으로부터 의미내용이 눈에 띄게 튀어나온다. 왕관은 실측백나무로 엮어진 화환을 의미한다. 이 엠블럼에 대한 열광을 증명하는 헤아릴 수 없이 많은 전거들 가운데—오래전부터 사람들은 전거를 모아왔다[37]—그 오만한 과격함에서 어느 것도 따라올 수 없는 예가 있다면, 그것은 할만이 "정치적 하늘이 번개로 번득일 때" 하프를 "살인용 도끼"[38]로 변하게 했을 때이다. 그의 『조사』에 나오는 다음의 해

---

37) Stachel, 앞의 책, pp.336~337 참조.
38) Hallmann, *Leichreden*, p.9.

설도 그 부류에 속한다. "왜냐하면 미친 듯이 날뛰는 페스트와 전쟁무기가 우리 독일뿐만 아니라 거의 유럽 전체를 뒤덮고 있는 이때 / 그로 인해 생긴 수많은 시체들을 바라본다면 / 우리는 우리의 장미가 가시나무로 / 우리의 백합이 쐐기풀로 / 우리의 낙원이 무덤으로 / 아니 우리의 존재 전체가 죽음의 이미지로 변해버렸다는 것을 / 고백할 수밖에 없기 때문입니다. 따라서 제가 이러한 죽음이 일상화된 무대에서 저의 종이로 된 무덤을 공개해보려는 것이 / 제게 부적당한 것으로 여겨지지 않기를 바랍니다."[39] 라이엔들에도 그와 같은 변형이 자리 잡고 있다.[40] 극단적인 의미상징 속에서 알레고리적 의도가 급변하여 그 의도의 어두움, 교만, 불경스러움이 자기기만에 불과한 것으로 나타나지 않는다면, 마치 추락하는 사람이 몸이 뒤집히듯, 알레고리적 의도는 한 의미상징에서 다른 의미상징으로 옮겨 다니면서 바닥 모를 심연의 어지러움에 빠지고 말 것이다. 구원의 축복으로의 이러한 반전이 일어나는 이미지들을 죽음과 지옥을 의미하는 어두운 이미지들로부터 분리해내는 것은 알레고리적인 것을 전적으로 잘못 봤다는 것을 뜻할 것이다. 왜냐하면 바로 모든 지상적인 것이 잔해더미로 붕괴하는, 파괴의 광란을 보여주는 비전들 속에서는 알레고리적 침잠의 이상(理想)보다 그것의 한계가 드러나기 때문이다. 알레고리적 형상들의 도식으로서 이 시대의 수많은 동판화와 묘사들에서 읽어낼 수 있는, 아무 위안도 없는 골고다 언덕의 혼란상은 모든 인간존재의 황량함을 보여주는 의미상징인 것만은 아니다. 무상함은 그 혼란상 속에서 의미되고 알레고리적으로 서술[재현]되었다기보다 스스로 의미하면서 알레고리로서 제시되고 있다. 부활의 알레고리로서 말이다. 결국에는 바로크의 죽음의 흉터가 있는 지

---

39) Hallmann, 앞의 책, [쪽수표시 없는 서문의] p.3.
40) Lohenstein, *Agrippina*, p.74(IV) 및 Lohenstein, *Sophonisbe*, p.75(IV)도 참조.

점들에서—이제 뒤돌아 커다란 호(弧)를 그리면서, 또한 구원하면서—알레고리적 관찰은 반전하게 된다. 알레고리적 관찰이 침잠해온 7년은 단 하루에 불과했다. 왜냐하면 이 지옥의 시기는 공간 속에서 세속화되기 때문이며, 사탄의 깊은 정신에 자신을 내맡기고 드러냈던 그 세계는 신의 세계이기 때문이다. 신의 세계 속에서 알레고리 작가는 깨어난다. "그렇다. / 하나님이 교회묘지에서 수확물을 거두어들이신다면 / | 나 이 해골은 천사의 얼굴이 되리라."[41] 이 구절은 극한적으로 조각난 것, 사멸한 것, 흩어진 것의 암호를 풀어준다. 하지만 그로써 알레고리는 자신에게 가장 고유한 것으로서 속했던 것, 곧 비밀스러우며 특권화된 지식, 죽은 사물의 영역을 지배했던 자의성, 짐짓 믿어온 희망 없는 상태의 무한성 모두를 잃고 만다. 이 모든 것은 단 한 번의 반전과 함께 흩어져버린다. 이 반전 속에서 알레고리적 침잠은 객관적인 것의 마지막 환영(Phantasmagorie)을 떨쳐내야만 하고 전적으로 자기자신에 의지한 채 이제 더 이상 지상의 사물세계에서 유희적으로가 아니라 하늘 아래에서 진지하게 자기자신을 재발견한다. 이것이 바로 멜랑콜리적 침잠의 본질이다. 다시 말해 멜랑콜리적 침잠이 그 속에서 타락한 것을 가장 온전하게 확보했다고 믿는 그 마지막 대상들은 알레고리들로 급변하며, 그 결과 이 알레고리들은 자신을 재현하는 토대인 무(無)를 충족시키면서 그 무를 부인하게 된다. 그것은 마치 의도가 마지막 순간에 해골들을 목도하는 일에 충실하게 머무르지 않고 부활을 향해 불충스럽게 도약하는 것과 같은 이치이다.

---

41) Lohenstein, "Hyacinthen", in: *Blumen*, p.50("Redender Todten-kopff Herrn Mattäus Machners").

'신비한 균형' (Ponderación misteriosa)

"눈물을 흘리며 우리는 밭에 씨앗을 뿌렸고 슬픔에 잠겨 나왔다."[42] 알레고리는 보람 없이〔수확 없이 빈손으로〕 나온다. 알레고리가 지속적으로 존재하는 심연으로서 품고 있던 악 그 자체는 알레고리 속에서만 존재하고, 오로지 알레고리일 뿐이며, 자체와는 다른 무엇을 의미한다. 즉 그 악은 바로 그것이 표상하는 것이 존재하지 않음을 의미한다. 폭군과 음모꾼들이 체현하는 절대적 악덕들은 알레고리들이다. 그 악덕들은 실재하지 않는다. 또한 그것들은 자신이 내세우는 것을 단지 멜랑콜리의 주관적 시선 앞에서만 가질 뿐이다. 그것들은 이러한 시선 자체이며, 이 시선에서 나온 산물들은 그 시선을 파괴한다. 그 까닭은 그 산물들이 그 시선의 맹목성을 의미할 따름이기 때문이다. 그것들은 전적으로 주관적인 깊은 사색, 그것들을 존속할 수 있게 해주는 유일한 것으로서의 그러한 사색을 지시한다. 악 그 자체는 자신의 알레고리적 형상을 통해 주관적 현상으로서 드러난다. 바로크에서 나타나는 엄청난 반(反)예술적 주관성은 여기서 주관적인 것이 지닌 신학적 정수와 합치한다. 성서는 악을 지식의 개념 아래 도입한다. "선과 악을 알게"[43] 될 것이라고 뱀이 최초의 인간에게 약속한다. 그러나 천지창조 이후 신에 관해 다음과 같은 언급이 나온다. "이렇게 만드신 모든 것을 하느님께서 보시니 참 좋았다."[44] 따라서 악에 대한 지식은 아무런 대상도 없다. 그 악은 이 세상에 없다. 그것은 지식에 대한 욕구, 아니 판단에 대

---

42) *Die Fried-erfreuete Teutonie.* 지기스문도 베툴리오(Sigismundo Betulio, 본명: Sigimund von Birken) 지음, Nürnberg, 1652, p.114.

43) *Die vierundzwanzig Bücher der Heiligen Schrift,* nach dem Masoretischen Texte(마소라의 텍스트에 의거한 『성서』 총24권), hrsg. von 〔Leopold〕 Zunz, Berlin, 1935, p.3(「창세기」 3장 5절).

44) 같은 책, p.2(「창세기」 1장 31절).

한 욕구와 함께 인간 자신 속에서 비로소 생겨난다. 선에 대한 지식은 지식으로서는 이차적이다. 선에 대한 지식은 실천에서 나온다. 악에 대한 지식은 지식으로서는 일차적이다. 그것은 관조(Kontemplation)에서 나온다. 선과 악에 대한 지식은 따라서 그 모든 실제적 지식에 대립해 있다. 주관적인 것의 심연에 관련해서 보자면, 그것은 근본적으로 악에 대한 지식일 뿐이다. 그것은 키르케고르가 파악한 심오한 의미에서 '수다'(Geschwätz)이다.* 모든 알레고리적 관찰의 원천은 주관성의 승리 그리고 사물들에 대한 자의적인 지배의 시작인 그러한 지식이다. 원죄에 의한 타락 자체에서 죄와 의미작용의 통일체가 '인식'의 나무 앞에서 추상화(Abstraktion)로서 생겨난다. 추상들 속에서 알레고리적인 것이 살아 있으며, 언어정신 자체의 하나의 능력인 추상화로서 그것은 타락에서 연원한다. 왜냐하면 선과 악은 이름 붙일 수 없으며, 이름 없는 것으로서 이름언어(Namensprache)의 외부에 존재하기 때문이다. 낙원의 인간은 이 이름언어 속에서 사물들을 명명했으며, 그러한 선악에 대한 물음의 심연 속에서 그 이름언어를 떠난다. 언어들에게 이름은 그 속에서 구체적 요소들이 뿌리를 내리고 있는 하나의 토대일 뿐이다. 그러나 추상적 언어요소들은 심판하는 말, 판단 속에 뿌리를 둔다. 그리고 지상의 법정에서 판단의 흔들리는 주관성이 형벌과 함께 현실 깊숙이 닻을 내리고 있는 반면, 천상의 법정에서 악의 가상은 전적으로 자신의 권리를 찾는다. 그곳에서 자백된(eingestanden, 자기고백을 한) 주관성은 법의 기만적 객관성에 승리를 거두며, "최상의 지혜와 최

---

* 키르케고르에 따르면 인간은 신의 말씀을 듣고 싶어하면서도 쉴 새 없이 소음을 만들고 수다를 늘어놓아 신의 말씀을 듣지 못한다. 인간의 모든 시도와 전달은 결국 대중집단을 자극하고 소음을 확대시키는 행위일 뿐이기에 그는 인간이 "침묵"을 만들어내야 한다고 역설한다(Sören Kierkegaard, "Zur Selbstprüfung der Gegenwart anbefohlen", in: *Gesammelte Werke*, 27~29, Abt. E. Hirsch 역, Düsseldorf, 1953, pp.41~120, 여기서는 pp.84~85 참조).

초의 사랑의 작품"[45]으로서, 즉 지옥으로서, 신적인 전능에 포괄된다. 그것은 가상도 충만한 존재도 아니며, 선(善) 속에 비친 공허한 주관성의 실제적 반영상이다. 순전한 악 속에서 주관성은 자신의 현실을 붙잡으며, 그것을 신 속에 비친 자기자신의 단순한 반영으로 바라본다. 따라서 알레고리의 세계상 속에서 주관적 시각은 전체의 질서에 남김 없이 편입되어 있다. 그리하여 바로크 시대 지어진 밤베르크의 발코니(Bamberger Altan) 기둥들은 실제로 보통의 건축물의 경우 밑에서 바라봤을 때 드러나게 될 바로 그 모습으로 정렬되어 있다. 그리하여 작열하는 황홀함(Ekstase) 역시, 그 황홀함에서 불꽃 하나도 사라짐이 없이 구제되며, 그것이 필요로 하는 냉철한 것 속에서 세속화된다. 성테레지아는 성모 마리아가 그녀의 침대 맡에 장미꽃들을 놓는 모습을 환각상태에서 보게 되는데, 그녀는 이를 고해신부에게 전한다. 신부는 "나는 아무것도 안 보이는데"라고 답한다. 그러자 그 성녀는 "성모 마리아가 그것들을 제게 가져다주셨어요"라고 대답한다. 이러한 의미에서 밖으로 드러낸 자백된 주관성은 기적의 형식적 보증이 되는데, 왜냐하면 그 주관성이 신적인 역사(役事) 자체를 예고하기 때문이다. 그리고 "바로크 양식이 어떤 기적으로 끝맺지 않을 전환이란 없다."[46] "반종교개혁 이래, 특히 트리엔트 종교회의 이래" 건축과 조각까지도 "지배한 것은 경이로운 것(θαυμαστ'ν)이라는 아리스토텔레스적인 이념, 기적(σημεῖα, 성서적인 표지)의 예술적 표현이다. ……상단 영역에서 힘차게 돌출한 것과 자기자신에 의해 떠받혀진 듯한 구조물이 일깨워줘야 하는 것은 바로 초자연적인 힘들의 인상이며, 그것은 조형장식물

45) Dante Allighieri, *La Divina Commedia*, Edizione minore fatta sul testo dell' edizione critica di Carlo Witte, Edizione seconda, Berlino, 1892, p. 13(Inferno III, 6).
46) Hausenstein, 앞의 책, p.17.

인 위험하게 떠도는 천사들에 의해 번역되고 강조된다. ……이 인상을
강화하기 위해 다른 한편에서는—즉 하단 영역에서는—이 법칙들의
현실이 다시 과장된 방식으로 상기된다. 단 하나의 발코니를 떠받히기
위해 끊임없이 이어지는 지적들, 즉 하중을 받고 또 하중을 주는 힘들
의 위력, 엄청난 받침돌들, 이중삼중으로 에워싼 돌출한 기둥과 벽주
(壁柱)들, 그것들을 응집시키고 있는 강화장치와 안정장치들에 대한
끊임없는 지적들은 다른 무엇을 원하겠는가. 그것들은 다름 아닌 구조
물 하단의 받침작업의 어려움을 통해 상단에서 부유하는 기적을 강렬
하게 표현하기 위해서이다. '신비한 균형'(ponderación mysteriosa)*,
즉 예술작품 속으로의 신의 개입이 가능한 것으로 전제되고 있다."[47]
천사처럼 심연으로 추락하는 주관성은 알레고리들에 의해 거두어 들여
져서 하늘에, '신비한 균형'을 통해 신 속에 고정된다. 하지만 칼데론이
가르쳐주고 있듯이 기쁨으로 가득 찬 찬미(verklärte Apotheose)는
라이엔, 막간극 그리고 무언극과 같은 진부한 연극장치들을 가지고서
는 제시될 수 없다. 그러한 찬미는 그것을 보다 더 많이 강조하면서도
보다 덜 지속적으로 강조하는 [작품] 전체가 이루어내는 어떤 의미 깊
은 성좌구조로부터 필연적으로 형성되어 나오는 것이다. 독일 비애극
의 결함은 음모의 불충분한 전개에 기인하며, 그 전개의 정도는 스페인
인[칼데론]이 행했던 것의 발치에도 미치지 못한다. 음모만이 장면의

---

* '신비한 균형' 또는 '신비한 숙고'를 뜻하는 'ponderación misteriosa'란 말은
원래 그라시안의 『명민함과 창조력의 기술』(Agudeza y arte de ingenio)에
나오는 말이다. 이 책의 제4부의 제목은 「신비한 숙고를 통한 명민함에 대하
여」(De la agudeza por ponderación misteriosa)이다. 벤야민이 인용하는
보린스키는 이 말을 신의 개입을 가능하게 하는 건축상의 구도 및 이미지의 힘
으로 보고 있지만, 그라시안에게 그것은 헤아릴 수 없는 일에 직면해 신중히
검토하고 성찰하는 창조력의 기술을 의미한다.

47) Borinski, *Die Antike in Poetik und Kunsttheorie*, Bd.1, 앞의 책, p.193.

조직을 알레고리적 총체성으로 이끌 수 있었을 것이다. 이러한 총체성이 있어야 찬미의 이미지 속에서 사건진행의 이미지들과는 다른 종류의 것이 떠오르면서 그것이 슬픔이 시작되는 지점과 끝나는 지점을 동시에 지시해줄 것이다. 이러한 형식의 강력한 구상은 끝까지 사유될 필요가 있다. 독일 비애극의 이념은 오로지 이러한 조건 아래서만 다루어질 수 있다. 잘 보존되어 있는 작은 건축물에서보다 큰 건축물들의 잔해에서 건축설계의 구상이 한층 더 인상 깊게 표현되는 법이기에 독일 바로크 비애극은 해석을 요구할 권리가 있다. 알레고리의 정신 속에서 독일 바로크 비애극은 처음부터 잔해로, 파편으로 구상되었다. 다른 형식들이 첫날에서처럼 찬연하게 빛난다면, 이 〔독일 바로크 비애극의〕형식은 아름다움의 이미지를 마지막 날에 붙잡는다.

이 책에서 자주 언급되는 바로크 드라마

그리피우스, 『레오 아르메니우스 또는 군주살해』(1646년에 씌어짐)

드라마는 성탄절 하루 전 정오에 시작하며, 작품소재는 비잔틴의 최고 군사령관 미하엘 발부스와 그의 추종자들에 의한 황제 레오(AD 813~20까지 통치)의 살해이다. 미하엘 발부스는 레오의 폭정과 자신이 받는 대우에 불만을 품고 추종자들과 음모를 꾸민다. 추밀고문관 엑사볼리우스의 설득과 경고에도 불구하고 그는 자신의 계획을 포기하기는커녕 자만심에 휩싸여 심중을 드러내고 결국 황제친위병들에 의해 포박된다. 그는 레오와 재판관들 앞에서 자신의 무죄를 강변하지만 화형에 처해질 운명을 맞는다. 하지만 레오는 왕비 테오도시아의 청을 받아들여 밤에 있을 성탄절 미사 이후로 처형을 미루기로 한다. 이어서 콘스탄티노플의 총주교 타라지우스의 혼령이 레오의 꿈에 나타나 그에게 종말이 임박했음을 알려준다. 잠에서 깨어난 레오는 불안감을 떨쳐버리지 못하고 미하엘이 갇혀 있는 감옥을 시찰한다. 그곳에 갔다 온 그는 엑사볼리우스와 친위대장 니칸더에게 감옥이 마치 황실처럼 치장되어 있었고 미하엘이 그곳에서 편안히 잠을 자고 있었다고 말하며 자신의 몰락을 예감한다. 황제가 다녀간 사실을 알게 된 미하엘은 이를 계기로 군주살해 계획을 곧장 실행하기로 마음먹는다. 추종자들은 그가 보낸 한 마디 글을 받아보고는 살해계획을 곧장 실행하기로 결심한다. 그들은 성직자로 분장을 하고 성 안으로 들어가 성탄미사가 있을 교회에서 황제를 제거하기로 한다. 한편 테오도시아는 여 시종장 프로네시스에게 죽은 친어머니가 꿈에 나타나 레오가 지금 당장 위험에 처해 있다고 말했다고 이야기하며 불안감을 감추지 못한다. 곧이어 레오가 교회에서 암살되었다는 소식이 전령을 통해 그녀에게 전해진다. 레오의 시체가 있는 무대에서 테오도시아는 미하엘과 논쟁을 벌이다 정신이 나간──또는 비정상적인──상태에서 레오가 살아 있다고 외친다. 반면 모반자들은 미하엘을 찬양한다.

그리피우스, 『그루지야의 카타리나 또는 입증된 항심(恒心)』 (1647년에서 1650년 사이에 씌어짐)

드라마는 의인화된 "영원"이 등장하여 관중에게 세상의 허망함에 대해 이야기하고, 카타리나처럼 현세의 삶을 경멸할 것과 신과 명예와 조국을 위해 살고 또 죽을 것을 요구하는 것으로 시작한다. 그루지야의 여왕 카타리나는 페르시아의 왕 압바스에 의해 포로로 잡혀 있다. 카타리나를 열렬히 사랑하는 압바스는 그녀를 왕비로 삼으려 하나, 그녀는 이를 받아들이지 않는다. 페르시아와 평화협정을 체결하기 위해 온 러시아의 사신은 압바스에게 그녀의 석방을 탄원하는데, 압바스는 저녁 이전에 그녀를 석방하겠다고 약속한다. 하지만 압바스는 자신이 한 약속을 곧바로 후회한다. 러시아의 사신은 카타리나에게 그녀가 석방될 것이라는 소식을 전하고, 카타리나는 그에게 자신이 페르시아의 볼모로 잡혀 있게 된 사연을 장황하게 이야기해준다. 이어서 그녀는 고국으로 돌아갈 수 있다는 희망을 품고 하나님을 찬양한다. 하지만 압바스는 약속을 파기하고 추밀고문환 이만 쿨리를 그녀에게 보내 그녀가 자신과 결혼할 것인지 아니면 처형을 당할 것인지 선택하게 한다. 그녀는 죽은 왕과 국민에게 신뢰를 지키고 무엇보다도 기독교 신앙을 지키기 위해 순교를 택한다. 카타리나는 잔인하게 고문을 당하고 화형에 처해지는데(1624년), 그녀는 최후의 순간에도 죽음을 통해 삶을 찾았다고 말하며 신앙을 통해 죽음을 극복한다. 압바스는 자신의 결정을 후회하고 자신의 명령을 철회하지만 카타리나는 이미 처형된 이후이다. 절망한 그 앞에 카타리나의 영이 나타나 그와 왕가와 페르시아에 대한 신의 심판을 예언한다.

그리피우스, 『고결한 법학자 또는 죽음을 맞이하는 아이밀리우스 파울루스 파피니아누스』(1657년에서 1659년 사이에 씌어짐)

그리피우스의 마지막 작품으로서 정의(Themis)를 지키기 위해 목숨을 바치는 파피니아누스의 절개가 주제로 다루어진다. 선왕 세베루스의 명에 따라 로마를 함께 통치하고 있는 이복형제 바시아누스(우리에겐 카라칼라로 잘 알려짐)와 게타는 로마의 권력을 독점하기 위해 갈등을 빚고 있다. 제국 최고감독관이자 근위병 사령관이자 법학자인 파피니아누스는 궁정에서 자신에 대한 비방과 음모가 판을 치고 있음을 한탄한다. 한편 권력을 독점하라는 추밀고문관 라에투스의 부추김에 바시아누스는 자신의 칙령에 서명하기를 거부하는 게타와 격렬한 논쟁을 벌이다 게타의 어머니 율리아가 보는 앞에서 그를 칼로 찔러 죽인다.

하지만 그는 곧 자신의 무분별한 행동을 한탄한다. 그는 라에투스를 자신에게 넘기라는 율리아의 요청에 응하고 게타의 장례식을 성대히 치를 것을 그녀에게 약속한다. 왕위를 넘보던 라에투스는 율리아에게 넘겨져 잔인하게 고문을 당하고 처형된다. 신하 클레안더는 국민과 병사들 앞에서 형제살해 행위를 정당화하라는 황제의 요청을 파피니아누스에게 전하지만, 파피니아누스는 양심과 "신들의 영원한 법"을 지키기위해 이를 거부한다. 그는 바시아누스 앞에서도 뜻을 굽히지 않는다. 이에 바시아누스는 그의 관직을 박탈하고, 그에게 대역죄의 누명을 씌우고, 그의 아들을 궁전으로 불러들인다. 파피니아누스는 황제의 압력에 굴복하지 않을 뿐만 아니라 그를 왕위에 앉히려는 군대의 계획도 물리치고, 자신과 결혼하여 제국을 통치하자는 율리아의 제안도 거부한다. 그는 일단 황제의 권위에 굴복하여 목숨을 부지한 후 훗날에 잘못을 밝히라는 아버지의 충고에도 흔들리지 않는다. 황제에게 불려간 파피니아누스는 자신의 결백에 대해 항변하고, 죽을 운명에 처한 아들에게 당당하게 죽음을 맞이할 것을 이른다. 격노한 바시아누스는 파피니아누스의 아들을 처형시키고, 복수가 두려워 파피니아누스도 처형한다 (212년). 그는 곧바로 심한 양심의 가책을 느끼고 광기에 빠진다. 파피니아누스의 부인 플라우티아가 황제의 분노를 눈물과 탄원으로 잠재우기 위해 궁전으로 들어가려 할 때 파피니아누스와 아들의 시체가 무대에 등장한다. 플라우티아는 두 시체의 머리와 손에 입을 맞추고는 기절하고 파피니아누스의 부모는 격한 슬픔에 휩싸인다.

로엔슈타인, 『아그리피나』(1657년에 씌어짐)

이 드라마에서는 아들 네로에 의한 어머니 아그리피나의 살해가 다루어진다. 네로의 심복 파리스의 의견에 따르면 아그리피나는 명예욕과 권력욕에 눈이 어두워져 황제의 목숨을 노리고 있다. 이에 네로는 친위대 사령관 부르스와 세네카를 아그리피나에게 보내 그녀가 악의를 품고 있을 경우 그녀를 처형하라는 명령을 내린다. 그녀는 세네카와 부르스에게 자신의 결백을 주장하고, 아들을 직접 찾아가 그의 의심을 풀어준다. 하지만 네로는 자신의 정부(情婦) 포파이아의 계략에 넘어가 아내 옥타비아를 내쫓고 포파이아와 결혼하려 할 뿐만 아니라 아그리피나를 처형시키려, 한다. 네로가 포파이아를 총애한다는 소식을 들은 아그리피나와 옥타비아는 우선 세네카와 부르스를, 다음으로 포파이아의 남편인 군사령관 오토를 부추겨 황제에게 대항하도록 하지만 그들은 이에 응하지 않는다. 한편 네로는 포파이아를 얻기 위해 오토를 포르투갈의 태수로 보낸다. 결국 네로와 포파이아 사이를 떼어놓기 위해 또 자신과 옥타비아를 구제하기 위해 아그리피나는 황제의 침실에서 네로에게 근친상간의 유혹을 한다. 그녀의 시도는 결정적인 순간에 궁신들이 들어옴으로써 실패한다. 이어서 신하 파리스가 네로에게 아그리피나가 원하는 것은 복수이자 왕위라고 말하자, 네로는 아그리피나를 죽이기로 결심한다. 네로의 심복 아니케토스가 준비해둔 배를 타게 된 아그리피나는 배가 난파되어 위기에 처하게 되지만 헤엄을 쳐서, 그리고 자연의 도움을 받아 목숨을 구한다. 네로가 잠들어 있는 동안 의붓동생 브리타니쿠스의 영이 나타나 그에게 아그리피나가 살아 있음을 이야기해준다. 곧이어 파리스가 이를 확인시켜준다. 불안해하는 네로는 세네카에게 조언을 구하고 그의 의견을 따라 아그리피나의 살해를 다시 결의한다. 자신의 몰락이 눈앞에 있음을 예감한 아그리피나는 이전에 저지른 자신의 잘못을 인정하고 자신의 운명을 받아들인다. 이어서 네로의 부하들이 아그리피나의 방으로 들어와 그녀를 잔인하게 살해한다. 그 후 네로는 포파이아의 요청에 따라 옥타비아와 이혼하기로 결심한다. 그는 마술사 조로아스터를 통해 죽은 어머니와 화해하고자 하지만 아그리피나의 영을 불러내려는 조로아스터의 시도는 실패한다. 대신 분노의 여신들과 오레스테스와 알크마이온이 등장하여 어머니를 죽인 황제의 악덕을 비난하고 그가 앞으로 받아야 할 형벌과 고통을 전한다.

로엔슈타인, 『소포니스바』(1669년 초연)

드라마의 무대는 제2차 포에니 전쟁 시기 북아프리카에 위치한 누미디아 왕국의 수도 키르타이다. 로마와 동맹을 맺은 동 누미디아의 지도자 마시니사는 자신을 찾아온 누미디아 왕국의 사신들에게 그들의 왕 시팍스를 생포했음을 알리고, 성문을 열지 않을 경우 시팍스를 처형하겠다고 위협한다. 이 소식을 들은 시팍스의 아내 소포니스바는 절망하지만 결국 왕국을 구하기 위해 왕을 희생시킬 것을 결심한다. 그녀는 스스로 무기를 잡고 왕국의 수호신에게 자신의 두 아들 중 하나를 희생물로 바치려 한다. 이때 감옥에서 탈출한 시팍스가 등장해 이를 저지한다. 하지만 반전된 상황은 다시 반전된다. 마시니사는 키르타를 정복하고 시팍스를 다시 감금한다. 카르타고 출신의 소포니스바는 마시니사 앞에 무릎을 꿇고 자신을 로마의 손에 넘기지 말 것을 간청한다. 소포니스바를 본 마시니사는 그녀를 사랑하게 된다. 한편 절망한 시팍스는 감옥에서 자살을 시도하는데, 이 순간 로마의 전쟁노예로 분장한 소포니스바가 등장해서 그를 저지한다. 시팍스는 그녀와 옷을 바꿔 입고 탈출에 성공한다. 이어서 감옥에 들어온 마시니사는 시팍스 대신에 소포니스바가 감옥에 있음을 확인하고 그녀에게 결혼을 제안한다. 그녀는 자신이 로마에 넘겨지지 않는다는 조건으로 이에 응한다. 결혼이 성사된 직후 로마의 지휘자 렐리우스가 등장, 동맹의 중요성을 강조하며 소포니스바를 마시니사로부터 떼어놓으려 한다. 렐리우스와 마시니사 사이의 갈등은 격화되는데, 결국 둘은 이 문제를 스키피오의 판단에 맡기기로 한다. 이어서 탈출했던 시팍스가 다시 전쟁포로로 위장하여 자신을 배반한 소포니스바를 죽이려는 순간, 마시니사가 이를 막는다. 시팍스는 절망하여 자살을 시도하는데, 렐리우스가 이를 가로막는다. 스키피오는 포로가 된 시팍스로부터 마시니사와 소포니스바의 결혼소식을 듣는다. 그는 마시니사에게 그의 경솔함을 지적하고 소포니스바를 로마로 보낼 것을 명한다. 마시니사는 소포니스바에 대한 사랑과 정치적 이해관계 사이에서 괴로워하다가 결국 부하를 시켜 그녀에게 독배를 전한다. 한편 소포니스바는 여 제사장을 통해 자신의 미래를 알고자 한다. 소포니스바는 곧 잠이 들고, 디도의 영이 나타나 그녀의 몰락, 카르타고와 로마의 멸망, 민족이동, 그리고 사라센인과 아랍인에 대한 오스트리아 합스부르크 왕가의 승리를 예언한다. 절망한 소포니스바는 신전을 불태워 두 아들과 함께 죽으려 하지만 여사제가 이를 말린다. 이어서 독배가 전달되고 소포니스바와 두 아들은 독배를 마시고 죽는다. 이어서 마시니사가 자신의 결심을 후회하고 그녀를 찾아온다. 그는 이미 때가 늦었음을 알고 칼로 자결을 시도하는데, 스키피오가 이를 막아선다. 스키피오는 시팍스를 로마로 보내고, 마시니사를 누미디아 왕국의 왕위에 오르게 한다.

할만, 『마리암네』(1670년 출간)

드라마는 예루살렘의 시온산이 의인화되어 폭군 헤롯왕에 의해 그의 아내 마리암네를 포함하여 하스모니아(Hasmonäer) 일가가 몰락한 것을 한탄하는 것으로 시작한다. 헤롯의 여동생 살로메는 마리암네가 헤롯왕과 결혼함으로써 이두마이아(Idumäa. 헤롯의 아버지는 이두마이아인이다) 일가의 세력이 쇠퇴하고 있다고 생각한다. 그녀는 헤롯의 전처소생인 안티파터와 함께 마리암네와 그녀가 속한 하스모니아 일가를 몰락시키기로 한다. 헤롯의 동생 페로라스는 이들의 계획을 거부하려 하지만 결국 이들과 뜻을 같이하기로 한다. 살로메는 헤롯 앞에서 그가 로마에 가 있는 동안 마리암네가 자신의 남편 요세푸스와 부정을 저질 렀다고 거짓말을 한다. 헤롯은 요세푸스를 감옥에 가두게 한다. 헤롯은 마리암네에게 자신의 사랑을 표현하지만 그녀는 그를 믿지 않는다. 그 는 자신이 로마에서 죽음을 당한다면 마리암네를 처형하도록 명령을 내린 바 있는데, 그녀가 이를 알고 있었던 것이다. 헤롯은 마리암네가 요세푸스를 통해 이 사실을 알게 되었다는 것을 알고는 살로메의 말이 진실이라고 믿게 된다. 요세푸스는 처형된다. 한편 마리암네의 어머니 알렉산드라는 자신의 아버지이자 제사장인 히르카누스에게 하스모니 아 일가에 대한 헤롯의 적대감을 토로하고, 요세푸스의 처형소식을 전 한다. 히르카누스는 이 소식을 듣고 신변에 위협을 느끼고 아라비아로 피난갈 것을 결심하는데, 이때 이들의 대화를 엿듣고 있었던 안티파터 와 페로라스가 그들 앞에 등장한다. 헤롯 앞에 서게 된 알렉산드라와 히르카누스는 자신을 변호하지만 헤롯은 알렉산드라를 감옥에 가두고 히르카누스를 처형한다. 이어서 다윗 왕의 영이 헤롯의 꿈에 나타나 그 의 광포함을 비난하고 그에 대한 복수를 외친다. 잠에서 깨어난 헤롯은 불안해진 마음을 달래기 위해 마리암네를 부르는데, 그녀는 자신의 일 가에게 행한 그의 만행을 상기시키고 그와 동침하기를 거부한다. 헤롯 이 침실에 혼자 남아 있는 사이 살로메의 사주를 받은 시종이 독배를 가지고 들어와 마리암네가 왕을 살해하기 위해 자신을 이리로 보냈다 고 거짓고백을 한다. 헤롯은 마리암네를 감옥에 가둔다. 헤롯은 마리암 네의 처형결정을 랍비들의 모임에 맡기는데, 랍비들은 마리암네의 처 형을 결정한다. 그녀는 자신의 두 아들을 헤롯이 잘 키운다면 그를 용 서하겠노라고 말하고, 신을 찬양하며 죽음을 맞이한다. 마리암네를 연모하는 파르티아의 왕 티리다테스가 보낸 사신 아르자네스는 살로메를 저주하고 마리암네의 죽음을 애도한다. 헤롯은 마리암네의 처형을 후회하고, 마리암네를 비롯해 헤롯에 의해 죽음을 당한 여러 사람들의 영들이 그에게 나타나 그의 몰락을 예언한다.

칼데론, 『인생은 꿈』(1627년에서 1629년 사이에 씌어짐)

모스코비야 출신의 로사우라는 자신을 버리고 떠난 아스톨포를 다시 만나 명예를 회복하기 위해 시종 클라린과 함께 폴란드로 가는 도중, 산 속에서 길을 잃는다. 그들은 돌탑에서 왕자 세기스문도가 짐승 털로 몸을 감싼 채 나타나는 것을 본다. 세기스문도는 태어나자마자 탑 속에 갇혀 산 자유롭지 못한 자신의 신세를 한탄한다. 폴란드의 왕 바실리오는 별자리를 통해 갓 태어난 왕자 세기스문도가 장차 폭군이 될 뿐만 아니라 자신을 굴복시키리라는 것을 알아내고는 이 점이 정확한 것인지 알아보기 위해 그를 탑에 가두었던 것이다. 남장을 한 로사우라와 클라린은 세기스문도를 감시하던 바실리오의 신하 클로탈도에 의해 생포되어 왕궁으로 끌려갈 신세가 되는데, 그 와중에 클로탈도는 로사우라가 자신의 자식임을 알게 된다. 바실리오는 별자리의 예언이 인간의 자유의지를 완전히 제압할 수는 없다는 생각에 성인이 된 세기스문도를 왕위에 앉혀보기로 한다. 세기스문도가 사악한 인간임이 판명될 경우 바실리오는 자신의 조카들인 아스톨포와 에스트레야를 결혼시켜 그들에게 왕위를 물려줄 계획이다. 바실리오의 실험계획에 따라 약초로 만든 탕약을 먹고 정신을 잃은 세기스문도는 궁궐에서 깨어나고 클로탈도를 통해 자신이 원래 왕세자임을 알게 된다. 오만해진 그는 클로탈도를 직접 처형하려 하고, 아스톨포에게 무례하게 대하며, 하인 한 명을 창 밖으로 내던져 죽인다. 상황이 격화되어 세기스문도와 아스톨포

사이에 칼싸움이 일어나려 하자 바실리오는 세기스문도를 탑으로 다시 돌려보낼 것을 결심한다. 그 사이 클로탈도와 함께 궁궐로 온 로사우라는 에스트레야의 시종이 되어 에스트레야와 아스톨포 사이의 결혼을 방해한다. 또다시 약초의 효력 때문에 정신을 잃은 세기스문도는 탑으로 옮겨진다. 그는 정신을 차리고는 자신에게 있었던 일이 꿈이었다고 생각하게 된다. 이어서 아스톨포가 왕이 되는 것을 반대하는 반란군이 세기스문도를 찾아와 왕위에 오를 것을 요청한다. 인생이 꿈이라는 것을 깨달은 그는 주저하다가 결국 "일을 잘 처리하는 것"(obrar bien)이 중요하다는 마음가짐으로 그들과 뜻을 같이한다. 이로써 바실리오와 세기스문도 양 진영 간에 전투가 벌어지는데 반란군이 승리를 거둔다. 아버지 바실리오는 자식에게 무릎을 꿇고, 아들인 세기스문도는 아버지를 용서하고 그와 화해한다. 왕위를 넘겨받게 된 세기스문도는 반란군의 주동자를 탑에 가두어 국가질서를 회복하고, 아스톨포를 로사우라와 결혼하게 함으로써 로사우라의 명예를 회복시켜주며, 자신은 에스트레야와 결혼함으로써 폴란드를 통치하게 된다.

참고문헌

* 본문 각주에서 문헌정보가 축약되거나 변형된 경우가 있기 때문에, 또 문헌정보를 일목요연하게 찾아볼 수 있도록 상세한 목록을 싣는다. 이 목록은 벤야민 『전집』에서 취했다(Walter Benjamin, *Gesammelte Schriften*, Bd.I~VII, Frankfurt a.M., 1971~89, Bd.I/3, pp.964~978). 이 문헌목록은 저자 또는 번역자의 성(姓)을 기준으로, 그리고 저자표기가 없는 경우 문헌제목을 기준으로 알파벳 순으로 정리되어 있다.

1 *Lucifers Königreich vnd Seelengejaidt: Oder Narrenhatz. In acht Theil abgetheilt. Im ersten wird beschriben Lucifers Königreich/ Macht/ Gewalt/ Hofhaltung/ Hofgesind/ Officier vnd Diener/ die Hoffertigen/ Ehrgeicigen vnnd Fürwitzigen. II. Die Geitzhälß/ Wuecherer/ Simonisten/ Rauber/ rc. III. Die Fresser/ Sauffer/ Schwelger vnd Störtzer. IV. Die Bueler/ Hurer/ Ehebrecher/ rc. V. Die Neydhälß/ Ehrndieb/ Leut aneinander Knüpffer. VI. Die feindtselige/ zornige Martialische Haderkatzen/ Tyrannen vnd Rachgirigen. VII. Die träge/ faule/ lawe/ schläferige/ halßstarrige/ vnbueßfertige/ Melancholische/ trawrige/ fantastische/ vnsinnige/ verzweiflete Gesellen. Im letzten wirde das Orth der Verdämpten beschriben/ in welchem er die seinigen badet vnd butzet/ vnd jhnen jhren verdienten Lohn gibt. Durch Aegidivm* **Albertinvm**, *Fürstl: Durchl: in Bayrn Secretarium, zusammen getragen*, Augspurg, 1617.

2 [**Anonymus**, "Referat über Menestrier, *Devises des princes*", in:] *Acta eruditorum*. Anno MDCLXXXIII publicata, ac serenissimo fratrum pari, Dn. Johanni Georgio IV, electoratus saxonici haeredi, et Dn. Friderico Augusto, ducibus saxoniae &c. &c. &c. Principibus juventutis dicata, Lipsiae, 1683, p.344.

3 [**Anonymus**, "Referat über Menestrier, *La philosophie des images*", in:] *Acta eruditorum*, 1683, l. c., p.17.

4 Frédéric **Atger**, *Essai sur l'histoire des doctrines du contrat social. Thèse pour le doctorat*, Nimes, 1906.

5 (Jakob) **Ayrer**, *Dramen*. Hrsg. von Adelbert von Keller, 1. Bd., Stuttgart, 1865 (*Bibliothek des litterarischen Vereins in Stuttgart*, 76).

6 Franz von Baader, *Sämtliche Werke*, ·····hrsg. durch einen Verein von Freunden des Verewigten: Franz Hoffmann [u.a.], 1. Hauptabt., 2. Bd., Leipzig, 1851.

7 *Bibliotheca mvndi sev specvli maioris Vincentii Bvrgvndi praesvlis Bellovacensis* [Vinzenz von **Beauvais**], *ordinis praedicatorvm, theologi ac doctoris eximii, tomvs secvndvs, qvi spevlvm doctrinale inscribitvr: In quo omnium artium & scientiarum perfecta encyclopaedia continetur. Omnia nunc accuratè recognita, distinctè ordinata, suis vnicuique autori redditis exactè sententÿs; summarÿs praetereà et obseruationibus, quibus anteà carebant, illustrata. Operâ & studio Theologorum Benedictinorvm Collegij Vedastini in Alma Academia Dvacensi*, Dvaci, 1624.

8 Walter **Benjamin**, "Die Aufgabe des Übersetzers", in: *Charles Baudelaire: Tableaux parisiens*. Dt. Übertragung mit einem Vorwort ····· von Walter Benjamin, Heidelberg, 1923 (*Die Drucke des Argonautenkreises*, 5).

9 Walter **Benjamin**, *Der Begriff der Kunstkritik in der deutschen Romantik*, Bern, 1920 (*Neue Berner Abhandlungen zur Philosophie und ihrer Geschichte*, 5).

10 Walter **Benjamin**, "Goethes Wahlverwandtschaften", in: *Neue Deutsche*

Beiträge, 2. Folge, 2. Heft, pp.83~138(April 1924) u. 2. Folge, 2. Heft, pp.134~168(Januar 1925).

11 Walter **Benjamin**, "Schicksal und Charakter", in: *Die Argonauten*, 1. Folge(1914 ff.), 2. Bd.(1915ff.), Heft 10~12(1921), pp.187~196.

12 Walter **Benjamin**, "Zur Kritik der Gewalt", in: *Archiv für Sozialwissenschaft und Sozialpolitik*, 47 (1920/21), pp.809~832 (Heft 3; August 1921).

13 P(eter) **Berens**, "Calderons Schicksalstragödien", in: *Romanische Forschung* 39(1926), pp.1~66.

14 Henri **Bergson**, *Zeit und Freiheit. Eine Abhandlung über die unmittelbaren Bewußtseinstatsachen*, Jena, 1911.

15 Friedrich von **Bezold**, *Das Fortleben der antiken Götter im mittelalterlichen Humanismus*, Bonn, Leipzig, 1922.

16 *Die Fried-erfreuete Teutonie. Eine Geschichtschrifft von dem Teutschen Friedensvergleich/ was bey Abhandlung dessen/ in des H. Röm. Reichs Stadt Nürnberg/ nachdem selbiger von Osnabrügg dahin gereiset/ denkwürdiges vorgelauffen; mit allerhand Staats- und Lebenslehren/ Dichtereyen/ auch darein gehörigen Kupffern gezieret/ in vier Bücher abgetheilet/ ausgefertiget von Sigismundo Betulio, J. Cult. Caes. P* [Sigmund von **Birken**], Nürnberg, 1652.

17 *Teutsche Rede-bind- und Dicht-Kunst/ oder Kurze Anweisung zur Teutschen Poesy/ mit Geistlichen Exempeln, verfasset durch Ein Mitglied der höchstlöblichen Fruchtbringenden Gesellschaft Den Erwachsenen [Sigmund von **Birken**]. Samt dem Schauspiel Psyche und Einem Hirten-Gedichte*, Nürnberg, 1679.

18 *Johann Jacob **Bodmers** Critische Betrachtungen über die Poetischen Gemählde Der Dichter*, Mit einer Vorrede von Johann Jacob Breitinger, Zürich, Leipzig, 1741.

19 *Johann Jacob **Bodmers** Gedichte in gereimten Versen*, Mit J.G. Schuldheissen Anmerkungen; Dazu kommen etliche Briefe, Zweyte

Auflage, Zürich, 1754.

20 *Ars heraldica, Das ist: Die Hoch-Edle Teutsche Adels-Kunst/ Darinnen begriffen I. Vom Stammen und Herkommen des Teutschen Adels und dessen Namen, II. Vom Unterscheid des Adels/ und desselben Vortrefflichkeit, III. Von der Ertheilung des Adels, IV. Von der Wappen Ursprung und Erfindung/ auch dem Unterscheid, V. Von der Herolden Namen und Amt, VI. Von der Wappen Farben/ Bildern/ auch andern Zeichen und Figuren/ samt deroselben Bedeutungen in der Heroldt-Kunst/ Durch Georg Andreas* **Böckler** *Arch. & Ing.*, Nürnberg, 1688.

21 *De signatura rerum, Das ist: Von der Gebuhrt und Bezeichnung aller Wesen ⋯⋯ Eine sehr tieffe Pforte der ewigen und auch anfänglichen äusserlichen Natur und ihrer Gestaltnüssen, Beschrieben durch Jacob* **Böhme**, *sonst genannt Teutonicus Philosophus*, Amsterdam, 1682.

22 Franz **Boll**, *Sternglaube und Sterndeutung. Die Geschichte und das Wesen der Astrologie*, (Unter Mitwirkung von Carl Bezold dargestellt von Franz Boll), Leipzig, Berlin, 1918 (*Aus Natur und Geisteswelt*, 638).

23 Hans Heinrich **Borcherdt**, *Andreas Tscherning. Ein Beitrag zur Literatur- und Kultur-Geschichte des 17. Jahrhunderts*, München, Leipzig, 1912.

24 Hans Heinrich **Borcherdt**, *Augustus Buchner und seine Bedeutung für die deutsche Literatur des siebzehnten Jahrhunderts*, München, 1919.

25 Karl **Borinski**, *Die Antike in Poetik und Kunsttheorie von Ausgang des klassischen Altertums bis auf Goethe und Wilhelm von Humboldt*, I: *Mittelalter, Renaissance, Barock*, Leipzig, 1914.

26 Karl **Borinski**, *Die Antike in Poetik und Kunsttheorie von Ausgang des klassischen Altertums bis auf Goethe und Wilhelm von Humboldt*, II: Aus dem Nachlaß hrsg. von Richard Newald, Leipzig, 1924 (*Das Erbe der Alten. Schriften über Wesen und Wirkung der Antike*, 10).

27 *Joh[ann] Jac[ob]* **Breitingers** *Critische Abhandlung von der Natur, den Absichten und dem Gebrauche der Gleichnisse*. Mit Beyspielen aus den

Schriften der berühmtesten alten und neuen Scribenten erläutert, Durch
Johann Jacob Bodmer besorget und zum Drucke befördert, Zürich, 1740.

28 August **Buchners** *Poet.* Aus dessen nachgelassener Bibliothek heraus
gegeben von Othone Prätorio/ P.P., Wittenberg, 1665.

29 Jakob **Burckhardt**, *Griechische Kulturgeschichte*, hrsg. von Jakob Oeri,
Bd. 4, Berlin, Stuttgart (1902).

30 Konrad **Burdach**, *Reformation, Renaissance, Humanismus. Zwei
Abhandlungen über die Grundlage moderner Bildung und Sprachkunst*,
Berlin, 1918.

31 Samuel von **Butschky**, "Parabeln und Aphorismen", in: *Monatsschrift
von und für Schlesien*, hrsg. von Heinrich Hoffmann, Breslau, Jg. 1829,
I. Bd., pp. 321~336(Mai 1829).

32 *Sam[uel] von **Butschky**/ und Rutinfeld/ Wohl-Bebauter Rosen-Thal,
Darinnen ein curioses Gemüte/ in allen Ständen/ allerhand nützliche
und belustende Raritäten und curiose Sachen; Zeit- Welt- und Stats-
Rosen; auch Seelennährende/ gute Früchte; in sechshundert Sinn-
reichen/ ungemeinen Reden und Betrachtungen; Gott zu Ehren/ seinem
Nächsten und ihme selbst zum Besten/ eingepflanzet und einverleibet
findet, Mit gehörigem ordentlichem Register*, Nürnberg, 1679.

33 Don Pedro **Calderon** de la Barca, *Schauspiele*, übers. von J[ohann]
D[iederich] Gries, Bd.1, Berlin, 1815.

34 Don Pedro **Calderon** de la Barca, *Schauspiele*, übers. von August
Wilhelm Schlegel, Zweyter Theil, Wien, 1813.

35 *Polyhistor symbolicus, electorum symbolorum, & parabolarum
historicarum stromata, XII. libris complectens, Auctore P. Nicolao
Caussino Trecensi, è Societate Iesu, Permissu superiorum*, Coloniae
Agrippinae, 1623.

36 [Miguel] **Cervantes** [de Saavedra], *Don Quixote.* Vollst. deutsche
Taschenausg. in 2 Bänden, unter Benutzung der anonymen Ausg. von
1837 besorgt von Konrad Thorer, eingel. von Felix Poppenberg, Leipzig,

1914, Bd.2.

37 Hermann **Cohen**, *Ästhetik des reinen Gefühls*, Bd.2, (*System der Philosophie*, 3), Berlin, 1912.

38 Hermann **Cohen**, *Logik der reinen Erkenntnis*, (*System der Philosophie*, 1), 2. Aufl., Berlin, 1914.

39 Egon **Cohn**, *Gesellschaftsideale und Gesellschaftsroman des 17. Jahrhunderts. Studien zur deutschen Bildungsgeschichte*, Berlin, 1921 (*Germanische Studien*, 13).

40 Friedrich **Creuzer**, *Symbolik und Mythologie der alten Völker, besonders der Griechen*, 1. Theil, 2., völlig umgearb. Ausg., Leipzig, Darmstadt, 1819.

41 Benedetto **Croce**, *Grundriß der Ästhetik*. Vier Vorlesungen. Autorisierte dt. Ausg. von Theodor Poppe, Leipzig, 1913 (*Wissen und Forschen*, 5).

42 Herbert **Cysarz**, *Deutsche Barockdichtung. Renaissance, Barock, Rokoko*, Leipzig, 1924.

43 **Dante** Allighieri, *La Divina Commedia*, Edizione minore fatta sul testo dell' edizione critica di Carlo Witte, Edizione seconda, Berlino, 1892.

44 Wilhelm **Dilthey**, *Weltanschauung und Analyse des Menschen seit Renaissance und Reformation. Abhandlungen zur Geschichte der Philosophie und Religion* ⋯⋯ (*Gesammelte Schriften*, 2), Leipzig, Berlin, 1923.

45 Hans **Ehrenberg**, *Tragödie und Kreuz*, Bd.1: *Die Tragödie unter dem Olymp*, Bd. 2: *Tragödie und Kreuz*, Würzburg, 1920.

46 ***Emblemata selectiora***, *Typis elegantissimis expressa, nec non sententiis, carminibus, historiis, ac proverbiis, ex scriptoribus cum sacris tum profanis, antiquis & recentioribus, illustrata*, Amstelaedami, 1704.

47 Bernhard **Erdmannsdörffer**, *Deutsche Geschichte vom Westfälischen Frieden bis zum Regierungsantritt Friedrich's des Großen. 1648~1740*, Bd.1, Berlin, 1892 (*Allgemeine Geschichte in Einzeldarstellungen*, 3, 7).

48 **Filidors** [Caspar Stieler?], *Trauer-Lust und Misch-Spiele*, Erster Theil,

Jena, 1665.

49 Willi **Flemming**, *Andreas Gryphius und die Bühne*, Halle an der Saale, 1921.

50 Willi **Flemming**, *Geschichte des Jesuitentheaters in den Landen deutscher Zunge*, Berlin, 1923 (*Schriften der Gesellschaft für Theatergeschichte*, 32).

51 G[eorg] G[ottfried] **Gervinus**, *Geschichte der Deutschen Dichtung*, Bd. 3, 5. Aufl., hrsg. von Karl Bartsch, Leipzig, 1872.

52 Karl **Giehlow**, "Dürers Stich 'Melencolia I' und der maximilianische Humanistenkreis", in: *Mitteilungen der Gesellschaft für vervielfältigende Kunst; Beilage der Graphischen Künste*, Wien, 26(1903), pp.29~41 (Nr. 2); 27(1904), pp. 6~18(Nr. 1/2) u. 27(1904), pp.57~78(Nr. 4).

53 Karl **Giehlow**, *Die Hieroglyphenkunde des Humanismus in der Allegorie der Renaissance, besonders der Ehrenpforte Kaisers Maximilian I*, Ein Versuch. Mit einem Nachwort von Arpad Weixigärtner, Wien, Leipzig, 1915 (*Jahrbuch der kunsthistorischen Sammlungen des allerhöchsten Kaiserhauses*, Bd.32, Heft 1).

54 [Johann Wolfgang von] **Goethe**, *Sämtliche Werke*. Jubiläums-Ausgabe, in Verbindung mit Konrad Burdach [u.a.] hrsg. von Eduard von der Hellen, Stuttgart, Berlin, o. J. [1907 ff.].
Bd.34: *Schriften zur Kunst*, 2.
Bd.38: *Schriften zur Kunst*, 3.
Bd.40: *Schriften zur Naturwissenschaft*, 2.

55 [Johann Wolfgang von] **Goethe**, *Werke*, hrsg. im Auftrage der Großherzogin Sophie von Sachsen [= Weimarer Ausgabe], 4. Abt.: Briefe, 42. Bd.: Januar-Juli 1827, Weimar, 1907.

56 *Lorentz* **Gratians** *Staats-kluger Catholischer Ferdinand*/ aus dem Spanischen übersetzet von Daniel Caspern von Lohenstein, Breßlau, 1676.

57 Andreas **Gryphius**, *Trauerspiele*, hrsg. von Hermann Palm, Tübingen, 1882 (*Bibliothek des litterarischen Vereins in Stuttgart*, 162).

58 Hermann **Güntert**, *Von der Sprache der Götter und Geister.*
Bedeutungsgeschichtliche Untersuchungen zur homerischen und
eddischen Göttersprache, Halle an der Saale, 1921.

59 Daniel **Halévy**, *Charle Péguy et les Cahiers de la Quinzaine*, Paris, 1919.

60 *Johann Christian* **Hallmanns** *von Breßlau/ Juris Utriusqve Candidati*
und Practici beym Kaiser- und Königlichem Ober-Ambte daselbst/ Leich-
Reden/ Todten-Gedichte und Aus dem Italiänischen übersetzte Grab-
Schrifften, Franckfurt, Leipzig, 1682.

61 *Johann Christian* **Hallmanns** *von Breßlau/ Juris Utriusqve Candidati*
und Practici beym Kaiser- und Königlichen Ober-Ambte daselbst Trauer-
Freuden- und Schäffer-Spiele/ Nebst Einer Beschreibung Aller Obristen
Hertzoge über das gantze Land Schlesien, Breßlau, o.J. [1684].

62 Paul **Hankamer**, *Die Sprache. Ihr Begriff und ihre Deutung im*
sechzehnten und siebzehnten Jahrhundert. Ein Beitrag zur Frage der
literarhistorischen Gliederung des Zeitraums, Bonn, 1927.

63 *Poetischen Trichters zweyter Theil. Handlend: I. Von der Poeterey*
Eigenschaft/ Wol- und Mißlaut der Reimen. II. Von der Poetischen
Erfindungen/ so aus dem Namen Herrühren. III. Von Poetischen
Erfindungen/ so aus den Sachen und ihren Umständen herfließen. IV.
von den Poetischen Gleichnissen. V. Von den Schauspielen ins gemein/
und absonderlich von den Trauerspielen. VI. von den Freuden- und
Hirtenspielen. Samt einem Anhang von der Teutschen Sprache: durch
ein Mitglied Der Hochlöblichen Fruchtbringenden Gesellschaft [Georg
Philipp **Harsdörffer**], Nürnberg, 1648.

64 *Prob und Lob der Teutschen Wolredenheit. Das ist: deß Poetischen*
Trichters Dritter Theil/ begreiffend: I. Hundert Betrachtungen/ über die
Teusche Sprache. II. Kunstzierliche Beschreibungen fast aller Sachen/
welche in ungebundner Schrifft-stellung fürzukommen pflegen. III.
Zehen geistliche Geschichtreden in unterschiedlichen Reimarten
verfasset. Zu nachrichtlichem Behuff Aller Redner/ Poeten/ Mahler/

Bildhauer und Liebhaber unsrer löblichen Helden Sprache angewiesen/ durch ein Mitglied der Hochlöblichen Fruchtbringenden Gesellschaft [Georg Philipp **Harsdörffer**], Nürnberg, 1653.

65 "Schutzschrift/ für Die Teutsche Spracharbeit/ und Derselben Beflissene: zu Einer Zugabe/ den Gesprächspielen angefüget. durch den Spielenden [Georg Philipp **Harsdörffer**]", in: *Frauenzimmer Gesprechspiele/ so bey Ehr- und Tugendliebenden Gesellschaften/ mit nutzlicher Ergetzlichkeit/ beliebet und geübet werden mögen/ Erster Theil* ······ [Von einem] *Mitgenossen der Hochlöblichen Fruchtbringenden Gesellschaft* [Harsdörffer], Nürnberg, 1644.

66 *Vom Theatrum oder Schauplatz. Ein Frauenzimmer-Gesprechspiel/ so bei ehr- und tugendliebenden Gesellschafften auszuüben. Verfasset durch [Georg] Philipp* **Harsdörffern**. *Mitgenossen der Hochlöblichen/ Fruchtbringenden Gesellschaft/ genannt der Spielende*, Nürnberg, 1646. Für die ······ Gesellschaft für Theatergeschichte ······ aufs Newe in Truck gegeben ······ (Hrsg.: Heinrich Stümcke) Berlin, 1914.

67 A[nton] **Hauber**, *Planetenkinderbilder und Sternbilder. Zur Geschichte des menschlichen Glaubens und Irrens*, Straßburg, 1916(*Studien zur deutschen Kunstgeschichte*, 194).

68 *Prodromus Poeticus, Oder: Poetischer Vortrab/ bestehende aus unterschiedenen Trauer- und Lust-Spielen/ Sonnetten/ Oden/ Elegien/ Bey- oder Überschrifften und andern Deutschen Poetischen Gedichten gezogen Aus einen künfftighin/ geliebts Gott/ ans Licht zu gebenden vollständigen Poetischen Wercke/ Und Zu dessen Vorschmack vorangeschickt von Einem Liebhaber der Deutschen Poesie/ A(ugust) A(dolf) von* **H**(**augwitz**), Nob. Lus., Dresden, 1684.

69 Wilhelm **Hausenstein**, *Vom Geist des Barock*, 3~5. Aufl., München, 1921.

70 Georg Wilhelm Friedrich **Hegel**, *Werke*, vollständige Ausgabe durch einen Verein von Freunden des Verewigten: Ph[ilipp] Marheineke [u.a.],

Bd.10, 2: *Vorlesungen über die Ästhetik*, hrsg. von H[einrich] G[ustav] Hotho, Bd.2., Berlin, 1837.

71 *Die vierundzwanzig Bücher der **Heiligen Schrift***. Nach dem Masoretischen Texte, hrsg. von [Leopold] Zunz, Berlin, 1935.

72 Theodor **Heinsius**, *Volkthümliches Wörterbuch der Deutschen Sprache mit Bezeichnung der Aussprache und Betonung für die Geschäfts- und Lesewelt*, 4. Bandes 1. Abt.: S bis T, Hannover, 1822.

73 J[ohann] G[ottfried] **Herder**, *Vermischte Schriften*, Bd.5: Zerstreute Blätter, Zweytes, neu durchgesehene Ausgabe, Wien, 1801.

74 [Johann Gottfried] **Herder**, *Werke*, hrsg. von Hans Lambel, 3. Teil, 2. Abt., Stuttgart, o. J. [ca. 1890](*Deutsche National-Literatur*, 76).

75 Jean **Hering**, "Bemerkungen über das Wesen, die Wesenheit und die Idee", in: *Jahrbuch für Philosophie und phänomenologische Forschung*, 4, 1921, pp.495~543.

76 Conrad **Höfer**, *Die Rudolstädter Festspiele aus den Jahren 1665~67 und ihr Dichter. Eine literaturhistorische Studie*, Leipzig, 1904 (*Probefahrten*, I).

77 [Friedrich] **Hölderlin**, *Sämtliche Werke*. Historisch-kritische Ausgabe. Unter Mitarbeit von Friedrich Seebaß besorgt durch Norbert v[on] Hellingrath, Bd.4: *Gedichte 1800~1806*, München, Leipzig, 1916.

78 Christian Hofman von **Hofmanswaldau**, *Auserlesene Gedichte*, Mit einer Einleitung hrsg. von Felix Paul Greve, Leipzig, 1907.

79 [Christian Hofmann von **Hofmannswaldau**,] *Helden-Briefe*, Leipzig, Breßlau, 1680.

80 Franz **Horn**, *Die Poesie und Beredsamkeit der Deutschen, von Luthers Zeit bis zur Gegenwart*, Bd.2, Berlin, 1823.

81 Carl **Horst**, *Barockprobleme*, München, 1912.

82 Arthur **Hübscher**, "Barock als Gestaltung antithetischen Lebensgefühls. Grundlegung einer Phaseologie der Geistesgeschichte", in: *Euphorion* 24, 1922, pp. 517~562 u. 759~805.

83 *Theatralische/ Galante Und Geistliche Gedichte/ Von Menantes* [Christian Friedrich **Hunold**], Hamburg, 1706.

84 **Jean Paul** [Friedrich Richter], *Sämtliche Werke*. 18. Bd., Berlin, 1841.

85 Immanuel **Kant**, *Beobachtungen über das Gefühl des Schönen und Erhabenen*, Königsberg, 1764.

86 Au[gust] **Kerckhoffs**, *Daniel Casper von Lohenstein's Trauerspiele mit besonderer Berücksichtigung der Cleopatra. Ein Beitrag zur Geschichte des Dramas im XVII. Jahrhundert*, Paderborn, 1877.

87 J[ulius] L[eopold] **Klein**, *Geschichte des englischen Drama's*, Bd.2, Leipzig, 1876 (*Geschichte des Drama's*, 13).

88 *Dreyständige Sinnbilder zu fruchtbringendem Nutzen und beliebender ergetzlichkeit ausgefertigt durch den Geheimen* [Franz Julius von dem **Knesebeck**], Braunschweig, 1643.

89 August **Koberstein**, *Geschichte der deutschen Nationalliteratur vom Anfang des siebzehnten bis zum zweiten Viertel des achtzehnten Jahrhunderts*, 5., umgearb. Aufl. von Karl Bartsch, Leipzig, 1872 (*Grundriß der Geschichte der deutschen Nationalliteratur*, 2).

90 Kurt **Kolitz**, *Johann Christian Hallmanns Dramen. Ein Beitrag zur Geschichte des deutschen Dramas in der Barockzeit*, Berlin, 1911.

91 Karl **Krumbacher**, "Die griechische Literatur des Mittelalters", in: *Die Kultur der Gegenwart. Ihre Entwicklung und ihre Ziele*, hrsg. von Paul Hinneberg, Teil I, Abt. 8: *Die griechische und lateinische Literatur und Sprache*, von U[lrich] v[on] Wilamowitz-Moellendorff [u.a.], 3. Aufl., Leipzig, Berlin, 1912.

92 Joseph [Felix] **Kurz**, *Prinzessin Pumphia*, Wien, 1883 (*Wiener Neudrucke*, 2).

93 Karl **Lamprecht**, *Deutsche Geschichte*, 2. Abt., Neuere Zeit. Zeitalter des individuellen Seelenlebens, 3. Bd., 1. Hälfte (= der ganzen Reihe 7. Bd., 1. Hälfte), 3., unveränd. Aufl., Berlin, 1912.

94 Marcus **Landau**, "Die Dramen von Herodes und Mariamne", in:

Zeitschrift für vergleichende Litteraturgeschichte, NF 8(1895), pp.
175~212 u. pp.279~317 u. NF 9(1896), pp.185~223.

95 Kurt **Latte**, *Heiliges Recht. Untersuchung zur Geschichte der sakralen Rechtsformen in Griechenland*, Tübingen, 1920.

96 Paul **Lehmann**, *Die Parodie im Mittelalter*, München, 1922.

97 Joh(ann) Anton **Leisewitz**, *Sämmtliche Schriften*. Zum erstenmale vollständig gesammelt und mit einer Lebensbeschreibung des Autors eingeleitet. Neben Leisewitz' Portrait und einem Facsimile. Einzig rechtmäßige Gesammtausgabe, Braunschweig, 1838.

98 Gotthold Ephraim **Lessing**, *Sämmtliche Schriften*. Neue rechtmäßige Ausg. Hrsg. von Karl Lachmann, Bd.7, Berlin, 1839.

99 Rochus Freiherr v[on] **Liliencron**, Einleitung zu Aegidius Albertinus, *Lucifers Königreich und Seelengejaidt*. Hrsg. von Rochus Freiherrn v[on] Liliencron, Berlin, Stuttgart, o.J.[1884](*Deutsche National-Litteratur*, 26).

100 Rochus Freiherr von **Liliencron**, *Wie man in Amwald Musik macht. Die siebente Todsünde*. Zwei Novellen, Leipzig, 1903.

101 Daniel Casper v[on] **Lohenstein**, *Agrippina. Trauer-Spiel*, Leipzig, 1724.

102 Daniel Capers von **Lohenstein**, *Blumen*, Breßlau, 1708.

103 Daniel Capers v[on] **Lohenstein**, *Epicharis. Trauer-Spiel*, Leipzig, 1724.

104 Daniel Casper von **Lohenstein**, *Ibrahim Bassa. Trauer-Spiel*, Breßlau, 1709.

105 Daniel Caspar v[on] **Lohenstein**, *Sophonisbe, Trauer-Spiel*, Franckfurth, Leipzig, 1724.

106 Albert **Ludwig**, "Fortsetzungen. Eine Studie zur Psychologie der Literatur", in: *Germanisch-romanische Monatsschrift* 6(1914), pp.433~447.

107 Georg von **Lukács**, *Die Seele und die Formen, Essays*, Berlin, 1911.

108 Johann Christoph Mennlings [***Männling***], *Schaubühne des Todes/ Oder Leich-Reden/ Bey Unterschiedlichen Trauerfällen gehalten/ Nebst Einem Anhange 50. selbst Ersonnener Poetischer Grabschrifften/ Und Dem*

erstorbenen doch wieder erweckten Verlohrnen Sohne, Wittenberg, 1692.

109 Victor **Manheimer**, *Die Lyrik des Andreas Gryphius. Studien und Materialien*, Berlin, 1904.

110 Alfred v(on) **Martin**, *Coluccio Salutati's Traktat 'Vom Tyrannen'. Eine kulturgeschichtliche Untersuchung nebst Textedition*. Mit einer Einleitung über Salutati's Leben und Schriften und einem Exkurs über seine philologisch-historische Methode, Berlin, Leipzig, 1913 (*Abhandlungen zur Mittleren und Neueren Geschichte*, 47).

111 *Devises des princes, cavaliers, dames, scavans, et avtres personnages illvstres de l'Europe, ou la philosophie des images, tome second. Par le P(ère) C[laude] F[rançois] Menestrier, de la Compagnie de Jesus*, Paris, 1683.

112 *La philosophie des images. Composée d'vn ample. Recueil de devises, et du jugement de tous les ouvrages qui ont êté faits sur cette matiere. Par le P(ère) C(aude) F(ançois)* **Menestrier**, *de la Compagnie de Jesus*, Paris, 1682.

113 Johann Heinrich **Merck**, *Ausgewählte Schriften zur schönen Literatur und Kunst*, ein Denkmal, hrsg. von Adolf Stahr, Oldenburg, 1840.

114 Richard M[oritz] **Meyer**, "Über das Verständnis von Kunstwerken", in: *Neue Jahrbücher für das klassische Altertum, Geschichte und deutsche Litteratur* 4(1901) (= *Neue Jahrbücher für das klassische Altertum, Geschichte und deutsche Litteratur und für Pädagogik*, 7), pp.362~380.

115 Emile **Meyerson**, *De l'explication dans les sciences*, 2 Bde., Paris, 1921.

116 Jakob **Minor**, *Die Schicksals-Tragödie in ihren Hauptvertretern*, Frankfurt a. M., 1883.

117 Conrad **Müller**, *Beiträge zum Leben und Dichten Daniel Caspers von Lohenstein*, Breslau, 1882(*Germanische Abhandlungen*, 1).

118 Josef **Nadler**, *Literaturgeschichte der Deutschen Stämme und*

Landschaften, Bd.2: *Die Neustämme von 1300, die Altstämme von 1600~1780*, Regensburg, 1913.

119 Friedrich **Nietzsche**, *Werke*[2. Gesamtausg.], 1. Abt., Bd.1: *Die Geburt der Tragödie* [usw.], hrsg. von Fritz Koegel, Leipzig, 1895.

120 **Novalis** [Friedrich von Hardenberg], *Schriften*, hrsg. von Jakob Minor, 2. u. 3. Bd., Jena, 1907.

121 *Martin* **Opitzen** *Judith*, Breßlaw, 1635.

122 *Prosodia Germanica, Oder Buch von der Deudschen Poeterey/ In welchem alle ihre Eigenschaft und Zugehör gründlich erzählet/ und mit Exempeln ausgeführet wird/ Verfertiget von Martin* **Opitzen**. *Jetzo aber von Enoch Hannman an unterschiedlichen Orten vermehret/ und mit schönen Anmerckungen verbessert. Nunmehr zum siebenden mal correct gedruckt/ und mit einem zwiefachen blatweiser geziertet*, Franckfurt a. M, o. J. [ca. 1650].

123 *L. Annaei Senecae Trojanerinnen: Deutsch übersetzet/ vnd mit leichter Außlegung erkleret: Durch Marinum* **Opitium**, Wittenberg, 1625.

124 Erwin **Panofsky** [und] Fritz Saxl, *Dürers 'Melencholia I'. Eine quellen- und typengeschichtliche Untersuchung*, Leipzig, Berlin, 1923(*Studien der Bibliothek Warburg*, 2).

125 *Bücher vnd Schriften/ des Edlen/ Hochgelehrten vnd Bewehrten Philosophi vnnd Medici, Philippi Theophrasti Bombast von Hohenheim/* **Paracelsi** *genannt: Jetzt auffs new* ⋯⋯ *an tag geben: Durch Iohannem Hvservm Brisgoivm* ⋯⋯ Erster Theil, Ander Theil [und] Vierdter Theil, Basel, 1589.

126 B(laise) **Pascal**, *Pensée*, (Edition de 1670). ([Avec une] notice sur Blaise Pascal, [un] avant-propos [et la] préface d'Etienne Périer, Paris, o. J.(1905)(*Les meilleurs auteurs classiques*).

127 J[ulius] **Petersen**, "Der Aufbau der Literaturgeschichte", in: *Germanisch- romanische Monatsschrift* 6(1914), pp. 1~16, pp.129~152.

128 *Francisci* **Petrarchae**, *Des vornemen alten Florentinischen Poeten/*

378

Sechs Triumphi oder Siegesprachten/ I. Der Liebe/ II. Der Keüschheit/ III. Des Todes/ IV. Des Gerüchtes/ V. Der Zeit/ und VI. Der Ewigkeit/ Aus den Italianischen Eilfsylbigen In Deütsche zwölf und dreytzehensylbige Reime der Heldenart vor jahren übergesetzt et ······ Von neüem übersehen/ mit beliebung und gutheissen der Fruchtbringenden Geselschaft/ ietzo erst an den tag gegeben und gedruckt, Cöthen, 1643.

129 Georg **Popp**, *Über den Begriff des Dramas in den deutschen Poetiken des 17. Jahrhunderts*, Diss., Leipzig, 1895.

130 Werner **Richter**, *Liebeskampf 1630 und Schaubühne 1670.* Ein Beitrag zur deutschen Theatergeschichte des siebzehnten Jahrhunderts, Berlin, 1910(Palaestra, 78).

131 Alois **Riegl**, *Die Entstehung der Barockkunst in Rom.* Aus seinem Nachlaß hrsg. von Arthur Burda und Max Dvořák, 2. Aufl., Wien, 1923.

132 Cesare **Ripa**, *Iconologia*, Roma, 1609.

133 *Die Aller Edelste Belustigung Kunst- und Tugendliebender Gemühter/ Vermittelst eines anmühtigen und erbaulichen Gespräches Welches ist dieser Ahrt/ die Vierte/ und zwahr Eine Aprilens Vnterredung/ beschrieben und fürgestellet von Dem Rüstigen* [Johann **Rist**], Franckfurt, 1666.

134 (J[ohann] W[ilhelm] **Ritter**,) *Fragmente aus dem Nachlasse eines jungen Physikers. Ein Taschenbuch für Freunde der Natur*, hrsg. von J. W. Ritter [Herausgeberschaft fingiert!], Zweytes Bändchen, Heidelberg, 1810.

135 Franz **Rosenzweig**, *Der Stern der Erlösung*, Frankfurt a.M., 1921.

136 *Abris Eines Christlich-Politischen Printzens/ In CI Sinn-Bildern vnd mercklichen Symbolischen Sprüchen/ Gestelt von A. Didaco Saavedra Faxardo, Spanischen Ritter* [Don Diego **Saavedra Fajardo**]/ *Zuvor auß dem spanischen ins Lateinisch, Nun in Teutsch versetzet*, Coloniae, 1674.

137 *Apologie royale povr Charles I., roy d'Angleterre. Par messire Clavde de*

Savmaise, cheualier de l'Ordre du Roy, conseiller en ses conseils, seigneur de Saint Loup, etc., Paris, 1650.

138 [Claude **Saumaise**(Claudius Salmasius),] *Königliche Verthätigung für Carl den I. geschrieben an den durchläuchtigsten König von Großbritannien Carl den Andern,* 1650.

139 *Ivlii Caesaris Scaligeri* [Julius Caesar **Scaliger**] *a Bvrden, viri clarissimi, Poetices libri septem. I Historicvs, II Hyle, III Idea, IV Parasceve, V Criticvs, VI Hypercriticvs, VII Epinomis, Ad Syluium filium,* Editio qvinta, [Genf], 1617.

140 ***Schauspiele des Mittelalters***, Aus den Handschriften hrsg. und erklärt von F[ranz] J[oseph] Mone, Bd.1, Karlsruhe, 1846.

141 Max **Scheler**, *Vom Umsturz der Werte.* Der Abhandlungen und Aufsätze 2., durchges. Aufl., 1. Bd., Leipzig, 1919.

142 *Johann Georg **Schiebels** K.G.P. Neu-erbauter Schausaal/ Darinnen Vermittelst dreyhundert wol-ausgesonnener/ und künstlich-eingerichteter Sinn-Bilder/ Auf eine gar sonderbare/ und zu jedermans verhoffentlicher Vergnügung gedeyende Art/ Der Laster: deß menschlichen Hertzens: frommer Christen: deß Göttlichen Trosts/ Scheusal/ Irrsal/ Drangsal/ Labsal/ Durch Poetische Erläuterung/ aus geist- und weltlichen Schrifften/ mit sonderm Fleiß und Mühe hervor gesuchten Anmerck- und wohlkommenden Erinnerungen/ mit anbey gefügten fünffachen Register/ vorgestellet werden,* Nürnberg, 1684.

143 August Wilhelm von **Schlegel**, *Sämmtliche Werke,* hrsg. von Eduard Böcking, 6. Bd.: *Vorlesungen über dramatische Kunst und Litteratur,* 3. Ausg. ······ 2. Theil, Leipzig, 1846.

144 A[ugust] W[ilhelm] **Schlegel**, *Vorlesungen über schöne Litteratur und Kunst,* hrsg von J[akob] Minor, 3. Teil(1803~1804): *Geschichte der romantischen Litteratur,* Heilbronn, 1884(*Deutsche Litteraturdenkmale des 18. und 19. Jahrhunderts,* 19).

145 Friedrich **Schlegel**, *Alarcos. Ein Trauerspiel,* Berlin, 1802.

146 Friedrich **Schlegel**, *Seine prosaischen Jugendschriften*, hrsg. von J[akob]
    Minor. 2. Bd.: Zur deutschen Literatur und Philosophie, 2. Aufl., Wien,
    1906.

147 Johann Elias **Schlegel**, *Ästhetische und dramaturgische Schriften*,
    ([Hrsg. von] Johann von Antoniewicz), Heilbronn, 1887(*Deutsche
    Litteraturdenkmale des 18. und 19. Jahrhunderts*, 26).

148 Erich **Schmidt**, "[Bespr.] Felix Bobertag: *Geschichte des Romans und
    der ihm verwandten Dichtungsgattungen in Deutschland*, 1. Abt., 2.
    Bd, 1. Hälfte, Breslau, 1879", in: *Archiv für Litteraturgeschichte* 9(1880),
    pp.405~415.

149 Hans Georg **Schmidt**, *Die Lehre vom Tyrannenmord. Ein Kapitel aus
    der Rechtsphilosophie*, Tübingen, Leipzig, 1901.

150 Carl **Schmitt**, *Politische Theologie. Vier Kapitel zur Lehre von der
    Souveränität*, München, Leipzig, 1922.

151 Arthur **Schopenhauer**, *Sämmtliche Werke*, hrsg. von Eduard
    Grisebach, Bd.1 u. Bd.2: *Die Welt als Wille und Vorstellung*, 1, 2,
    Leipzig, o. J. [1891f.]

152 Fritz **Schramm**, *Schlagworte der Alamodezeit*, Straßburg, 1914
    (*Zeitschrift für deutsche Wortforschung*, Beiheft zum 15. Bd.).

153 [William] **Shakespeare**, *Dramatische Werke*, nach der Übers. von
    August Wilhelm Schlegel u. Ludwig Tieck, sorfältig revidirt u. theilweise
    neu bearbeitet, mit Einleitungen u. Noten versehen, unter Redaction
    von H[ermann] Ulrich, hrsg. durch die Deutsche Shakespeare-
    Gesellschaft. 6. Bd., 2. aufs neue durchgesehene Aufl., Berlin, 1877.

154 [Carl Wilhelm Ferdinand] **Solger**, *Nachgelassene Schriften und
    Briefwechsel*, hrsg. von Ludwig Tieck und Friedrich von Raumer, Bd.2,
    Leipzig, 1826.

155 Paul **Stachel**, *Seneca und das deutsche Renaissancedrama. Studien zur
    Literatur- und Stilgeschichte des 16. und 17. Jahrhunderts*, Berlin, 1907
    (*Palaestra*, 46).

156 Horst **Steger**, *Johann Christian Hallmann. Sein Leben und seine Werke*, Diss., Leipzig, 1909.

157 Hans **Steinberg**, *Die Reyen in den Trauerspielen des Andreas Gryphius*, Diss., Göttingen, 1914.

158 (Josef Anton **Stranitzky**,) *Wiener Haupt- und Staatsaktionen*. Eingeleitet und hrsg. von Rudolf Payer von Thurn, Bd.1, Wien, 1908 (*Schriften des Literarischen Vereins in Wien*, 10).

159 Fritz **Strich**, "Der lyrische Stil des siebzehnten Jahrhunderts", in: *Abhandlungen zur deutschen Literaturgeschichte*. Franz Muncker zum 60. Geburtstage dargebracht von Eduard Berend [u.a.], München, 1916, pp.21~53.

160 Julius **Tittmann**, *Die Nürnberger Dichterschule. Harsdörffer, Klaj, Birken. Beitrag zur deutschen Literatur- und Kuturgeschichte des siebzehnten Jahrhunderts* (*Kleine Schriften zur deutschen Literatur- und Kulturgeschichte*, 1), Göttingen, 1847.

161 *Vortrab Des Sommers Deutscher Getichte von Andreas* **Tscherningen**/ *ausgesendet und verlegt in Rostock*, 1655.

162 Hermann **Usener**, *Götternamen. Versuch einer Lehre von der religiösen Begriffsbildung*, Bonn, 1896.

163 *Hieroglyphica sive de sacris aegy ptiorvm literis commentarii, Ioannis Pierii* **Valeriani** *Bolzanii Bellvensis* ······ Basileae, 1556.

164 Johannes **Volkelt**, *Ästhetik des Tragischen*, 3. neu bearbeitete Aufl., München, 1917.

165 Johann Heinrich **Voss**, *Antisymbolik*, Bd.2, Stuttgart, 1826.

166 Wilh[elm] **Wackernagel**, *Über die dramatische Poesie*. Academische Gelegenheitsschrift, Basel, 1838.

167 A[by] **Warburg**, *Heidnisch-antike Weissagung in Wort und Bild zu Luthers Zeiten*, Heidelberg, 1920 (*Sitzungsberichte der Heidelberger Akademie der Wissenschaften. Philosophisch-historische Klasse*, Jg. 1920 [i.e. 1919], 26. Abhdlg).

168 Werner **Weisbach**, *Trionfi*, Berlin, 1919.

169 Karl **Weiß**, *Die Wiener Haupt- und Staatsactionen, Ein Beitrag zur Geschichte des deutschen Theaters*, Wien, 1854.

170 Richard Maria **Werner**, "Johann Christian Hallmann als Dramatiker", in: *Zeitschrift für die österreichischen Gymnasien 50* (1899), pp.673~702.

171 Ulrich von **Wilamowitz-Moellendorff**, *Einleitung in die griechische Tragödie*. Unveränd. Abdr. aus der 1. Aufl. von Euripides Herakles I, Kap. I~IV, Berlin, 1907.

172 E[rnst] **Wilken**, *Über die kritische Behandlung der geistlichen Spiele*, Halle, 1873.

173 Johann [Joachim] **Winckelmann**, *Versuch einer Allegorie besonders für die Kunst*. Säcularausgabe. Aus des Verfassers Handexemplar mit vielen Zusätzen von seiner Hand, sowie mit inedirten Briefen Winckelmann's und gleichzeitigen Aufzeichnungen über seine letzten Stunden hrsg. von Albert Dressel. Mit einer Vorbemerkung von Constantin Tischendorf, Leipzig, 1866.

174 Max **Wundt**, *Geschichte der griechischen Ethik*, 1. Bd.: *Die Entstehung der griechischen Ethik*, Leipzig, 1908.

175 Louis G. **Wysocki**, *Andreas Gryphius et la tragédie allemande au XVIIe siècle*, Thèse de doctorat, Paris, 1892.

176 William Butler **Yeats**, *Erzählungen und Essays*, übertr. und eingel. von Friedrich Eckstein, Leipzig, 1916.

177 Leopold **Ziegler**, *Zur Metaphysik des Tragischen. Eine philosophische Studie*, Leipzig, 1902.

178 Emblematvm *Ethico-Politicorvm Centvria, Ivlii Gvilielmi Zincgrefii* [Julius Wilhelm **Zincgref**], Editio secunda, Caelo Matth. Meriani, Franckfort, 1624.

발터 벤야민 연보

1892	7월 15일 발터 (베네딕스 쇤플리스) 벤야민이 에밀 벤야민(1856~1926)과 그의 부인 파울리네(결혼 전 성은 쇤플리스, 1869~1930) 사이의 3남매 중 장남으로 출생. 남동생 게오르크(1895~1942), 여동생 도라(1901~46).
1902~12	베를린 샬로텐부르크 소재 카이저 프리드리히 인문계 학교에서 수학.
1905~06	튀링겐 주의 하우빈다 소재 지방 기숙학교에서 수학. 그곳에서 학생들을 가르치고 있던 구스타프 비네켄과 교류함.
1912	베를린에서 대학입학 자격취득.
1912~15	프라이부르크와 베를린에서 철학공부. 자유학생연맹에서 활동. 크리스토프 프리드리히 하인레와 친교.
1914	베를린 자유학생연맹 회장. 나중에 아내가 되는 도라 소피 폴락(결혼 전 성 켈너, 1890~1964)을 알게 됨. 제1차 세계대전 발발. 하인레와 프리데리케 셀릭손이 동반자살.
1915	게르숌 숄렘(1897~1982)을 알게 됨.
1915~17	뮌헨에서 학업을 계속함. 1915년 3월 비네켄과 절교하고 자유학생연맹 활동을 그만 둠.
1917	도라 폴락과 결혼.
1917~19	스위스로 이주하여 베른 대학교에서 수학.
1918	아들 슈테판 라파엘(1918~72) 출생. 에른스트 블로흐(1895~1977)를 알게 됨.

1919	베른 대학교에서 『독일 낭만주의 예술비평 개념』이라는 논문으로 "최우등"으로 박사학위 취득.
1920	베를린으로 돌아옴. 플로렌스 크리스치안 랑(1864~1924)과 첫 교류. 『새로운 천사』 창간시도가 무산됨. 괴테의 소설 『친화력』에 대한 비평 「괴테의 친화력」 집필.
1923	프랑크푸르트에 체재. 교수자격 논문주제를 정함. 아도르노와 크라카우어를 알게 됨. 숄렘이 팔레스타인으로 이주함.
1924	호프만스탈과 편지교류 시작. 논문 「괴테의 친화력」이 『신독일기고』지에 발표됨. 베를린에서 교수자격 논문을 준비함. 5~10월에 이탈리아 카프리 섬에서 교수자격 논문 『독일 비애극의 원천』을 집필. 아샤 라치스와의 첫 만남.
1925	10월에 교수자격 신청을 철회. 『프랑크푸르트 신문』에 첫 기고. 『문학세계』에서 활동하기 시작.
1926	3~10월에 파리에 체재. 프란츠 헤셀과 함께 마르셀 프루스트의 작품번역.
1926/27	12월에서 1월까지 모스크바 여행.
1927	라디오 방송에 처음 출연. 다시 파리로 가서 체재. '파리의 파사주'에 대한 에세이 기획. 의사입회 아래 해시시 실험.
1928	『일방통행로』와 『독일 비애극의 원천』이 로볼트 출판사에서 출간됨. 팔레스타인으로 이주할 생각을 함.
1929	에른스트 쇤의 주선으로 서남독일방송국과 베를린 방송국에 정기적으로 출연하여 방송함. 베르톨트 브레히트와 교류.
1930	도라 벤야민과 이혼. 『위기와 비판』 창간기획. 로볼트 출판사와 에세이집 출간계약.
1931	카를 크라우스에 대한 에세이와 「사진의 작은 역사」 출간. 카프카에 대한 라디오 강연(「중국의 만리장성이 축조되었을 때」).
1932	4~7월까지 이비자 섬에 처음 체류. 『베를린 연대기』 집필시작. 프랑스 동남부의 항구도시 니스에서 자살기도. 유언집필.
1933	3월에 베를린을 떠나 파리로 이주. 4~9월에 이비자 체재. 말라리

아에 감염됨.

1934 『사회연구지』에 첫 기고.「현재 프랑스 작가들의 사회적 입지에 대하여」출간.『유대 룬트샤우』에 카프카 논문 게재. 덴마크 스코브스보에 있던 브레히트의 집과 산레모에 있던 전처 도라의 집에 일시 체류.

1935 『파사주』의 개요집필.

1936 「기술복제 시대의 예술작품」과「이야기꾼」출간. 스위스에서 데틀레프 홀츠라는 가명으로 편지모음집『독일인들』출간.

1937 「수집가이자 역사가 에두아르트 푹스」를『사회연구지』에 발표.

1938 7~10월 브레히트를 마지막으로 방문.「보들레르에서 제2제정기의 파리」집필.

1939 5월에 독일 국적 박탈됨. 제2차 세계대전이 발발하자 네베르 근처 수용소에 일시 감금됨. 11월 초 석방되어 파리로 돌아옴. 에세이「보들레르의 몇 가지 모티프에 대하여」완성.

1940 「역사의 개념에 대하여」(역사철학테제) 집필. 6월에 누이동생과 함께 루르드로 도피. 8월에 막스 호르크하이머의 주선으로 미국 비자 취득. 9월에 마르세유를 떠나 포르투갈로 갈 계획으로 걸어서 피레네 산맥을 넘어 탈출하려 했지만 좌절됨. 그곳 지중해에 면한 스페인 국경의 마을 포르부(Port Bou)에서 9월 26일 자결.

옮긴이의 말

이 책은 발터 벤야민(1892~1940)의 전반기 주저로 알려져 있는 *Ursprung des deutschen Trauerspiels*를 우리말로 옮긴 것이다. 벤야민이 교수자격 논문으로 프랑크푸르트 대학교에 제출하기 위해 집필한 이 논문은 1928년에 아포리즘 모음집인 『일방통행로』(*Einbahnstraße*)와 함께 로볼트(Rowohlt) 출판사에서 처음 출간되었다.

저자는 헌사에서 이 논문이 1916년에 구상되었음을 밝히고 있는데, 실제로 1916년 벤야민은 「비애극과 비극」, 「비애극과 비극에서 언어의 의미」라는 짤막한 에세이를 쓰면서 이미 비애극과 비극의 차이에 대한 날카로운 통찰을 전개한 바 있다. 또 같은 해에 쓴 「언어 일반과 인간의 언어에 대하여」는 『독일 비애극의 원천』이 담고 있는 언어철학적 사유의 토대를 제공한다.[1] 그러나 벤야민이 본격적으로 논문을 구상하고 집필한 것은 1923년 후반기 이후로 추정된다.

전체가 서론과 본론 2부, 총 세 부분으로 나뉘어 있는 이 책에서 「인식비판적 서론」과 제1부 「비애극과 비극」 가운데 「명예」~「비애극의 교훈적 의도」 및 제2부 「알레고리와 비애극」은 내가, 제1부의 나머지

---

1) 참고로 이 에세이들의 번역은 『발터 벤야민 선집』 제6권(도서출판 길, 2008)에 실려 있다.

부분은 김유동 교수가 맡아 초벌번역을 했다. 우리는 그 뒤 서로의 원고를 꼼꼼하게 읽어가며 토론과 교정의 과정을 거쳤고 번역과 주석을 다는 작업도 공동으로 했다.

『독일 비애극의 원천』을 박사학위 논문주제로 쓴 김유동 교수는 이 책의 사실자료에 해박했고 텍스트를 정확하게 우리말로 옮기는 데 결정적인 역할을 했다. 원고를 마무리해 가는 동안 우리는 끊임없이 서로의 번역을 검토하며 수정제안을 했는데, 나로서는 김 교수의 세심함에 늘 감탄하지 않을 수 없었다. 또한 김유동 교수는 책읽기의 편의를 위해 『독일 비애극의 원천』에서 자주 언급되는 바로크 드라마들의 줄거리를 소개하는 작업도 맡아서 했다.

벤야민은 비애극(Trauerspiel)을 비극(Tragödie)과 엄격하게 구별한다. 역사적으로 형성되어온 비극에 관한 거대담론, 그리고 오늘날에도 이 분야를 논구하는 여러 사상가 및 학자들과는 달리 그는 기본적으로 Tragödie란 용어를 고대 그리스 시대의 비극에 국한시켜 사용하려 했으며 그 이후 생겨난 드라마 유형에 적용하는 관습에 거리를 둔다. 그가 역사철학적 관점에서 이 두 드라마 형식을 구분하고 그 특성들을 고찰하기 때문에 우리말로 옮기는 과정에서 이 용어들을 구별할 필요가 있었다. 그래서 다소 어색하지만 우리는 Trauer(비애)와 Spiel(연극, 놀이, 유희)이 합쳐 이루어진 이 용어를 '비애극'으로 옮기기로 했다.[2] 그러나 이 Trauerspiel에 대비되는 Lustspiel 및 Mischspiel은 각각 '희극'과 '혼합극'으로 번역했다.

난해하기로 소문이 난 이 책은 엄청난 양의 사료, 문헌자료를 인용하

---

2) 영어판은 Trauerspiel을 mourning-play라고 설명하면서도 본문에선 원어 그대로 Trauerspiel로 쓰고 있으며 제목에선 tragic drama라고 했다. 프랑스어판도 Trauerspiel을 원어 그대로 쓰고 있으며 제목을 '독일 바로크 드라마의 원천'이라고 함으로써 비극(tragédie)이라는 용어를 피했다.

고 있다. 아마 근대 서양의 인문학 분야에서 비의성과 난해성, 나아가 그 역사철학적 진폭과 언어철학적 깊이에서 이 책을 능가할 책을 찾기란 쉽지 않을 것이다. 바로크 연구 분야에서 『독일 비애극의 원천』은 지속적인 논쟁의 대상이 되어왔다. 그런데도 더할 나위 없이 독창적인 이 논문은 바로크 연구에 분명 커다란 기여를 했을 뿐만 아니라 오늘날에도 여전히 풍부한 자극을 주고 있다. 나아가 이 책에서 벤야민이 다루는 모티프들이 비단 문헌학이나 예술철학 분야만이 아니라 여러 학문 분야에서 다양하게 논의 · 인용되고 있는 것을 보면 그 성찰의 깊이와 영향의 폭이 얼마나 심대한지를 짐작할 수 있다.

나는 2006년 1월에 당시 이화여대 학부생이던 신은실 씨 주도로 만들어진 인문학 이론 읽기 모임에 참여하여 1년 반 정도 벤야민 텍스트들을 섭렵해왔는데, 거기서 우리는 특히 이 저작을 집중적으로 다루었다. 스터디 자료가 될 이 텍스트의 우리말 번역을 제공해야 했던 나로서는 이 모임에서 번역을 위한 결정적 추동력을 얻었다. 이 자리를 빌려 스터디에 참여했던 사람들에게 감사의 말을 전하고 싶다. 마지막으로 이 책의 출간에 지대한 관심을 갖고 기다려주신 한길사 김언호 사장님, 한 권의 훌륭한 책으로 만들어주신 한길사의 여러분들에게도 심심한 감사의 말씀을 전한다.

벤야민에 관심을 갖고 있는 국내 독자들은 이 책의 번역, 출간을 오랫동안 기다려왔다. 우리는 이번 출간을 계기로 벤야민 사상에 대한 연구와 토론이 한층 더 높은 수준에서 보다 풍부하고 다양하게 펼쳐지기를 기대한다.

비극과 비애극 등 드라마 장르의 역사적 형식들뿐만 아니라 엠블럼 · 상징 · 알레고리 등의 예술적 표현형식들을 비롯해 멜랑콜리 · 예술철학 · 언어철학 · 역사철학 · 신학 · 인식론 등 다양한 주제영역에서 벤야민이 일구어낸 성과들이 관련 인문학 분야의 연구를 활성화시키는

데 기여할 수 있다면 역자들은 더할 나위 없이 기쁠 것이다. 올바른 번역을 위해 최선을 다했으나 오류가 있다면 이것은 전적으로 옮긴이들의 책임이다. 독자들의 많은 질정을 바란다.

2009년 1월
두 옮긴이를 대표하여
최성만

찾아보기 · 사항

* 바로크, 알레고리, 드라마와 같은 개념은 자주 나오거나 일반적이기에 넣지 않았음을 밝혀둔다.

찾아보기 · 인명

지은이 발터 벤야민

발터 벤야민은 유복한 유대계 집안의 장남으로 베를린에서 태어났다. 튀링겐에 위치한
하우빈다 기숙학교에서 구스타프 비네켄을 알게 된 후 이상주의적인 청년운동에 가담한다.
프라이부르크 · 베를린 · 뮌헨에서 대학생활을 보낸 그는 베를린의 한 토론모임에서
평생 깊은 우정을 함께 나눌 게르숌 숄렘을 알게 된다. 1919년 스위스의 베른 대학에서
『독일 낭만주의의 예술비평 개념』으로 박사학위를 취득했으며, 1924/25년
에세이 「괴테의 친화력」을 후고 폰 호프만스탈의 주선으로 『신독일기고』지에 발표한다.
경제적으로 독립하고 학자의 길을 가기 위해 프랑크푸르트 대학에서 『독일 비애극의 원천』으로
교수자격을 취득하려 했으나 인정받지 못하고, 1925년 스스로 교수자격 취득신청을 철회한다.
이후 그는 자유문필가로서의 삶을 살아간다. 학문간 경계를 가로지르는 이 예술철학적 논문은
1928년 출판되며 분명 저자가 생각했던 것보다 큰 반향을 불러일으킨다.
특히 생애 마지막 10년 동안 그의 가장 중요한 대화상대자 중 하나였던 아도르노는
1932/33년 프랑크푸르트 대학에서 『독일 비애극의 원천』에 관한 세미나를 연다.
이 논문은 아도르노의 사유에 커다란 영향을 미쳤다. 에른스트 블로흐와 아샤 라치스와의 만남,
이탈리아에서의 파시즘 체험, 모스크바 여행, 그리고 좌파지식인들의 글 등을 통해
벤야민의 사고는 1920년대 후반 정치적으로 급진화된다. 특히 그는 1929년 이래
베르톨트 브레히트와 긴밀하게 교류한다. 바이마르 공화국 시기 활발한 비평활동과 방송활동을 펼치고
많은 지식인과 교류하던 그는 1933년 나치를 피해 파리에서 망명생활을 시작한다.
극심한 경제적 궁핍 속에서 여러 신문과 잡지에 꾸준히 기고하는 한편, 19세기의 근원사를 그려내려는
야심찬 프로젝트인 '파사주 작업'에 몰두한다. 1940년 5월 독일 군대가 프랑스로 진격하자
벤야민은 피난민 무리와 함께 피레네 산맥을 넘어 스페인으로 밀입국하기 위해 길을 떠난다.
하지만 그는 출국비자가 없다는 이유로 스페인 관리들에 의해 입국을 거부당하고
국경지대의 포르부(Port Bou)에서 자살함으로써 생을 마감한다.

옮긴이 최성만 · 김유동

옮긴이 **최성만**(崔成萬)은 서울대학교 전자공학과를 졸업했으며, 같은 대학교 대학원에서
독어독문학을 전공하여 석사학위를 취득했다. 독일 베를린 자유대학에서 독문학과 철학을 수학했으며,
『미메시스와 역사적 경험: 발터 벤야민의 미메시스론 연구』(*Mimesis und historische Erfahrung:
Untersuchungen zur Mimesistheorie Walter Benjamins*, 1995)로 박사학위를 취득했다.
저서로 『표현인문학』(공저, 2000)이 있다. 역서로는 한길사에서 펴낸 『예술의 사회학』(아놀드 하우저,
공역, 1983), 『윤이상의 음악세계』(공역, 1991), 『한 우정의 역사 – 발터 벤야민을 추억하며』
(게르숌 숄렘, 2002) 외에 『전위예술의 새로운 이해』(1986), 『발터 벤야민 선집』(2007-2009)
등이 있고, 미메시스를 비롯해 독문학과 미학 관련 논문이 다수 있다. 주요 관심분야는 발터 벤야민,
테오도르 아도르노, 미학, 미메시스론, 매체이론, 문화연구 등이다.
현재 이화여자대학교 독어독문학과 교수로 있다.
옮긴이 **김유동**(金裕東)은 서울대학교 독어독문학과를 졸업했으며, 같은 대학교 대학원에서
석사학위를 취득하고 박사과정을 수료했다. 독일 괴팅겐 대학과 오스나브뤼크 대학에서
독어독문학을 수학하고 오스나브뤼크 대학에서 『발터 벤야민의 비애극서와 바로크 비애극: 수용, 성좌
그리고 하나의 공간적 독법』(*Walter Benjamins Trauerspielbuch und das barocke Trauerspiel:
Rezeption, Konstellation und eine raumbezogene Lektüre*, 2005)으로 박사학위를 취득했다.
벤야민에 대한 몇 편의 논문과 영화비평을 발표했다. 현재 강원대학교 독어독문학과 교수로 있다.

HANGIL GREAT BOOKS 101

독일 비애극의 원천

지은이 발터 벤야민
옮긴이 최성만·김유동
펴낸이 김언호

펴낸곳 (주)도서출판 한길사
등록 1976년 12월 24일
주소 10881 경기도 파주시 광인사길 37
홈페이지 www.hangilsa.co.kr
전자우편 hangilsa@hangilsa.co.kr
전화 031-955-2000~3 **팩스** 031-955-2005

출력 및 인쇄 오색프린팅 **제본** 경일제책사

제1판 제1쇄 2009년 2월 10일
제1판 제5쇄 2021년 10월 5일

값 25,000원

ISBN 978-89-356-5747-6 94160

한길그레이트북스 인류의 위대한 지적 유산을 집대성한다

●한길그레이트북스는 계속 간행됩니다.